수출입 통관 실무

이정길 · 한상필

코페하우스

머 리 말

개정판(제12판)을 저술하면서

이 책은 저자가 그동안 관세청·세관의 통관 담당자로서, 수출입 통관 현장의 관세사로 근무하면서 실무서의 필요성을 절감하여 수출입 통관 업무를 수행하는 수출입업체 실무자에게 실무지침서로 사용할 수 있도록 저술하였다.

수출입 통관의 현장 실무를 중심으로 《수출입 통관의 이해》《수입통관》《수출통관》《관세환급》《FTA통관》《유니패스·임시개청·반입명령》《HS품목분류》《관세감면·분할납부》《보세제도·보세운송 제도》《행정구제제도》 등 10장으로 구성하여 다음과 같이 설명하였다.

첫째, 수출입 통관과 관련된 많은 법령을 무역의 흐름에 따른 각 절차와 연계하여 이해하기 쉽게 하였다.

둘째, 수입통관 절차와 실무에 대하여 설명하였다. 수입신고 전 절차, 수입신고 시 주요 사항, 수입신고 서류, 수입물품의 세관심사와 세금 납부, 수입통관의 특례와 무환수입의 특례, 납부세액의 산출과 과세가격의 결정, 원산지 관리 제도, 수입신고서 기재요령 등을 상세하게 설명하였다.

셋째, 수출통관 절차와 실무에 대하여 설명하였다. 수출신고 전 절차, 수출신고 시 주요사항, 수출신고 서류, 수출물품의 검사, 수출물품의 세관심사와 수리, 수출물품의 적재, 반송통관의 절차, 수출신고서의 기재요령 등을 상세하게 설명하였다.

넷째, 관세환급제도, FTA 통관 실무, 원산지 증명제도에 대하여 설명하였다. 관세환급 대상, FTA 수입통관 절차와 실무, FTA 수출통관 절차와 실무, 원산지 증명 제도와 증명서류 등에 대하여 상세하게 설명하였다.

다섯째, 품목분류, 관세감면, 보세제도, 행정구제제도에 대하여 설명하였다. HS 품목 분류표의 구조와 품목분류 사전심사 제도, 조건부 관세감면, 무조건 관세감면, ATA 까르네 재수출면세 통관, 보세구역 제도, 자유무역지역 제도, 보세운송 제도, 과세전적부심사제도, 처분 후 행정구제 절차 등에 대하여 상세하게 설명하였다.

또한, 이 외에도 전자통관제도, 임시개청 제도, 보세구역반입명령제도 등을 상세하게 설명하였다.

여섯째, 수출입 통관에 따른 물류비 절감을 할 수 있도록 하였다. 각 수출업체는 형태가 각각 다양하여 일률적으로 절감 방안을 제시할 수 없기에 물류비와 관련된 제도들을 자세히 설명하여 각 실무자가 자기 업체에 맞는 물류비 절감 방안을 창의적으로 실행할 수 있도록 저술하였다.

끝으로 관세청과 세관의 통관 담당자로, 수출입 통관 현장의 관세사로 종사하면서 개정판(12판)을 내기까지는 수출입 업체 독자의 성원이 큰 힘이 되었습니다. 독자 여러분의 성원에 감사드립니다.

이 책의 개정을 위하여 조언과 협조를 아끼지 않은 기획재정부 · 관세청 · 세관 등 선후배와 동료에게 깊은 감사를 드립니다. 이처럼 개정판을 발행하는 데 수고해 주신 KOFE 코페하우스(한국재정경제연구소) 강석원 소장님과 출판센터 편집자께 감사를 전합니다.

2025년 5월

저자 이정길, 한상필

차 례

3장   수출통관 절차와 실무   · 195

4장   관세환급 대상과 실무   · 253

5장   FTA 통관 절차와 실무   · 263

6장   전자통관 · 임시개청 · 반입명령   · 295

7장　HS 품목분류(세번분류)　· 305

8장　관세감면과 분할납부　· 321

9장   보세제도와 보세운송제도 · 379

| 10장 | 행정구제제도 | · 407 |

참 고

줄 ▶ 인 ▶ 글 ▶

법령·고시 등을 다음과 같이 줄인 글로 표기하였습니다.

▶ [법령 등]
- 법 (관세법)
- 영 (관세법 시행령)
- 규칙 (관세법 시행규칙)
- 남북교류협력법 (남북교류협력에 관한 법률)
- 자유무역지역법 (자유무역지역의 지정 및 운영에 관한 법률)
- 조세특례법 (조세특례제한법)
- 환급특례법 (수출용원재료의 관세 등 환급에 관한 특례법)
- 환급특례법 시행규칙 (수출용원재료에 대한 관세 등 환급에 관한 특례법 시행규칙)
- 환급특례법 시행령 (수출용원재료의 관세 등 환급에 관한 특례법 시행령)
- FTA 관세특례법 (자유무역협정의 이행을 위한 관세법의 특례에 관한 법률)
- FTA 관세특례법 시행규칙 (자유무역협정의 이행을 위한 관세법의 특례에 관한 법률 시행규칙)
- FTA 관세특례법 시행령 (자유무역협정의 이행을 위한 관세법의 특례에 관한 법률 시행령)

▶ [관세청 고시]
- 관세불복청구고시 (관세불복청구 및 처리에 관한 고시)
- 관세종합정보망운영고시 (국가관세종합정보망의 이용 및 운영에 관한 고시)
- 관세평가고시(관세평가 운영에 관한 고시)
- 납세업무처리고시 (납세업무처리에 관한 고시)
- 보세운송고시 (보세운송에 관한 고시)
- 보세화물관리고시 (보세화물관리에 관한 고시)
- 보세화물장치기간고시 (보세화물장치기간 및 체화관리에 관한 고시)
- 보세화물하역고시 (보세화물 입출항 하선하기 및 적재에 관한 고시)
- 사후관리고시 (사후관리에 관한 고시)
- 수입통관고시(수입통관 사무처리에 관한 고시)
- 수출및반송통관고시 (수출통관 사무처리에 관한 고시)
- 원산지표시고시 (원산지표시제도 운영에 관한 고시)
- 일괄납부정산고시 (수출용원재료에 대한 관세 등의 일괄납부 및 정산에 관한 고시)
- 자유무역지역고시 (자유무역지역 반출입물품 관리에 관한 고시)
- 재수출면세고시 (관세법 제97조 재수출면세제도 시행에 관한 고시)
- 지식재산권고시 (지식재산권보호를 위한 수출입 통관사무처리에 관한 고시)
- 징수고시 (징수업무 처리에 관한 고시)
- 특혜관세원산지고시 (특혜관세적용 및 원산지증명제도 운영에 관한 고시)
- 품목분류사전심사고시 (품목분류 사전심사 제도 운용에 관한 고시)
- 환급특례고시(수출용원재료에 대한 관세 등 환급사무처리에 관한 고시)
- ATA 까르네고시(ATA 까르네에 의한 일시수출입 통관에 관한 고시)
- FTA 관세특례고시(자유무역협정의 이행을 위한 관세법의 특례에 관한 법률사무처리에 관한 고시)

▶ [산업통상자원부 고시]
- 전략물자고시 (전략물자·기술 수출입에 관한 고시)

▶ [통일부 고시]
- 반출입승인고시 (반출반입승인대상물품 및 승인절차에 관한 고시)

▶ [관세청 고시 찾는 법]
- 관세법령정보포털 〉 법령 〉 행정규칙 〉 고시 〉 고시명

1장

수출입 통관의 이해

1. 통관의 이해

(1) 통관의 의의

통관(Customs Clearance)이란 자구해석에 따르면 「관세선을 통과하는 것」, 즉 「관세선을 지키는 관문이 세관이므로 세관을 통과하는 것」을 의미한다. 화물의 국가 간 이동에는 나라마다 특수한 목적을 위하여 각종의 규제를 가하고 있고, 이러한 규제는 세관에서 통관이라는 절차를 통하여 실현되고 있다. 우리나라도 국제수지의 균형과 국민경제의 발전 및 국민의 안전·건강과 환경보호 등을 위하여 대외무역법 등 각종 법령에 무역에 관한 규제 사항을 두고 있고, 이러한 목적을 달성하기 위하여 관세법에 통관절차를 규정하고 있다.

(2) 통관의 종류

통관에 대한 관세법상의 의미는 수출, 수입 및 반송의 신고수리를 뜻하며, 이는 화물의 이동 경로에 따라 수입통관, 수출통관 및 반송통관으로 구분된다.

수입통관은 물품이 외국에서 국내로 이동하는 경우, 수출통관은 국내에서 외국으로 이동하는 경우의 통관을 의미하고, 반송통관은 외국물품이 국내로 이동하였다가 수입통관을 하지 않고 그대로 다시 외국으로 이동하는 경우의 통관을 말한다.

(3) 통관절차의 의의

통관이 화물의 이동, 즉 수출입에 관한 국가의 규제 사항을 서류 및 현품과 대조 확인하는 것이라면 통관절차란 이러한 확인 절차를 의미한다.

통관절차는 여러 단계로 이루어진다. 즉, 광의의 통관절차는 수입물품의 입항으로부터 수입신고를 하고 수입신고수리 후 보세구역에서의 물품반출까지의 수입통관 절차와 수출계약의 체결(신용장의 수취)로부터 물품을 제조하고 수출신고를 하며, 수출신고 수리 후 선적까지의 수출통관 절차를 말하고, 협의의 통관절차는 이 중에서 수출입신고에서 수출입 신고수리까지의 절차만을 의미한다.

2. 무역 절차에서 통관절차의 위치

(1) 무역 절차의 끝마무리 부분

통관절차는 무역 절차의 끝마무리 부분에 해당한다. 그러므로 수출입 통관절차를 이행하지 못하면 무역의 목적인 수익을 기대할 수 없다. 수출은 수출신고 수리 후에야 선적할 수 있고 수출 대금의 결제가 가능하며, 수입은 수입통관 후에야 판매 처분 또는 사용 수익이 가능하기 때문이다.

(2) 서류와 실물의 일치 여부 확인

무역 계약의 성립으로부터 신용장 개설 등 서류상으로만 진행되던 무역 절차가 수출입 통관 단계에서 실물과의 일치 여부를 확인하게 된다.

(3) 수출입 가능 여부 확인

서류상으로 진행되어 온 무역 절차에서의 내용이 실물과의 대조 과정을 거쳐 수출입 제한 여부가 확인된다. 수출입이 제한되는 경우는 HS 부호의 분류 착오, 품명·규격의 표기 착오 등이 주요 원인이다.

(4) 국가의 무역관리 시점

위와 같이 통관절차에서는 수출입 물품과 무역서류를 대조 확인할 수 있는 시점이고 수출입을 허용하지 아니하면 실질적으로 수출입을 통제할 수 있기 때문에 국가가 각종 법령을 적용하여 무역을 관리할 수 있는 시점이다.

IMF 이전의 국내 산업 육성기에는 대외무역법령으로 수출입 허가제로 수출입 물품을 직접 통제하였으나 IMF 이후에는 국내 산업 보호를 위한 기능은 관세율에 맡기고 국민 건강, 사회 안전, 국가안보 및 공정무역 등 공공의 복리에 필요한 물품만 60여 개의 특별법령으로 관리하고 있다.

3. 수출입 통관 관련 법령의 이해

(1) 관세법

관세법은 수입물품에 대하여 관세를 징수하는 징세법인 동시에 수출입 물품의 통관절차를 규정하고 있는 절차법이며, 또한 관세법에서 정하고 있는 각종 의무를 이행하지 않는 자에게 형벌을 과하는 형사법의 성격을 가지고 있다.

관세는 통관절차를 이행하는 과정에서 징수하는 것이며 관세 형법은 통관절차를 강제 이행하게 하는 제재 수단이므로 관세법은 통관절차를 위하여 만들어진 법률이라고 말해도 지나침이 없겠다.

(2) 대외무역법

대외무역법은 국가 간 통상의 진흥과 수출입 거래 및 수입에 의한 산업 피해의 조사 및 대책 수립 등을 규정하고 있으며, 통합공고, 외화획득용원료 기재의 수입, 전략물자와 산업 설비의 수출입, 원산지 관리 등 수출입 제한이 대부분을 차지하고 있다. 따라서 이러한 대외무역법의 확인과 집행은 수출입 통관 단계에서 이루어질 수밖에 없으므로 대외무역법 역시 수출입 통관을 위하여 만들어진 법률이라고 말할 수 있을 것이다.

(3) 외국환거래법

수출입의 무역에는 물품대금의 지급과 영수가 따르는 것이 일반적이므로 이러한 대금의 지급에 따른 외국환거래법은 통관에 관련된 필수법령이다.

(4) 기타 수출입 법령

국제무역이 자유화된 오늘날, 국민의 건강과 안전, 환경보호 등을 위하여 제정된 각종 법률은 수출입 통관 과정에서 집행될 수밖에 없다. 그리하여 각종 법률에서는 수출입에 관한 규정을 따로 두고 있다. 그러나 국민이 이 많은 법령을 어떤 것이 있는지 일일이 찾게 함은 매우 불편한 것이므로 대외무역법령에서는 이러한 법률들을 한데 묶어 통합공고에서 공고하고 있고, 관세법 (제226조)에서는 이러한 법령 중 수출입 통관 단계에서 확인·집행이 필요한 법률은 관세청장에게 요청하도록 규정하고 있다.

관세청에서는 신속한 통관을 위하여 각 부처에서 확인 요청한 내용을 검토하여 수입통관 전 또는 후에 주무 부처에서 확인할 수 있을 때는 수출입 통관 사실을 통보하고 있으며, 통관 단계에서 확인하지 않으면 그 목적을 달성할 수 없는 부득이한 경우에만 세관장이 확인 후 통관 여부를 결정하고 있다.

4. 관세법과 수출입의 이해

가. 수 입

(1) 관세법상 수입의 정의

관세법상 "수입"이라 함은 외국물품을 우리나라에 반입하거나 우리나라에서 소비 또는 사용함을 말한다. 반입할 때 보세구역을 거치는 것은 보세구역으로부터 반입함을 말하고, 소비 또는 사용은 우리나라 운송수단 안에서의 소비 또는 사용을 포함하며, 법 제239조에서 규정하는 수입으로 보지 아니하는 소비 또는 사용은 제외한다(법 제2조 1호).

외국에서 수입되는 물품을 통관 전에 일시적으로 장치하기 위하여 보세구역제도를 관세법에 설정하고 있으므로 정상적으로 수입하는 물품은 대부분 보세구역을 거치게 된다.

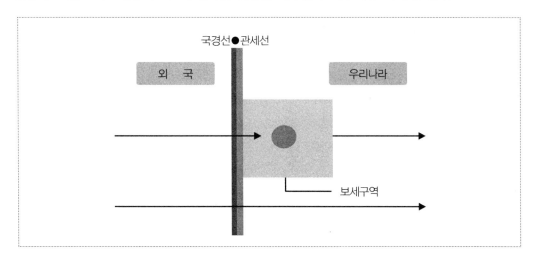

(2) 관세법상 외국물품의 정의

외국으로부터 우리나라에 도착한 물품(외국의 선박 등에 의하여 공해에서 채집 또는 포획된 수산물 포함)으로서 수입신고가 수리되기 전의 것과 내국물품으로서 수출신고가 수리된 물품을 말한다(법 제2조 3호).

⊘ 생산지 관련 외국물품

물품의 생산지와 비교하면 외국물품은 다음과 같다.
① 외국생산품 : 수입신고수리 전의 것
② 국내생산품 : 수출신고 수리 후의 것
③ 공해에서 잡은 수산물 : 외국 선박이 잡은 것

✅ 관세법상 외국물품

또한, 다음에 해당하는 물품은 관세법상 외국물품으로 간주한다.

① 보세구역에서 보수작업의 결과 외국물품에 부가된 내국물품(법 제158조3항)
② 보세공장에서 외국물품과 내국물품을 원자재로 하여 작업을 한 경우, 그로써 생긴 물품(법 제188조)
③ 보세공장 또는 수출자유지역 등에 반입한 후 관세환급을 받은 물품(환급특례법 제18조 2항)

관세환급을 받았는지는 환급대상 수출물품 반입확인서(환급특례고시 별지제1호서식) 발급 여부로 확인한다.

(3) 우리나라의 범위

우리나라의 영토 범위에는 북한도 포함되며, 영해는 12해리까지 인정하는 것이 국제법상 추세이다.

(4) 반입 및 소비 또는 사용 시점

① 정상 수입물품 : 수입신고수리 시
② 우편 물품 : 수취인에게 교부된 때
③ 매각 물품 : 매수인이 매수한 때
④ 선박·항공기 : 우리나라 국적을 취득한 후 처음 사용한 시점과 수입신고수리의 시점 중 빠른시점
⑤ 밀수입품 : 국내로 양륙 되었을 때

(5) 수입통관 대상 사례

수입통관의 대상이 되는 사례를 살펴보면 다음과 같다.

① 신용장 개설 또는 무역 계약을 체결하여 수입하는 경우
② 외국에 있는 친지가 탁송으로 보내준 선물을 찾고자 하는 경우
③ 수출한 물품에 하자(흠)가 발생하여 국내에서 수리하기 위하여 수입하는 경우
④ 국내에 있는 보세공장에서 물품을 구매하는 경우
⑤ 수출자유지역 입주기업체에서 원자재를 구매하는 경우
⑥ 보세전시장에 전시 중인 물품을 구매하고자 하는 경우
⑦ 외국 영해에서 우리나라 선박이 잡은 고기를 국내에 반입하는 경우
⑧ 외국물품을 임차하여 국내에서 일시사용 후 재수출하는 경우
⑨ 보세구역 등에 반입한 후 환급대상 수출물품 반입확인서(환급특례고시 별지 제1호 서식)를 발급받고 관세환급을 받은 물품을 다시 국내로 반출하는 경우

(6) 수입통관 대상에 해당하지 아니하는 경우

다음은 수입통관의 대상에 해당하지 아니한다.

① 우리나라 선박이 공해에서 잡은 수산물(생선)을 국내에 반입하는 경우
② 「환급대상 수출물품 반입 확인서」를 발급하지 아니하고 보세구역 등에 반입한 물품을 다시 국내로 반출하는 경우
③ 수출신고 수리한 물품을 선적 전에 수출신고 취소하는 경우

(7) 북한에서 반입되는 물품의 수입통관 대상 여부 사례

북한에서 물품을 반입함은 관세법상 수입에 해당하지 아니하고 국내거래에 해당하므로 수입통관 대상이 아니다. 그러나 현실적으로 북한에서 반입되는 물품이 중국, 홍콩, 일본 등을 거치고 있으므로 이의 확인이 어렵고 국내법상 여러 면에서 확인이 필요하므로 '남북교류협력에 관한 법률'에 의거 수입통관 절차를 밟고 있다. 그러나 북한산 물품의 반입 시에는 관세는 납부하지 않고 국내거래 시에도 부과되는 부가가치세 등 내국세만 납부하게 된다.

나. 수 출

(1) 관세법상 수출의 정의

다음의 내국물품을 외국으로 반출함을 말한다(법 제2조 2호).

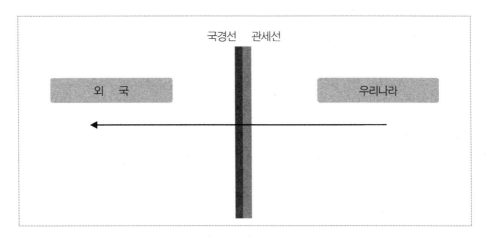

(2) 관세법상 내국물품의 정의

❶ 우리나라에 있는 물품으로서 외국물품이 아닌 것은 다음과 같다. (법 제2조 4호)

① 우리나라의 선박 등에 의하여 공해에서 채집 또는 포획된 수산물 등
② 입항 전 수입신고가 수리된 물품

③ 수입신고수리 전 반출승인을 받고 반출된 물품
④ 수입신고 전 즉시반출신고를 하고 반출된 물품

❷ 물품의 생산지와 비교하면 내국물품은 다음과 같다.
① 외국 생산품 : 수입신고수리 후의 것
② 국내 생산품 : 수출신고 수리 전의 것
③ 공해에서 잡은 수산물 : 우리나라 선박이 잡은 것

(3) 반출

구체적인 「반출」의 시기는 다음과 같다.
① 정상 수출품 : 외국무역선(기)에 적재하였을 때
② 선박·항공기 : 외국을 향하여 운항을 개시한 때
③ 공해상의 수출 : 우리나라 선박이 공해에서 채취한 수산물을 공해에서 직접 수출할 때는 외국을 향하여 운항을 개시한 때 또는 외국으로 향하는 선박에 이적한 때
④ 우편물 : 우편관서에서 세관검사를 완료하였을 때

(4) 수출통관 대상 사례

수출통관의 대상이 되는 사례를 살펴보면 다음과 같다.
① 국내에서 제조한 물품을, 신용장을 받고 외국으로 반출하는 경우
② 수출한 물품에 하자(흠)가 있어 국내에서 수리 후 다시 송부하는 경우
③ 수입 통관한 물품에 하자(흠)가 있어 송화주에게 되돌려 보내는 경우
④ 공해에서 우리나라 선박이 잡은 고기를 현지에서 외국에 판매하는 경우

(5) 수출물품에 대한 반출의 확인 또는 증명

세관에서 전산으로 확인

수출물품의 반출은 세관의 화물관리가 전산화되어 있으므로 선박회사 또는 항공사에서 선(기)적 사항의 전산입력으로 세관에서 자체 확인하고 있다.

선장수령증 등에 의한 확인

세관의 전산자료에 의거 선(기)적이 확인되지 아니하는 부득이한 경우에는 선장수령증(M/R, 선박회사 발급), 선적선하증권(Airway Bill 포함) 또는 수취선하증권에 선적일자(On Board Date)를 선박회사에서 확인함으로써 증명할 수도 있다.

▶ 다. 반 송

(1) 반송의 정의

외국물품을 수입통관하지 아니하고 외국물품상태 그대로 외국으로 반출하는 것을 말한다. 보세구역에서 외국으로 보내는 경우가 대부분 이에 해당한다.

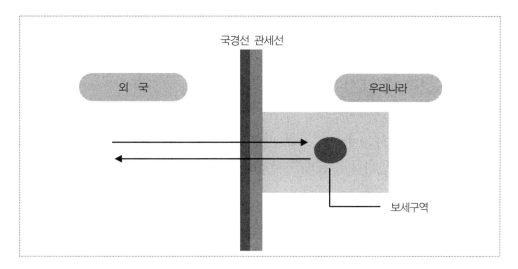

(2) 대외무역법상의 수입·수출과의 비교

관세법상의 수출입은 관세선을 기준으로 하고 있고, 대외무역법상의 수출입은 국경선을 기준으로 하고 있어 대부분은 일치하나 보세구역에 반입·반송하는 경우는 다음과같이 다르다.

구분	관세법상	대외무역법상
보세구역에 수입 보세구역에서 수출	반입 반송	수입 수출

(3) 반송통관 대상 사례

보세구역에 반입된 외국물품을 수입통관 하지 않고 외국으로 반출하여 반송의 대상이 되는 사례를 살펴보면 다음과 같다.

① 중계무역 방식으로 수입하여 보세구역(보세구역외장치장 포함)에 장치 후 수출하는 경우

② 위약 수입된 물품을 수입신고수리 전에 발견하여 수입통관 하지 않고 송화주에게 되돌려 보내는 경우

③ 수입신고를 하였으나 수입통관 요건을 갖추지 못하여 통관이 보류된 물품을 외국으로 반출하는 경우

④ 우리나라 자재로 외국에서 위탁가공 후 수입하여 보세구역에 반입한 물품을 수출할 목적

으로 다시 외국으로 반출하는 경우

⑤ 외국으로부터 보세창고에 반입된 물품으로서 국내 수입화주의 결정지연 등으로 다시 외국으로 반출하는 경우

⑥ 보세창고에 장치 중인 수입물품을 앞서 수출한 물품의 사후보수용(after service)으로 외국으로 송부하는 경우

⑦ 수입물품을 보세상태로 보세전시장에 전시한 후 외국으로 송부하는 경우

⑧ 수입물품을 보세상태로 보세판매장에서 판매하다가 판매가 되지 않아 외국으로 송부하는 경우

(4) 반송통관 대상에 해당하지 않는 경우

국제운송의 편의상 단순히 우리나라를 거쳐 가는 환적화물(단순통과화물)은 반송통관 대상이 되지 아니한다. 수입화물과 환적화물의 구분방법은 동 물품의 선하증권으로 판단하며, 우리나라 국민이 아닌 제삼국의 수입자가 선하증권 등에 수하인으로 기재된 물품은 환적화물에 해당한다.

▌ 라. 수출입의 의제

수출입 물품에 대하여 일정한 통관절차를 거쳐야만, 즉 신고가 수리되어야만 수출, 수입되는 것이나 다음과 같은 경우에는 수출입 되는 물품의 특수성과 관세행정상의 목적을 달성함에 지장이 없는 점을 고려하여 통관절차를 거치지 아니하고도 수출입의 신고가 수리된 것으로 간주하고 있다(법 제240조).

(1) 수입의 의제

① 우편관서가 수취인에게 교부한 우편물

② 관세법에 따라 매각된 물품

③ 관세법에 따라 몰수된 물품

④ 관세법에 따라 통고처분으로 납부된 물품

⑤ 법령에 따라 국고에 귀속된 물품

⑥ 몰수에 갈음하여 추징된 물품

> **참고** 보세장치장에 장치 중인 미통관물품의 법원경매시 수입통관 여부
>
> 법원에서 실시하는 민사소송법(제535조)에 따라 경락이 된 물품은 관세법에 의한 매각이 아니므로 수입의 의제에 해당하지 아니한다. 법원에서 경매된 외국물품은 보세구역에 장치 중인 물품의 소유권을 수입자에서 낙찰자로 바꿔준 것이므로 낙찰자가 수입 통관하여야 한다.

(2) 수출(반송)의 의제

우편관서가 외국으로 발송하는 우편물

2장

수입통관 절차와 실무

1절 수입신고 전 절차

1. 수입통관 절차와 이해

(1) 수입통관

수입통관을 진행하기 위해서는 수입물품에 대하여 신고 서류를 갖추어 세관에 신고하여야 한다. 다만, 수입의 형태가 특이한 여행자의 휴대품과 별송품, 탁송품 및 우편물 등에 대하여는 간단한 방법으로 통관절차를 이행하게 하고 있다.

(2) 수입신고

수입신고를 받은 세관에서는 수입신고 사항과 수입물품의 일치 여부를 확인하는 등 신고사항을 심사하고, 세관에서 이를 수리하면 수입신고필증을 교부받아 보세구역에서 물품을 반출할 수 있다. 이러한 일련의 절차를 수입통관 절차라 한다.

수입신고 시기는 수입물품을 보세구역에 장치한 후에는 물론이고, 수입물품을 적재한 선박 또는 항공기가 우리나라 항구에 입항하기 전에도 신고할 수 있으며, 세관장이 인정하는 성실업체에서는 수입신고 전에도 반출신고만으로 보세구역에서 수입물품을 반출할 수도 있다. 또한, 관세 등의 세금도 수입통관 후에 납부할 수도 있다.

(3) 수입통관 절차

수입통관 절차는 수입물품의 유통과 직접적인 관련이 있으므로 이를 잘 활용하면 물류비용을 대폭 절감할 수 있다. 수입통관 절차는 수입물품의 대금이 지급되는 유환수입통관과 무상으로 수입되는 무환수입통관으로 구분할 수 있고 무환수입물품은 유환수입물품에 비하여 납부세액이 적어 정확한 세금의 납부보다 신속한 통관이 요구되는 특성상 간단한 통관절차를 거치는 경우가 대부분이다.

수입통관 절차는 수입신고 시기에 따라서도 다소 다르다. 그 중 이해하기 쉽고 가장 기본이 되는 보세구역 장치 후 수입신고 시의 수입통관 절차를 수입통관과 직접적인 관련이 있는 무역 절차까지 일부 포함해 보면 유환수입통관 절차는 그림과 같다.

《 유환수입의 통관절차 》

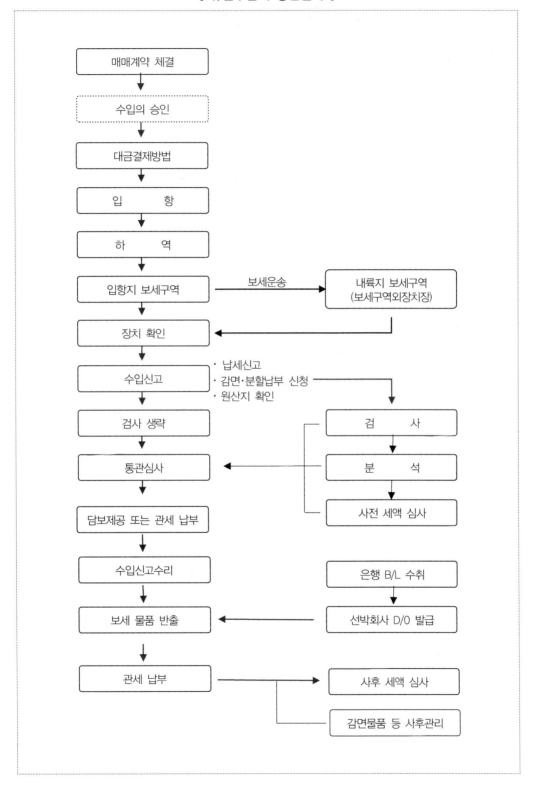

2. 수입제한 여부와 확인

▒ 가. 수입신고 시 수입승인서 제출 생략

관세법령이 개정되어 수입신고 시 수입승인서 없이도 수입통관이 가능하다(2001.1.1. 시행). 또한, 수입통관고시 제15조에서도 수입승인 대상 물품(수입제한 물품)의 수입신고 시에도 수입승인서를 제출하라고 규정하고 있지 않다. 다만, 수입제한 물품 중 법 제226조의 규정에 따라 세관장 확인대상 물품에 한하여 요건을 구비한 확인 서류를 제출하도록 규정하고 있을 뿐이다.

이 경우에도 수입 요건을 전산으로 확인할 수 있으면 전산으로 확인하고 종이서류를 제출하지 아니하도록 규정하고 있다.

그러나 수입업체에서는 수입승인 대상 품목에 대해서는 미리 수입승인을 받아야 한다. 수입승인을 받았는지 수입을 제한하고 있는 주무부 장관(또는 위임기관장)이 확인하기 때문이다.

▒ 나. 수입승인

(1) 수입승인 대상 품목

대외무역법령에 따른 수출입공고에서 수입승인 품목으로 지정된 수입물품은 수입승인을 받아야 한다(대외무역법 제11조 및 제12조). 수출입공고에서는 수입이 제한되는 물품만을 게기하고 있으므로 동 공고에 게기된 품목(이하 '수출입제한품목')의 수입 시에는 수입승인을 받아야 한다.

(2) 수입승인 제외 품목

◉ 수입자동승인품목

수출입공고 및 수출입별도공고에서 수입을 제한하지 않는 품목(이하 "수출입자동승인품목")은 수입승인을 받을 필요가 없다.

◉ 중계무역 물품

중계무역물품은 수출입 통관을 거치지 아니하고 보세구역(보세구역외장치장 포함)에 장치 중 외국으로 수출(반송)되는 물품이므로 수입제한 물품이라도 수출입승인을 받지 않고도 수출(반송) 신고가 가능하게 허용하고 있다.

◉ 통합공고 게기품목

수출입공고 중 통합공고에 게기한 품목은 수입제한품목이 아니고 수입자동승인품목이므로 수입승인을 받지 않고 수입할 수 있다. 통합공고는 수입 여부를 제한하는 것이 아니라 수입할 수 있는 물품의 기준을 정하는 것이기 때문이다(⑩수입식품은 우리 국민이 먹을 때 해가 되지 아니하는 기준 등).

그러나 각종 법률에서 국민의 건강, 안전, 환경보호 등을 위하여 수입할 수 있는 물품의 요건을 정하고 있고, 이러한 요건을 갖추었음을 증명하기 위하여 요건확인기관으로부터 허가, 추천, 신고, 검사, 검정, 시험, 형식승인 등을 받도록 규정하고 있으므로 통합공고품목도 실질적인 면에 서는 수입제한품목으로 볼 수 있다.

(3) 수입승인 기관

수입승인 권한은 산업통상자원부 장관에게 있으나 대부분 관계행정기관장에게 위임하고 있다 (대외무역관리규정 제8조). 품목별 수입승인 기관은 수출입공고 등에 게기되어 있다.

(4) 수입승인 신청권자

대외무역법령의 개정으로 수입승인 신청은 제한 없이 누구나 할 수 있다. 대외무역법 개정(법 률 제6316호, 2001.3.30. 시행) 이전에는 무역협회장에게 신고한 무역업자만이 할 수 있도록 제 한하였었다. 업무의 형편 등으로 오퍼상 등에게 수입을 위탁하는 때에는 수입을 위탁한 실수요 자가 수입승인서에 위탁자로 기재되도록 유의하여야 한다. 수입승인 대상이 아닌 물품은 수입신 고 시에 수입대행계약서를 관세사에게 제출하여 위탁자가 수입신고필증에 실수요자(납세의무자) 로 기재되도록 하여야 구매가격과 부가가치세 등에서 손해를 예방할 수 있다.

(5) 수입승인 신청 시 구비서류

수입승인 신청 시의 구비서류는 다음과 같다.
① 수입승인신청서(대외무역관리규정 별지 제4호서식)
② 수입계약서 또는 물품매도확약서
③ 수입대행계약서(수입 위탁이면 즉 실수요자와 수입자가 다른 경우)
④ 수출입공고 등(통합공고 포함)에서 규정하는 요건을 충족하는 서류(승인기관에서 승인 요 건의 충족 여부를 확인할 수 있는 경우는 제외)

▎ 다. 수출입공고

수입제한 여부는 수출입공고에서 확인하여야 한다. 수출입공고는 대외무역법 제11조의 규정에 따라 산업통상자원부장관이 수출입을 제한하는 품목의 지정 및 동 제한 물품에 대한 수출입 승 인 절차를 공고한 것을 말한다.

(1) 공고방법

수출입제한품목만 HS 부호를 기준으로 열거하고 있어, 동 공고에 별도의 수입 요령이 게기되 어 있으면 수입제한품목이고, 게기되어 있지 않으면 자유롭게 수입할 수 있는 수입자동승인품목 이다.

(2) 수입제한 물품

수출입 공고상 수입금지품목은 없으며, 수입제한품목은 항공기 및 동 부분품 등 HS10 단위기준, 118개 품목뿐이며, 이는 2002년부터 별도 공고 제도를 폐지하고 별도 공고 내용을 수출입공고에 통합하였다.

(3) 수입제한 제외 물품

수입제한품목이라 하더라도 외화 획득용으로 수입하는 때에는 별도의 제한 없이 수입승인을 받을 수 있다.

(4) 수입공고 사례

수출입공고상 중고품의 수입 요령은 신품의 경우와 같다.' 98. 이전의 수출입공고에서는 중고품에 대하여는 별도공고에 중고품 수입요령을 제정하여 수입하도록 규정하고 있었으나 '99. 수출입공고에서 중고품 수입요령을 폐지하면서 신품과 같이 적용토록 개정되었다.

그러나 수출입 통관을 위한 세관의 수출입신고서 상의 품명은 반드시 품명 앞에 '중고(USED)'라는 표시(⑩중고선반이면 "Used Lathe")를 하여야 한다. 신품과 중고품은 가격이 다르고 사용 여부에 따른 관세법상의 적용이 다른 경우가 많이 있을 수 있기 때문이다.

> 참고 종전에 시행되던 수입선 다변화 품목 공고는 1999.7.1 공고시에 폐지되었고, 방위산업용 원료·기재에 대한 별도공고는 1998.12.28. 공고시에 삭제되었다.

▪ 라. 통합공고

대외무역법 이외의 법령에서 수출입 요건 및 절차 등을 규정하고 있는 품목을 모아서 산업통상자원부장관이 공고한 것을 말한다(대외무역법 제12조). 이는 국민의 건강, 안전, 환경보호 등을 위하여 개별 법령에서 정하는 기준에 부합하는 물품에 한하여 수입할 수 있게 하는 것으로서 수입제한이라 보지 아니한다.

예를 들면 국민건강에 해가 없는 식품, 매연배출량이 일정기준 이하인 자동차 등이다. 앞으로 수입제한 물품은 축소되어 수입자유화가 확대되겠지만, 통합공고 물품은 더욱 확대되고 강화될 것으로 예상한다.

(1) 공고방법

특별법별로 주무부 장관이 적용 범위, 수출입 요령 및 절차 등을 따로 정하여 공고한 것을 수출입공고 시 산업통상자원부장관이 함께 고시하고 있다.

(2) 통합공고 물품의 수입 요령

개별 법령별로 수입 요령이 각각 다르다. 수입요건 확인 품목별로 확인기관이 다르고 확인 방법이 다르다. 자세한 내용은 수출입공고에서 확인한다.

> **사례** 화학물질을 수입하려는 자는 사전에 그 성분이 유독물질 등에 해당하는 지를 확인하여야 한다(화학물질관리법 제9조). 유독물질 등을 수입하면서 화학물질확인을 받지 아니한 때에는 1,000만원 이하의 과태료 처분을 받게 된다.

(3) 수출입공고와의 관계

수출입공고의 제한 내용이 통합공고에서 동시에 적용되는 경우에는 두 요건을 모두 충족하여야 수입할 수 있다.

(4) 세관장 확인 사항과 관계

통합공고에 게기된 물품에 대하여 수입통관 시 법 제226조의 규정에 의한 세관장확인서류를 제출하게 하는 경우가 있다(2024년 현재 통합공고상 관련법률 68개 중 세관장 확인 법률은 43개임).

확인하는 목적이 다르고 확인하는 시기가 다르며 확인하는 방법이 서로 다르나 중복되는 경우에는 수입요건 확인 기관이 같고 수입요건 확인 사항을 요건확인기관에서 세관에 전자문서로 직접 송부하기 때문에 수입업체에서는 수입통관에 전혀 불편이 없다.

3. 대금결제방법

가. 수입신용장의 개설

신용장 제도는 국가와 국가 간의 무역거래에서 수출자의 대금수취와 수입자의 물품확보를 공신력 있는 은행이 보장하는 제도이므로 수출자와 수입자가 이를 서로 믿을 수 있을 때에는 수입신용장을 개설하지 아니한다. 신용장 개설 시에는 절차가 복잡하고 개설수수료도 지급되기 때문이다. 2014년 12월 현재 우리나라의 수입거래에서 신용장을 개설하는 거래의 비중은 23.7%를 나타내고 있다.

(1) 신용장 개설 시기

수입승인을 받지 아니하는 대부분은 신용장 개설시기에 대한 제한이 없으나 수입승인을 받아야 하는 수입물품은 수입승인 후 수입승인서의 유효기간 내에 개설할 수 있음이 원칙이다. 다만, 수입승인서에 부관(승인조건)이 있는 때에는 승인조건기간 내에 개설하여야 한다.

(2) 신용장 거래 과정

신용장의 거래에서 수입자의 대금지급시점과 수출자의 대금영수시점의 순서에 따라 순환과 역환으로 구분된다. 수입자가 지급한 대금을 은행 간에 송금 후 수출자가 거래은행에서 수령하는 것을 순환이라 하고, 거꾸로 수입자가 대금을 지급하기 전에 수출자가 환어음을 발행하여 수출대금을 영수하는 것을 역환이라 한다.

역환의 경우에는 수입자가 대금지급을 할 때까지 소요되는 기간만큼 금융이 발생하고 동 기간의 이자를 수출대금에서 공제한 후 물품대금을 수령하게 된다. 대부분의 신용장은 역환으로 거래되고 있으므로 역환의 거래과정을 살펴보면 다음 그림과 같다.

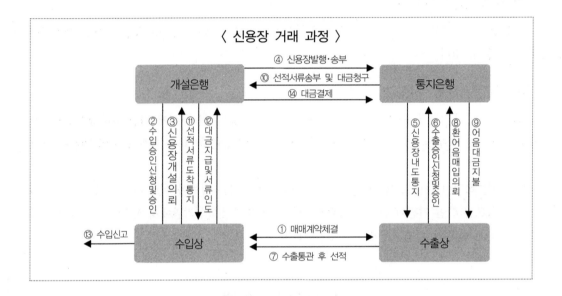

▶ 나. 무신용장 거래

신용장을 개설하지 아니하고 물품대금을 결제하는 방법에는 추심결제방법과 송금결제방법 및 계좌 간 이체방식 등이 있다.

(1) 추심결제방법

수출자가 수출품을 선적한 후 선적서류가 첨부된 환어음을 수입자를 지급인으로 발행하여 수출자의 거래은행을 통하여 추심을 의뢰하면 수입자의 거래은행을 통하여 수입자로부터 물품대금을 결제하는 방법이다. 수입자의 거래은행에서 수입자에게 선적서류를 인도하는 조건에 따라 D/P 거래와 D/A 거래로 구분된다.

① 지급인도(D/P : Documents against Payment)조건 거래 : 수입자의 거래은행이 수출자가 수입자를 지급인으로 발행한 일람불 환어음을 수입자에게 제시하고 수입자가 물품대금을 지급하면 함께 송부된 선적서류를 인도하는 방법이다.

② 인수인도(D/A : Documents against Acceptance)조건 거래 : 수입자의 거래은행이 수출자가 수입자를 지급인으로 발행한 연불 환어음을 수입자에게 제시하고 수입자가 동 어음을 인

수하면 함께 송부된 선적서류를 인도하는 방법이다.

D/A 조건의 거래는 외상거래이므로 수입자로서는 수입통관 후 국내시장에서 수입물품을 처분한 후 물품대금을 지급할 수 있는 장점이 있지만, 수출자로서는 위험도가 크므로 거래를 꺼리게 되고 이자율도 높게 마련이다.

(2) 송금 결제 방법

환어음을 발행하지 아니하고 현금을 송금하여 물품대금을 결제하는 방법이다. 송금시기와 물품 인도시기에 따라 사전송금, COD, CAD 결제 방식이 있다.

① 사전송금방식 : 수입자가 물품대금 전액을 수입물품의 선적 전에 수출자에게 미리 송금하여 지급하고 수출업자는 일정 기간 내에 물품을 선적하는 방식이다.

② 상품인도결제방식(COD : Cash on Delivery) : 수출업자가 수출물품을 선적 후 수입국에 소재하는 수출업체 지사 또는 자신의 대리인에게 선적서류를 송부하여 물품이 목적지에 도착하면 물품을 찾아 수입업자가 검사 후 상품을 인도하면서 물품대금을 영수하는 방식이다. 귀금속 등의 소액거래에 많이 이용된다.

③ 서류인도결제방식(CAD : Cash against Delivery) : 수출업자가 수출물품을 선적 후 선적서류를 수출국에 소재하는 수입업자의 지사 또는 거래은행에 제시하여 서류와 상환으로 대금을 결제하는 방식이다.

(3) 계좌간 이체 방식(본·지사 간)

다른 국가에 있는 본사와 지사 간에 무역거래가 발생하는 경우 일정한 기간(기업의 회계기간이 대표적임)마다 수입금액과 수출금액을 정산하고 차액만 지급 또는 영수하는 방식이다.

다. 수입거래계약서 작성 유의 사항

수입거래계약서와 수입승인서 및 신용장 등은 수출입신고 서류 작성의 기초자료가 되므로 이들 서류의 작성 시에는 다음의 사항들에 특히 유의하여야 한다. 신용장은 매매계약서 약정 내용과 수입승인서의 내용대로 개설하여야 한다.

① 품명·규격을 정확히 기재하여야 한다.

② 관세환급용의 원재료는 '수출품 및 원자재의 필수규격집' 등에서 표시토록 요구하고 있는 규격(필수규격)을 표시하는 것이 유리하다. 이러한 필수규격을 수입신고 시까지 보완하지 아니하면 수출 후 관세환급에 지장이 있을 수 있다.

4. 입항과 하역

▌ 가. 입항절차

(1) 적하목록 제출

수입물품을 적재한 선박이 우리나라 항구에 입항하게 되면 운항선사는 적재하기 24시간 전(해상 수입화물의 근거리는 적재항에서 선박이 출항하기 전, 항공 수입화물은 항공기가 입항하기 4시간 전 및 근거리는 출항하기 전)에 적재한 화물의 내용과 수량을 기재한 명세서를 세관장에게 제출하여야 하며, 이를 적하목록이라 한다(보세화물하역고시 제8조, 21조). 화물운송주선업자가 발행한 선하증권 단위의 화물 목록은 혼재화물적하목록이라 한다.

(2) 적하목록 작성자

하나의 컨테이너에 들어 있는 화물 전부를 한 사람의 화주가 소유하고 있는 FCL(컨테이너 화물)은 운항선사 또는 항공사가 적하목록을 작성하고, 한 컨테이너 화물을 2명 이상의 화주가 소유하고 있는 컨테이너 화물(LCL)은 화물운송주선업자(Forwarder)가 작성한 혼재 화물 적하목록을 운항선사 또는 항공사가 취합하여 적하목록을 세관에 제출한다.

적하목록 서식은 운송수단·수출입·혼재 여부에 따라 각각 다르다. 보세화물 하역고시 별지 제1호서식에서 제8호서식까지 에서 확인할 수 있다.

(3) 적하목록의 정정

적하목록 정보는 화물의 안전관리 및 위험관리를 위한 핵심 요소로 정확한 정보가 필수적이므로 세관에 적하목록을 제출하기 전에 혼재화물적하목록의 기재사항에 잘못이 있음을 알게 된 때에는 화물운송주선업자(포워더)가 수입화물의 적하목록을 정정할 수 있도록 권한을 부여하고 있다. 다만, 항공 수입화물의 경우에는 나라별로 다른 전산 환경을 고려하여 품명만 정정할 수 있도록 허용하고 있다. 하기장소 신청란에 품명란을 추가하여 기재한다. (수출입물류과 963호, 2015.3.23.)

(4) 적하목록 수정신고 등

세관에 제출된 적하목록의 기재사항을 세관장이 심사 및 관리 대상 화물을 선별하기 전에 수정하고자 하는 때에는 적하목록 수정신고를 할 수 있고, 심사 완료 후에는 해상 수입화물은 선박 입항 일로부터 60일, 항공 수입화물은 항공기 입항일로부터 60일(하선결과이상보고서, 하기결과이상보고서 또는 반입결과이상보고서를 제출한 경우에는 보고서 제출일로부터 15일) 내에 적하목록 정정 신청을 하여야 한다(보세화물하역고시 제12조 제25조).

다만, 정정사항이 단순기재(보세화물하역고시 제13조 및 제26조) 오류 사항이거나 수량 및 중량이 가벼운 경우에는 적하목록정정을 생략할 수 있다.

신청은 적하목록 작성자가 하는 것이 일반적이나 보세운송에 의해 보세구역에 반입된 화물에 대하여는 수입화주가 그 보세구역을 관할하는 세관장에게 적하목록정정승인신청서(보세화물 하역고시 별지제9호서식)를 제출하여 신청하여야 한다.

(5) 적하목록의 활용

적하목록은 세관에서 수입화물을 관리하는 기초자료로 활용하고 있으며, 적하목록상의 화물관리번호별로 화물의 이동 상황을 추적하고 재고를 관리한다. 그러므로 입항 전 수입신고 또는 출항 전 수입신고 시에 적하목록을 제출하여야 수입신고수리가 가능하다. (수입통관고시 제35조).

적하목록상의 품명은 누구나 쉽게 알 수 있도록 기재하여야 한다. 적하목록으로 무슨 물품인지 알 수 없는 경우에는 세관에서는 관리대상화물로 선별하거나 수입검사물품으로 선별하게 되어 물류비용도 많이 들고 통관 시간도 지체하게 되니 품명이 정확하게 기재되도록 유의하여야 한다.

나. 하역 절차

(1) 하선신고

본선에서 화물을 육지로 운반하여 하선 장소에 반입하는 것을 하선이라 한다. 운항선사가 화물을 하선하고자 하는 때에는 MASTER B/L(선박회사에서 발급하는 컨테이너별 B/L) 단위의 적하목록을 기준으로 하선장소를 기재한 하선신고서를 세관장에게 제출하여야 한다. (보세화물 하역고시 제15조)

해상 수입화물의 배정과 적하목록을 전산처리하기 위하여 하선신고 시 적하목록에 반입예정 보세구역을 표시토록 하고 있고, 하선결과 수입물품이 적하목록과 다른 때에는 하선결과이상보고서를 세관장에게 전자문서로 보고하여야 한다. 특히 적하목록 허위제출로 말미암은 밀수를 방지하기 위하여 검수업자가 물품검수를 하면 검수업자가 하선결과보고서를 세관에 제출하도록 의무화하고 있다.

✅ 하선장소

① 컨테이너 화물은 컨테이너를 취급할 수 있는 시설이 있는 컨테이너 보세창고(CY, CFS)에 하선한다. 다만, 산물(散物)을 함께 취급하는 부두는 세관장이 지정한 보세구역에 하선한다. 이 경우 컨테이너 보세창고에는 부두밖(OD) 컨테이너보세창고를 포함한다.

② 특수저장시설에만 장치가 가능한 물품은 해당 시설을 갖춘 보세구역에 하선한다.

③ 기타 물품은 부두내보세구역에 하선하여야 한다. 다만, 부두내에 보세구역이 없는 경우에는 세관관할구역내보세구역(보세구역외장치장 포함) 중 세관장이 지정하는 장소에 하선하여야 한다.

④

✅ 하선장소 결정순서

구체적인 하선장소 결정은 다음 순서에 의한다.

① 밀수방지 등을 위하여 검사대상 화물로 선별된 물품은 세관장이 지정한 장소

② 입항 전 수입신고 또는 하선전보세운송신고 된 물품으로서 검사가 필요하다고 인정하는 물품은 부두내 세관장이 지정하는 장소

- 종전 고시에서는 화주가 요구하는 때에는 즉시 인도할 수 있는 장소로 결정하도록 규정하고 있었으나 이는 수요자 만족의 기업경영 차원에서 보면 당연한 사항으로 선사와 수입업체 간에 사적 자치의 계약에 의거 결정될 사항이므로 삭제한 것이다.

③ 기타화물은 운항선사가 지정하는 장소

하선신고 물품에 대하여 하선장소를 변경하고자 하는 때에는 하선장소변경신고서를 서류 또는 전자문서로 제출할 수 있으며, 세관장은 그 신고내역이 타당하다고 인정되는 때에는 세관화물정보시스템에 변경사항을 등록하여야 한다. (보세화물하역고시 제16조)

✅ 하선장소에 물품 반입

하선신고서 수리일로부터 컨테이너 화물은 5일(원목, 곡물, 원유 등 산물은 10일) 내에 하선장소에 반입하고 보세구역설치인은 세관장에게 전자문서로 물품 반출입신고를 하여야 한다. 다만, 부득이한 사유로 반입기한 내에 반입이 곤란한 때에는 반입기한연장승인신청서를 세관장에게 제출하여 승인을 받아야 한다.

입항 전 수입신고수리 또는 하선전보세운송신고수리가 된 물품을 하선과 동시에 차상 반출하는 경우에는 반출입신고를 생략할 수 있다.

(2) 하기신고

항공기에서 화물을 내려 장소에 반입하는 것을 "하기"라 한다.

✅ 하기장소

- 항공화물의 하기장소는 공항내보세구역에 한한다.

✅ 하기장소 결정순서

① 밀수방지 등을 위하여 세관에서 관리대상화물로 선별한 물품은 세관장이 지정하는 장치장

② 계류장 내에서 반출물품

- 세관장이 계류장인도대상 물품으로 지정한 물품
- 화물의 권리자가 즉시반출을 요구하는 물품

③ 현도장 보세구역 반출물품

- 입항 전 또는 하기장소반입전에 수입신고가 수리된 물품
- 하기장소반입전에 보세운송신고가 수리되었거나 타 세관 관할 보세구역으로 보세 운송할 물품으로 화물분류가 결정된 물품
- 검역대상물품(검역소에서 인수하는 경우)

- B/L제시인도물품(수입신고 생략물품)

④ 기타화물은 공항 항역내의 하기장소 중 항공사가 지정하는 장소

🔹 다. 수입통관 준비

수입물품을 보세구역 장치 후에만 수입신고가 가능했던 종전의 통관절차에서는 입항 전에 수입통관을 준비하지 않아도 통관절차 이행에 어려움이 없었으나, 개정된 통관절차에서는 입항 전 수입신고뿐만 아니라 당해 수입물품을 적재한 선박이 수출국에서 출항하기 전에도 수입신고가 가능하기 때문에 신속한 통관과 유통비용을 절감하기 위해서는 입항 이전부터 다음과 같은 수입통관준비가 필요하다.

(1) 선적내용(Shipping Advice) 요구

입항 전 수입신고 또는 출항 전 수입신고가 가능한 FCL(Full Container Load, 한 화주의 물품뿐인 컨테이너) 화물에 대하여는 무역거래 계약 시에 수출국에서 송화주(Shipper)가 선적과 동시에 선적내용을 통지해 주도록 요구하여야 입항 전에 선박명과 입항예정일자를 알 수 있게 된다.

(2) 화물의 배정요청

수입물품이 FCL 컨테이너 화물로서 입항 전 수입신고, 출항 전 수입신고, 부두직통관 수입신고 또는 하선전보세운송신고 때에는 하선전에 선박회사에 장치장소를 배정요청 하여야 부두에서 통관하거나 차상반출을 할 수 있다. 수입화물의 배정 및 하역 절차는 다음과 같다.

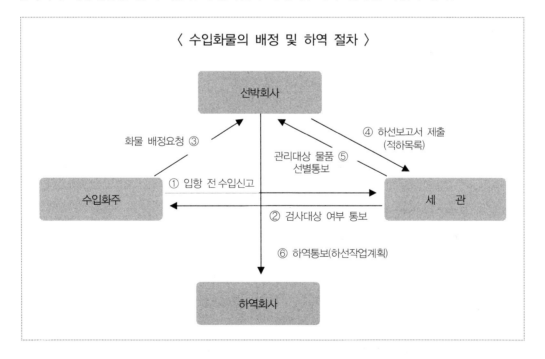

〈 수입화물의 배정 및 하역 절차 〉

(3) ICD 배정요청

컨테이너로 운송되는 수입화물은 내륙컨테이너기지(Inland Container Deposit, 경인 또는 양산 ICD)로 입항 전에 선박회사에 배정을 요청하면 선박회사에서 보세운송을 주선하여 하선과 동시에 차상 반출 등을 통하여 ICD로 운송하게 된다.

ICD 배정요청 화물은 FCL 화물에 한하여 원칙적으로 적용되는 것이나 LCL(Less than Container Load, 2인 이상의 화주 물품이 적입된 컨테이너) 화물도 동 컨테이너에 적입된 화물의 수입화주가 모두 원하면 가능하다.

5. 수입물품의 장치

▍가. 통관 세관의 선정

(1) 화주가 임의 선택

수입물품의 통관 세관은 수입물품의 장치장소에 따라 입항지 세관 또는 화주의 주소지(공장) 관할세관 중에서 원칙적으로 임의 선택이 가능하다. 화주의 주소지(공장) 관할세관과 입항지 세관이 다르고, 주소지 관할세관에서 통관하고자 하는 때에는 수입통관이 보류된 상태에서 수입물품을 보세운송 하여야 한다.

(2) 선정 기준

수입통관 세관의 선택은 신속통관과 물류비용의 절감에 기준을 둠이 좋다.

물류비용은 수입물품의 운송 형태에 따라 각기 다르며, 물류비용에 영향을 미치는 요소를 보면 다음과 같다.

① 국제 운송수단(선박 또는 항공기)
② 운송 형태(컨테이너 이용 여부와 FCL 여부)
③ 국내 운송수단(선박, 철도, 차량)
④ 수입물품의 장치장소
⑤ 수입통관의 형태
⑥ 수입업체가 제조업체 또는 도매업체 여부
⑦ 수입물품이 시중판매 완제품 또는 제조용 시설재와 원료인지 여부

(3) 통관지 세관 제한

수입신고는 당해 수입물품을 장치한 장소를 관할하는 세관장에게 하여야 한다. 이는 수입물품의 검사를 위한 불가피한 제한이다. 이 이외에도 특별히 통관지 세관을 제한하는 경우는 다음과 같다.

● 수입신고 시기에 따른 통관지 세관 제한

입항지 세관에 한하여 수입통관이 가능한 경우는 다음과 같다.

① 입항 전 신고 또는 출항 전 신고를 하는 경우
② 부두 직통관을 하는 경우
③ 선상 통관을 하는 경우

● 수입물품에 따른 통관지 제한

다음의 특정 물품에 대하여는 수입통관 세관을 지정하고 있다. 다만, 통관지세관장의 사전승인을 받은 경우와 보세공장에서 반출입하는 물품은 세관을 제한하지 아니한다. (수입통관고시 제106조)

〈 특정 물품의 통관 세관 〉

특 정 물 품	특 정 세 관 지 정
고철	수입물품의 입항지 세관, 관할지세관장이 인정하는 고철창고가 있는 내륙지 세관.다만, 제75조에 따라 고철화작업의 특례를 적용받는 실수요자 관할 세관에서도 통관가능
해체용 선박	관할지세관장이 인정하는 선박해체작업 시설을 갖춘 입항지 세관
수산물 (0302, 0303, 0305 단, 0305는 염수장한 것에 한함)	수입물품의 입항지 세관, 보세구역으로 지정받은 냉장·냉동창고가 있는 내륙지세관. 다만, 수출용원자재는 관할지세관장이 인정하는 냉장·냉동시설이 있는 수산물제조·가공업체 관할세관에서도 통관가능
수입쇠고기 및 관련제품 (HS 0201호, HS 0202호 해당물품, HS 0206호, 0210호 0504호는 쇠고기, 소의것에 한함, HS 0506.90-1020물품)	관할구역내 축산물검역시행장 및 보세구역으로 지정받은 냉장·냉동창고가 있는 세관
활어 (HS 0301호, 관상용 및 양식용은 제외)	관할구역내 활어장치장이 있는 세관
쌀 (HS 1006.20호,1006.30호 해당물품)	부산, 인천, 평택, 군산, 목포, 동해, 울산, 광양, 마산, 인천공항, 포항세관
중고승용차	인천, 인천공항, 서울, 부산, 평택직할, 용당, 마산세관

▶ 나. 수입물품의 장치장소

(1) 수입물품의 장치가 가능한 장소

수입통관 절차를 이행하기 위하여 물품을 일시 장치할 수 있는 곳은 보세구역과 세관장으로부터 허가받은 보세구역외장치장이 있다. 보세구역은 수입물품을 보세상태에서 장치·보관·제조·판매·전시 또는 건설하는 곳으로 수입통관을 위한 일시장치는 주로 지정장치장(장치기간 6개월 이내)과 보세창고(장치기간 1년 이내)가 담당한다.

보세화물의 관리상 세관의 필요에 의하여 세관장이 지정하면 지정장치장이 되고 개인이 영업활동을 위하여 특허를 받으면 보세창고가 된다.

기타 보세구역과 보세구역외장치장, 종합보세구역, 관세자유지역 및 자유무역지역에서도 수입물품의 장치 후 수입통관이 가능하다. 종전의 보세장치장은 2001 개정관세법에서 보세창고에 통합되었다.

보세창고는 용도에 따라 영업용과 자가용으로 구분된다.

〈 수입물품 장치장소 〉

(2) 영업용 보세창고

수출입 화물을 보관하는 것을 업으로 하기 위하여 개인이 세관장으로부터 설영을 특허를 받은 보세구역이다. 일반수입 물품은 물론 수입화주가 결정되지 아니한 중계무역물품, BWT 물품(Bonded Warehouse Transaction) 등의 수입화물도 함께 장치하는 곳이다.

영업용 보세창고는 대표적인 수입물품의 장치장소로 이용되고 있으며, 대부분이 입항지에 분포되어 있으나 내륙지 세관에도 물동량이 많은 세관에는 한 개 이상 설치되어 있다. 영업용 보세창고는 세관에서 가깝고 교통이 편리한 곳에 있어야 하며 관세청장이 정하는 일정한 시설요건을 갖추어야 승인이 가능하다(특허보세구역고시 제10조 또는 제14조).

✅ 보관 요율

보관 요율은 보세창고 운영인이 자율적으로 정하고 있어 보세 창고별로 보관 요율이 다를 수 있다. 보관 요율의 상한선도 없고 하한선도 없으며 보관료 산출방법도 자율적으로 결정하도록 하고 있다. 종전의 보관료 산출방법이 업계의 담합으로 인정되어 공정거래에 관한 법률에 위배되기 때문에 적용하지 못하도록 했기 때문이다.

✅ 보관료 면제와 할증

인천공항 등의 항공화물에 대한 보관 요율은 장치기간이 24시간 이내에는 보관료가 면제(상·하차 등 화물취급 비용은 징수)되고 4일 이내, 9일 이내, 10일 이상의 구분에 따라 할증되고 있다.

선박 화물에 대한 부두 보관료는 6~10일 이내(부두와 선박회사에 따라 상이)에는 면제되고, 장치기간이 면제기간 후 5일 이상이면 할증되고 있음에 유의하여야 한다.

✅ 보관료를 적게 내는 방법

FCL 화물은 수입화주가 보세창고를 임의 선택할 수 있으나 LCL 화물은 포워더나 선박회사가 임의로 보세창고를 선택하고 있어 보관료를 수입화주의 의사에 반해서 많이 지급해야 할 가능성이 있으므로 가능한 한 수입화물을 FCL로 하는 것이 유리하다. 또한, FCL 화물도 여러 보세창고와 협의하여 비교·선택하는 것이 유리하다.

(3) 자가용 보세창고

수입업체가 자가 화물을 보관하기 위한 보세구역을 말한다. 종전에는 제조업체가 제조에 사용하는 원료 또는 제조용 부품 등의 자가 화물에 한하여 장치가 가능하였으나 1998.12.10. 이후에는 수입하여 판매하는 물품도 자기 물품이면 장치가 가능하게 되었다.

자가용 보세창고를 설영특허 받으면 화물보관료를 지급하지 아니하고 영업용 보세창고에 화물을 보관함에 따른 운송비와 상·하차비 등을 함께 절감할 수 있어 물류비용을 절감할 수 있는 장점이 있지만, 세관장에게 전자문서로 수출입 화물 반출입 신고를 하여야 하고, 면적의 구분에 따른 설영특허수수료를 분기마다 납부하여야 하며, 보세화물을 수입업체에서 자율관리하기 위해서는 보세사를 채용하여야 하는 의무가 있다.

✅ 특허요건

자가용 보세창고를 설영특허 받으면 수입업체에는 물류비용을 절감할 수 있으나 세관으로서는 보세화물감시 등에 따른 업무가 증가하므로 특허에 따른 문제점을 비교·형량하여 특허 여부를 결정하고 있다.

다만, 종전에는 수출입 물품의 양이나 회수 및 금액 등의 실적에 따른 제한이 있었으나 규제완화의 차원에서 이를 폐지하여 수출입업체에서 자가용 보세창고의 이용 여부를 임의 선택할 수 있게 하고 있다.

그러나 보세창고로서의 시설요건은 엄격하여 대형 운송 차량의 반출입할 수 있는 면적을 확보하여야 하고 컨테이너 등 대형 운송수단의 수용이 가능하며 침수나 화재 및 도난 등으로부터 보관에 지장이 없어야 한다. 특히 위험물 등 특수화물을 취급하는 때는 이에 따른 시설이 추가되어야 한다(보세창고 특허 및 운영에 관한 고시 제14조).

둘 이상의 수출입업체가 하나의 자가용 보세창고를 공동으로 이용할 수도 있고, 조합 등에서 회원사의 수입물품을 일괄 보관하는 경우 등에는 공동 보세창고도 설영특허가 가능하다(보세창고 특허 및 운영에 관한 고시 제15조).

(4) 기타 보세구역

✓ 보세건설장

국가기간산업 등 주요 산업시설의 건설 시에 신속한 통관과 간편한 통관절차를 위하여 산업시설의 건설 지역을 보세구역으로 지정한 보세구역이다. 산업시설은 특성상 기계가 부품으로 분할·선적되는 것이므로 수입신고 시마다 부품으로 통관할 때 처리가 곤란하나 보세건설장 제도를 활용하면 설치 후 기계로 간편하게 통관절차를 이행할 수 있고, 자가용 보세창고의 설영 특허요건에 맞지 않으면 자가용 보세창고를 설영특허 받는 것과 같은 효과가 있기 때문이다. 또한, 관세율 및 관세감면 법령 등 적용 법령을 일반수입물품과는 달리 수입신고 시점이 아니고 수입신고수리 시점을 기준으로 적용받게 된다(법 제17조 2호).

✓ 보세공장

외국에서 수입된 원자재를 수입통관하지 않고 보세 상태에서 제조하여 수출 또는 수입 통관할 수 있도록 세관장의 특허를 받은 공장을 말한다. 보세공장에서 제조된 물품을 국내에 반입하고자 하는 때에는 수입통관을 하여야 하는바, 이 경우 수입물품의 장치장소가 되고, 보세공장에서 사용할 원재료와 기계 등을 수입해도 수입물품의 장치장소가 된다.

✓ 보세전시장과 보세판매장

보세전시장에 전시 중인 물품이 판매된 때에는 수입통관을 하여야 하는바, 전시물품은 보세전시장에 장치된 상태에서 수입통관 할 수 있으며, 보세판매장에서는 외국으로 출국할 사람에게 판매하는 곳이므로 수입통관이 거의 일어나지 않는다. 다만, 판매물품의 수입 시에는 수입통관을 위한 장치장소가 될 수 있다.

(5) 보세구역외장치장

거대·중량(巨大·重量) 또는 기타의 사유로 보세구역에 장치하기 곤란한 다음의 수입물품은 보세구역 이외의 장소 즉 수입업체의 창고 등에 장치한 후 수입신고 할 수 있도록 세관장이 허가하고 있는바, 이렇게 허가된 곳을 '보세구역외장치장'이라 한다.

❶ 적용 대상 물품

관세법령상 세관장이 보세구역외장치를 허가하는 기준은 다음과 같다(보세화물관리고시 제7조). 보세구역외장치를 하면 창고료, 상·하차료, 운송비 등의 통관부대비용이 절감되므로 제조업체 지원 수단으로 활용코자 제조용 시설재와 원재료는 보세구역외장치허가시에 적용 조건이 완화될 수 있다.

① 물품이 크기 또는 무게의 과다로 보세구역의 창고 내에 장치하기 곤란한 물품.

② 다량의 산물로서 보세구역에 장치 후 다시 운송하는 것이 불합리하다고 인정하는 물품

③ 부패, 변질의 우려가 있거나 부패, 변질하여 다른 물품을 오손할 우려가 있는 물품과 방진·방습 등 특수보관이 필요한 물품

④ 귀중품, 의약품, 살아 있는 동·식물 등으로서 보세구역에 장치하는 것이 곤란하다고 인정하는 물품

⑤ 보세구역이 아닌 검역 시행장에 반입할 검역 물품

⑥ 보세구역과의 교통이 불편한 지역에 양륙한 물품으로서 보세구역으로 운반하는 것이 불합리하다고 인정하는 물품

⑦ 중계무역 물품으로서 보수 작업이 필요한 경우, 시설 미비, 장치장소 협소 등의 사유로 말미암아 보세구역 내에서 보수 작업이 곤란하고 감시 단속상 문제가 없다고 세관장이 인정하는 물품

⑧ 자가 공장 및 용해·압연 시설을 갖춘 실수요자가 수입하는 고철 등의 물품

⑨ 기타 세관장이 보세구역외장치를 허가할 필요가 있다고 인정하는 물품.

❷ 허가신청시기

수입물품이 수입항에 도착하기 전에 보세구역외장치할 장소를 관할하는 세관장에게 신청함이 좋다. 관할지세관장의 보세구역외장치허가서를 첨부하여 수입항 세관장 또는 수입물품의 장치장소를 관할하는 세관장에게 신청하여야 보세운송승인이 가능하기 때문이다.

❸ 신청 시 구비서류

보세구역외장치허가신청서(보세화물관리고시 별지 제2호 서식)에 다음의 서류를 첨부하고 담보를 제공하여 전자문서 또는 종이 문서로 보세구역외장치 할 장소를 관할하는 세관장에게 신청하여야 한다.

• 송품장 또는 물품매도확약서(offer sheet)

• 선하증권(B/L) 사본 또는 이에 갈음하는 서류

• 물품을 장치하고자 하는 장소의 도면 및 약도. 다만, 동일 화주가 동일 장소에 반복적으로 신청하는 경우에는 생략할 수 있다.

> 참고 선적서류 상 수입화주와 보세구역 외 장치허가 신청인이 다른 경우의 수입화주 확인방법
> • 수입대행계약서 사본을 제출하면 가능하다.

❹ 보세구역외장치 기간

보세구역외장치의 허가기간은 6월의 범위내에서 세관장이 정하며, 동 허가기간이 종료한 때에는 보세구역에 반입하여야 한다. 다만, 반입할 보세구역이 없거나 기타 부득이한 사유가 있을 때에는 허가기간의 연장을 신청할 수 있으나 그 기간은 최초의 허가일로부터 1년을 초과할 수 없다(보세화물고시 제8조).

❺ 담보 제공

보세구역외장치허가신청 시에는 관세 등(부가가치세 등 포함) 납부세액 이상을 담보로 제공하여야 한다.

현금일 때에는 납부세액 그대로도 가능하나 기타 담보물(은행지급보증, 납세 보험증권 신용보증 등)은 납부세액의 110%를 담보함이 적정하다(가산세 등 대비).

담보기간은 보세구역외장치허가기간에 1월을 연장한 기간으로 하여야 한다. 다만, 다음의 물품에 대하여는 담보제공을 생략할 수 있다.

물 품 기 준	업 체 기 준
• 제조업체가 수입하는 수출용 원자재(다만, 농ㆍ축ㆍ수산물은 제외) • 무세물품(부가가치세 등 과세대상은 제외), • 방위산업용물품, • 정부용품 • 면제가 확실한 재수입물품	• 정부, 정부기관, 지방자치단체, 「공공기관의 운영에 관한 법률」 제5조에 따른 공기업ㆍ준정부기관ㆍ그 밖의 공공기관 • 「관세 등에 대한 담보제공과 정산제도 운영에 관한 고시」에 의하여 지정된 일괄납부업체, 담보제공 특례자 및 담보제공 생략자 • 그밖에 관할구역 내의 외국인투자업체, 제조업체로서 세관장이 관세채권 확보에 지장이 없다고 판단하는 업체

❻ 수수료 납부

보세구역외장치허가신청 시에는 건당 18,000원의 수수료를 납부하여야 한다. 다만, 국가 또는 지방자치단체가 수입하는 물품 및 협정에 의한 관세 면제 물품에 대해서는 수수료를 면제한다.

❼ 보세구역외장치장에 수입화물 반입 시 유의사항

보세구역외장치장에 수입화물이 도착한 때에는 물품 도착 즉시 세관 공무원에게 통보하여 확인을 받은 후에 컨테이너 등을 개봉하여야 한다. 세관의 확인을 받지 않고 개봉한 때에는 그에 따른 모든 책임을 지게 된다.

(6) 내륙컨테이너기지 (ICD)

고속도로의 정체에 따른 컨테이너 화물 보세운송의 장시간 소요 문제를 해결하기 위하여 내륙컨테이너 기지를 의왕과 양산에 설치하고, 철도를 이용하여 컨테이너 화물을 신속히 보세운송하며, 도심에 산재해 있는 보세창고 들을 한 곳에 집합시킴으로써 도시 교통난을 해소하기 위하여 마련된 지역으로서 입주기업체 들이 각각 개별적으로 보세창고 특허를 받고 있다.

❶ 장치 대상 물품

컨테이너 수입화물에 한한다. FCL 화물이 원칙적으로 적용대상이 되나 LCL 화물도 수입화주가 모두 동의하는 때에는 가능하다고 하겠다.

❷ 화물 배정요청

컨테이너 수입화물을 내륙컨테이너기지에 장치하고자 하는 자는 당해 화물을 적재한 선박이 입항하기 전에 선박회사(대리점 포함)에 하역 후 컨테이너기지로 보세 운송되도록 배정 요청하여야 한다.

수입화주는 선박회사에 배정요청을 하면 선박회사에서 하선 장소를 부두로 하고 하역 즉시 간이보세운송업자로 하여금 보세운송하여 ICD에 도착하게 조치한다. 이 경우 동일 보세운송 업체가 보세운송 할 때에는 입항 선박별로 1건으로 일괄하여 보세운송을 신고할 수 있다.

(7) 부두

부두는 수입화물의 하선 장소이므로 수입화물을 장치하기에는 협소한 지역이다. 그러나 신속한 통관과 유통비용을 절감하기 위하여 신속히 반출되는 FCL 컨테이너 화물에 대하여는 예외적으로 장치를 허용하고 있는 지정보세구역이다.

❶ 적용대상 물품

부산항과 광양항 및 인천항으로 수입되는 FCL 컨테이너 수입화물은 컨테이너 전용부두에 장치할 수 있다. 일반부두로 반입되는 컨테이너 화물에 대해서는 장치장 협소 등의 이유로 적용대상에서 제외하는 것이 일반적이다. 다만, 시설 조건이 양호한 인천항 국제부두 및 평택항 등으로 수입되는 FCL 컨테이너 수입화물에 대해서는 허용하고 있다.

❷ 배정요청 (하선 요청)

부두에서 차상 반출하거나 부두장치 후 직반출 하고자 하는 때에는 당해 화물을 적재한 선박이 입항하기 전에 선박회사(대리점포함)에 부두에서 차상 반출하거나 장치하도록 요청하여야 한다. 선박회사에 요청할 수 없는 사유가 발생한 때에는 세관(화물담당과)에 선박회사에 제출하는 하선요청서를 제출할 수 있다.

다. 수입물품 장치장소의 결정

(1) 화주의 임의 선택 원칙

수입물품을 장치할 보세구역은 화주(화주가 위임하는 때는 위임을 받은 자)가 보세구역 운영인(보세창고 운영인 등)과 협의하여 정하는 것이 원칙이다. 보세구역 운영인은 수입물품의 보관을 경쟁적으로 유치하는 입장에 있으므로 수입물품의 장치장소는 수입화주가 임의 결정할 수 있다고 하겠다(보세화물관리고시 제4조). 다만, 각종의 보세구역은 특허 시 세관장이 지정한 장치

물품의 범위에 해당하는 물품에 한하여 장치할 수 있음에 유의하여서 한다. 일반적으로 영업용 보세구역보다 자가용 보세구역에 장치제한이 더욱 많다.

(2) 화주가 장치장소를 결정하지 않을 때

화주(위임받은 자 포함)가 수입물품의 장치장소에 관하여 별도의 의사표시가 없는 때에는 MASTER B/L 화물은 선사(항공사), HOUSE B/L 화물은 화물운송주선업자가 선량한 관리자로서 장치장소를 결정한다(보세화물관리고시 제4조).

(3) 예외 (보세화물관리고시 제4조)

① 입항 전 수입신고, 출항 전 수입신고 또는 하선 전 보세운송신고가 된 물품은 보세구역에 반입함이 없이 부두 또는 공항 내에서 보세운송 또는 통관절차를 밟는다.
② 위험품, 보온 또는 보냉물품 및 검역대상물품, 귀금속, 식품류 등은 당해 물품을 장치하기에 적합한 보세구역에 장치하여야 한다.
③ 보세구역외장치의 허가를 받은 물품은 그 보세구역외장치장에 장치하여야 한다.
④ 보세창고, 보세공장, 보세전시장, 보세판매장에 반입할 물품은 특허시세관장이 지정한 물품에 한하여 당해 보세구역에 장치하여야 한다.
⑤ 세관장이 선정한 관리대상화물은 특별한 관리를 위하여 세관의 지정장치장 또는 세관의 감시·감속이 쉬운 보세창고에 장치한다.
⑥ 고철은 고철 전용 창고에 장치한다.

2절 수입신고 주요사항

1. 수입신고의 성격

수입신고는 외국으로부터 수입되는 물품에 대하여 수입하겠다는 의사표시를 세관장에게 하는 것으로 수입신고를 함으로써 적용법령 및 과세물건 그리고 납세의무자가 확정된다.

(1) 적용 법령의 확정

수입물품을 통관하고 있는 도중에 관세율의 변경, 환율의 변경 또는 감면 기타 관련 법령의 개정이 있을 수 있다. 이와 같은 때에는 원칙적으로 수입신고 한 날의 법령에 따라 관세를 부과한다(법 제17조).

> 참고 1. 관세율이 2017.1.1.부터 10%에서 8%로 변경된 경우
> - 2016.12.31. 이전에 수입신고된 물품은 10% 적용
> - 2017.1.1. 이후 수입신고된 물품은 8% 적용
> 2. 신설된 관세감면규정이 2017.3.1. 시행된 경우
> - 2017.2.28. 이전 수입신고된 물품은 감면적용 불가
> - 2017.3.1. 이후 수입신고된 물품은 감면적용 가능
> 3. 관세 환율이 이번 주 US $1=₩1,200에서 다음 주에 US $1=₩1,150으로 인하된 경우
> - 이번 주에 수입신고 한 물품은 US $1=₩1,200 적용
> - 다음 주에 수입신고하는 물품은 US $1=₩1,150 적용
> 4. 품목분류번호(HS 10단위)가 2017.8.1.부터 변경된다고 고시된 경우
> - 2017.7.31. 이전에 수입신고 한 물품은 변경 전 HS 10단위 적용
> - 2017.8.1. 이후 수입신고 한 물품은 변경된 HS 10단위 적용원칙
> *다만, 예외적으로 2017.7.2. 이후(변경고시일로부터 30일이 경과하기 전)에 우리나라에 수출하기 위하여 선적된 물품에 대하여 변경 전의 품목분류를 적용하는 것이 수입신고인에게 유리한 때에는 변경 전의 HS 10단위 적용 가능(법 제87조 4항)

(2) 과세물건의 확정

관세는 원칙적으로 수입신고를 한 때의 물품의 성질과 그 수량에 의하여 부과한다(법 제16조). 따라서 운송 도중 또는 보세구역에 장치하던 중에 그 물품이 변질 또는 손상된 경우에는 수입신고 시의 물품의 성질과 수량에 의하여 관세를 부과하게 되므로 변질 또는 손상을 고려하여 과세가격을 적게 결정하게 된다.

수입신고 한 때로부터 수입신고수리시까지의 사이에 물품이 변질 또는 손상되었을 때 관세법 제100조의 규정에 의거 변질 또는 손상된 만큼 관세를 경감받을 수 있다.

(3) 납세의무자의 확정

관세의 납세의무자는 그 물품을 수입하는 화주(법 제19조 및 수입통관고시 제3조제7호)이다. 화주의 형태는 구체적인 다음과 같이 결정된다.

① 수입대행은 수입을 위탁한 자

② 수입대행이 아닌 경우에는 송품장 상의 수하인, 송품장이 없는 때에는 선하증권 또는 항공화물운송장상의 수하인

③ 수입신고 전에 외국물품을 보세구역에 장치한 상태에서 양도한 경우에는 양수인

④ 화주가 부도 등으로 직접 통관하기 곤란한 경우에는 양수인이 된 은행

⑤ 법원의 임의경매절차에 의하여 경락받은 물품은 경락자

> **참고** 화약류 수입허가증의 실수요자를 납세의무자로 인정 가능 여부
> : 지방경찰청장의 화약류 수입허가증에 실수요자가 표기되었다면 다음의 조건을 모두 갖추면 실수요자를 납세의무자로 인정할 수 있다(관세청 통관기획 12140 - 530호, 2001.5.7.).
> ① 총포(화약류)수입허가증 상에 수입자와 함께 실수요자로 표기된 자로서
> ② 실수요자는 화약류 수입허가를 받은 수입자와 수입대행계약을 맺은 자이며
> ③ 사업자등록증의 〈종목〉 난에 총포·석궁 등을 취급하는 자일 것

2. 수입신고 시 유의사항

(1) 수입신고자

수입신고는 화주, 관세사, 통관취급법인 또는 관세사법인의 명의로 하여야 한다. 여기서 화주라함은 납세의무자를 말한다. 실제로 수입신고는 대부분 관세사에게 대행시키고 있으나, 화주가 직접 신고할 수도 있다.

(2) 수입세금계산서 유의사항

❶ 주소·상호·대표자 등의 변경

주소·상호·대표자 등의 변경은 즉시 관세사에 통보하여 관세청에 등록된 동 내용을 수정하여야 한다. 주소, 상호 또는 대표자 등의 변경일 이후에는 변경되지 아니한 세금계산서는 세무서에서 인정하지 않으려는 경향이 있기 때문이다.

세관에의 수입신고는 전산으로 이루어지고 있고, 세금계산서는 신고내용에 따라 전산에서 자동 출력되며, 수입신고 시 납세의무자의 주소·상호·대표자 등의 입력은 입력절차간소화를 위하여 사업자등록번호만 입력하면 자동으로 입력되도록 관세청전산망이 구축되어 있어 이를 수정하지 않으면 변경 전의 사항으로 세금계산서가 발급되기 때문이다.

❷ 세금계산서의 수정

세금계산서의 주소·상호·대표자 등을 변경하고자 하는 자는 사업자등록증 등 관련 증빙자료를 첨부하여 수입통관세관장에게 신청하여야 한다. 이 경우, 전산자료를 수정하기 위해서는 수입신고필증의 정정승인을 받아야 수입세금계산서의 수정발급이 가능하다.

이는 관세청에서 국세청에 수출입내역을 전산으로 통보하고 있고, 통보내용과 세금계산서가 일치하지 않는 한 세무서에서는 이를 인정하지 않으려는 경향이 있기 때문이다.

3. 수입신고의 시기

가. 수입신고 시기의 선택

수입신고 시기는 수입물품의 운송형태와 수단 등에 따라 수입물품이 수출국 선적항에서 출항하기 전부터 우리나라에 도착하여 보세구역에 장치한 후까지 수입화주가 임의 선택적으로 가능하며 다음과 같은 4단계가 있다.

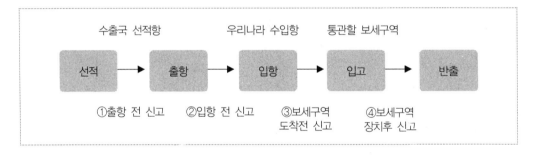

《 수입신고 시기에 따른 통관절차의 구분 》

구 분	출항 전 신고	입항 전 신고	보세구역 도착 전 신고	보세구역 장치 후 신고
신고 시기	수출국에서 선적후 출항 전	수출국 출항 후 하선신고 전	입항후 보세구역 도착전	보세구역 장치 후
신고대상물품	항공기로 수입되는 FCL 화물 및 일본, 중국, 대만, 홍콩에서 선박으로 수입되는 FCL 화물	FCL 화물	모든 수입물품	모든 수입물품
신고세관	입항예정지세관	입항예정지세관	보세구역 관할세관	보세구역관할세관
검사대상 통보 시기	출항 후	수입신고 시	수입신고 시	수입신고 시
검사생략물품의 신고수리시기	적하목록 제출 후	적하목록 제출 후	보세구역 도착 시	수입신고 시

* 관련규정상 제한은 없으나 현실적으로 LCL 화물은 입항(출항) 전 수입신고가 불가능함.

종전에는 관세채권확보와 보세화물의 완벽한 관리를 위하여 수입물품을 보세구역에 장치 후에만 원칙적으로 수입신고가 가능하였으나 수입물품의 물류비용을 획기적으로 절감하기 위하여 '96관세법 개정 이후에는 수입물품을 적재한 선박이 우리나라 항구(공항)에 입항 전과 수출국에서 출항 전에도 수입신고가 가능하게 되었다.

나. 보세구역 장치 후 수입신고

(1) 수입신고 시기

수입물품을 보세구역(보세구역외장치장 포함)에 장치한 후라야 수입신고가 가능하다. 수입물품의 보세구역장치 여부는 보세구역 운영인 등이 물품반입내역을 전산 입력함으로 수입신고 시에 전산으로 자동 확인된다. '96관세법 개정 이전의 수입신고는 원칙적으로 이 방법을 이용하였다.

(2) 수입신고 대상 물품

수입물품을 보세구역에 장치한 후 수입신고하는 것이므로 수입신고 대상 물품에 제한이 없다.

(3) 수입신고 요건

수입물품이 보세구역에 장치되어 있으면 수입신고의 제한요건이 없다.

(4) 수입신고 세관

수입물품을 장치한 보세구역을 관할하는 세관에 수입신고하여야 한다. 수입물품에 대한 세관검사가 가능하여야 하기 때문이다.

(5) 검사대상 통보 시기

수입물품에 대한 세관검사 여부는 수입신고 시에 확정·통보하게 된다.

(6) 신고수리 시기

수입통관 후 관세를 납부하는 업체(이하 "통관 후 관세납부지정업체")에서 수입하는 물품 및 수입신고 시에 관세를 납부한 물품에 대하여는 통관심사 후 수입신고수리가 가능하다. 다만, 세관검사 지정물품은 검사가 완료된 후 신고수리가 가능하다. 통관 후 관세납부 지정업체가 아닌 업체에서 수입하는 물품은 관세납부 후에야 신고수리가 가능하다.

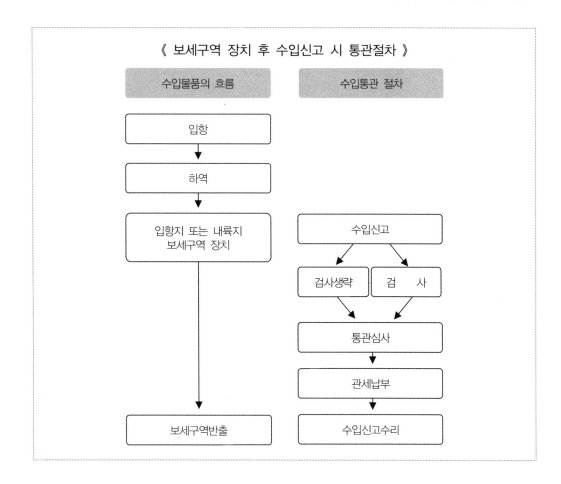

《 보세구역 장치 후 수입신고 시 통관절차 》

(7) 수입통관 절차와 물류비용

수입물품의 보세구역 장치 후에 통관하는 것이므로 수입통관에 소요되는 기간만큼 유통이 지연되고 물류비용이 많이 지출된다. 그러나 다음의 경우와 같이 부두에 장치 또는 내륙컨테이너기지(ICD)로 보세운송을 요청하거나 자가용 보세창고에 장치하는 경우에는 물류비용의 지출을 감축할 수 있다.

(8) 부두장치

수입물품을 부두에 있는 보세구역에 장치하게 되면 물류비용을 감축할 수 있다. 부산항과 광양항 및 인천항으로 수입되는 화물은 부두장치가 가능하며, 기타 항구에 대하여는 관할 세관장의 업무형편에 의하여 부두장치가 가능하기도 하다. FCL 컨테이너 수입화물은 물론 LCL 컨테이너 수입화물도 동일 컨테이너에 화물을 적재한 모든 화주가 동의하여 신속한 통관이 가능하다면 부두장치는 가능하다고 하겠다.

다만, LCL컨테이너 수입화물을 부두에 장치하기 위해서는 CFS가 있어야 하는바, 현재 대부분의 CY에는 CFS를 함께 운영하고 있다. 그러나 부두에서 직통관하는 경우에도 FCL컨테이너 수입

화물은 장치에 관련된 비용을 지불하지 않으나 LCL컨테이너 수입화물은 CFS에서 분리·장치하여
야 수입통관이 가능한 것이므로 장치에 관련된 비용을 지급하여야 하는 점에서 다름에 유의하여
야 한다.

(9) 내륙컨테이너기지(ICD) 화물 배정 요청

선박회사에 수입물품의 하선 시 장치장소를 내륙컨테이너기지(ICD)로 요청하면 선박회사에서
보세운송을 주선하여 하선과 동시에 차상 반출 등을 통하여 내륙컨테이너기지(ICD)로 운송하게
되므로 물류비용을 감축할 수 있다.

(10) 자가용 보세창고 장치

공장에 자가용 보세창고를 운영 중인 제조업체에서는 입항(하선) 전 보세운송신고를 하여 수
입물품을 차상 반출한 후 하역 즉시 자가용 보세창고로 반입하게 되면 입항 전 수입신고를 하는
경우와 같이 최대로 물류비용을 절감할 수 있다. 또한, 수입신고 시기를 마음대로 조절할 수 있
기 때문에 입항 전 신고보다 자금운용면에서는 더 편리하다.

▶ 다. 보세구역 도착 전 수입신고

(1) 수입신고 시기

수입물품을 적재한 선박 또는 항공기(이하 "선박 등")가 입항한 후부터 당해 수입물품을 통관
하기 위하여 반입하고자 하는 보세구역에 도착하기 전에 수입신고가 가능하다. 이 경우 보세구
역에는 부두 밖(OUT DOCK) 컨테이너 보세창고와 컨테이너내륙통관기지(ICD)를 포함한다.

(2) 수입신고 대상 물품

보세구역에 도착하는 것을 전제로 수입신고하는 것이므로 보세구역 장치 후 수입신고와 같이
수입신고 대상 물품에는 제한이 없다.

(3) 수입신고 요건

수입물품이 신고한 세관 관할구역 내의 보세구역에 도착하는 것을 전제로 수입신고하는 것이
므로 특별한 신고요건은 없다. 그러나 통관 후 관세납부지정업체가 아닌 수입업체에서는 수입신
고 시에 관세를 납부하여야 한다. 그렇지 아니하면 보세구역에 장치하고 관세를 납부한 후에 신
고수리가 가능하기 때문에 이 제도의 혜택을 받을 수 없기 때문이다.

(4) 수입신고 세관

통관을 위하여 수입물품을 반입하고자 하는 보세구역을 관할하는 세관에 신고하여야 한다.
(예부산항으로 수입되는 물품을 수원의 보세창고(보세구역외장치장 포함)에 반입예정 시는 수원세관)

(5) 검사대상 통보 시기

수입신고 물품에 대한 세관검사 여부는 수입신고 시에 결정·통보하게 된다.

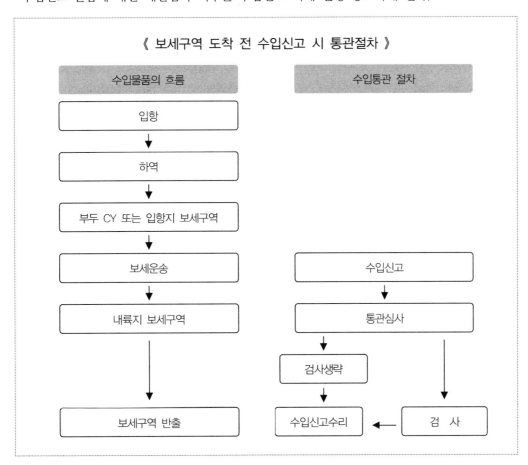

《 보세구역 도착 전 수입신고 시 통관절차 》

(6) 수입신고수리 시기

　통관 후 관세납부 지정업체에서 수입하는 물품 중 검사대상 지정물품은 보세구역에 도착하여 세관검사 후 수입신고수리하게 되며, 검사가 생략되는 물품은 보세운송 도착보고 시에 수입신고수리하게 된다(수입통관고시 제35조 1항). 이렇게 검사생략 물품을 보세구역에 도착하게 함은 보세구역 도착 후 세액심사, 원산지 표시 및 의무이행사항 등의 확인, 수입물품에 대한 마약 및 안보감시 등의 점검을 수시로 시행할 수 있게 하기 위함이다.

(7) 수입통관 절차와 물류비용

　입항지에서 보세운송의 신고수리 후 수입물품이 통관지 보세구역에 도착하기 전에 통관절차를 모두 이행하는 것이므로 통관에 따른 소요기간이 단축되고 보세구역반입에 따른 하차비용, 장치장보관 및 하역수수료와 상차 비용 등의 물류비용이 절감된다.

▶ 라. 입항 전 수입신고

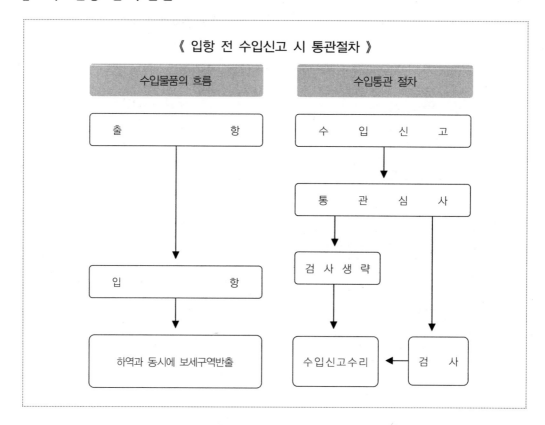

《 입항 전 수입신고 시 통관절차 》

(1) 수입신고 시기

입항 전 수입신고는 수입물품을 적재한 선박 등이 수출국의 항구에서 출항한 후 우리나라 항구에 입항하기 전에 하는 수입신고를 말한다. 이 경우 입항시점은 해상화물은 하선신고 시점, 항공화물은 하기신고 시점을 기준으로 한다(수입통관고시 제3조 2호).

(2) 수입신고 대상 물품

컨테이너 전부를 한 수입화주의 물품만으로 적입된 컨테이너 화물(FCL : Full Container Load)에 한한다. 그러므로 한 컨테이너에 여러 수입화주의 물품이 적입된 LCL 화물(Less Container Load)은 입항 전 수입신고대상이 될 수 없다. 관련규정에서는 제한규정을 규제완화의 차원에서 삭제하였으나 LCL 화물의 경우 현실적으로는 둘 이상의 화주가 동시에 입항 전 수입신고를 하기가 어렵기 때문이다.

(3) 수입신고 요건

입항 전 수입신고는 다음의 세 요건을 모두 갖춘 경우에 가능하다. 요건을 갖추지 아니한 수입신고서에 대하여는 세관에서 신고각하를 하게 된다.

❶ 담보요건

수입화주(납세의무자)가 담보제공 생략 업체(관할지세관장이 사전확인을 받은 경우에 한함) 또는 담보제공 특례자이거나 관세를 수입신고 시에 미리 납부하여야 한다(수입통관고시 제7조제1항).

❷ 수입신고 시기 요건

해상화물은 수입물품을 적재한 선박이 입항하기 5일 전부터, 항공화물은 수입물품을 적재한 항공기가 입항하기 1일 전부터 수입신고가 가능하다. (수입통관고시 제7조제1항)

❸ 수입물품 요건

다음의 입항 전 수입신고가 제한되는 물품에 해당하지 않아야 가능하다(영 제249조).

① 세율이 인상되거나 새로운 수입요건을 갖추도록 요구하는 법령이 적용되거나 적용될 예정인 물품(예 할당관세율 개정시입항 전 수입신고요건)
  * 할당 관세 적용규정 개정령에 의하여 종전보다 높은 세율을 적용받는 물품을 적재한 선박 등이 개정령 시행일 이후에 입항하는 경우에는, 동 개정령의 시행일 전에는 입항 전 수입신고를 할 수 없음(관세청 통관기획 47210 - 753호, 2001.6.29.)
② 농·수·축산물 또는 그 가공품으로서 수입신고하는 때와 입항하는 때의 물품의 관세율표 번호 10단위가 변경되는 물품
③ 농·수·축산물 또는 그 가공품으로서 수입신고하는 때와 입항하는 때의 물품의 과세단위(수량 또는 중량)가 변경되는 물품

(4) 수입신고 세관

입항 전 수입신고는 수입물품을 적재한 선박 등의 입항예정지를 관할하는 세관장에게 신고하여야 한다. 부산항으로 입항하는 경우에는 부산세관에 한하며, 용당 및 양산 세관에는 신고할 수 없다.

(5) 검사대상 통보 시기

수입물품에 대한 세관검사 여부는 수입신고 시에 결정·통보하게 된다.

(6) 수입신고수리 시기

세관검사가 생략되는 수입물품은 적하목록의 제출 후에 수입신고가 수리되고 검사대상 물품은 하역 시에 부두 등에서 세관검사가 종료되는 때에 신고수리된다. 적하목록은 수입물품을 적재한 선박 등의 운항선사 또는 항공사가 동 선박 등에 적재된 화물의 선하증권번호, 품명, 수량 등을

기재한 수입화물의 목록으로서 통상 적재항에서 선박에 화물을 적재하기 24시간 전까지(항공기는 입항하기 4시간 전까지) 입항예정인 세관장에게 제출된다.

(7) 수입통관 절차와 물류비용

입항 전 수입신고 시에는 보세구역 장치 후 수입신고와 비교하여 다음과 같이 수입화물의 유통단계가 다르고 수입물품이 부두에서 하선 되기 전에 수입통관 절차를 밟게 되어 통관절차가 물류의 흐름에 전혀 영향을 미치지 아니하고 통관 소요기간 만큼 물류기간이 단축될 뿐만 아니라 선박에서 하선 되는 수입물품을 부두에서 차상 반출하여 목적지로 운송하기 때문에 물류비용이 대폭 절감된다. 입항 전 수입신고제도가 96년도 관세법 개정의 요체라 할 수 있다.

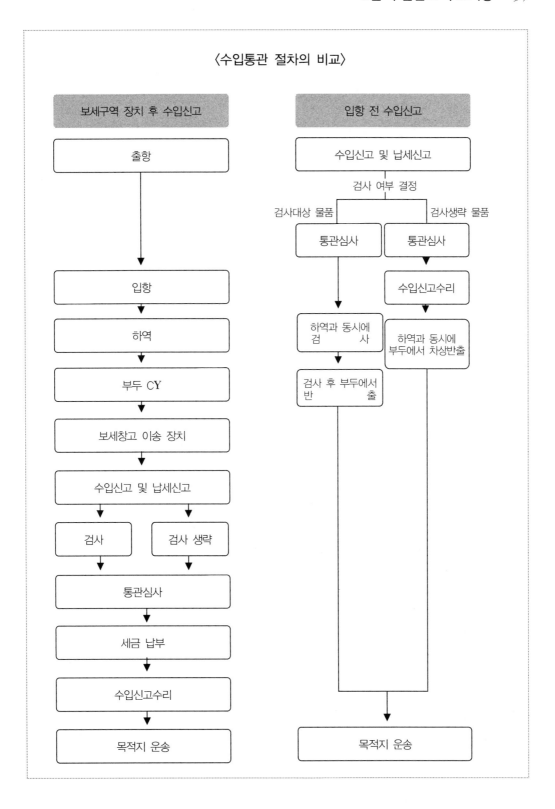

〈수입통관 절차의 비교〉

▶ 마. 출항 전 수입신고

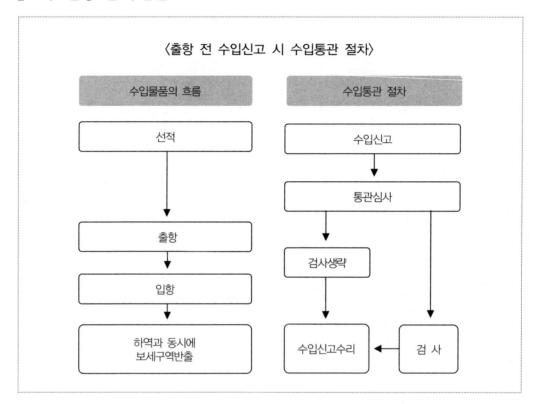

〈출항 전 수입신고 시 수입통관 절차〉

(1) 수입신고 시기

수입물품을 적재한 선박 등이 수출국에서 선적 후 출항하기 전에 수입신고 하는 것을 말한다. 항공기로 수입되는 물품 전부와 선박으로 수입되는 물품 중 일본·중국·대만·홍콩에서 수입되는 물품은 운송기간이 짧아 입항 전 수입신고를 할 여유가 없어서 출항 전에도 수입신고를 할 수 있도록 허용한 것이다. (수입통관고시 제3조제1호)

(2) 수입신고 대상 물품

항공기로 운송되는 FCL 수입화물 및 일본·대만·중국·홍콩에서 선박으로 운송되는 FCL 수입화물에 한하여 출항 전 수입신고를 할 수 있다.

(3) 수입신고 요건

입항 전 수입신고의 요건과 동일하다.

(4) 수입신고 세관

입항 전 수입신고 세관과 동일하다.

(5) 검사대상 통보 시기

수입물품을 적재한 선박 등이 수출국에서 출항한 후에 세관검사 여부를 통보하게 된다. 이는 수입신고 시에 검사대상 여부를 통보하면 수출국에서 출항 전에 세관검사생략 물품을 알게 되어 발생할지도 모르는 불법수입 등의 악용사례를 예방하기 위함이다.

(6) 수입신고수리 시기

입항 전 수입신고수리 시기와 동일하다.

(7) 수입통관 절차와 물류비용

입항 전 수입통관 절차와 물류비용과 동일하다.

4. 수입신고의 기한

(1) 반입일로부터 30일 이내 신고의무

통관하고자 하는 물품을 지정장치장 또는 보세창고에 반입하거나 보세구역외장치허가를 받아 보세구역이 아닌 장소에 장치한 자는 그 반입일 또는 장치일로부터 30일 이내에 수입신고를 하도록 규정하고 있다(법 제241조 3항). 이는 수입물품의 유통을 원활히 하여 한정된 보세구역의 활용도를 높이고 체화를 방지하며, 관세를 조기에 징수하기 위함이다.

(2) 가산세 납부

관세청장이 정하는 보세구역에 반입된 물품에 대하여는 반입일 또는 장치일로부터 30일을 경과하여 수입신고를 하는 때에는 당해 물품의 과세가격의 100분의 2(2%)에 상당한 금액의 범위 안에서 과세가격 및 장치기간을 고려하여 다음 금액을 가산세로 납부하게 된다(법 제241조 4항 및 영 제247조와 제248조).

〈 가산세액 산출표 〉

구 분	가 산 세 액
1. 신고기한이 경과한 날로부터 20일 내에 수입신고를 한 때	과세가격의 0.5 %
2. 신고기한이 경과한 날로부터 50일 이내에 수입신고를 한 때	과세가격의 1.0 %
3. 신고기한이 경과한 날로부터 80일 이내에 수입신고를 한 때	과세가격의 1.5 %
4. 기타	과세가격의 2.0 %

(3) 가산세 부과 대상 보세구역

현재 수입신고기간 경과시가산세를 납부하도록 관세청장이 지정한 보세구역은 다음과 같다(보세화물고시 제34조). IMF 이후 한동안은 수입물량이 급격히 감소하여 가산세 부과를 일시 중지한 때도 있었지만, 지금은 수출입물량이 정상을 회복하여 가산세를 납부하도록 운영하고 있다.

① 인천공항과 김해공항의 하기장소 중 지정장치장 및 보세창고

② 부산항의 하선장소 중 부두 내와 부두 밖의 CY와 CFS

③ 부산항의 부두 내 지정장치장 및 보세창고

④ 인천항의 하선장소 중 부두 내와 부두 밖 CY와 CFS

(4) 가산세 부과 제외 물품

수출용원재료 등은 가산세 납부대상에 해당하더라도 가산세를 납부하지 아니한다.

5. 수입신고의 서류

(1) 전자문서 수입신고

세관에서는 수출입 통관을 전산으로 처리하고 있으므로 수입신고는 다음의 수입신고 시 구비서류를 기초로 작성한 수입신고 자료를 첨부서류 없이 관세청통관시스템에 전송함으로써 하게 된다.

(2) 서류제출 대상

전자문서로 수입신고된 신고서에 대해서 다음의 사유에 해당하여 세관장이 서류제출을 요구하는 경우에는 수입신고서에 다음의 구비서류를 첨부하여 세관장에게 제출하여야 한다(수입통관고시 제13조).

① 관세 등의 감면신청 등으로 수입신고수리 전에 세액 심사를 하는 물품.

② 부과고지 대상 물품 및 합의세율 적용 신청물품

③ 관세법 제226조의 규정에 의한 세관장 확인물품(요건확인기관에서 전산으로 통보하는 물품 제외)

④ 검사대상 선별물품

⑤ 원산지증명서 제출물품

⑥ 성실수입자 또는 성실신고인(관세사)이 아닌 자가 수입(신고)하는 물품

⑦ 수입신고서 기재사항 중 품명·규격의 일부만 기재한 물품

⑧ 관리대상화물 검사결과 이상이 있는 물품

⑨ 기타 세관장이 서류제출이 필요하다고 인정하는 물품 등

(3) 수입신고 시 구비서류

수입신고 시에는 수입신고서에 다음의 서류를 첨부하여 세관장에게 제출하여야 한다.

① 송품장

② 가격신고서

③ 선하증권(B/L) 사본 또는 항공화물운송장(AWB) 사본

④ 포장명세서(세관장이 필요 없다고 인정하는 경우는 제외)

⑤ 원산지증명서(수출입공고 등에 의하여 특정국가로부터 수입이 제한되거나 원산지에 따라 관세율이 달라지는 물품 등에 한함) 다만, 수입신고 전에 원산지증명서를 발급받았으나 분실 등의 사유로 수입신고 시에 원산지증명서를 제출하지 못하는 경우에는 원산지증명서 유효기간 내에 해당 원산지증명서 또는 그 부본을 제출할 수 있다.

⑥ 관세법 제226조의 규정에 의한 세관장 확인물품 및 확인방법지정고시 중 수입요건 구비서류(수입요건내역을 전산으로 확인할 수 있는 경우는 전산으로 세관에서 확인함으로 제외)

⑦ 관세감면(분할납부 포함) 및 용도세율적용신청서(해당 물품에 한함)

⑧ 합의세율적용승인신청서(해당 물품에 한함) 등

⑨ 담배소비세 납세담보확인서(담배에 한함)

⑩ 할당관세 등 추천증명서류(전산으로 확인 곤란한 물품에 한함)

참고 **선하증권 및 항공화물운송장 부본의 범위**

선하증권 부본 및 항공화물운송장 부본뿐만 아니라 수입화주가 원본대조필한 사본(Fax·Copy)도 가능하다. 이는 세관에서 항공화물운송장을 제출토록 하는 이유는 신고 물품의 과세가격 결정에 필요한 운임 등 운송관련 비용, 중량 및 수량, 선적지 등 수입신고 사항을 확인하기 위한 것이어서 부본이나 사본으로도 세관목적의 달성에 문제가 없으므로 통관지연의 요인이 되는 수하인용 AWB 제출을 부본 또는 사본으로 제출하도록 한 것이며 수입화주와 항공사(대리점) 간의 운임지급 여부는 사인 간 채권·채무관계로 이는 세관에서 관여할 사항이 아니라 당사자(수입화주, 운송업자, 창고업자)가 해결할 사안이며, 세관에서는 해상화물에 대한 D/O 발급 여부에 대하여는 관여하고 있지 않으며 관계 당사 간 화물인도 등에 대한 협정에 의하여 자율적으로 해결하고 있으므로 항공화물의 운임 등에 대한 확보방안도 당사자 간 해결하여야 할 것이기 때문이다. (관세청통관 47210 · 991호, '96.7.25.)

《 세관장 확인대상 수입물품 》

대상 법령 및 물품의 범위	구비 요건
(1) 「약사법」 해당물품 중 의약품(첨단 바이오 의약품 포함) 및 한약재 　(가) 의약품 및 의약외품 　(나) 자가 치료용 의약품 등(자가치료용, 구호용 등 의약품 등 안전에 관한 규칙 제57조 제6호에 따라 식품의약품안전처장이 정하는 품목에 한함) 　(다) 한약재 　(라) 동물용 의약품	○ 한국의약품수출입협회장의 표준통관예정보고서 ○ 수입요건확인 면제 추천서 ○ 식품의약품안전평가원장 또는 식품의약품안전처장이 지정한 한약재품질검사기관장의 검사필증이나 검체수거증 또는 수입승인(요건확인)서 ○ 한국동물약품협회장의 표준통관예정보고서
(2) 「마약류관리에 관한 법률」 해당물품	○ 식품의약품안전처장의 수입승인(요건확인)서
(3) 「수입식품안전관리 특별법」 해당물품 중 식품 및 식품첨가물, 식품용 기구 및 용기·포장, 수산물, 건강기능식품, 축산물	○ 지방식품의약품안전청장의 수입식품등의 수입신고확인증
(4) (삭제)	
(5) 「식물방역법」 해당물품 중 식물, 종자, 원목, 원석, 가	○ 농림축산검역본부장의 수입식물검역증명서,

공목재	가공품목확인서 또는 금지품제외확인서
(6) 「사료관리법」 해당물품	○ 농림축산식품부장관이 지정한 신고단체의 장(농협중앙회장, 한국사료협회장, 한국단미사료협회장)의 사료수입신고필증
(7) 「가축전염 예방법」 해당물품	○ 농림축산검역본부장의 동물검역증명서, 축산물(사료 등) 검역증명서 또는 확인품목 증명서
(8) (삭제)	
(9) 「전기용품 및 생활용품 안전관리법」 해당물품 　(가) 안전인증 대상 제품 　(나) 안전확인 대상 제품 　(다) 공급자 적합성 확인대상 전기용품	○ 전기용품 및 생활용품 세관장 확인물품 확인증 ○ 전기용품 및 생활용품 세관장 확인물품 확인증 ○ 공급자적합성 확인신고 확인증명서(단, 전기용품에 한함)
(10) 「폐기물의 국가간 이동 및 그 처리에 관한 법률」 해당물품	○ 유역(지방)환경청장의 폐기물 수입허가(신고)확인서
(11) 「오존층 보호를 위한 특정물질의 제조규제 등에 관한 법률」 해당물품 중 수입금지물질, 국제협약에 의한 수입쿼터 관리품목	○ 한국석유화학협회장의 수입확인서
(12) 「외국환거래법」 해당물품	○ 세관장의 지급수단등의 수입신고필증 ○ 한국은행총재 또는 외국환은행장의 지급등의 방법(변경)신고서
(13) 「방위사업법」 해당물품 중 군용 총포, 도검, 화약류	○ 방위사업청장의 수입허가서
(14) 「화학물질관리법」 해당물품 　(가) 금지물질 　(나) 제한물질 　(다) 유독물질	○ 유역(지방)환경청장의 금지물질 수입(변경)허가증 ○ 유역(지방)환경청장의 제한물질 수입(변경)허가증 ○ 유역(지방)환경청장의 유독물질 수입(변경)신고증
(15) 「석면안전관리법」 해당물품	○ 유역(지방)환경청장의 석면함유가능물질 수입승인서
(16) 「원자력안전법」 해당물품 　(가) 핵물질 　(나) 방사성동위원소 및 방사선발생장치	○ 원자력안전위원회의 수입요건확인서 ○ 한국원자력안전재단의 수입요건확인서
(17) 「총포·도검·화약류 등의 안전관리에 관한 법률」 해당물품 　(가) 권총·소총·기관총포, 화약폭약 　(나) 그외의 총 및 그 부분품, 도검, 화공품, 분사기, 전자충격기, 석궁	○ 경찰청장의 수입허가증 ○ 지방경찰청장의 수입허가증
(18) 「야생생물 보호 및 관리에 관한 법률」 해당물품 　(다만, 쉽게 식별할 수 없는 가공품은 제외) 　(가) 야생생물 　(나) 멸종위기에 처한 야생동식물(국제적 멸종위기종 포함) 　(다) 〈삭제〉 　(라) 지정검역물품	○ 시장·군수·구청장의 야생생물 수입허가증 ○ 유역(지방)환경청장의 멸종위기 야생생물(국제적 멸종위기종) 수입허가증(서) ○ 〈삭제〉 ○ 국립야생동물질병관리원장의 야생동물 수입검역 증명서
(19) 「남북교류협력에 관한 법률」 해당물품	○ 통일부장관의 반입승인서

(20) 「비료관리법」 해당물품 중 위해성검사대상 물품	ㅇ 국립농업과학원장의 중금속 검사합격(면제)증명서
(21) 「먹는물관리법」 해당물품 중 먹는샘물, 수처리제	ㅇ 시·도지사의 수입신고필증
(22) 「종자산업법」 해당물품 　(가)식량작물종자 　(나)채소종자 　(다)버섯종균 　(라)약용종자 　(마)목초·사료작물종자 또는 녹비종자	ㅇ 농업기술실용화재단 이사장의 수입요건확인서 ㅇ 한국종자협회장의 수입요건확인서 ㅇ 한국종균생산협회장 또는 산림청장의 수입요건확인서 ㅇ 한국생약협회장 또는 산림청장의 수입요건확인서 ㅇ 농업협동조합중앙회장의 수입요건확인서
(23) 「화장품법」 해당물품	ㅇ 한국의약품수출입협회장의 표준통관예정보고서
(24) (삭제)	
(25) 「의료기기법」 해당물품 　(가) 의료기기 　(나) 시험용 의료기기(시험용, 자가사용용, 구호용 등 의료기기법 시행규칙 제32조제2항에 따라 식품의약품안전처장이 정하는 품목에 한함) 　(다) 동물용 의료기기	ㅇ 한국의료기기산업협회장의 표준통관예정보고서 ㅇ 한국의료기기안전정보원의 장 또는 한국의료기기산업협회장의 의료기기요건 면제 확인 추천서 ㅇ 한국동물약품협회장의 표준통관예정보고서
(26) 「인체조직안전 및 관리등에 관한 법률」 해당물품	ㅇ 한국의약품수출입협회장의 표준통관예정보고서
(27) (삭제)	
(28) 「통신비밀보호법」 해당물품 중 감청설비	ㅇ 과학기술정보통신부장관의 감청설비 인가서
(29) 「산업안전보건법」 해당물품 　(가) 석면함유제품 　(나)제조등 금지물질 　(다)안전인증대상제품 　(라) 자율안전확인 대상물품	ㅇ 지방고용노동관서장의 제조금지물질 수입승인서 또는 한국산업안전보건공단이사장의 확인서 ㅇ 지방고용노동관서장의 제조금지물질 수입승인서 ㅇ 안전인증기관의 안전인증확인서 또는 서면심사결과 적합확인서 ㅇ 자율안전확인기관의 자율안전확인신고증명서
(30) 「화학무기·생물무기의 금지와 특정화학물질·생물작용제 등의 제조·수출입 규제 등에 관한 법률」 해당물품 중 생물작용제, 독소	ㅇ 산업통상자원부장관의 수입허가서
(31) 「수산생물질병 관리법」 해당물품	ㅇ 국립수산물품질관리원장의 수입검역증명서
(32) 〈삭제〉	ㅇ 〈삭제〉
(33) 「전파법」 해당물품 　(가) 적합성평가대상 또는 적합성평가시험 신청기자재 　(나) 적합성평가면제 대상 기자재	ㅇ 국립전파연구원장의 적합성 평가확인 또는 사전통관확인서 ㅇ 국립전파연구원장의 적합성 평가 면제확인서(다만, 면제확인이 생략된 경우는 제외)
(34) 「감염병의 예방 및 관리에 관한 법률」 해당물품 중 고위험병원체	ㅇ 보건복지부 장관의 고위험병원체 반입허가 및 인수 신고확인서
(35) 「고압가스 안전관리법」 해당물품 중 고압가스용기	ㅇ 한국가스안전공사의 용기검사신청확인서
(36) 「어린이제품 안전 특별법」 해당물품	ㅇ 안전인증기관 또는 자율안전확인신고기관의 어린이제품 동일모델 확인증

	○ 안전인증기관 또는 안전확인신고기관의 사전통관대상 어린이제품 확인증
(37) 「계량에 관한 법률」 해당물품	○ 형식승인기관의 형식승인확인서
(38) 「위생용품 관리법」 해당물품	○ 지방식품의약품안전청장의 위생용품의 수입신고 확인증
(39) 「농약관리법」 해당물품	○ 농촌진흥청장의 농약품목등록증 또는 농약수입허가증
(40) 「목재의 지속가능한 이용에 관한 법률」 해당물품 　(가) 목재, 목제제품, 목재팰릿 　(나) 성형목탄, 목탄	○ 산림청장의 수입신고확인증 ○ 산림청장이 지정한 검사기관의 목재제품 규격·품질검사 결과 통지서
(41) 「생물다양성 보전 및 이용에 관한 법률」 해당물품 　(가) 생태계교란 생물	○ 유역(지방)환경청장의 생태계교란 생물 수입허가서
(42) 「생활주변방사선 안전관리법」 해당물품 　(가) 원료물질·공정부산물	○ 원자력안전위원회의 수입신고 확인증
(43) 「생활화학제품 및 살생물제의 안전관리에 관한 법률」 해당물품 　(가) 안전확인대상 생활화학제품	○ 한국환경산업기술원장의 안전기준 적합 확인 신고 증명서 또는 국립환경과학원장의 안전확인대상생활화학제품 승인통지서
(44) 「액화석유가스의 안전관리 및 사업법」 해당물품 　(가) 이동식부탄연소기·이동식프로판연소기	○ 한국가스안전공사의 가스용품 검사신청서
(45) 「에너지이용 합리화법」 해당물품 　(가) 삼상유도전동기	○ 한국에너지공단이사장의 효율관리기자재 수입 요건 확인서 또는 효율관리기자재 사전통관 확인서

(4) 세관장 확인대상 물품의 요건승인서에 「품목식별부호」 신고

❶ 품목식별부호 신고의 필요성

4세대 국가관세종합정보망 구축시 관세법 제226조에 따른 요건확인을 신속하고 정확하게 하기 위해 수입신고서의 모델규격별로 요건승인서의 품목식별부호를 신고토록 개선하였다.

이는 품목식별부호를 입력하면 기존 모델규격별로 요건확인서상의 품목을 수작업으로 확인하던 것을 시스템상 자동으로 요건확인이 가능하여 통관심사시간이 대폭 단축되고 심사의 정확성도 제고 할 수 있기 때문이다.(관세청 통관기획과-2379, 2016.5.2)

❷ 품목식별부호 신고방법

품목식별부호는 요건확인서내 다수의 품목을 식별하기 위한 부호 즉 일련번호를 말한다. 즉 수입신고서의 모델규격별로 일련번호를 기재하고, 요건승인서에도 수입신고서 대로 모델규격별로 동일하게 일련번호를 기재하면 세관에서 통관심사시간이 대폭 단축되고 심사의 정확성도 높일 수 있기 때문이다.

(5) 수입신고서류의 보관

수입신고를 전자문서로 함에 따라 수입신고 구비서류는 신고인(관세사)이 보관하게 된다(법 제 12조). 다만, 세관장의 요구에 의하여 종이문서로 제출된 수입신고서류는 세관장이 보관하게 된 다. 수입신고구비서류의 보관자인 신고인 등은 세관장이 요구하는 경우에는 이를 즉시 제출하여 야 한다(수입통관고시 제41조). 수입신고관련서류의 보관기간은 다음과 같으며, 마이크로필름이 나 광디스크, ERP시스템 등으로도 보관할 수 있다(영 제3조, 수입통관고시 제41조).

〈수입신고서류 보관기간〉

서　류　명	보관기간
1. 수입신고필증	5년
2. 수입거래 관련 계약서류	5년
3. 지식재산권 거래 관련 계약서류	5년
4. 수입물품 가격결정 관련 자료	5년
5. 수출과 반송신고필증	3년
6. 수출과 반송물품 가격결정자료 및 거래관련 계약서류	3년
7. 보세운송에 관한 자료	2년
8. 보세화물반출입 및 적하목록 관련 자료	2년

6. 품명·규격의 표시

일반적으로 품명이라 함은 당해 물품을 나타내는 보통명사로서 표준품명을 말하고, 규격이라 함은 당해 물품에 대한 설명 중 모델, 등급, 성분, 타입, 구성요소, 상태, 용도, 제조자, 원산지 등 을 말한다. 품명과 규격은 다른 물품과 구분하기 위하여 정해진 것이므로 수입신고 시에는 품명 과 규격을 전부 기재함이 원칙이다.

왜냐하면, 품명과 규격에 따라 수입물품의 품목분류와 가격이 달라질 수 있기 때문이다. 그러 나 무역업자로서는 무역거래시 품명과 규격을 장황하게 기재하면 업무에 번잡을 가져오고 업무 처리가 비능률적이므로 간단하게 수입자와 수출자가 서로 약속한 부호(부품번호 또는 계약번호 등)만으로 품명과 규격을 표시하는 경향이 있다.

(1) 품명·규격의 표시와 통관행정

수출입 통관을 하는 세관으로서는 수입하는 물품의 품명과 규격을 알아야 수출입 통관 허용 여부를 결정할 수 있다. 수출입 물품의 물류비용을 절감하기 위하여 대부분 수출입 물품에 대한 물품검사를 생략하고 있는 세관으로서는 다음 각 호의 사항을 충분히 알 수 있도록 기재되어야 물품검사를 하지 않고도 수출입신고서만 보면 품명과 규격을 알 수 있어 신속한 통관을 할 수 있게 된다.

❶ HSK 10단위 분류에 필요한 사항

수입신고서 작성 시에는 반드시 "관세율표 혹은 HS 종합편람" 등을 보고 HSK 10단위를 확인한 후 이 HSK 10단위에 분류되기 위한 여러 가지 조건(품명, 규격, 성분 등에 해당하는 기재사항)을 빠짐없이 기재하여야 한다.

❷ 세율(관세, 내국세) 확인을 위하여 필요한 사항

동일한 물품도 용도에 따라 관세율이 달라지는 용도세율 등이 있다.

❸ 법 제226조의 규정에 의한 세관장 확인물품의 요건확인에 필요한 사항

❹ 감면(분납포함)의 확인에 필요한 사항

관세감면 물품 등은 동일한 물품도 규격에 따라 감면 여부가 결정되기도 한다. 이 경우 요구되는 규격은 HSK 10단위를 구분하는 데 필요한 규격보다 더 자세한 것이 대부분이다. 수출입신고서의 품명과 규격으로 위와 같은 사항을 알 수 없는 때에는 부득이 물품검사를 통하여 확인할 수밖에 없어 수출입 통관절차가 지연될 수 있다.

이를 방지하기 위하여 종전에는 수출입신고 시에 수출입 물품의 품명·규격등록제를 시행하기도 했었다. 이는 수출입신고 시 관세청에 등록된 표준품명과 규격으로 신고하지 않으면 수출입 통관이 거부되며, 미등록된 물품의 수출입 시에는 품명·규격 등록신청서를 작성하여 세관에 제출하여야 통관할 수 있게 하는 제도이다.

그러나 현재는 수출입업체의 성실신고를 전제로 이 제도를 폐지하였다.

(2) 품명과 규격의 일반기재원칙

수출입신고서 상의 "품명·규격"이라 함은 품명, 거래품명, 상표명, 모델·규격, 성분의 5개 항목을 말한다.

① '품명'은 관세율표상의 품명을 말한다. 관세율표에 게기되지 아니한 물품은 일반적인 상품명을 말한다.

② '거래품명'은 실제 상거래시 송품장에 기재되는 품명을 말한다.

③ '상표명'은 상표로 불리는 품명이다(예 정종, 진로 등).

④ '모델'은 생산방식·방법·타입·양식 등을 말한다.

⑤ '규격'은 재질·가공상태·용도·조립 여부·사이즈·정격전압·처리능력·생산연도 등을 말한다.

⑥ '성분'은 구성성분의 종류 및 그 함량을 나타내는 것을 말한다.

7. 수입신고 물품의 단위

(1) 선하증권 단위로 수입신고 원칙

모든 수입물품은 운송되어 오는 화물의 단위별로 수입신고 하여야 한다. 즉 화물을 운송하는 B/L 단위로 수입신고 하여야 함이 원칙이다. 이는 보세화물관리와 관세의 부과 등에 간편하기 때문이다. (수입통관고시 제16조)

(2) 예외적으로 선하증권 분할통관 허용

B/L을 분할하여도 물품검사 및 과세가격 산출에 어려움이 없는 물품 등에 대하여는 분할신고가 가능하다. 다만, 분할 신고한 물품의 납부세액이 징수금액 최저한인 1만원 미만이 되는 경우와 소액면세를 받거나 세관장 확인대상 물품을 회피하기 위한 경우는 분할 신고할 수 없다.

B/L 분할신고 승인물품이 검사대상으로 지정된 경우에는 처음 신고할 때 분할된 B/L 물품 전량에 대하여 현품 확인 또는 물품검사를 하며, 이후 분할신고 되는 물품에 대하여는 현품 확인 또는 물품검사를 생략한다.

(3) 예외적으로 선하증권 통합신고 가능

보세창고에 입고된 물품으로서 세관장이 화물관리에 지장이 없다고 인정하는 경우에는 여러 건의 B/L에 관련되는 물품을 한 건으로 수입신고 할 수 있다.

8. 납세신고

(1) 납세의무자가 자진신고 납부

수입하는 물품에 납부할 관세 등은 화주가 세액을 산출하여 수입신고 시에 함께 신고하여야 한다. 수입통관을 관세사에게 위임하는 경우에는 관세사가 화주 대신 납세신고하게 된다. 다만, 수입화주가 납부세액을 산출할 수 없는 다음의 경우(부과고지 대상)에는 세관장이 납부세액을 결정한다.

① 여행자 휴대품 및 별송품과 우편물(유상수입물품 제외)
② 수입신고를 하지 않고 관세를 징수하는 경우
③ 법률의 규정에 따라 세관장이 징수하는 물품
④ 납세신고가 부적당하다고 인정되어 관세청장이 지정한 물품(우리나라의 거주자에 기증되는 탁송품 중 수증자가 직접 사용할 물품 등)

(2) 가격신고서 제출 (법 제27조 및 영 제15조)

❶ 가격신고서 제출시기

수입물품의 과세가격을 확인할 수 있도록 수입신고 시에 가격신고서를 제출하여야 한다. 다만, 통관의 능률화를 위하여 필요하다고 인정되는 때에는 수입신고 전에도 가격신고서를 제출할 수 있다.

❷ 가격신고 시 제출서류

관세청장이 정한 가격신고서에 다음의 과세자료를 첨부하여 제출하여야 한다. 가격신고서 서식은 포괄여부와 신고가격 인정여부에 따라 각각 다르며, 관세평가 운영에 관한 고시 별지 제3호서식에서 제6호서식까지에서 확인할 수 있다.

① 송품장
② 계약서
③ 각종 비용의 금액 및 산출근거를 나타내는 증빙자료
④ 기타 가격신고의 내용을 입증하는 데에 필요한 자료

❸ 가격신고서 제출생략

가격신고서를 제출할 필요가 없다고 인정되는 다음 물품에 대하여는 가격신고를 생략한다(규칙 제2조제1항)

① 정부·지방자치단체·공공기관이 수입하는 물품
② 관세와 내국세가 부과되지 않는 물품
③ 수출용원재료
④ 정부에서 수입확인 또는 추천하는 방위산업용품
⑤ 종량세 적용물품
⑥ 과세가격 1만불 이하의 물품 (개별소비세, 주세, 교통, 에너지, 환경세 부과물품과 분할수입물품은 제외)
⑦ 특정연구기관이 수입하는 물품

❹ 잠정가격 신고 (법 제28조 및 영 제16조)

납세의무자의 책임이 아닌 사유로 수입신고일에 가격이 미확정이면 잠정가격으로 가격신고를 할 수 있다. 잠정가격신고를 할 수 있는 대상은 다음과 같다. (규칙 제3조 참조)

① 거래관행상 거래가 성립된 때부터 일정 기간이 경과한 후라야 가격이 결정되는 원유, 곡물, 광석 등 1차 산품
② 생산지원비용, 로열티 등 가산비용이 수입신고일 이후 일정 기간이 경과한 후에야 확정될 수 있는 경우
③ 과세가격 결정방법의 사전심사를 신한 경우
④ 수입신고수리 후 국제조세조정법률에 따라 정상 가격이 조정될 것으로 예상되는 경우

⑤ 기타 계약내용 및 거래 특성상 잠정가격으로 가격신고를 하는 것이 불가피하다고 세관장
   이 인정하는 경우

잠정가격으로 가격신고를 하였으면 2년의 범위안에서 세관장이 지정하는 일정 기간 이내에 확정가격을 신고하여야 한다. 그러나 지정기간 이내에 가격이 확정되지 않는 경우에는 최초 잠정가격신고일로부터 확정가격신고일까지 2년을 초과하지 않는 범위 내에서 기간을 연장할 수 있다.

확정가격이 결정된 경우, 잠정가격과 확정가격 간의 차액에 대하여는 수정신고로 추가납부 또는 경정으로 과오납환급을 받게 되며, 그에 따른 가산세는 납부하지 않고 환급가산금도 지급받지 아니한다.

❺ 과세가격 신고 시 유의사항

현행 사후심사제도는 성실신고업체에 관하여는 조사를 면제하고, 불성실신고업체에 한하여 실지조사 등을 통하여 관세탈루세액을 끝까지 추적조사하는 차등조사를 하고 있으므로 수입물품의 거래가격을 신고하는 때에 신고사항을 누락시킴으로써 관세법의 처벌대상이 되거나 불성실업체로 지정되는 일이 없도록 특별히 주의하여야 한다.

또한 '94년도 관세법 개정 시에 세액심사와 관련된 장부보관 의무규정을 신설(법 제12조 및 영 제3조)하였으므로 실제조사를 받게 되는 경우 세액심사와 관련한 자료들을 사실 그대로 제시함으로써 성실하게 신고납부하였음을 인정받을 수 있도록 노력하여야 한다.

(3) 과세가격 결정방법 사전심사

과세가격 결정에 영향을 미치는 요소는 종류도 많고 과세가격에 포함여부가 애매한 경우가 많아 과세가격 결정이 어려운 때에는 납세신고를 하기 전에 관세평가분류원장에게 사전심사를 요청할 수 있다. (법 제37조제1항)

사전심사 신청서류는 일반수입물품은 관세평가운영에 관한 고시 별지 제16호서식에 영 제31조제1항에 규정하고 있는 서류를 첨부하여야 하며, 특수관계자간의 수입물품에는 동 고시 별지 제22호서식에 영 제31조1항과 규격 제7조의10 제1항에서 규정하고 있는 서류를 첨부하여야 한다.

다만, 중소기업에서 신청하는 경우에는 별지 제23호서식에 영 제31조제1항과 규칙제7조의10 제1항 제4호와 제8호의 서류만 첨부하면 된다. (이 책 2장 7절 4 참조)

9. 수입신고의 취하

수입신고를 했으나 부득이한 사정으로 말미암아 수입하기 어려운 상황이 발생하면 세관장에게 수입신고취하승인신청서(수입통관고시 제6호의4 서식)를 제출하여 정당한 사유를 입증한 후 승인을 얻어 수입신고를 취하할 수 있다(법 제250조 1항).

수입신고를 취하할 수 있는 부득이한 사정에 대하여 통관고시에서는 그 사유를 다음과 같이 구체적으로 열거하고 있다(수입통관고시 제18조).

① 수입물품의 위약·오송·변질·손상 등으로 외국공급자 등에게 반송하기로 합의한 경우

② 재해 기타 부득이한 사유로 수입물품이 멸실 되거나 세관장의 승인을 얻어 폐기하고자 하는 경우

③ 통관보류·통관요건 불합격·수입금지물품 등의 사유로 반송 또는 폐기하고자 하는 경우

④ 기타 정당한 사유가 있다고 인정되는 경우

수입신고를 취하할 수 있는 시기는 수입신고 이후 신고수리시까지는 물론이고 신고수리 이후라도 보세구역에서 물품을 반출하기 전에는 가능하며, 수입신고의 취하를 승인받았을 때에는 수입신고수리의 효력이 상실된다.

3절 세관의 심사와 세금 납부

1. 수입물품의 검사

수입물품에 대한 세관의 검사는 수입신고된 물품과 수입하는 물품(미신고물품 포함)의 일치 여부를 확인하는 과정이고, 정확한 세번분류를 위하여 물품의 성상과 기능을 확인하는 과정이며, 원산지 표시 여부를 확인하는 과정이기도 하다.

▶ 가. 검사대상 물품의 선정

유환수입물품에 대하여는 수입물품 전부를 검사하지 아니하고 일부 품목(현재 2% 이내)에 대하여만 검사를 하고 있다. 대부분 수입업체가 성실하게 신고하고 있고, 또 연간 천억 불이 넘는 방대한 수입물량을 적은 세관 직원으로 신속하게 통관할 수 있게 하기 위함이다.

검사대상 물품의 선정 방법은 다음과 같다.

(1) 수입신고 건별로 C/S에 의하여 선정

수입물품에 대한 검사는 불성실하게 수입신고 할 것으로 우려되는 우범성 물품에 대하여만 실시함이 능률적이므로 검사 여부를 수입신고건 별로 전산으로 결정하고 있다.

이를 통상 C/S(Cargo Selectivity)라고 부르는바, 수입물품 중 과거의 경험 등 여러 가지 요인에 의하여 불성실하게 수입신고 할 우려가 있는 물품(우범성 물품)을 선별하는 장치를 말한다.

우범성 물품 선정에 영향을 미치는 요인은 물품별 요인과 업체별 요인으로 나누어 볼 수 있다.

(2) 우범성 물품의 물품별 요인

물품의 규격에 따라 등급·종류별 가격 차가 심한 물품, 고가품으로서 수량·규격확인이 필요한 물품, 중고품 등 위장수입 우려 물품, 수입제한사항을 회피하여 수입할 가능성이 있는 물품, 위조상표 부착 및 원산지 허위표시 우려가 있는 물품, 사회 물의 야기 대상 물품, 기타 법 위반 우려 물품 등이다.

(3) 우범성 물품의 업체별 요인

동일한 수입물품에 대하여도 수입업체의 성실도에 따라 우범성 물품 선정기준이 달라진다. 수입업체의 성실도 여부는 과거 수십 년 동안의 기록자료(전산)에 의하여 판단하게 된다.

(4) 검사업무의 능률적 운명

C/S 방법에 의한 검사대상 물품이라 하더라도 세관장이 검사할 필요가 없다고 생각되는 예도 있고, C/S 방법에 의한 검사대상 생략 물품이라 하더라도 세관장이 검사할 필요가 있다고 생각하는 때도 있다.

따라서 수입검사 업무의 능률적 운영을 위하여 세관장이 검사대상을 변경(Overriding System)할 수 있는 제도를 다음과 같이 운영하고 있다.

❶ C/S 검사 생략 물품을 검사하는 경우

C/S 방법에 의한 검사대상 생략 물품이라 하더라도 다음과 같은 경우에는 세관장이 검사대상을 변경(Overriding System)하여 검사할 수 있다.

① 우범성 정보가 있는 경우
② 신고된 품명·규격이 해당 세 번과 일치하지 않거나 신고된 품명·규격만으로는 정확한 품목분류가 불가능한 경우
③ 수입자와 공급자의 주소가 불명확한 경우
④ 정확한 품목분류를 위하여 분석이 필요한 경우
⑤ 수입신고된 물품 이외의 타 물품 은닉 여부를 확인할 필요가 있는 경우
⑥ 산물 중 중량을 확인하여야 할 필요가 있는 경우
⑦ 원산지 표시, 지식재산권 침해 여부를 확인할 필요가 있는 경우
⑧ 사전세액심사를 위하여 검사가 필요한 경우
⑨ 내륙지 소재 세관에 해당세관 관할에 소재하지 않는 업체가 수입신고하는 경우
⑩ 재수입(출) 면세대상 물품의 여부를 확인해야 할 필요가 있는 경우
⑪ B/L 분할신고 되는 FCL 화물로서 B/L 물품에 전량검사가 필요한 경우 등

❷ C/S 검사대상 물품을 검사 생략하는 경우

C/S 방법에 의한 검사대상 물품이라 하더라도 수입검사업무의 능률적 운영을 위하여 다음과 같은 경우에는 세관장이 검사를 생략할 수 있다.

① 관리대상화물로 검사한 경우
② 수입제한 저촉 여부 또는 고세율 부과대상 여부를 확인하기 위하여 분석검사로 지정되었으나 이미 수입제한대상 또는 고세율 부과대상으로 수입신고 한 경우
③ 제조업체가 제조공정에 투입하기 위하여 반복수입하는 원자재로서 우범성이 없다고 판단되는 경우
④ 과세가격이 USD 2,000$ 이하의 물품으로 우범성이 없다고 판단되는 경우
⑤ 동일업체가 반복적으로 수입하는 물품 중 우범성이 없다고 판단되는 경우

▶ 나. 검사통보

(1) 검사결정

수입물품의 검사 여부는 수입신고 후 즉시 세관에서 결정하여 수입신고인에게 통보하게 된다. 다만, 출항 전 수입신고 물품은 수출국에서 출항하였음을 입증하는 서류를 제출하는 때에 통보 받게 된다.

(2) 검사입회

화주 또는 신고인이 세관의 물품검사에 입회하고자 하는 때에는 세관에 요청하면 가능하며, 입 회하지 않더라도 물품검사시 특별한 주의를 기울이도록 요청할 수 있다. 또한, 세관에서 검사입 회가 필요하여 요청하는 때에도 세관검사에 입회할 수 있으며, 이 경우 입회에 응하지 않으면 장 치장소의 관리인 등의 입회하에 세관에서 검사하게 된다.

▶ 다. 검사방법

(1) 물품 확인 방법에 의한 분류

❶ 검사직원의 오관에 의한 검사

기계류 등 대부분 수입물품은 세관 직원이 현품을 보고 확인한다.

❷ 각종 기기에 의한 검사

화공약품 등은 사람의 5관에 의해서는 확인이 곤란하므로 이의 확인을 위하여 세관에 분석실 을 운영하고 있다.

❸ 전문기관에 의뢰

(2) 검사장소에 의한 분류

❶ 견본품 검사

수입물품의 성질, 수량, 장치장소, 수입자의 신용도 등을 고려하여 수량확인이 중요시되지 아 니하는 물품으로서 견본품에 의하여도 검사목적이 달성될 수 있는 물품에 적용한다.

견본품으로 채취된 물품이 관세법 외의 다른 법률에 따라 세관 공무원 외의 공무원이 실시하 는 검사·검역 등을 위한 것으로서 세관장의 확인을 받은 물품이 사용·소비된 경우에는 수입신고 를 하여 관세를 납부하고 수리된 것으로 본다(법 제161조제5항).

❷ 세관검사장 검사

소량의 물품으로 세관의 검사장에 전량 반입이 가능한 물품 또는 일부 수량의 검사만으로 검 사목적의 달성이 가능하다고 세관장이 인정하는 물품에 적용한다. 다만, 타소장치장에 장치한 물 품은 제외한다. 이 경우 세관검사장 반입에 소요되는 비용은 화주가 부담하게 된다.

❸ 출장 검사

견본검사와 세관검사장 검사가 곤란한 물품에 대하여는 수입물품이 장치된 보세구역(보세구역 외장치장 포함)에 세관 직원이 출장하여 검사한다.

영업용이 아닌 자가용보세구역에 장치된 수입물품에 대해서는 세관직원의 파출검사로 수입업체에서는 세관검사장이나 영업용보세구역에 반입함에 따른 물류비용을 절감할 수 있으나 정부의 입장에서는 인력의 낭비를 초래하게 되므로 수익자부담의 원칙에서 파출검사수수료를 징수하였으나 수출업체 지원 차원에서 2024년 3월 관련법령의 개정(폐지)으로 파출검사수수료를 납부하지 않게 되었다.

📌 라. 검사 결과 조치

수입신고된 물품의 품명·규격·수량·원산지 등의 신고내용과 현품이 일치하여야 한다. 검사 결과가 일치하지 않으면 다음과 같이 처리된다.

(1) 산물의 수량 과부족에 따른 과세가격 결정

산물의 검사 결과 수량이 수입신고 한 수량과 달리 초과하거나 부족한 경우에는 다음의 방법으로 과세가격을 결정한다.

① 계약서 등의 내용으로 보아 수입물품이 단가로 거래된 것이었을 때에는 가격 조정 약관에 따라서 실제 반입되는 수량에 단가를 곱한 금액을 과세가격으로 한다.

② 수입물품의 가격이 전체 수량에 대한 총액으로 거래된 것이었을 때에는 실제 지급되는 총액을 과세가격으로 한다.

(2) 법 위반 혐의 조사

일치하지 않는 사유를 구체적으로 조사하여 경미한 사항은 신고서를 정정 처리하고, 관세법을 위반하려는 고의성이 보이면 법 위반 혐의를 조사하게 된다.

📌 마. 검사 피해 보상금 지급 청구

(1) 제도의 도입 취지

수출입 물품은 아주 다양함으로 통관 과정에서 세관의 현품 검사 시에 불가피하게 물품의 손실이 발생할 수 있으며 이러한 경우 정당한 수출입자에 대한 보상이 필요하다고 하겠다. 그동안 입법 미비였던 것을 2017년에 도입하였다(법 제246조의2).

(2) 지급 청구의 요건

적법한 물품검사 과정에서 손실의 경우 검사 결과 정상 화물로 판명되고 화주의 손실 발생 책임이 없는 경우에 한한다.

(3) 청구 방법

손실된 수출입 물품의 화주가 손실내용과 손실금액을 증명하는 다음의 서류 등을 첨부하여 「보상금지급청구서」를 검사세관에 제출하여야 한다(손실보상의 지급 절차 및 방법 등에 관한 고시 제4조).

① 물품사진 등 물품 손실내용을 확인 할 수 있는 자료
② 구매영수증, 수리비 내역, 등 물품 손실가격을 확인할 수 있는 자료
③ 신분증, 사업자등록증 등 손실을 보상받으려는 자의 신분을 확인할 수 있는 자료
④ 손실을 보상받으려는 자의 통장 사본

(4) 청구 기한

화물의 종류에 따라 다음과 같이 다르다.
① 여행자 휴대품 : 입출국일로부터 15일
② 특송우편물 : 수취일로부터 15일
③ 일반수출입화물 : 반출일로부터 15일

바. 검사비용 지원

(1) 제도의 도입 취지

수출입금지품 등의 반출입을 방지하기 위하여 정보에 의하여 강제로 컨테이너를 검색하고 있는바, 선량한 수출입업체가 지불하는 검사비용을 정부가 지원하기 위함이다.(법 제173조제3항 단서, 제329조제5항제1호 및 영 제187조의4, 제288조제8항, 제12항, 제13항)

(2) 지원 대상 업체

검사비용 지원 대상 업체는 관세, 국세, 지방세 체납이 없는 중소기업 또는 중견기업으로 한다.

(3) 지원 대상 물품

컨테이너로 운송되는 물품으로서 관세청장이 정하는 별도 검사 장소로 이동하여 검사받는 물품으로서 검사 결과 제출한 신고 자료가 실제 물품과 일치한 경우

(4) 지원 검사비용

국가가 지원하는 검사비용은 물품을 검사하는 과정에서 발생한 컨테이너의 운송료, 상·하차료, 내장(內藏)물품 적출·입료이다.

(5) 검사비용 지급 신청

검사비용 지급 신청은 화주 또는 관세사가 검사비용 지급 신청서(별지 제1호서식)를 작성하여 검사가 완료된 날의 다음 날부터 60일 이내에 전자통관시스템을 통해 검사를 실시한 세관장에게 신청하여야 한다. 이 경우 신청인은 다음 각 호의 서류를 스캔 등의 방법으로 이미지화하여 전자문서로 첨부하여야 한다.

① 지급계좌 통장 사본

② 검사비용 지급 거래명세서 및 세금계산서.

2. 통관심사

▶ 가. 통관심사

세관 공무원(주무과장)은 검사 기록과 신고서류 등 관련 서류를 검토하여 법령의 적용 및 수입신고된 대로 수입한 지 여부에 대해 다음의 실질적인 통관심사 사항을 확인한 후 통관 여부를 결정한다.

(1) 심사 사항

원칙적으로 세액 심사는 통관 후에 하게 되므로 세율, 과세표준, 납부세액은 통관심사 대상에서 제외되고 다음의 사항들을 통관심사 시에 확인하게 된다.

① 수입신고 시 제출 서류의 구비 및 신고서 기재사항과 일치 여부

② 수입신고서가 작성요령대로 작성되었는지 여부

③ 분석 필요성 유무

④ 사전세액심사 대상 물품은 품목분류, 세율, 과세가격, 세액, 감면·분할납부의 정확성 여부

⑤ 세관장 확인물품 및 확인방법 지정고시에 의한 수입조건의 구비 여부

⑥ 원산지 표시 및 지식재산권 침해 여부

⑦ 검사대상 물품의 품목분류 및 세율의 정확 여부(과세표준 및 세액은 통관 후 심사)

⑧ 기타 수입신고수리를 결정하는 데 필요한 사항 등

(2) 신고수리 후 분석 원칙

수입물품에 대한 분석은 수입신고수리 후에 함을 원칙으로 한다. 다만, 신고수리 후 분석이 곤란한 다음은 분석 결과에 의거 수입신고수리 여부를 결정한다.

① 관세채권 확보가 곤란한 경우

② 수입제한품목일 가능성이 있는 물품

③ 사전세액심사대상 물품으로서 세액심사를 위하여 분석이 필요한 경우

나. 심사 결과

신고인이 제출한 수입신고서류 및 자료에 의하여 통관심사사항을 확인하여 수입통관이 가능하다고 판단되는 신고서에 대하여는 수입신고를 수리하고, 수입신고수리를 할 수 없는 사유가 있으면 세관장은 보완통보, 통관보류 또는 신고각하 조치를 하게 된다.

(1) 보완 통보

신고인이 제출한 서류 및 자료에 의하여 통관심사 사항의 확인이 곤란한 다음은 세관장은 보완통보서(전자서류(EDI))에 의하여 서류 또는 자료의 제출을 요구하게 된다.
① 신고서 기재사항이 미비한 경우에는 정정보완 요구
② 첨부서류가 누락되었거나 증빙자료의 보완이 필요한 경우에는 서류보완 요구
③ 전자수입신고서류를 종이수입신고서류 제출로 변경하고자 하면 서류제출 변경 요구

(2) 통관보류

보완통보서에 지정된 기한 내에 보완요구사항을 이행하지 아니하거나 단시일 내에 통관하기 곤란한 다음의 사유가 있는 수입신고서에 대하여는 세관장은 통관보류 조치를 하게 된다.
통관 보류된 수입신고서에 대하여는 보류사유를 보완하게 되면 통관할 수 있다.
① 보완요구사항을 이행하지 아니하는 경우
② 법에 규정된 의무 사항을 위반하거나 국민보건 등을 위해 할 우려가 있는 경우
③ 관세범칙 혐의로 자체조사가 진행 중이거나 고발 의뢰한 경우
④ 기타 신고수리요건을 갖추는데 장시일이 소요되는 경우

(3) 불성실 신고인 지정

세관장이 요청하는 보완요구사항을 지정된 기한까지 이행하지 아니하면 불성실신고인으로 지정하여 동 업체에서 수입하는 모든 물품에 대하여 수입 통관시 사전세액심사를 하게 된다. 이는 수입통관 절차를 지연시켜 물류비용의 증가를 가져오는 것이므로 이런 일이 발생하지 아니하도록 노력하여야 하며, 부득이한 사정으로 발생한 때에는 즉시 보완요구사항을 이행하여 불성실신고인 지정을 해제하여야 한다.

(4) 신고의 각하

다음의 사례와 같이 수입신고가 그 요건을 갖추지 못하였거나 사위 기타 부정한 방법으로 되면 세관장은 수입신고를 각하하게 된다. 수입신고를 각하하는 때에는 그 사실을 즉시 신고인에게 통보하게 된다(법 제250조, 수입통관고시 제19조).
① 사위 기타 부정한 방법으로 신고한 경우
② 멸각, 폐기, 공매, 경매낙찰, 몰수확정, 국고귀속이 결정된 경우
③ 출항 전 신고 또는 입항 전 신고의 요건을 갖추지 아니한 경우

④ 기타 수입신고의 형식적 요건을 갖추지 못한 경우

(5) 관세 범칙조사 의뢰

수입물품에 대한 검사 및 심사결과, 동 신고사항이 다음 사례와 같이 범칙혐의가 있다고 인정될 때에는 관세법 등 위반 혐의로 조사 의뢰하게 된다.(수입통관고시 제143조)

① 수입신고에서 품명, 규격, 수량, 가격, 원산지 등 주요 사항을 정당한 사유 없이 허위로 신고하였을 때
② 신고 물품 이외의 물품이 수입되었을 때(다만, 범칙혐의가 있을 때에 한함)
③ 수입승인서, 송품장, 포장명세서, 원산지증명서 등 서류를 위조 또는 변조한 것으로 인정되었을 때
④ 관세법상 수입금지품이나 타 법령에서 수입을 제한하고 있는 품목이 불법수입 되었을 때 (다만, 범칙혐의가 있을 때에 한함)
⑤ 출항 전 또는 입항 전 수입신고를 하고 정당한 사유 없이 신고취하신청을 한 경우
⑥ 관세사가 규정을 위반하여 수입신고필증을 교부한 때
⑦ 서류의 보관 및 제출을 이행하지 아니한 때
⑧ 보세구역반입명령을 이행하지 아니한 경우
⑨ 기타 세관장이 범칙혐의가 있다고 인정한 때

3. 납세심사

수입물품에 대한 관세의 납부세액이 제대로 산출되었는지를 확인하는 것을 말한다. 현행 관세법은 신고납부제도를 채택하고 있으므로 수입신고 시 수입자가 납세신고한 내용이 성실하게 신고되었는지 확인하는 것을 납세심사라 할 수 있다고 하겠다.

가. 납세심사의 요소

납부세액은 과세가격에 관세율을 곱하여 산출하는 것이므로 다음과 같은 요소를 납세심사 시에 확인하게 된다.
① 가격신고서의 성실신고 여부
② 관세율 적용의 정확 여부
③ 납부세액 산출의 정확 여부

특히 관세의 과세가격인 수입물품의 가격은 수입화주만이 알고 있고, 이를 세관에서 확인하기는 쉽지 않으므로 과세가격의 결정이 세액심사의 주요 핵심사항으로 이를 "관세평가"라고 부른다.

▶ 나. 납세심사의 시기

(1) 수입통관 후 세액심사 원칙

납세심사는 수입통관 후에 심사함을 원칙으로 한다. 납세심사는 수입통관 전에 실시하는 것이 효과적이나 신속통관에 장애가 되므로 수입신고수리 전에 반드시 해야 하는 부득이한 경우, 즉 사전세액심사를 해야 하는 경우를 제외하고는 수입통관 이후에 하게 된다. 이를 사후세액심사라 한다.

(2) 수입신고수리 전 세액심사(사전세액심사) 예외

수입신고수리 후에 세액심사를 함이 부적합한 다음의 물품에 대하여는 수입신고수리 전에 세액심사를 한다. 이를 "사전세액심사"라 한다. 그러므로 사전세액심사 대상 물품에 대하여는 수입통관심사 시에 세액심사를 함께한다(법 제38조 2항 단서 및 규칙 제8조 1항).

① 관세와 내국세의 감면 또는 분할납부 신청물품(감면과 분할납부 심사는 수입신고수리 전, 세액심사는 수입신고수리 후)
② 관세를 체납하고 있는 자가 신고하는 물품
③ 관세청장이 정하는 불성실신고인이 신고하는 물품
④ 물품의 가격변동이 큰 물품 기타 수입신고수리 후에 세액을 심사하는 것이 적합하지 아니하다고 인정하여 관세청장이 정하는 물품

▶ 다. 납세심사의 방법

수입신고수리 후 세액심사 방법으로는 보정심사와 기업심사(기획심사, 법인심사) 그리고 종합인증 우수업체에 대한 종합심사가 있다. 법인심사 후보군을 지정할 때는 종합인증 우수업체를 제외하고 지정한다. 다만, 종합인증 우수업체의 공인취소, 폐업 등 예외적인 사유가 발생하면 수시로 법인심사 후보군을 조정할 수 있으며, 법인심사 후보군은 기획심사를 하지 않는 것이 원칙이다.

(1) 보정심사

보정심사란 수입신고 건별로 심사하는 것을 말한다. 수입신고수리 전에 심사하는 사전세액심사를 이 방법으로 하며, 수입통관 후 심사하는 사후 심사에서도 대부분 이 방법으로 한다.

보정심사는 신고납부 한 날로부터 6개월 이내에 세관장이 납세의무자가 신고 납부한 세액의 부족 또는 세액 산출의 기초가 되는 과세가격 또는 품목분류 오류가 있는지를 확인하는 것을 말한다.

보정심사는 수입업체별로 심사하는 것이 간편하고 능률적이나 관세의 추징 시기가 늦어지면 수입업체가 관세를 소비자에게 전가할 수 없어 수입업체에 큰 피해를 주게 되므로 이를 예방하기 위하여 수입통관 후 즉시 수입신고 건별로 심사함을 주로 하고 있다.

이는 신속한 수입통관을 위하여 수입신고서의 통관심사에서는 수입신고 시 구비서류의 구비 여부만 심사하고 구비서류의 정확한 기재 여부는 수입통관 후에 심사하기 위함이다.

이는 수입물품의 신속한 통관과 아울러 능률적인 세액심사를 위함이다.

✅ 심사서류

보정심사시 심사대상 신고서류의 선정은 다음의 기준에 의한다.

① 관세청의 전산(심사 대상 선별)시스템에 의해 전산 선정된 납세신고건

② 세관에서 납세의무자, 신고인 또는 물품별 특성을 고려하여 심사 대상으로 선별한 것

③ 납세의무자가 신고 납부한 세액에 과부족이 있거나 세액 산출의 기초가 되는 과세가격 또는 품목분류 등에 오류가 있는 것을 알고 보정 신청한 건

✅ 심사사항

보정심사는 수입신고 한 사항의 정확한 기재 여부를 심사함을 기본으로 한다.

수입물품의 품명과 규격의 정확한 기재를 확인하고, 신고된 품명과 규격을 기준으로 HSK 10단위 세번의 정확성과 통관 조건의 적정 여부, 관세율 적정성 및 부가가치세, 개별소비세, 교육세 등 내국세의 과세 및 면세 적용 적정성을 확인함을 기본으로 한다.

또한, 과세가격의 기초자료인 결제금액, 인도조건, 통화종류의 신고정확성과 인도조건과 관련한 운임, 보험료의 가산 여부 및 과세가격 가산·공제사유와 가산·공제요소의 누락 여부, 과세환율적용의 적정 여부, 자유무역협정(FTA)에 의한 수입물품의 원산지 적정성을 추가로 확인하게 된다.

(2) 기업심사

수입통관 후 수입업체별로 수입신고서류를 심사하는 것을 말한다. 신속한 수입통관과 효율적인 심사를 위해서는 수입통관 후에 수입업체를 조사하여 동일한 물품에 대하여 장기간 수입통관한 수많은 수입신고서류를 한꺼번에 심사하는 수입업체별 심사가 가장 이상적인 방법이다.

❶ 심사 종류

다수 수입업체를 적은 세관인력으로 심사함에는 한계가 있으므로 능률적인 심사방법을 찾아 기획심사와 법인심사의 두 방법으로 수입업체를 심사하고 있다.

① 기획심사는 특정물품 또는 거래형태로 수출입하거나 특정 산업에 속하는 업체에 대하여 수시로 정보 분석을 통해 선별하여 신고세액의 정확성 등 통관적법성 여부에 대하여 심사한다.

② 법인심사는 수입금액 등 관세청장이 정하는 기준에 따라 선정된 법인에 대하여 신고세액의 정확성 등 통관적법성 여부에 대하여 정기적으로 심사한다.

❷ 심사업체 선정

① 기획심사는 과세탈루, 법규위반 가능성이 큰 위험품목, 탈세 및 법규위반제보가 있는 품목,

언론보도 등 사회적 관심품목, 정보 분석결과 중점관리가 필요한 품목을 주로 수출입하는 업체가 심사대상이 되고

② 법인심사는 종합인증 우수업체를 제외하고 수입규모 등을 기준으로 일정기준에 해당하는 업체를 법인심사 후보군으로 지정하여 미심사연도 수, 업종별 위험도, 법규준수도 등을 기준으로 심사대상을 선정한다.

(3) 종합심사

❶ 종합인증우수업체

종합심사 대상 업체는 관세청장(본부세관장)으로부터 종합인증우수업체(AEO; Authorized Economic Operator)로 지정받은 업체이다. 종합인증우수업체 제도는 국가 간에 수출입하는 물품의 안전관리를 위하여 미국의 9.11테러 이후 도입된 제도로서 수출입 물품의 위험관리를 효율적으로 하기 위하여 물품 중심 관리에서 수출입업자 등 물품관리업자를 중심으로 관리하는 새로운 제도이다. 즉 종합인증 우수업체로 인증받은 성실업체만으로 제조·통관·운송·하역되어 수입되는 물품에 대해서는 안전성을 믿고 수입검사를 생략하는 특혜를 주는 등의 제도이다.

❷ 종합인증우수업체 지정요건

종합인증 우수업체 지정요건은 관세청장이 정한 재무건전성 및 안전관리 기준을 충족하고 내부통제시스템 및 법규준수에 관한 평가점수가 일정 점수 이상인 업체이어야 한다. (법 제255조의2, 수출입안전관리 우수업체 공인 및 운영에 관한 고시 제4조)

❸ 종합심사 의의

종합심사는 종합인증 우수업체를 대상으로 공인기준의 유지 및 개선 여부 등을 점검하기 위하여 심사하는 것이며, 수출입업체에 대해서는 납세신고한 사항에 대한 납세심사도 포함된다. 종합심사는 공인 후 2년이 경과한 때부터 유효기간 만료 6개월 전까지 관세청장이 종합심사를 할 수 있다.

❹ 종합심사 방법

종합심사는 실지심사를 원칙으로 한다. 다만, 종합인증 우수업체의 법규준수도, 정기자체평가서의 충실성 등을 고려하여 서류심사 등으로 심사방법 및 범위를 조정할 수 있다.

종합심사결과 공인기준에 적합한 수출입업체에 대해서는 관세법 제38조 3항에서 정한 자율심사를 하게 할 수 있다. 자율심사기간은 종합심사를 종결한 날로부터 다음의 종합심사를 실시하기 전까지의 기간으로 한다.

❺ 종합인증우수업체 우대 조치

관세법령에서 관세청장이 허용할 수 있는 사항들을 거의 모두 지원하고 있다. 예를 들면 다음과 같다.

① 기획심사, 법인심사 면제

② 기업 ERP에 의한 수출입 및 화물 신고 허용

③ 수입신고서류제출 대상 선별 대상에서 제외(수입 P/L 신고)

④ 감면물품 등에 대한 자율 사후관리 허용

① 월별납부 허용과 통고처분금액 경감(15~50%,), 과태료 경감(20~50%), 과징금 경감(50% 이내) 등

(4) 조사 시 납세자권리헌장 교부

세관 직원이 수입업체를 조사하고자 하는 때에는 납세자권리헌장을 교부하게 된다. 이는 납세자의 권익을 보호하기 위하여 2001.1.1 시행된 개정 관세법에 도입된 제도로서 다음의 내용을 담고 있다. 다만, 긴급히 납세자를 체포·압수·수색하거나 현행범인 납세자가 도주할 우려가 있는 등 조사목적을 달성할 수 없다고 인정하는 때에는 예외로 할 수 있다(법 제110조).

① 통합조사의 원칙(법 제110조의(2)

② 공평과세 및 통관적법성 보장 등 관세조사권 남용금지(법 제111조)

③ 전문지식을 갖춘 관세사 또는 변호사의 조력을 받을 권리(법 제112조)

④ 납세자가 행하는 신고 등과 제출한 서류 등은 성실한 것으로 추정(법 제113조)

⑤ 조사개시 7일 전에 통지해야 하고 납세자가 천재·지변 등으로 조사를 연기 신청 시 이를 허용(법 제114조)

⑥ 조사결과를 서면으로 통지(법 제115조)

⑦ 납세자가 제출한 자료 등 과세정보는 비밀을 유지해야 하고, 타인에게 제공 또는 누설하거나 사용 목적 외의 용도로 사용금지(법 제116조)

⑧ 납세자가 권리의 행사에 필요한 정보를 요구할 때에는 신속한 제공 등(법 제117조)

라. 세액심사 후 조치

착오 또는 과실로 불성실 신고한 업체에서는 부족하게 납부한 세액과 추가납부세액의 10%에 해당하는 가산세를 납부함에 그칠 것이나 관세포탈이나 부정수입 등 고의성이 있는 불성실업체에서는 관세법위반으로 처벌을 받고 신속통관을 위한 각종 혜택을 박탈당하게 된다.

개정 관세법(96.7.1. 시행)에서 수입신고제를 실시한 것은 통관절차에서의 세관통제를 대폭 축소하여 통관에 따른 물류비용을 절감하기 위한 것이며, 이는 수입업체의 자율적인 성실신고를 그 전제로 하고 있으므로 간소화된 통관절차를 악용하여 부정·불공정 무역행위를 하는 업체에서는 처벌을 받게 된다.

4. 과세가격의 사전심사

납세 신고자가 과세가격의 산출에 의문이 있는 경우에 가격신고 전(즉 수입신고 전)에 관세청장(관세평가분류원장에게 위임)에게 미리 심사하여 줄 것을 신청하는 제도이다(법 제37조).

관세의 과세가격 결정방법은 관세평가에 관한 국제협약에 의거함으로 완전히 이해함이 쉽지 않고 이견이 있는 부분이 많이 있을 수 있으며, 과세가격을 적게 신고한 경우에는 추가납부세액의 10%를 가산세로 납부하여야 함으로 의문이 있는 경우에는 이 제도를 이용하면 유용하게 활용할 수 있다.

또한 특수관계업체 간의 수입물품의 과세가격 결정방법이 세무서에 납부하는 국세의 정상가격 결정방법과 관련이 있고 유사한 때에는 「국제조세조정에 관한 법률」 제6조제1항에 따른 정상가격 산출방법의 사전승인(같은 조 제2항 단서에 따른 일방적 사전승인의 대상인 경우에 한정한다)을 관세청장에게 동시에 신청할 수 있다. 이 경우 관세청장은 국세청장과 협의하여 관세의 과세가격과 국세의 정상가격을 사전에 조정하게 된다.(법 제37조의2 및 영 제31조의2와 제31조의(3)

(1) 사전심사 신청서류

과세가격의 사전심사를 신청하고자 하는 자는 정해진 과세가격사전심사신청서에 다음의 서류를 첨부하여 제출하여야 한다(영 제31조 1항).
  ① 거래관계에 관한 기본계약서(투자계약서, 대리점계약서, 기술용역계약서, 기술도입계약서 등)
  ② 수입물품과 관련된 사업계획서
  ③ 수입물품 공급계약서
  ④ 수입물품 가격결정의 근거자료
  ⑤ 특수관계업체 간의 수입물품인 경우에는 규칙제7조의10에서 정한 서류
  ⑥ 기타 과세가격 결정에 필요한 참고자료

(2) 사전심사 신청서의 반려

사전심사 신청내용이 구체적인 계약서 등 근거서류에 의하지 아니하고 향후 예측되는 거래에 대한 질의 형식으로 사전심사 신청하는 경우와 관세평가분류원장이 보정요구를 한 기한 내에 서류를 보정하지 않거나, 사전심사서 신청의 철회를 신청인이 요구하면 사전심사신청서를 반려하게 된다.

(3) 사전심사서의 교부

관세평가분류원장이 사전심사를 한 때에는 신청서 접수일로부터 1월 이내에 과세가격 사전 심사서를 교부하게 되며(특수관계가 있는 자들 간에 거래되는 물품의 과세가격 결정방법은 1년),

이를 수입신고 시에 제출하여 가격신고를 하게 되면 수입신고 사항과 일치하는 한 특별한 경우를 제외하고는 사전심사서의 내용에 따라 과세가격을 결정하게 된다.

(4) 재심사 신청

과세가격 사전심사의 결과에 대하여 이의가 있는 경우에는 그 결과를 통보받은 날부터 30일 이내에 다음의 서류를 갖추어 관세청장에게 재심사를 신청할 수 있다.(법 제37조3항, 영 제31조4항)

① 과세가격 재심사신청서
② 과세가격 결정방법 사전심사서 사본
③ 재심사 신청의 요지와 내용을 입증할 수 있는 자료

(5) 사전심사 신청 이전의 과소신고에 대한 가산세 면제

과세가격 사전심사 과정에서 드러나는 종전 과소신고 분에 대한 가산세 부담으로 납세자들이 신청을 꺼리는 문제를 해소하기 위하여 사전심사 신청 이전에 신고납부 한 세액을 수정신고 하는 경우에는 가산세 10%를 면제하도록 규정하고 있다(법 제42조의2 제1항3호)

5. 세금 납부

▶ 가. 납부시기

(1) 통관(신고수리) 후 납부 원칙

개정된 수입통관 절차는 신속한 통관과 유통비용을 절감하기 위하여 수입물품의 흐름과 통관절차를 분리하는 것이므로 수입통관 후 관세를 납부함이 원칙이다.

다만, 수입통관 후 관세의 납부를 보증하기 위해서는 관세채권의 확보가 전제되어야 하므로 담보를 제공하거나 세관장으로부터 성실업체로 인정되어 담보제공 생략대상 업체에 해당하거나 담보제공 특례자만 이용할 수 있다.

입항 전 신고, 출항 전 신고 및 보세구역도착 전 신고는 수입물품의 도착과 동시에 반출하는 것이므로제도의 원리상 통관 후 납부하는 업체에서 이용 가능한제도이다.

(2) 통관(신고수리) 전 납부

수입물품의 관세 등에 해당하는 담보를 제공하지 않거나 담보제공 생략업체 및 담보제공 특례업체로 지정되지 아니한 업체에서 수입하는 물품은 관세 등을 납부한 후에 수입통관(신고수리)이 가능하다.

▶ 나. 담보제공

통관 전 납부는 수입물품이 담보물이므로 별도의 담보제공이 필요하지 않으나 통관 후 납부는 관세채권의 확보를 위하여 다음의 순서에 의거 담보를 제공하여야 한다.

(1) 담보제공의 생략 원칙

세관장으로부터 담보제공생략 대상업체로 확인되거나 담보제공특례자로 인정되면 원칙적으로 담보제공이 면제되나 관세법위반업체 등에 대해서는 관세에 상당하는 담보의 제공을 요구할 수 있다(관세법 제248조 2항)

(2) 포괄담보

일정한 금액의 은행지급보증 또는 납세보증보험 등을 일정 기간 세관장에게 담보로 제공하고, 동 금액의 범위 내에서 담보로 활용하는 것을 '포괄담보'라 한다. 포괄담보를 제공한 업체에서 수입하는 물품에 대해서는 관세 등의 납부세액이 동 담보의 범위를 초과하는 때에 동 초과금액에 대한 담보를 추가로 제공하여야 한다.

(3) 개별담보

기타업체에서는 수입하는 물품에 대하여 수입신고 건별로 관세 등의 납부세액에 해당하는 담보를 수입신고 시 마다 제공하여야 한다.

▶ 다. 납부기한

(1) 신고납부 물품

❶ 통관 후 납부의 경우

세관의 납부기한은 납세신고가 수리된 날로부터 15일 이내이다(법 제9조 1항).

❷ 통관 전 납부의 경우

신고납부물품 중 통관 전에 관세를 납부하는 수입물품에 대하여는 수입신고를 하였다 하더라도 원칙적으로 납부기한이 없다. 종전에는 납부기한이 수입신고일로부터 기산되었으므로 수입통관 전의 물품에 대하여도 가산금이 부과되었으나 관세법 개정(법 제9조)으로 납부기한의 기산점이 수입신고의 수리일로 변경되었기 때문이다.

❸ 10일 이내 미납부 시 납세고지

통관 전 관세납부는 수입신고 후 10일 내에 관세를 납부하지 않으면 세관장이 납세고지를 하게 되며, 이날로부터 15일(수입신고일로부터 25일) 이내에 관세를 납부하여야 한다. 다만, 물품검사, 분석, 보완요구 등으로 수입신고일로부터 10일 후에 통관심사가 완료되는 경우에는 통관심사완료일(결재일)에 납세고지를 하게 된다. 이는 신고지연 가산세를 회피할 목적으로 수입신고는 하고, 관세는 납부하지 않는 악용사례를 방지하기 위함이다.

(2) 부과고지 물품

세관장이 부과하여 납세고지를 하는 물품의 납부기한은 납세고지를 받은 날로부터 15일 이내이다(법 제9조 1항).

(3) 납부기한 연장

❶ 공휴일 등

납부기한으로 지정된 날이 공휴일, 금융기관의 휴무일(토요일)이거나 근로자의 날인 경우에는 그다음 날로 납부기한이 연장된다(법 제8조 3항).

❷ 전산장애

납세의무자가 전산 설비를 이용하여 관세 등을 납부하는 경우, 전산처리 설비에 장애가 발생하여 정해진 납부기한 이내에 납부를 할 수 없는 때에는 그 장애가 복구된 날의 다음 날까지 납부기한이 연장된다(법 제8조4항).

▶ 라. 납부 방법

(1) 수입신고 건별납부 원칙

납부할 관세 등은 수입신고 건별로 납부기한이 다르므로 수입신고 건별로 납부함이 원칙이다.

(2) 통합납부 예외

수입통관 건수가 많은 업체에서 통관세관과 납부기한이 동일한 여러 건의 납부고지서의 세액을 합산하여 매일별로 1건의 납부서로 납부하는 것을 통합납부라 한다(수입통관고시 제58조).

❶ 통합납부업체 지정신청

다음의 두 요건을 모두 갖춘 업체에서 통합납부업체 지정신청서를 작성하여 통합납부 하고자 하는 세관장에게 제출하여야 한다(수입통관고시 제59조, 제60조).

① 신고납부하고 신용이나 포괄담보를 제공하여 관세 등을 사후납부하는 업체이어야 한다. (수입신고서⑨징수형태13)

② 수입신고 건수가 년간 3,000건(일일평균 약10건 내외) 이상인 업체이어야 한다.

❷ 통합납부서의 발행

통합납부서는 신고수리일자별로 신고수리일 익일부터 납부기한 만료 전일까지 납세의무자의 요청에 의하여 통합납부업체로 지정한 세관장이 발행한다.

(3) 월별납부의 예외

수입신고가 잦은 수입업체의 경우, 수입신고 건별로 납부기한을 챙겨 납부하는 번거로움을 덜어주기 위해서 세관장의 지정을 받은 성실업체에는 납부기한이 속하는 달의 납부세액을 그달의 말일까지 한꺼번에 납부할 수 있도록 허용하는 제도이다(법 제9조 3항).

❶ 월별납부업체 지정요건

다음 요건을 모두 갖추어야 한다. (징수고시 제21조)
① 최근 2년간 관세법 위반으로 형사 처벌받은 사실이 없는 수출입자.
② 최근 2년간 관세 등의 체납이 없는 자.
③ 최근 3년(중소기업은 최근 2년)간 수입실적과 납세실적이 있는 자 또는 담보제공 생략 대상자
④ 최근 2년간 법령에서 정한 과세자료 등 제출 비협조자에 해당 사실이 없는 자

❷ 월별납부업체 승인신청

월별납부업체 승인신청은 사업장(사업자등록번호)별로 월별납부업체 승인신청서에 「사업자등록증 사본」을 첨부하여 관할지세관장에게 제출하여야 한다(징수고시 제22조).

마. 가산세

납부기한 내에 관세 등을 납부하지 않으면 가산세를 물게 된다. (법 제42조)

(1) 납부기한 가산세

납부기한을 경과한 때에는 납부세액의 3%를 가산세로 납부하여야 한다.

(2) 납부지연 가산세

체납된 관세 등의 납부를 독촉하기 위하여 납부기한의 다음 날부터 납부일까지의 기간에 체납세액의 1일 100,000분의 22의 율로 가산세를 추가한다. 다만, 납부지연가산세를 가산하여 징수하는 기간은 5년을 초과하지 못한다. 또한, 체납된 관세(내국세 포함)가 150만원 미만인 때에는 납부지연 가산세를 적용하지 아니한다.

6. 납부세액의 정정

(1) 정정 절차와 신고

✓ 납부세액의 정정절차

| 수입(납세)
신고 | 정정신청
→ | 관세 납부 | 보정신청
→
경정청구 | 납부 후
6개월 | 수정신고
→
경정청구 | 부과
제척기간
종료시 |

✓ 납부세액의 정정신고 구분

구분	정정주체	관세 납부 전	납부 후 6월 이내	납부 후 6월경과	비고
과소납세 신고 한 경우	업체	정정신청	보정신청	수정신고	
	세관		보정통지	경정통지	
과다납세 신고 한 경우	업체	정정신청	경정청구	경정청구	5년 이내
	세관		보정통지	경정통지	

(2) 정정신청

납세신고한 세액을 납부하기 전에 바로잡는 것을 '정정'이라 한다. 정정신청을 하고자 하는 때에는 세관장에게 정정신청을 하여 당해 납세신고와 관련된 서류를 세관장으로부터 교부받아 과세표준 및 세액 등을 정정하고, 그 정정한 부분에 서명 또는 날인하여 세관장에게 제출한다(법 제38조 4항 및 영 제32조의3). 납부기한은 정정신청 전과 동일하며, 가산세와 가산금은 해당하지 아니한다.

정정신청 절차는 다음과 같다(수입통관고시 제49조).

    ① 세액정정 신청내역을 기재한 수입·납세신고정정신청서(수입통관사무처리에관한고시 별지 제6호서식)를 관세청 통관시스템에 전송하고 세관장에게 그 증빙자료를 제출하여야 한다. 세관장이 수입·납세신고 정정신청서만으로 정정내역의 확인이 가능하다고 인정하는 경우에는 증빙자료의 제출을 생략할 수 있다.

    ② 당해 납세신고와 관련된 서류의 정정할 부분에 "( )"형으로 표시한 후 날인하고 그 위에 실제사항을 기재한다.

    ③ 정정한 내역대로 세액을 정정하여 납부서를 재발행하되 납부서 번호와 납부기한은 변경하지 않는다.

(3) 보정신청

납세신고한 금액에 부족이 있어 신고납부 한 날로부터 6월 이내에 납부세액을 정정하는 것을 보정이라 한다(법 제38조의2, 영 제32조의4 및 수입통관고시 제49조).

과소납부 하여 추가로 납부하는 관세는 보정신청 한 날의 다음 날까지 납부하여야 하며, 부족 세액에 보정이자(납부기한 다음날부터 보정 신청을 한 날까지의 기간에 년 1천분의 31의 이율로 계산한 금액을 가산하여 납부하여야 한다(법 제38조의2 제5항, 영 제32조의4 제4항, 제56조2항, 규칙제9조의3). 가산세는 납부하지 아니한다.

🔵 보정신청 절차

보정 신고 절차는 다음과 같다(수입통관고시 제49조제6항).

① 세관장으로부터 세액 보정 통지를 받거나 세액보정사유를 안 때에는 세액 보정 신청내용을 기재한 수입·납세신고정정신청서(수입통관사무처리에 관한 고시 별지 제6호 서식)를 관세청통관시스템에 전송하고 그 증빙자료를 세관장에게 제출하여야 한다.

② 보정신청을 한 날의 다음날까지 보정세액과 보정이자를 함께 납부하여야 한다. 이를 이행하지 아니하면 법 제42조 규정에 따라 가산세를 부과한다.

🔵 보정이자 가산제외

다음의 경우에는 보정이자의 가산이 제외된다.

① 법 제42조의2 ①항에 따라 가산세를 징수하지 아니하는 경우(국가 또는 지장자치단체가 직접 수입하는 물품과 국가 또는 지방자치단체에 기증되는 물품, 수입신고대상이 아닌 우편물)

② 신고 납부한 세액의 부족 등에 대하여 납세의무자에게 정당한 사유가 있는 경우

(4) 수정신고

납세신고한 금액이 과소납부 하였음을 신고납부 한 날로부터 6월 이후에 정정 신청하는 것을 '수정신고'라 한다(법 제38조의3 및 영 제33조). 수정신고 시에는 추가 납부하는 관세와 가산세를 수정 신고하는 날의 다음날까지 납부하여야 하는바, 가산세는 가산세율(10%)에 따른 금액과 금융기관의 금리에 해당하는 금액을 합하여 산출한다. (법 제42조)

🔵 수정신고 절차

수정신고 절차는 다음과 같다(수입통관고시 제47조).

① 수정신고 내역을 기재한 「수입·납세신고 정정신청서(수입통관고시 별지제6호서식)」를 관세청 통관시스템에 전송하여야 한다.

② 수정신고를 한 날의 다음 날까지 부족세액과 가산세를 함께 납부하여야 한다.

    1. 가산세 = 부족세액의 10% + 기간이자(당해 부족세액 × 당초납부기한의 다음날부터 수정신고일까지의 기간 × 1일 100,000분의 22

    2. 기간별 신고불성실가산세 경감비율 차등적용(법 제42조의2 제1항 제5호)

      • 보정기간이 지난날부터 6개월 이내 수정신고 : 30% 경감

- 보정기간이 지난날부터 6개월 초과 1년 이내 수정신고 : 20% 경감
- 보정기간이 지난날부터 1년 초과 1년 6개월 이내 수정신고 : 10%

③ ②를 이행하지 아니하면 법 제42조에 따라 가산세를 부과한다.

(5) 경정청구

납세신고한 금액이 과다납부 하였음을 알게 되었을 때 최초로 납세신고한 날부터 5년 이내에 납세자가 정정 신청하는 것을 "경정청구"라 한다.

경정청구는 기간 내에 세관장에게 수입·납세신고 정정신청서(수입통관고시 별지 제6호서식)와 증빙자료를 제출하면 과오납금과 환급가산금을 환급받을 수 있다. (법 제38조의3 제2항, 영 제34조 및 수입통관고시 제48조)

다음의 경우는 예외적으로 추가 청구할 수 있다.

① 법 제38조의3 제3항(후발적 경정청구)의 경우 : 그 사유가 발생한 것을 안 날부터 2개월 이내

② 법 제38조의4(수입물품의 과세가격 조정에 따른 경정) : 그 결정·경정처분이 있음을 안 날(처분 또는 사전승인의 통지를 받은 경우에는 그 받은 날)부터 3개월 또는 최초로 납세신고를 한 날부터 5년 이내.

❶ 후발적 경정청구 (시행령 제34조2항)

① 최초의 신고 또는 경정에서 과세표준 및 세액의 계산근거가 된 거래 또는 행위 등이 그에 관한 소송에 대한 판결(판결과 같은 효력을 가지는 화해나 그 밖의 행위를 포함한다)에 의하여 다른 것으로 확정된 경우

② 최초의 신고 또는 경정을 할 때 장부 및 증거서류의 압수, 그 밖의 부득이한 사유로 과세표준 및 세액을 계산할 수 없었으나 그 후 해당 사유가 소멸한 경우

③ 원산지증명서 등의 진위여부 등을 회신(법 제233조제1항후단) 받은 세관장으로부터 그 회신내용을 통보받은 경우

❷ 수입물품의 과세가격조정에 따른 경정 (법 제38조의4 제1항)

국제조세조정에관한법률 제4조제1항에 따라 관할 지방국세청장 또는 세무서장이 해당 수입물품의 거래가격을 조정하여 과세표준 및 세액을 결정·경정 처분하거나 같은 법 제6조제3항 단서에 따라 국세청장이 해당 물품의 거래가격과 관련하여 소급하여 적용하도록 사전 승인을 함에 따라 그 거래가격과 관세법에 따라 신고납부·경정한 세액의 산정기준이 된 과세가격 간 차이가 발생한 경우

❸ 경청청구 시 환급

경정청구는 기간 내에 세관장에게 경정청구서를 제출하면 관세환급금과 환급가산금을 환급받을 수 있다(법 제38조의3, 영 제34조). 환급가산금은 과오납한 일 수에 따라 년 1천분의 31을 적용하여 계산한다. (영 제56조, 규칙 제9조의3)

❹ 경정청구 절차

경정청구 절차는 다음과 같다(수입통관고시 제48조).

① 경정청구 내용을 기재한 수입·납세신고정정신청서(수입통관고시 별지제6호서식)를 관세청 통관시스템에 전송하고 그 증빙자료를 세관장에게 제출한다.

② 경정의 청구를 받은 세관장은 그 청구를 받은 날부터 2개월 이내에 경정하거나 경정하여야 할 이유가 없다는 뜻을 그 청구자에게 통보한다.

(6) 경정

세관장이 납세의무자가 신고납부 한 세액을 수입통관 후 심사하거나 수입신고수리 전 세액심사대상 물품의 납세·신고한 세액을 심사한 결과 납부한 세액 또는 납부할 세액에 과부족이 있는 것을 안 때에 정정하는 것을 "경정"이라 한다.

❶ 추가 납부세액 가산세 부과

경정 시 추가로 납부하는 세액에 대해서는 가산세를 부과한다.

• 가산세 = 당해 부족세액의 10% + 부족세액 × 당초 납부기한의 다음날부터 납세고지일까지의 기간 × 1일 100,000분의 22

❷ 허위·부당 신고 가산세 중과

다음과 같이 허위·부당한 방법에 의한 신고 시에는 가산세를 중과한다(법 제42조2항, 영 제39조 제4항).

• 가산세 = 당해 부족세액의 60% + 부족세액 × 당초 납부기한의 다음날부터 납부고지일까지의 기간 × 1일 100,000분의 22

① 이중송품장, 이중계약서 등 허위증명 또는 허위문서의 작성이나 수취

② 세액심사에 필요한 자료의 폐기

③ 관세부과의 근거가 되는 행위나 거래의 조작·은폐

④ 그밖에 관세를 포탈하거나 환급받기 위한 부정한 행위

7. 가산세

가산세는 세법에서 규정하는 의무를 성실히 이행하도록 강제하기 위하여 이행하지 않았을 때 본세에 가산해 징수하는 금액이다. 의무의 종류에 따라 여러 가지 형태가 있다.

가. 관세의 가산세

관세법에서 이행이 강요되는 의무의 종류에 따라 가산세의 적용대상과 세율은 다음과 같다.

(1) 납세신고 한 금액이 납부하여야 할 관세에 미달하는 경우 (법 제42조 제1항 제2항)

수입신고 시에 납세신고를 불성실하게 하여 신고 사항을 누락하는 등으로 수입자가 수정신고 하거나 세관장이 경정할 때에 다음과 같이 가산세를 부과한다.

① 납부세액의 10% + 납부세액 × 당초 납부기한의 다음날부터 납세고지일까지의 기간 × 1일 100,000분의 22

② 부당한 방법으로 과소 신고한 경우에는 납부세액의 60% + 납부세액 × 당초 납부기한의 다음날부터 납세고지일까지의 기간 × 1일 100,000분의 22 (법 제42조제2항, 영 제39조제4항)

(2) 수입(반송)신고를 지체한 경우 (법 제241조 제4항)

반입일(장치일)부터 30일을 경과한 경우 경과일 수에 따라 다음과 같이 부과하되 500만원을 초과할 수 없다(영 제247조 및 제248조)

경과일수	20일 이내 신고	50일 이내 신고	80일 이내 신고	80일 초과 신고
가산세율	0.5%	1%	1.5%	2%

(3) 재수출 불이행의 경우 (법 제97조4항, 제98조2항)

재수출이행기간을 경과한 경우 관세와 내국세를 포함한 금액의 20%를 가산세로 부과하되 500만원을 초과할 수 없다.

(4) 미신고 수입물품 (법 제42조 제3항)

① 납부세액의 20% + 납부세액 × 수입된 날부터 납세고지일까지의 기간 × 1일 100,000분의 22
② 처벌받거나 통고처분을 받은 경우에는 납부세액의 60% + 납부세액 × 수입된 날부터 납세고지일까지의 기간 × 1일 100,000분의 22
③ 정당한 수입사유가 있는 때와 여행자(승무원)의 휴대품과 이사물품은 제외한다.

(5) 여행자 휴대품 미신고 (법 제241조 제5항제1호)

납세액(내국세 포함)의 40% (반복시에는 60%)

(6) 이사물품 미신고 (법 제241조 제5항제2호)

납세액(내국세 포함)의 20%

(7) 수입신고 전 반출물품에 대한 수입신고 기간 경과 (법 제253조 제3항)

즉시 반출물품은 10일 이내에 수입신고를 하여야 하는바 이를 어길 경우 납부관세액의 20%

나. 가산세의 면제와 경감

앞서 살펴본 가산세 적용 대상 중 (1)납세신고한 금액이 납부하여야 할 관세에 미달하는 경우가 가산세의 금액도 가장 크고 사유도 복잡함으로 납세자가 억울함이 없도록 구체적인 사유에 따라 면제와 경감 제도를 다음과 같이 규정하고 있다.

(1) 가산세의 면제와 경감

납세신고한 관세액이 납부하여야 할 관세액에 미달하여 가산세를 부과해도 다음 중 어느 하나에 해당하면 당해 가산세를 징수하지 아니한다. (법 제42조 및 영 제39조)

❶ **납부세액의 10%와 기간이자의 가산세를 모두 면제하는 경우** (법 제42조1항 제1호 제2호)

① 수입신고가 수리되기 전에 관세를 납부한 결과 부족세액이 발생한 경우로서 수입신고가 수리되기 전에 납세의무자가 당해 세액에 대하여 수정신고를 하거나 세관장이 경정하는 경우

② 잠정가격신고를 한 후 확정신고를 하는 경우(제출자료가 사실과 달라 추징하는 경우는 제외).

③ 가산세가 부과되지 아니하는 경우
   - 국가 또는 지방자치단체가 수입하는 물품 또는 동 기관에 기증된 물품
   - 수입신고 대상이 아닌 우편물

④ 신고납부 한 세액의 부족 등에 대하여 납세의무자에게 정당한 사유가 있는 경우

❷ **부족 세액의 10%의 가산세만 면제하는 경우** (법 제42조 제1항 제3호 및 제4호)

① 특수관계에 관한 사전심사의 결과에 따라 그 통보일부터 2개월 이내에 해당 사전심사 신청 이전에 신고납부 한 세액을 수정신고 하는 경우

② 사전세액심사 대상물품 중 감면대상 및 감면율을 잘못 적용하여 부족 세액이 발생한 경우

❸ **보정기간이 지난날부터 1년 6개월이 지나기 전에 수정신고를 한 경우**

보정기간이 지난날부터 1년 6개월이 지나기 전에 수정신고를 한 경우(과세표준과 세액을 경정할 것을 미리 알고 있었으며, 세관장이 조사 또는 추징할 것을 알고 수정신고한 경우는 제외)에는 다음의 구분에 따른 금액에 해당하는 가산세를 면제한다.

① 보정기간(법 제38조의2제1항)이 지난날부터 6개월 이내에 수정신고한 경우 : 납부세액의 10% 가산세 금액(법 제42조제1항제1호)의 30%

② 법 제38조의2제1항에 따른 보정기간이 지난 날부터 6개월 초과 1년 이내에 수정신고한 경우 : 납부세액의 10%가산세 금액(법 제42조제1항제1호)의 20%

③ 보정기간이 지난날부터 1년 초과 1년 6개월 이내에 수정신고한 경우 : 납부세액의 10% 가산세 금액의 10%

❹ 30일 이내에 과세전적부심사의 결정·통지를 하지 아니한 경우

세관에서 신청일로부터 30일 이내에 과세전적부심사의 결정·통지를 하지 아니한 경우에는 결정·통지가 지연된 기간에 대하여 부과되는 가산세(법 제42조제1항2호에 따른 계산식에 결정·통지가 지연된 기간을 적용하여 계산) 금액의 100분의 50에 해당하는 가산세를 면제한다.

(2) 가산세의 경감배제

위와 같이 가산세를 면제하는 것은 납세자의 성실신고를 유도하기 위한 조치이기 때문에 다음과 같은 불성실 수정신고에는 가산세 면제나 경감규정을 적용하지 아니한다(규칙 제9조의(2).

① 관세법 범칙사건과 관련하여 조사통지를 받은 후 수정신고서를 제출한 경우(사전통지 없이 조사가 개시된 경우 포함)

② 세관장의 관세추징 조치인 과세전 통지를 받은 후 수정신고서를 제출한 경우

(3) 가산세(보정이자)의 면세신청

법 제38조의2제5항 제42조의2제2항, 영 제32조의4제7항 제39조제5항에 따라 보정이자 또는 가산세를 면제받으려는 자는 납세업무 처리에 관한 고시 별지 제11호서식의 가산세(보정이자)면세신청서를 세관장에게 제출하고, 법 제42조의2제1항의 보정이자 및 가산세의 감면신청은 수입통관고시 별지6호서식의 수입·납세신고 정정승인 신청서에 가산세 감면부호를 기재하여 제출하면 된다(납세업무처리고시 제17조).

▶ 다. 내국세의 가산세

수입물품에 대한 내국세(부가가치세, 지방소비세, 개별소비세, 주세, 교육세, 교통세 및 농어촌특별세 등)는 세관장이 징수하도록 규정하고 있고, 내국세에 대한 가산세와 관세의 가산세와 함께 부과·징수하도록 법 제4조의 제1항에서 규정하고 있어 관세의 가산세와 함께 납부하여야 한다.

다만, 내국세 가산세율은 국세기본법 제47조 규정에 따라 다음과 같이 부과된다. 밀수는 무신고에 해당하며, 수입신고 1건에 대하여 3개의 세목(관세, 개별소비세, 부가가치세)이 부과되는 경우 관세와 부가가치세는 신고하였으나 개별소비세는 신고하지 않으면 개별소비세는 무신고로 처리된다.

또한, 교육세 및 농어촌특별세는 개별소비세 등에 부가적으로 부과되는 세종이므로 2012년1월1일 이후 최초 수입신고하는 분부터 신고불성실가산세는 부과되지 아니하고 기간이자인 납부불성실가산세만 부과된다. (국세기본법 제47조의2 내지 4)

이 경우 납부불성실가산세의 기간 계산은

① 관세에 대해서는 '수입된 날'부터 '납세고지일'까지 기간에 대해

② 내국세에 대하여는 '수입된 날의 다음 날'부터 '납세고지일'까지 기간에 대해

가산세를 징수한다.

● 무신고

   ① 부정 : 신고불성실가산세 40% + 납부불성실가산세(22/100,000/1일)

      (국제거래에서 발생한 부정행위의 신고불성실가산세는 60%)

   ② 일반 : 신고불성실가산세 20% + 납부불성실가산세(22/100,000/1일)

● 과소신고

   ① 부당 : 신고불성실가산세 40% + 납부불성실가산세 (22/100,000/1일)

      (국제거래에서 발생한 부정행위의 신고불성실가산세는 60%)

   ② 일반 : 신고불성실가산세 10% + 납부불성실가산세 (22/100,000/1일)

▶ 라. 납부기한 경과 가산세

관세를 납부기한 내에 납부하지 않으면 다음과 같이 가산세를 부과한다.

   ① 납부세액의 3% + 납부기한 다음 날부터 납부일까지의 기간 × 1일 100,000분의 22

   ② 납부기한의 다음 날부터 납부일까지 기간이 5년을 초과하면 5년으로 한다.

   ③ 체납세액(내국세 포함)이 100만원 미만이면 납부기한의 다음 날로부터 납부일까지의 기간에 따른 가산세는 적용하지 아니한다.

8. 수입세금계산서

(1) 부가가치세와 세금계산서

내국세인 부가가치세는 국내에서 발생하는 부가가치에 대하여 과세하는 세금이다. 부가가치를 산정하기 위하여 매출과 매입하는 때에 세금계산서를 발급하게 하고 있다.

세금계산서에는 매출입금액과 부가가치세 세율인 10%를 곱하여 부가가치세액을 산출하여 기재하고 있다. 그러므로 일정기간 동안 매출세금계산서의 부가가치세 총액에서 매입세금계산서의 부가가치세액 총액을 공제하고 남은 부가가치세액을 세무서장에게 납부하게 운용하고 있다.

(2) 수입물품과 수입세금계산서

부가가치세법에 의하면 물품의 수입을 매입으로 보고 수입 통관하는 때에 세관장이 세금계산서를 발급하도록 규정하고 있는데 이를 수입세금계산서라고 한다.

수입도매상의 예를 들면 수입물품을 판매한 때에 발급한 세금계산서의 부가가치세액에서 수입 통관할 때에 세관장이 발급한 수입세금계산서의 부가가치세액을 공제한 금액을 세무서장에게 부가가치세로 납부해야 한다.

(3) 불성실 신고 물품에 대한 수정수입세금계산서 발급 제한

종전에는 수입자가 스스로 수정신고를 하거나 경정청구를 하였는 지와 관계없이 관할세관장이 부가가치세를 징수하거나 환급하는 경우에는 모두 수정한 수입세금계산서를 발급함으로써, 스스로 수정신고를 하거나 경정청구를 한 성실신고자와 과세 형평에 문제가 있었다.

2014년 부가가치세법시행령 제72조의 개정으로 수입자가 자기 스스로 과세표준 또는 세액을 경정할 것을 미리 알고 보정신청, 수정신고 또는 경정청구를 하여 세관장이 세액을 징수하거나 환급한 경우에만 수정한 수입세금계산서를 발급하는 것을 원칙으로 하며, 세관의 정보에 의하여 수입자가 수정신고하거나 세관장이 과세표준 또는 세액을 경정하는 경우에는 자신의 귀책사유가 없음을 증명하는 경우 등에 한정하여 수정한 수입세금계산서를 발급하도록 하였다.

이와 같이 수입세금계산서의 수정발급대상을 성실신고업체에 한정함으로써 불성실 신고업체에는 추가 납부하는 부가가치세의 세금계산서를 발급받을 수 없어 세무서에 부가가치세 신고를 할 때에 추징당한 부가가치세를 환급받지 못하게 되어 큰 금전상의 손실을 보게 함으로써 성실신고를 유도하게 된다.

(4) 수정수입세금계산서를 발급하는 경우(성실신고)

관세법에 따라 세관장이 과세표준 또는 세액을 결정 또는 경정하기 전에 수입자가 수정신고 등을 하는 경우는 수입자의 귀책사유와 관계없이 수정수입세금계산서 발급한다 (부가세법 §35②1 및 시행령 §72②④) 구체적인 사례를 보면 다음과 같다.

① 잠정가격신고 후 확정가격신고(법 제28조) 하는 경우
② 관세법상 보정, 수정, 경정청구하는 경우: 보정통지(안내)를 받아 보정신청 하는 경우 및 세관 기업상담전문관(AM)의 정보제공에 따라 수정신고 하는 경우도 발급 대상이 되며, 세관장으로부터 보정통지(안내)를 받고 통지받은 보정 대상 수입신고 건 이외의 건을 납세자가 자발적으로 수정신고 하는 경우도 발급 대상이고, 사전세액심사 기간에 세관장이 과세표준 또는 세액을 결정 또는 경정하기 전에 보정신청 하는 경우도 발급 대상이 된다.
③ 후발적 경정청구(법 제38조의3③)의 경우
④ 수입물품의 과세가격 조정에 따른 경정(법 제38조의4 ①)의 경우
⑤ 관세를 환급(법 제46조)하거나, 과다환급금을 다시 징수(법 제47조)하는 경우
⑥ 계약상이 환급(법 제106조)의 경우
⑦ 수입신고가 수리되기 전에 수입자가 세액을 납부한 경우로서 수입신고가 수리되기 전에 해당 세액에 대하여 수입자가 수정신고 하거나 세관장이 경정하는 경우
⑧ 수입자의 귀책사유 없이 원산지증명서 등 원산지를 확인하는 데 필요한 서류가 사실과 다르게 작성·제출되었음이 확인된 경우
⑨ 수입자의 단순 착오로 확인되거나 수입자가 자신의 귀책사유가 없음을 증명하는 경우
⑩ 법 제37조에 따른 사전심사에 따라 통보된 과세가격 결정방법을 적용하여 수입자가 수정신

고 하거나 세관장이 경정하는 경우

⑪ 법 제38조 제2항 단서에 따라 수입신고를 수리하기 전에 세액을 심사하는 물품에 대하여 감면대상 및 감면율을 잘못 적용한 경우

(5) 원칙적 수정수입세금계산서 발급 제한 대상(불성실 신고)

가. 세관장이 관세조사 등을 통해 과세표준 또는 세액을 결정 또는 경정하거나,

나. 수입자가 다음 행위가 발생하여 과세표준 또는 세액을 결정 또는 경정할 것을 미리 알고 관세법에 따라 수정신고를 하는 경우

　① 관세조사, 관세 범칙사건에 관한 조사를 통지하는 행위

　② 세관공무원이 과세자료의 수집 또는 민원 등을 처리하기 위하여 현지출장이나 확인업무에 착수하는 행위

　③ 그밖에 ① 또는 ②와 유사한 행위

(6) 원칙적 수정수입세금계산서 발급 제한 예외

원칙적 발급제한 대상에 해당하더라도 다음의 어느 하나에 해당하는 경우에는 불성실 신고로 보지 아니하고 수입세금계산서를 발급한다. (부가세법 제35조2항, 영 제72조4항)

① 관세협력이사회나 관세품목분류위원회에서 품목분류를 변경하는 경우

② 합병에 따른 납세의무 승계 등으로 당초 납세의무자와 실제 납세자가 다른 경우

③ 수입자의 귀책 사유 없이 관세법 등에 따른 원산지증명서 등 원산지를 확인하기 위하여 필요한 서류가 사실과 다르게 작성·제출되었음이 확인된 경우

④ 수입자의 단순 착오로 확인된 경우: 재수출감면세를 받고 수입한 물품을 수입자가 수입이 후 착오로 재수출 기간 경과 수출 또는 기한 내 용도 외 사용신청을 누락하여 세관장이 면제·감면된 세액을 징수하는 경우는 단순 착오로 본다. 다만, 부정감면에 해당하는 경우는 제외한다.

⑤ 수입자가 자신의 귀책사유가 없음을 증명하는 경우

⑥ 수입자의 경미한 과실

(7) 수정수입세금계산서를 발급하지 않는 경우 사례

① 세관장이 증액경정(법 제38조의3)하는 경우 : 수입자가 세관장의 보정통지에도 불구하고 이에 불응하여 세관장이 경정하는 경우와 확정가격 신고를 하지 않아 법 제28조에 따라 세관장이 직권으로 확정하는 경우도 포함된다.

② 관세조사 또는 관세 범칙사건에 대한 조사통지 등을 받고 수정신고하는 경우 : 관세조사는 심사부서에서 실시하는 정기 법인심사와 수시 기획심사를 의미하며, 관세조사 통지시점은 사전통지서 도달시점을 기준으로 한다. 사전통지 대상에 해당하지 않는 '관세범칙조사'의 경우에는 관세조사 착수 후 수입자가 최초로 범칙조사 사실을 알게 된 때를 통지시

점으로 본다.

③ 세관공무원이 과세자료의 수집 또는 민원 등을 처리하기 위하여 현지출장이나 확인업무에 착수 이후 수정신고하는 경우

(8) 수정수입세금계산서 발급에 관한 운영지침

수정수입세금계산서 발급 여부는 납세자에게 너무나 큰 재산상의 손해를 입히게 되어 납세자와 세관 간에 마찰이 발생하기 쉬운 업무이므로 수정수입세금계산서 미발급에 대한 사전 권리구제 절차를 마련하여 운영지침을 제정하였다.

납세자가 수정수입세금계산서의 발급을 요청하는 경우에는 세관에서 자체 결정하지 아니하고 본부세관에 설치된 납세자보호위원회에서 미발급의 적정성에 대해서 사전에 심의하도록 규정하고 있다.

또한 수정수입세금계산서의 발급사유를 구체화하여 과거 행정심판, 소송 및 관세조사 과정에서 '경미한 과실 등으로 인정하여 수정세금계산서를 발급한 유형을 다음과 같이 명시하고 있다.

① 상급기관에 질의하여 과세가격을 결정하는 등 세법해석상의 의의(疑意)로 견해 대립이 심한 경우

② 감사 등에 따라 기존 세관장의 과세처분을 변경하여 과세한 경우

③ 무상물품의 과세가격을 신고할 때에 통상의 주의의무를 기울인 경우

④ 과세표준 신고 시 과세가격에서 공제되는 금액을 정확하게 신고하는 것을 통상의 주의의무로는 기대하기 어려운 경우

⑤ 세관장이 선행 관세조사 시 사실관계를 확인하여 비과세하였으나, 차기 관세조사 시 그 판단을 달리하여 과세한 경우

⑥ 세관장의 납세안내로 과세가격을 신고하였으나, 관세조사 결과 과세가격 산정방법에 오류가 있어 과세한 경우

⑦ 품목분류에서 기존 유권해석 사례, 판례 등을 검토하여 신고하는 등 수입자의 과실이나 책임이 있다고 보기 어려운 경우

⑧ 품목분류의 유권해석 사례가 다양하고, 세관 내에서도 여러 품목분류 가능성이 제시되는 등 정확한 품목분류 결정에 어려움이 있는 경우는 경미한 과실 등으로 인정

⑨ 관세조사대상이 되는 대부분의 수입신고는 적정히 신고하였으나, 거래조건 등을 착오로 반영하지 못하는 등 일부 수입신고에 오류가 발생한 경우

⑩ 특수 관계자 간 거래의 과세가격 분야에 있어서 거래가격 배제사유를 인식하는 데에 상당한 지식과 주의가 요구되어 통상의 주의의무로는 정확한 신고를 기대하기 어려운 경우

이와 같이 수정수입세금계산서 발급사유별로 구체적인 실무 예시를 제시하여 수정수입세금계산서를 적법하게 발급하고 그 집행에 형평성·통일성을 기할 수 있도록 운영에 필요한 세부사항을 규정한 것이므로 미발급 문제가 발생한 경우에는 운영지침을 참고하면 도움이 될 수 있다.

운영지침은 2022.02.07. 관세정보지를 참고하거나 세관담당부서(관세청 심사정책과)에 문의하

면 알 수 있다.

9. 수출용원재료 부가가치세 납부유예

(1) 제도의 개요

중소·중견 제조업체의 수출을 지원하기 위하여 수출용원재료를 수입하는 때에 납부하는 부가가치세의 납부를 일정기간(1년 이내) 유예하여 자금부담을 완화해 주기 위함이다.

수출용원재료에 대한 부가가치세는 수입할 때에 세관에 납부하고 수출한 후에 세무서에서 환급받는 절차를 수입할 때에 납부를 유예하였다가 수출한 후에 정산하게 하는 것이다.

《 부가세 납부유예 방안 》

구분	수출용원재료	세관 수입신고	세무서 부가세신고
현행	수입	→ 부가세 납부 →	부가세 환급
개정	수입	(부가세 납부유예)	부가세 정산

(2) 납부유예 적용업체의 요건 (부가세법 제50조의2 및 영 제91조의2)

다음의 요건을 모두 갖춘 중소·중견 수출품 제조업체여야 한다.

① 전년도에 조세특례제한법시행령 제2조에 따른 중소기업으로서 전년도 수출액(영세율 적용 매출액)이 총매출액의 30% 이상이거나 50억원 이상인 중소제조기업 또는 전년도에 조세특례제한법시행령 제6조의4제1항에 따른 중견기업으로서 전년도 수출액(영세율 적용 매출액)이 총매출액의 30% 이상인 중견 제조기업이어야 한다.

② 최근 3년간 계속하여 사업을 경영하였어야 한다.

③ 최근 2년간 국세(관세를 포함)를 체납한 사실이 없어야 한다.

④ 최근 3년간 조세범처벌법 또는 관세법 위반으로 처벌받은 사실이 없어야 한다.

⑤ 최근 2년간 법 제50조의2제3항에 따라 납부유예가 취소된 사실이 없어야 한다.

(3) 납부유예 적용 절차

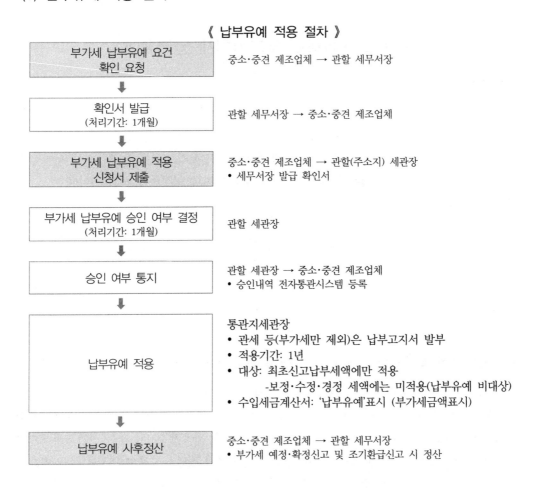

《 납부유예 적용 절차 》

절차	설명
부가세 납부유예 요건 확인 요청	중소·중견 제조업체 → 관할 세무서장
확인서 발급 (처리기간: 1개월)	관할 세무서장 → 중소·중견 제조업체
부가세 납부유예 적용 신청서 제출	중소·중견 제조업체 → 관할(주소지) 세관장 • 세무서장 발급 확인서
부가세 납부유예 승인 여부 결정 (처리기간: 1개월)	관할 세관장
승인 여부 통지	관할 세관장 → 중소·중견 제조업체 • 승인내역 전자통관시스템 등록
납부유예 적용	통관지세관장 • 관세 등(부가세만 제외)은 납부고지서 발부 • 적용기간: 1년 • 대상: 최초신고납부세액에만 적용 　-보정·수정·경정 세액에는 미적용(납부유예 비대상) • 수입세금계산서: '납부유예'표시 (부가세금액표시)
납부유예 사후정산	중소·중견 제조업체 → 관할 세무서장 • 부가세 예정·확정신고 및 조기환급신고 시 정산

(4) 납부유예의 취소

납부유예를 받은 중소 수출제조업체가 국세나 관세를 체납하거나 조세나 관세법 위반으로 고발되는 경우에는 납부유예를 즉시 취소하고 세관장이 통지하게 된다.

이 경우에도 이미 납부유예를 받은 수입신고 건에 대해서는 취소하지 아니하고 납부유예를 그대로 유지한다.

10. 수입신고의 수리

▶ 가. 수입신고수리의 요건

수입신고가 수리되어야 외국물품을 내국물품화 할 수 있고, 보세구역으로부터 물품의 반출이 가능하다. 수입신고서류를 제대로 갖추어 신고하고, 세관에서 심사 또는 물품검사를 마쳤다 하더라도 다음의 신고수리시기와 담보제공의 두 요건을 모두 갖추어야 수리할 수 있다.

(1) 신고수리의 시기 (수입통관고시 제35조)

① 입항 전 신고 물품 및 출항 전 신고 물품은 적하목록이 제출되어 심사가 완료된 때
② 보세구역도착전신고 물품은 보세운송이 도착 보고된 때(하역절차에 의하여 하역장소로 반
  입되는 경우에는 반입 보고된 때)
③ 보세구역장치후신고 물품은 수입신고 후
④ 위의 세 가지 경우에 해당하는 때에도 관리대상화물이나 물품검사대상으로 선별된 경우에
  는 물품검사가 종료된 때

(2) 담보의 제공

관세 등을 납부하여야 할 수입물품에 대해서는 기업부담을 완화하기 위하여 원칙적으로 무담
보 방식을 적용하고 관세채권의 확보를 위하여 다음에 해당하는 자에게 담보제공을 요구한다(관
세법 제248조).

① 관세법 또는 환급특례법 제23조를 위반하여 징역형의 실형을 선고받고 그 집행이 종료되거
  나 면제된 후 2년이 경과되지 아니한 자 및 징역형이 집행유예의 선고를 받고 그 유예 기간
  에 있는 자, 벌금형 또는 통고처분을 받은 자로서 그 벌금형을 선고받거나 통고처분을 이행
  한 후 2년이 경과되지 아니한 자
② 수입신고일을 기준으로 최고 2년간 관세 등 조세를 체납한 사실이 있는 자
③ 최초 2년간 수입실적이 없거나 파산·개인회생절차가 진행되는 자 및 관세채권 확보가 곤란
  한 경우로서 관세청장이 정하는 요건에 해당하는 자

❖ 나. 수입신고필증의 교부

(1) 전자문서로 수입신고 한 경우

세관기재란에 다음과 같이 세관 특수청인을 전자적으로 날인하여 세관장이 신고인에게 발급한
다. (세관특수청인 예시)

인천공항
세관장인
민원사무전용

(2) 신고필증을 전자적으로 교부할 수 없는 경우

신고필증을 전자적으로 교부할 수 없는 경우에는 수입신고서에 세관 특수청인을 직접 찍어서
세관장이 교부한다. 다만, 신고물품의 규격수가 100개 이상이어서 신고서와 신고필증에 상세내
용을 별도의 붙임서류로 첨부하여 신고하는 경우에는 세관특수청인을 전자적으로 찍은 신고필증

과 붙임서류의 경계면에 신고서 처리담당자 도장을 찍어서 교부한다.

(3) 신고인이 아닌 화주도 수입신고필증 발급 가능

관세법 제248조의 개정(24.12.24)으로 신고인과 신고인이 아닌 화주도 전지통관시스템을 통하여 신고필증을 발급 받을 수 있다, 그러므로 종전의 수입신고필증의 재교부제도는 필요가 없어졌다고 하겠다.

▶ 다. 수입신고수리 조건의 부가

수입통관 후 특정한 용도(⑩곡물을 사료용으로만 사용하는 조건으로 수입하는 경우 등)에만 사용하여야 하는 물품 등에 대해서는 수입신고수리 시 당해 의무를 이행하도록 조건을 부가하고 당해 물품의 신고수리를 받은 자가 부가된 의무를 이행하도록 하고 있다(법 제227조).

(1) 부가물품

수입신고수리 조건이 부가되는 수입물품은 다음과 같다.

① 식용 이외의 용도로 수입신고 된 물품 중 식용에 제공할 우려가 있는 물품
② 원산지 표시대상 물품으로서 수입신고수리 후 분할·재포장 시 원산지 표시 의무를 이행하게 되어 있는 물품
③ 기타 수입 관련 특별법의 규정에 따라 수입신고수리 후 특정 의무를 이행하게 되어 있는 물품

(2) 표시방법

수입신고필증의 세관기재란(⑥⑥난)에 기재하거나 별도의 문서를 작성하여 교부한다.

(3) 의무이행의 면제 (영 제234조, 수입통관고시 제39조)

다음 각호의 하나에 해당하는 때는 세관장의 승인을 얻어 의무이행을 면제받을 수 있다.

① 법령이 정하는 조건(허가, 승인, 추천 등)을 갖추어 의무이행이 필요하지 아니하게 된 경우
② 법령의 개정 등으로 의무이행이 해제된 경우
③ 관계행정기관장의 요청 등으로 부가된 의무를 이행할 수 없는 사유가 있다고 인정된 경우

(4) 불이행 시 제재

세관장은 「수입신고수리 조건 불이행 물품」에 대하여 지정된 보세구역에 반입도록 명령을 할 수 있고(법 제238조), 보세구역반입명령을 이행하지 않는 때에는 관세법(제238조1항, 제276조제2항제3호)에 의거 처벌하게 된다.

11. 보세구역의 물품반출

▶ 가. 화물인도지시서(D/O) 제출

수입화물을 보세창고에서 반출하기 위해서는 선박회사에서 발급한 D/O(Delivery Order, 화물 인도지시서)를 제출하고 장치수수료를 납부하여야 한다. 수입신고필증 또는 수입신고수리 전 반출승인서는 제출하지 않아도 가능하다. 이는 수입통관 전산시스템에 의거 보세창고에서 당해 물품의 수입통관 사실을 확인할 수 있기 때문이다.

선박회사에서 D/O를 발급받기 위해서는 B/L 원본(Original B/L)을 제출하고 선박운임 등을 지급하여야 한다. 신용장을 개설하고 수입하는 물품에 대한 B/L 원본(O B/L)은 신용장 개설은행에 가서 물품대금을 지급(At Sight)하거나 담보를 제공하고 일정한 기간 내에 물품대금을 지급하겠다는 약속(Usance)을 하고 받는다. 만약 수입물품은 도착하였으나 선적서류(B/L 원본)가 도착하지 않으면 신용장개설은행에 보증금을 지급하고 L/G(Letter of Guarantee, 화물선취증)를 받아 B/L 원본 대신 제출한다.

전산시스템의 발달로 D/O 발급업무도 사람이 종이서류를 들고 선사에 가지 않고 전산시스템으로 발급받을 수 있는 'e‐D/O' 서비스를 2005년도부터 도입하여 시행하고 있으며, 간편하고 신속한 물류처리 효과로 점차 이용업체가 확산하고 있다. 'e‐D/O' 서비스를 이용하고자 하는 업체에서는 한국무역정보통신(KTNET)에 문의하면 도움을 받을 수 있다.

▶ 나. 반출의무기한

관세청장이 정하는 보세구역에 장치된 물품은 수입신고가 수리된 날로부터 15일 이내에 반출하여야 한다. 다만, 외국물품의 장치에 지장이 없는 경우에는 세관장에게 반출 기간 연장승인 신청이 가능하다(법 제157조의2). 이를 위반하면 100만원 이하의 과태료가 부과된다(법 제277조).

(1) 신속반출의무기한 적용 창고

신속반출의무기한을 적용하는 보세구역은 보세화물관리고시 제19조, 별표1에 구체적으로 게재되어 있으며, 이를 개략적으로 보면 물동량이 많은 다음 항구의 보세구역이다.

항 구 명	세 관
부 산 항	부두, CY(컨테이너 전용 보세창고)
인천공항	세관지정장치장, 공항내 영업용 보세창고
김해공항	세관지정장치장, 공항내 영업용 보세창고
인 천 항	CY(컨테이너전용 보세창고)

보세창고에 장치된 수입물품은 수입신고수리 후에도 별도의 내국물품장치신고 없이 계속하여

장치할 수 있다(법 제183조2항 단서). 신속반출의무가 없는 일반 보세창고에서 수입신고가 수리된 물품의 장치기간은 수입신고수리일로부터 6월이므로 장치기간이 경과하면 보세구역 운영인의 책임으로 반출하여야 한다(법 제184조).

(2) 신속반출 물품의 반출기간 연장승인 신청

신속반출의무기한 적용 창고에 반입되어 수입신고가 수리된 물품(내국물품)을 수입신고수리일로부터 15일 이상 계속하여 지정장치장에 장치하고자 하는 때에는 외국물품의 장치에 방해되지 아니하는 것으로 세관장이 인정할 물품으로서 「반출기간 연장승인 신청서(보세화물관리고시 별지 제15호 서식)」를 세관장에게 제출하여 승인을 받아야 한다(보세화물관리고시 제12조).

(3) 과태료

신속반출 의무기한 적용 창고에 반입되어 수입신고수리 된 물품을 수입신고수리일로부터 15일을 경과하여 지정된 지정장치장에 장치하게 되면 100만원 이하의 과태료를 납부하게 된다(법 제277조 제5항 제4호).

▶ 다. 장치기한

보세창고 반입물품의 장치기간은 대부분 반입한 날로부터 6월이다. 다만, 인천공항 및 김포공항 역내의 보세창고 및 부산항과 인천항 부두 내의 보세창고와 컨테이너전용 보세창고(CFS 포함)에 반입된 물품은 2월이다(보세화물장치기간고시 제4조).

▶ 라. 장치기간 경과 물품의 처리 방법

(1) 반출통고

장치기간 만료 30일 전에 "1월 내에 수출입 또는 반송통관하지 않으면 매각한다."라는 요지의 반출통고를 한다(법 제209조, 보세화물장치기간고시 제6조).

반출통고를 받은 물품을 공매하기를 원하지 않을 때에는 장치기간 경과물품 매각처분 보류신청서(보세화물장치기간 및 체화관리에 관한 고시 별지 제5호서식)에 다음 각 호의 서류를 첨부하여 세관장에게 제출하고 입찰 전까지 그 승인을 받아야 한다(동 고시 제10조 제1항).

　① 사유서
　② 송품장 등 화주임을 증명하는 서류
　③ 그밖에 세관장이 사실 확인을 위하여 필요하다고 인정하는 서류

(2) 공매 시행

신문 등에 공고하여 공개경쟁 입찰방식 등에 의거 판매하고, 동 판매금액에서 관세 등의 제 세금, 창고료, 신문공고료 등 공매 관련 비용을 공제한 후 잔금이 있으면 화주에게 교부한다. 다만,

화주가 요청하는 경우에는 4월의 범위 내에서 공매 보류가 가능하다(보세화물장치기간고시 제9조).

(3) 국고귀속 예정 통고

공매에서 판매되지 아니한 물품에 대하여는 또 1개월간의 기간을 부여하여 수출입 또는 반송통관을 독촉하고, 이를 이행하지 않으면 국고에 귀속시킴을 예정통고 한다.

(4) 국고귀속

국고귀속이 결정되면 동 물품의 소유권이 국가에 귀속되는 것이므로 화주는 동 물품의 소유권을 주장할 수 없게 된다.

4절 수입통관 절차의 특례

1. 수입신고수리 전 반출

수입물품은 수입신고가 수리된 후에 보세구역 등에서 반출할 수 있다. 그러나 수입신고 한 물품에 통관이 지연되는 경우, 그 지연되는 사유가 신고인에게 책임이 없는 다음의 경우에는 세관에서 수입통관에 곤란한 사유가 없으면 수입신고수리 전에 수입물품을 보세구역에서 반출할 수 있다(법 제252조). 이를 수입신고수리 전 반출이라 한다.

▶ 가. 신고수리 전 반출대상 물품

수입신고수리 전 반출대상 물품은 다음과 같다(수입통관고시 제38조).

① 완성품의 세번으로 신고수리를 받고자 하는 물품이 미조립 상태로 분할·선적되는 수입물품

② 조달사업에 관한 법률에 의한 비축물자로 신고된 물품으로서 실수요자가 결정되지 아니한 경우

③ 사전세액심사 대상 물품으로서 세액결정에 장시간이 소요되는 경우

④ 품목분류 및 세율결정에 장시간이 소요되는 경우

⑤ 수입신고 시 관세법시행령 제236조1항에 의한 원산지증명서를 세관장에게 제출하지 못한 경우

⑥ 수입신고수리 전 협정관세의 적정 여부 심사물품으로서 원산지 등의 결정에 오랜 시간이 걸리는 경우

> **참고** **분할선적 물품을 완성품의 세번으로 신고수리 방법**
> ① 최종분 도착 시까지 보세구역 장치
>   수입물품이 미조립 상태로 분할·선적되는 경우 마지막 분의 도착 시까지 보세구역에 장치 후 완성품의 세번으로 일괄 수입신고 하는 방법
> ② 신고수리 전 반출제도 활용
>   수입신고수리 전 반출제도를 이용하여 물품의 도착 시마다 신고수리 전 반출로 수입물품을 보세구역에서 반출 후 마지막 분의 도착시 완성품의 세번으로 수입신고하는 방법
> 이상의 두 방법 중 수입신고수리 전 반출제도를 이용하는 것이 보세창고의 장치수수료 등 물류비용을 절감할 수 있다.

■ 나. 신고수리 전 반출신청

수입신고후 수리 전에 수입물품을 보세구역에서 반출하고자 하는 때에는 수입신고수리 전 반출승인신청서를 작성하여 세관장에게 전송하여야 한다. 이 경우 납부할 관세 등의 금액에 상당하는 담보를 제공하여야 한다. 다만, 통관 후 관세납부업체(담보제공 생략 대상자와 담보제공특례자, 환급특례법에 의한 일괄납부업체)는 담보제공을 면제받을 수 있다.

2. 수입신고 전 물품의 즉시반출

수입물품은 수입신고가 수리된 후 보세구역 등에서 반출함이 그동안의 일반적인 원칙이다. 그러나 좀 더 신속한 통관으로 수입에 따른 물류비용을 절감하기 위해서 세관장이 지정하는 성실업체에는 수입신고 전에 입항과 동시에 우선 수입물품의 즉시반출을 허용하고 물품반출 후 10일 이내에 수입신고를 하며, 수입신고 한 날로부터 15일 이내에 관세 등을 납부하게 하는 제도이다.

이 제도는 수입신고서류 구비에 소요되는 기간만큼 통관 소요 기간을 단축할 수 있는 장점이 있는 제도이다. 그러나 입항 전 수입신고 제도가 일반화되어 있는 현시점에서는 큰 차이점이 없고 물품반출신고와 수입신고를 이중으로 해야 하는 불편한 점만 부각되어 많이 이용되지 못하고 있다. 그러나 이 제도는 앞으로 보완하기에 따라서는 수입통관제도의 일반적인 절차로 자리 잡을 수도 있을 것이다. 대부분의 선진국에서는 이 즉시반출(Immediately Delivery)제도를 주로 이용하고 있다.

■ 가. 즉시반출업체의 지정

(1) 즉시반출업체의 지정요건

세관장이 지정하는 성실업체에 한하여 수입신고 전에 물품반출을 허용하고 있으며 이 업체를 즉시반출업체라 한다. 즉시반출업체의 지정요건은 다음의 요건을 모두 갖춘 제조업체 또는 외국인투자기업 등이다(수입통관고시 제123조 참조).

① 최근 3년간 수출입실적이 있는 업체

② 최근 2년간 관세 등 제세의 체납이 없는 업체(체납이 발생한 사실이 있더라도 체납발생 사유가 일시적인 자금 사정 또는 업무착오이고 납부기한 경과일로부터 7일 이내에 자진 납부한 경우를 포함한다.)

③ 포괄담보업체(다만, 개별담보 신청 시에는 개별담보 가능), 담보제공특례자 또는 담보제공 생략대상자

④ 최근 2년간 관세법 및 환급특례법에 위반하여 처벌받은 사실이 없는 업체(처벌받은 사실이 있더라도 세관장이 재범의 우려가 없다고 인정하는 업체를 포함한다.)

(2) 즉시반출업체의 지정신청

즉시반출업체로 지정받고자 하는 업체는 즉시반출업체지정신청서(수입통관고시 별지 제22호 서식) 2부에 사업자등록증 사본 또는 외국인투자기업등록증을 첨부하여 다음의 관할지세관장에게 제출하여야 한다. 다만, 지정요건이 일괄납부업체면 별도로 지정요건 증빙서류를 제출하지 아니하여도 가능하다. 이는 일괄납부업체는 세관장이 지정한 것이기 때문이다.

① 포괄담보 제공 세관

② 본사, 주사업장 또는 주 통관지를 관할하는 세관

▌▌나. 즉시반출물품

(1) 즉시반출물품의 범위

즉시반출대상 물품은 즉시반출업체 지정요건에 따라서 다음과 같이 다르며, 즉시반출이 제한되는 물품이 있다.즉시반출물품은 세관장의 승인에 의거 지정되며즉시반출물품 지정신청은 즉시반출업체 지정신청 시 함께 신청하게 된다.즉시반출물품을 추가하고자 하는 때에는 추가신청을 하면 가능하다.

● 일괄납부업체가 즉시반출업체로 지정된 업체

다음에 게기한 물품을 제외한 모든 물품에 대하여 즉시반출이 가능하다.

① 법 제226조의 규정에 의한 세관장 확인대상 물품

② 탄력관세와 일반특혜관세 적용물품

③ 사전세액심사 대상 물품

④ 수출입금지 물품

⑤ 상표권 침해로 수입이 금지되는 물품

⑥ 기타통관여건상즉시반출물품으로 적합하지 아니하다고 세관장이 인정하는 물품

● 일괄납부업체가 아닌 제조업체가 즉시반출업체로 지정된 업체

제조업체에서 자가 사용할 시설재와 원·부자재에 한하여 즉시반출이 가능하다. 또한, 일괄납부업체인 즉시반출업체에서 즉시반출이 제한되는 물품도 함께 제한된다. (수입통관고시 제123조)

(2) 즉시반출물품의 지정신청

즉시반출 물품도 세관장에게 신청하여 지정을 받아야 한다. 처음 신청하는 때에는 즉시반출업체 지정신청과 함께 신청하게 신청서가 구성되어 있으나 추가로 신청하고자 하는 때에는즉시반출물품 추가지정신청서를 작성하여 관할 세관장에게 제출하여야 한다.

▶ 다. 물품 즉시반출신고

(1) 반출신고 시기

적하목록이 제출된 후부터 하역신고하기 전 또는 보세구역에 장치된 후에 할 수 있다. 수입물품이 보세운송 중에는 반출신고를 할 수 없기 때문이다.

(2) 반출신고 서류

선하증권별로 수입신고 전 물품반출신고서(수입통관고시 별지 제39호 서식)를 작성하고 다음의 서류를 첨부하여 세관장에게 제출하여야 한다.

- 선하증권(B/L) 사본 또는 항공화물운송장(AWB) 사본
- 송품장(Invoice) 사본

(3) 반출신고 수리 요건

수입신고 전 물품반출 신고는 다음의 세 요건을 모두 갖추면 수리된다.

① 즉시반출 대상 업체 및 물품으로 지정된 업체의 물품일 것
② 담보면제한도액 또는 담보사용한도액의 잔액이 관세 등 납부세액보다 많을 것
③ 적하목록 정보가 선사(항공사)로부터 화물 전산시스템에 입력되어 있을 것

(4) 물품반출

반출신고가 수리된 이후에는 수입물품을 보세구역 등으로부터 반출할 수 있다. 입항 전 반출신고한 경우에는 부두에서 반출할 수 있도록 즉시반출업체에서 선사 또는 항공사에서 하역신고하기 전에 통보하여야 한다.

▶ 라. 수입신고

즉시반출업체는 반출신고일로부터 10일 이내에 다음의 서류를 갖추어 물품 반출지 세관장에게 수입신고 하여야 한다. 물품반출 신고일로부터 10일 이내에 수입신고를 하지 않으면 반출한 자(화주)에게 세관장이 당해 관세와 관세액의 20%를 가산세로 부과고지하고 즉시반출업체 지정을 취소하게 된다.

- 수입신고서(일반수입신고서 양식과 동일)
- 반출신고서
- 일반 수입신고 시 구비서류

▶ 마. 관세 등의 납부

수입신고 전에 즉시반출한 물품에 대한 관세 등의 납부기한은 수입신고일로부터 15일 이내이다. 종전 관세법에서는 반출신고일로부터 15일 이내였으나 2001.1.1. 시행된 개정 관세법에서 이를 수입신고일로부터 기간을 계산하도록 개정한 것이다.

5절 소액물품과 무환수입의 특례

1. 소액물품과 무환수입의 특징

(1) 소액물품의 유·무상 구분

　전자상거래의 급속한 증가로 소액물품의 수입이 많이 증가하고 있다. 소액수입물품은 B2C의 전자상거래와 무상 수입물품으로 구성되어 있으나 이를 구분하기란 쉽지 않고, 이에 따라 관세법에서도 우리나라 거주자가 수취하는 모든 소액수입물품에 대하여 유상과 무상을 구분하지 아니하고 관세를 면제하게 됨에 따라 수입통관 절차도 함께 간편한 통관절차를 이행하고 있어 구분의 실익이 없으므로 이 절에서 함께 규정하기로 한다.

　참고로 관세법 개정 이전에는 우리나라 거주자에게 무상으로 기증된 경우에만 소액물품의 면세가 가능하여 유상과 무상을 구분할 필요가 있었다.

(2) 전자상거래 수입물품

　2000년도 우리나라 전자상거래 실적은 건수 약 1만여 건에 금액은 약 500만 달러 정도이나 앞으로 급속하게 증가할 것으로 예상하므로 2001.1.1 시행된 개정 관세법에서는 전자상거래물품에 대해서는 관세청장이 정하는 바에 따라 간편한 통관절차를 이행하도록 규정하고 있다(법 제254조). 전자상거래 중 소액 수입물품은 주로 B2C 거래이며, 수입경로는 특급탁송업체에 의한 특급탁송화물이나 국제우편 특급화물을 주로 이용하고 있으므로 통관절차는 다음의 간이 수입통관 절차를 이용하게 된다.

(3) 무환수입물품

　무환이라 함은 환거래가 없다는 뜻이므로 무환수입물품은 무상으로 수입되는 물품을 말하며, 구매처가 무상으로 공급하는 수출용원재료, 견본, 친지의 선물 등이 이에 해당한다.

　현행 수입통관 관련 법령에서는 종전과 같이 무환수입통관 절차를 유환수입통관 절차와 구분하여 따로 규정하고 있지 아니하고 통합하여 규정하고 있으므로 원칙적으로 일반수입 통관절차를 따르게 되어 있다.

　그러나 무환수입물품은 관세감면대상 물품인 소액수증물품이 많아 간편한 통관절차를 따로 마련하고 있고, 수입자가 수입대금을 지급하지 않아 납세신고가 곤란한 점 등 일반 수입통관 절차를 이행하기가 어려운 경우가 많으며, 수입금액이 소액이어서 세금의 정확한 산출보다는 신속한 통관이 요구되어 일반 수입세율과는 다른 간이세율을 적용하는 등 다음과 같이 특례를 인정하고 있다.

2. 간이 수입통관 절차

간이 수입통관 절차는 유상으로 수입하는 소액의 전자상거래물품과 무상으로 기증되는 수입물품이 함께 적용되는 통관절차이다. 수입되는 경로와 수입금액 등에 따라 통관절차를 다음과 같이 구분하고 있다.

가. B/L 신고

관세법에 의거 관세가 무세 이거나 면제되는 물품 중 다음 물품은 B/L(외국주둔반환공용품은 물품목록)을 제출함으로써 수입신고에 갈음한다. (수입통관고시 제70조).

① 외교행낭으로 반입되는 면세대상 물품

② 우리나라에 방문하는 외국의 원수와 가족·수행원에 속하는 면세대상 물품

③ 유해와 유체

④ 신문, 필름, 테이프 등 보도용품

⑤ 재외공관 등에서 외교통상부로 발송하는 자료

⑥ 기록문서와 서류

⑦ 외국에 주둔하는 국군으로부터 반환되는 공용품(군함, 군용기에 적재되어 도착에 한함)

나. 간이신고

다음 물품은 첨부서류 없이 일반수입신고서에 수입신고 사항을 기재하여 신고한다. (수입통관고시 제71조)

① 당해 물품의 총 과세가격이 미화 150달러 이하의 국내수취자 사용물품

② 당해 물품의 총 과세가격이 미화 250달러 이하의 면세되는 상용견품

③ 설계도 중 수입승인이 면제되는 물품

④ 외국환거래법의 규정에 따라 금융기관이 외환 업무를 영위하기 위하여 수입하는 지급수단

다. 특송물품의 신고

특급탁송화물운송업체 중 자체 통관장에 X·RAY 투시기 및 X·RAY 판독 요원을 배치하여 특송화물을 자체 검사할 수 있는 업체로, 세관장으로부터 등록된 특송업체가 운송하는 수입물품에 대해서는 특송업체와 세관의 협조로 소액이고 다량인 수입물품을 간편한 절차로 신속하고 정확하게 통관하는 제도이다.

이 제도는 신뢰할 수 있는 특송업체로 하여금 세관과 협정을 체결하고 자체 X·RAY 투시 등을 통하여 의심이 가는 물품들의 검사요청과 밀수 등 범죄의 우려성이 있는 물품을 파악하여 세관과 협조함으로써 우범성이 없는 물품에 대해서는 수입검사를 생략하는 등 특송업체에서는 신

속히 통관할 수 있고 세관에서는 적은 인력으로 다량의 무환수입물품에 대한 정확한 통관을 가능케 하는 제도이다.

(1) 특송물품의 구분

✅ 목록통관 특송물품

물품가격이 US$ 150 이하의 자가사용 수증물품과 면세되는 상용견품. 다만, 법 제226조의 규정에 의한 세관장 확인물품은 제외한다. 목록통관된 특송물품은 특송업체에서 실제배송지정보를 세관장에게 전자문서로 제출하게 된다.

✅ 간이신고 특송물품

물품가격이 US $ 150을 초과하고 US $ 2,000 이하로서 법 제226조의 규정에 의한 세관장 확인 대상이 아닌 물품(특송물품 수입통관고시 제8조).

> **참고** 수입자가 직접 사용할 물품의 과세가격 산출시 운임적용방법
> 운임과 보험료를 제외한 총과세가격(물품가격)이 20만원 이하인 물품은 항공으로 송부된 경우에도 선편 소포우편물 요금표에 의한 요금을 당해 물품의 운임으로 계산한다(영 제20조 3항).

✅ 일반신고 특송물품

물품가격이 US $ 2000을 초과하는 물품과 법 제226조의 규정에 의한 세관장 확인대상 물품.

(2) 수입신고 시 제출서류

① 목록통관 특송물품의 수입신고는 특송업체가 제출하는 통관목록에 의한다.
② 간이신고 특송물품의 수입신고는 첨부서류 없는 수입신고서(전자서류)에 의한다.
③ 일반신고 특송물품의 수입신고는 정상적인 수입신고서류(전자서류)에 의한다. (특송물품 수입통관고시 제9조)

라. 우편물 신고

(1) 현장 면세 통관

소액면세 물품 등 관세 등이 면제되는 다음 우편물에 대해서는 수입신고를 생략하고, 현장에서 면세 통관한다.
① 물품이 천공 또는 절단되었거나 통상적인 조건으로 판매할 수 없는 상태로 처리되어 견본품으로 사용될 것으로 인정되는 물품
② 판매 또는 임대를 위한 물품의 상품목록·가격표 및 교역 안내서 등
③ 과세가격이 미화 250달러 이하인 물품으로서 견본품으로 사용될 것으로 인정되는 물품
④ 물품의 형상·성질 및 성능으로 보아 견본품으로 사용될 것으로 인정되는 물품

⑤ 납부세액이 1만원 이하인 물품
⑥ 물품가격이 미화 150달러 이하의 물품으로서 자가사용 물품으로 인정되는 것. 다만, 반복
또는 분할하여 수입되는 물품은 제외한다.
⑦ 박람회 등에 참가하는 자가 행사장 안에서 관람자에게 무상으로 제공하기 위하여 수입하는
물품. 다만, 관람자 1인당 제공량의 가격이 미화 5달러 상당액 이하의 것으로서 세관장이
타당하다고 인정하는 것에 한한다.

(2) 현장 과세 통관

간이통관 대상 우편물 중 다음의 요건을 모두 갖춘 물품은 수입신고를 생략하고, 간이통관 신
청여부와 관계없이 세관장이 부과고지 하여 세금을 납부하고 통관한다.
① 현품, 만국우편연합 세관신고서, 우편물목록 등을 확인하여 과세가격 결정에 어려움이 없
는 물품
② 수취인의 주소·성명이 명확한 물품

(3) 간이통관

다음의 국제우편물에 대해서는 수입신고서 대신에 국제우편물 간이통관 신청서(우편물고시별
지 제3호서식)와 가격자료 등 통관에 필요한 자료를 제출하여 간이통관절차로 세관장으로부터
부과고지 받아 세금을 납부하고 통관한다.
① 판매 목적이 아니고 대가를 지급하는 물품 중 가격 미화 1,000달러 이하의 물품
② 선물 등 판매 목적이 아니고 대가를 지급하지 않는 물품 중 과세가격 5백만원 이하의 물품

(4) 정상 수입통관

다음 수입우편물에 대해서는 일반수입물품과 같은 정식 절차를 거쳐 통관한다.
① 수입이 제한되거나 금지되는 물품
② 세관장의 확인이 필요한 물품
③ 판매를 목적으로 반입하는 물품 또는 대가를 지급하는 물품(관세청장이 정한 기준에 해당
하는 것에 한정)
④ 가공무역을 위하여 무상으로 수출입하는 물품 및 그 물품의 원·부자재
⑤ 건강기능식품에 관한 법률과 약사법 기타 유사한 국민건강에 관련된 물품으로서 관세청장
이 국민보건을 위하여 수출입신고가 필요하다고 인정하여 고시하는 물품
⑥ 물품가격이 미화 1,000달러를 초과하는 물품.
⑦ 선물 등 판매목적이 아니고 대가를 지급하지 않는 물품으로서 과세가격 5백만원 초과 물품
⑧ 수취인이 수입신고하려는 물품

(5) 통관우체국과 통관세관

국제우편물을 통관할 수 있는 우체국과 세관은 다음과 같다(법 제256조제2항, 국제우편물통관고시 제3조와 4조)
① 국제우편물류센터 : 인천공항세관
② 부산국제우체국 : 부산국제우편지원센터
③ 인천해상교환국 : 인천공항세관

마. 전자상거래물품의 신고

전자상거래물품이 폭증함에 따라 전자상거래물품 중 감시 · 단속에 지장이 없다고 인정되는 물품 즉 우범성이 없는 물품은 간이한 통관절차로 신속통관을 하는 제도를 2022년에 도입하였다.
이를 위하여 전자상거래물품의 주문 · 결제 등과 관련된 거래정보를 수입신고 전에 성실하게 제공하여 줄 수 있는 사이버몰을 운영하는 구매대행업자, 「전자상거래 등에서의 소비자보호에 관한 법률」에 따른 통신판매업자 또는 통신판매중개를 하는 자와 배송대행업자를 통관우대업체로 지정하여 이 업체를 통하혀 전자상거래물품을 신고하는 개인에게 효율적으로 신속통관을 적용하게 된다.

(1) 전자상거래물품의 통관절차

전자상거래물품의 국내 수입경로를 보면 탁송품으로 오거나 국제우편물로 오게 된다. 탁송품으로 오는 경우에는 목록통관, 간이신고와 정상 수입신고 절차가 탁송품 통관절차와 동일할 수밖에 없고, 국제우편물로 오는 경우에는 현장 면세 통관, 현장 과세 통관, 간이통관과 정상 수입신고 절차가 국제우편물 통관절차와 동일할 수밖에 없다고 하겠다.

(2) 통관우대 통관절차

전자상거래물품 중 우범성이 없다고 인정되는 물품의 경우, 통관우대업체 고유부호와 주문번호를 각 신고서에 기재하여 수입신고하면 전자상거래 수입신고 내역이 통관시스템에 접수된 후 일정시간이 경과하면 전자적 방식에 의해 자동으로 심사 처리하는 스마트통관을 적용하여 통관우대를 한다.
다만, 스마트통관 대상 물품임에도 불구하고 마약·총기류 등 불법물품 및 국민건강 위해물품 국내반입 방지를 위하여 세관장이 필요하다고 인정하는 경우에는 X-ray 판독결과에 따라 선별하거나 수작업으로 선별하여 검사한다.

(3) 통관우대업체 신청 요건

전자상거래업체가 통관우대업체로 신청하고자 하는 경우 다음의 필수요건을 모두 충족하여야 한다.

① 전자상거래업체 고유부호가 있을 것

② 사이버몰을 직접 운영하여야 하며, 관세청에 거래정보를 전송할 것

③ 신청한 날부터 3개월 이전에 해당업체를 통해 전자상거래물품이 수입된 실적이 있을 것

(4) 통관우대업체 결격요건

다음 각호의 어느 하나에 해당하는 경우에는 통관우대업체로 신청할 수 없다.

① 신청업체 또는 대표자가 법 제175조제1호부터 제5호까지 또는 제7호에서 규정한 결격사유에 해당하는 경우

② 신청업체 또는 대표자가 법 제276조에 따라 벌금형을 선고받은 경우. 다만 법 제279조에 따라 처벌된 개인 또는 법인은 제외한다.

③ 신청업체 또는 대표자가 관세 및 내국세를 체납하고 있는 경우

3. 무환수입물품의 통관절차

앞의 간이통관 대상이 되는 무환수입물품은 그 절차가 간단한 것이므로 제외하고, 일반수입통관 절차를 밟게 되는 무환수입물품은 수입자가 수입물품의 품명·규격과 가격을 알 수 있는 회사용품과 알 수 없는 개인용품으로 크게 구분할 수 있다.

회사용품의 수입통관 절차는 무환수입물품이라 하더라도 일반수입통관 절차를 이용해야 하며, 그렇지 않을 때 수입업체에서 손해를 보게 되므로 제외하고, 여기에서는 개인용품의 무환수입 통관절차를 보기로 한다.

일반적으로 무환수입물품은 소량(LCL 화물)이어서 입항 전 신고 등의 대상이 될 수 없고 수입신고 시기가 보세구역 장치 후 신고일 가능성이 크므로 보세구역 장치 후 신고 시의 무환수입물품의 통관절차는 그림과 같다.

《 개인용 무환수입물품의 통관절차 》

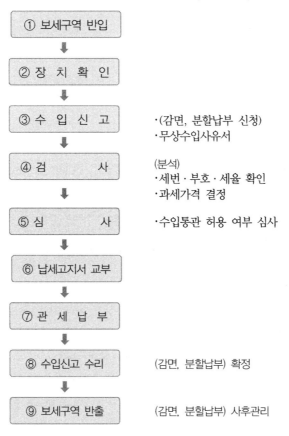

① 보세구역 반입	
② 장 치 확 인	
③ 수 입 신 고	·(감면, 분할납부 신청) ·무상수입사유서
④ 검 사	(분석) ·세번·부호·세율 확인 ·과세가격 결정
⑤ 심 사	·수입통관 허용 여부 심사
⑥ 납세고지서 교부	
⑦ 관 세 납 부	
⑧ 수입신고 수리	(감면, 분할납부) 확정
⑨ 보세구역 반출	(감면, 분할납부) 사후관리

4. 수입승인 면제와 납세신고 및 부과고지

(1) 수입승인의 면제

무환수입물품은 수출입공고 등의 수입 제한 물품에 대하여도 수입승인을 받지 않고 수입할 수 있다. 수입규제가 심했던 과거에는 수입제한 물품을 수입하는 방법으로 무환수입이 악용되기도 하였으나 수입규제가 대부분 철폐된 현재에는 그럴 이유가 없다고 하겠다.

(2) 회사용품의 납세신고

수출입업체가 무환으로 수입하는 업무용 물품은 무상이라도 수입물품의 가격과 세율 등을 알수 있는 지위에 있으므로 납부할 관세 등을 납세신고하게 하고 있다.

그러나 외국환거래가 수반되지 아니하는 탁송품으로서 중소기업인 화주가 직접 수입신고하고 수출입업체에서 과세가격 등의 산출이 곤란하여 부과고지를 요청하는 경우에는 회사용품에 대하여도 세관장이 부과고지를 하게 된다.

(3) 개인용품의 부과고지

개인이 사적으로 사용할 다음의 물품은 수입자가 물품의 가격과 세율을 알기 곤란하므로 세관장이 납부할 관세 등을 결정하여 부과고지하고 있다. (영 제29조제3항제2호, 규칙 제7조의3)
① 여행자의 휴대품 및 별송품
② 우편물(정상무역물품 제외)
③ 우리나라의 거주자에게 기증되는 탁송품으로서 개인인 수증자가 사용으로 사용할 물품
그러므로 부과고지한 수입물품에 대하여는 추징을 하는 경우에도 가산세를 납부하지 않는다.

5. 전량검사와 가격신고 및 세액 심사

(1) 전량검사의 원칙

개인용품인 무환수입물품은 수입자가 수입물품의 성상을 몰라 세번·부호를 알 수 없고 무상수입이어서 수입물품의 가격을 알 수 없는 등 납세신고를 할 수 없는 경우가 대부분이므로 세관장이 부과고지를 하게 되고, 부과고지를 위해서는 품명·규격·수량·세번·과세가격 등을 확인하기 위하여 수입신고된 물품을 검사하여야 하기 때문이다.

무상수입이라 하더라도 회사용품과 같이 수입자가 신고납부를 할 수 있는 경우에는 일반수입물품의 수입통관 절차와 같이 수입검사를 생략할 수 있다.

(2) 가격신고

무환수입물품에 대한 가격신고서는 가격신고서 B형(관세평가고시 별지제4호서식)에 (11)란을 기재하여 제출한다. 무환수입물품은 물품대금을 지급하지 않고 수입하는 물품이 많아 수입자가 물품가격을 알 수 없고, 설령 수출자가 송품장(Invoice)를 작성하여 송부하면서 가격을 기재하여 보냈다 하더라도 이는 거래가격이라 할 수 없다.

그러므로 신고인이 제시하는 가격은 세관장이 타당하다고 인정하는 경우에 한하여 과세가격결정의 기초가격으로 인정할 수 있으며, 그렇지 아니한 경우에는 관세청장이 조사한 가격표, 외국물품 가격표(예: BLUEBOOK 등), 동종·동질물품 등의 과세가격, 공인감정기관의 감정가격, 국내도매가격 등으로 과세한다(규칙 제7조의3).

수출용원재료와 과세가격이 미화 1만불 이하인 물품은 가격신고를 생략할 수 있다. 다만, 개별소비세, 주세, 교통·에너지·환경세가 부과되는 물품과 분할하여 수입되는 물품은 제외한다(규칙 제2조제1항).

(3) 수입신고수리 전에 세액심사

무환수입물품 중 무상으로 반입되는 탁송품은 상거래가 아니므로 실거래가격을 인정하는 수입신고수리 후 세액심사를 할 수 없고 반드시 수입신고수리 전에 세액심사를 하여야 한다.

6. 수입신고 서류

(1) 신고서류

무환 수입물품에 대한 수입신고 서류는 다음과 같이 유환 수입물품과 다르다.

《 무환 · 유환 수입물품 수입신고 서류 》

무환 수입물품 신고서류	유환 수입물품 신고서류
·수입신고서	·수입신고서
·수입승인면제사유와 가격신고서	·가격신고서
·송품장	·송품장
·선하증권 부본(항공화물수령증 부본 포함)	·선하증권 부본(항공화물수령증 부본 포함)
·포장명세서	·포장명세서
·세관장 확인물품 구비서류(관세법 제226조)	·세관장 확인물품구비서류(관세법 제226조)
	·원산지증명서

(2) 세관장 확인물품 구비서류

수입자가 실수요자로 세관장이 인정하는 무환수입물품에 대한 관세법 제226조 규정의 세관장 확인물품 및 확인방법 지정고시(제7조 제1항)에 의한 구비서류는 유환수입물품과 같다.

7. 간이세율의 적용

수입물품에 부과되는 여러 종류의 세율을 묶어 하나의 세율로 제정한 것이 간이세율이다. 즉, 수입물품에는 관세 이외에도 개별소비세, 주세, 교통세, 교육세, 농어촌특별세와 부가가치세가 부과되는바, 이러한 세목들의 세율을 묶어 하나의 세율로 정한 것이 간이세율이다.

무환수입물품은 일반적으로 금액이 소액이어서 납부세액이 적으므로 정확한 세금의 산출보다는 신속한 통관이 요구되기 때문에 이에 부응하기 위하여 마련된제도이다.

(1) 적용 대상 물품

간이세율의 적용 대상 물품은 다음과 같다(법 제81조 1항).
① 여행자 또는 승무원의 휴대품
② 우편물(수입신고 대상 물품 제외)
③ 탁송품 또는 별송품

(2) 적용 제외 물품

간이세율 적용대상 물품이라도 다음 물품은 적용이 배제된다(영 제96조2항, 수입통관고시 제55조).
① 관세율이 무세(0%포함)인 물품과 관세감면 물품
② 수출용원재료
③ 범칙행위에 관련된 물품
④ 종량세 적용물품
⑤ 상업용 물품, 고가품, 국내 산업을 저해할 우려가 있는 물품 및 단일한 간이세율의 적용이 과세형평을 현저히 저해할 우려가 있는 물품으로서 관세청장이 정하는 물품
⑥ 화주가 수입신고 시 과세대상 물품의 전부에 대하여 간이세율의 적용을 받지 아니할 것을 요청한 경우의 당해 물품
⑦ 부과고지 대상으로서 1개 또는 1조의 과세가격이 1,000만원을 초과하는 물품
⑧ 탄력관세 등을 적용하는 물품 중 기본관세율보다 높은 세율을 적용받는 물품

(3) 간이세율과 부가가치세 사례

❶ 간이세율 적용 물품은 부가가치세 환급 불가능

간이세율은 관세, 부가가치세, 개별소비세. 주세 등, 수입물품에 부과되는 모든 세금을 절차간

소화를 위하여 묶어 하나의 세율로 통합한 것이며, 간이세율은 관세에 포함되는 것이므로 수입세금계산서가 발급되지 않아 부가가치세를 납부한 사실이 나타나지 않기 때문이다.

❷ 기본세율 적용요청으로 간이세율 비적용신청

개인용품은 간이세율을 적용하여도 문제가 없으나 회사용품은 간이세율을 적용할 때 부가가치세환급이 불가능함으로 부가세환급을 받을 수 있도록 수입신고 시에 세관장에게 간이세율 비적용신청을 하여 관세와 부가가치세가 구분되도록 하여야 한다.

6절 납부세액의 산출

1. 수입세 종류와 부과 대상 물품

수입물품에 부과되는 조세를 통틀어 수입세라고 한다면 수입세에는 관세 이외에 내국세로서 부가가치세, 개별소비세, 주세, 교육세, 교통·에너지·환경세, 농어촌특별세가 있다. 세 종별 부과 대상 물품은 다음과 같다.

세금 종류	부과 대상 물품
관　　　　　　　세	• 모든 수입물품
부　가　가　치　세	• 모든 수입물품
지　방　소　비　세	• 지방소비세법 대상물품(담배 등)
개　별　소　비　세	• 개별소비세법 열거 물품(사치품류)
주　　　　　　　세	• 주세법 열거 물품(주류)
교 통 · 에 너 지 · 환 경 세	• 휘발유와 경유
교　　　육　　　세	• 개별소비세와 주세를 납부하는 물품
농　어　촌　특　별　세	• 관세감면 물품과 개별소비세 과세물품 중 일부

관세와 부가가치세를 제외한 세종은 특수한 물품에만 납부하게 되므로 대부분 수입물품은 관세와 부가가치세만을 납부하게 된다.

2. 납부세액 산출방법

세율을 정하는 방법에는 종량세와 종가세가 있다. 위와 같이 종량세는 수입물품의 수량에 따라 세율을 책정하는 방법이고, 종가세는 수입물품의 가격에 따라 세율을 책정하는 방법이다.

종량세는 수입물품의 수량만 확인되면 세액이 산출되므로 과세방법은 용이하나 수입물품의 값이 비싸든 싸든 동일하게 세금을 부담하게 되어 불공평한 결점이 있다. 반면에 종가세는 값비싼 수입물품에는 많이 부과되고 값싼 수입물품에는 적게 부과되므로 공평하게 부과되는 장점이 있으나 과세가격을 확인하는 데 어려움이 있다.

우리나라 관세율표는 극히 일부 품목(영화필름과 비디오테이프)에 대하여만 종량세로 부과하고 나머지 대부분은 종가세로 부과하고 있다. 내국세율도 역시 주세의 주정 이외에는 대부분 종가세를 적용하고 있다. 관세의 과세가격은 수입자(납세의무자)에게 신고토록 하고 있다.

또한, 내국세의 과세가격은 원칙적으로 제조장 반출가격이나 수입물품은 제조장 반출가격이 없어서 관세의 과세가격을 기초로 산출한다.

납부세액 산출방법은 세율을 정하는 방법에 따라 다음과 같다.

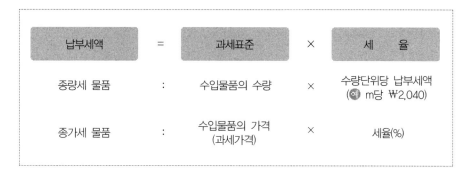

납부세액	=	과세표준	×	세 율
종량세 물품	:	수입물품의 수량	×	수량단위당 납부세액 (예 m당 ₩2,040)
종가세 물품	:	수입물품의 가격 (과세가격)	×	세율(%)

3. 관세의 산출

▶ 가. 종가관세의 산출

대부분 수입물품은 종가세이므로 관세는 과세가격에 관세율을 곱하여 산출한다. 이 경우 외화로 표시된 과세가격은 관세청장이 정하는 과세환율을 곱하여 원화로 표시된 과세가격을 산출한다.

관세	=	과세가격(외화)	×	과세환율	×	관세율
		가격신고서		관세청장 지정		관세율표

▶ 나. 관세의 과세가격

(1) 과세가격의 기준

관세의 과세가격을 결정하는 방법은 관세법령에서 상세하고 복잡하게 규정하고 있는 바 이를 요약하면 다음과 같다.

① 정상적인 거래 조건의 실거래가격을 과세가격으로 한다.

② 우리나라 수입항 도착가격(CIF 가격)을 기준으로 한다.

③ 외화로 표시된 과세가격은 관세청장이 정하는 과세환율(수입신고일 기준)을 곱하여 원화로 표시된 과세가격을 산출한다.

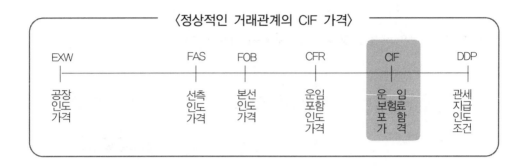

〈정상적인 거래관계의 CIF 가격〉

(2) 과세가격 산출방법

❶ 수입가격을 과세가격의 기초로 사용할 수 있는 경우

가격신고서(A) 7,8,9의 거래가격의 배제요건 해당 여부 항목이 모두 "아니오."로 표시되어 거래가격을 과세가격의 기초로 사용할 수 있는 경우(제1 방법으로 과세가격결정)에는 26의 신고납부 과세가격이 곧 관세의 과세가격이다.

❷ 수입가격을 과세가격의 기초로 사용할 수 없는 경우

가격신고서(A) 7,8,9의 거래가격 배제 요건 해당 여부 항목에 한 항목이라도 "예"에 표시되고, 그러한 사실이 수입물품의 가격에 영향을 미치지 않았음을 수입자가 증명하지 못하면 과세가격으로 인정된 바 있는 동종동질물품 또는 유사물품의 과세가격으로 과세하거나 수입물품의 국내판매가격 또는 수출국 제조가격을 기초로 과세가격을 산출하게 된다.

▶ 다. 과세환율

외화로 표시된 과세가격 또는 과세가격의 요소들은 원화로 환산되어야 한다. 수입물품의 과세가격 산출 시에 적용하는 환율을 과세환율이라 하며, 수입신고 시점의 과세환율을 적용한다.

과세환율은 관세청(관세평가분류원장)이 정하여 관세청전자통관시스템(UNI-PASS)에 게시한다. 과세환율은 외국환중개회사의 기준환율 또는 재정환율을 주 단위로 평균하여 산출하며, 주 단위(일요일~토요일)로 적용하는 것이 특징이다.

4. 관세율

▶ 가. 관세율의 종류

관세는 국가 간의 수출입 물품에 부과(우리나라는 수출물품에는 관세를 부과하지 않고 있음)하는 것으로서, 국가 간의 무역을 조절하는 수단 중 간접적인 수단으로 사용되는 조세이다.

관세율은 수입물품의 국내산업 발전 정도(국내생산 가능 여부 및 국제경쟁력 유무 등)에 따라 세율의 크기가 결정되며, 국제무역환경의 변동에 따라 신속히 세율이 변경되어야 하는 점이 내국세와 다르다. 그러므로 종가세율을 적용해도 내국세율에서 볼 수 없는 특이한 세율이 있는바, 다음과 같다.

《 관세율의 종류 》

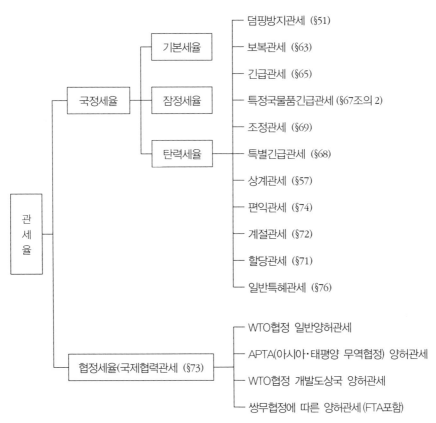

(1) 기본세율

정상적인 상태에서 적용하는 관세율이다. 그러므로 모든 수입물품에 적용할 기본관세율은 모두 정해져 있다. 기본관세율은 국회에서 제정하고 개정한다.

(2) 잠정세율

일정한 경제상황이 도래할 때를 상정하여 기본세율을 정하고, 일정한 경제상황이 도달할 때까지 일시적으로 적용하도록 국회에서 정한 세율이다. 이 경우 일정한 경제상황 도래의 판단은 행정부에 위임하고 있다.

예를 들면 수입물품을 국내에서 생산하기 위한 수입대체공장을 건설하고 있는 경우, 동 공장이 완공되었을 때를 상정하고 국내산업보호를 위하여 기본관세율을 높게 정하고, 동 공장이 완공될 때까지는 실수요업체를 위하여 잠정적으로 낮은 세율을 정하는 것이다. 현재 적용품목이 없다.

(3) 탄력세율

국제무역환경은 급격히 변화하는 것이므로 특정한 품목에 대해서는 신속히 대처하지 않으면 기회를 놓쳐 회복할 수 없는 상태에 이르는 경우가 많다. 이를 대비하여 조세법률주의 예외로서 법률로서 일정한 요건을 정하여 관세율 변경권을 행정부(대통령령)에 위임하고 있는 세율이다. 탄력세율에는 제정목적에 따라 덤핑방지관세 등 9가지가 있다.

(4) 협정세율

국가 간의 통상과 무역을 진흥하기 위하여 조약 또는 협정 등으로 정한 세율을 말한다. 협정세율은 협정의 종류에 따라 당해 협정에 가입한 국가에서 생산된 물품에 한하여 적용할 수 있음이 원칙이다. 그러나 우리나라에서는 편익관세의 규정에 의거 구 공산권국가 등 비 가입국에도 협정세율을 적용하는 경우가 많이 있다.

> 참고 WTO 양허세율 적용 대상 국가
> ① WTO 회원국가 ② 편익관세 적용대상 국가 ③ 무역협정 체결국가
> 자치령(대외무역 및 관세정책 등 독립적인 경제적 자치권 보유)은 위의 경우에만 적용 가능하고, 속령(대외무역 및 관세정책 등 독립적인 경제적 자치권 비보유)은 본국과 동일하게 취급(재정경제부 관협 47040 · 157호, 2000.7.22.)

협정세율은 기본세율보다 낮은 것이 일반적이나 우리나라는 현재는 기본세율보다 높은 것이 더 많다. 이는 경제발전 초창기의 고관세율 시절에 협정을 체결한 것과 WTO 협정 이후 농림축산물의 수입제한 해제와 예외 없는 관세화 방침에 의하여 국내가격과 수입가격의 차이를 관세율로 책정하였기 때문이다. 협정세율은 협정의 종류에 따라 WTO 협정세율 등 4가지 종류가 있다.

협정세율로 낮은 관세율을 적용받고자 하는 때에는 원산지증명서를 제출하는 경우가 대부분이다. WTO협정세율 등 편익관세규정에 의거 협정가입국이 아닌 국가에도 적용하는 경우는 원산지

증명서를 제출할 필요가 없다.

원산지증명서는 일반수출물품원산지증명서와 관세양허대상수출물품 원산지증명서[일반특혜관세(GSP), GATT개발도상국 간 관세양허협정, 아시아·태평양 무역협정(APTA), 개발도상국 간 특혜무역제도(GSTP)에 관한 협정 및 자유무역협정(FTA) 등에 의한 수출물품의 원산지증명서]로 구분된다. 원산지증명서식은 적용할 협정에 규정되어 있으며, 없는 경우에는 대외무역법령과 관세법령에 의한다.

원산지증명서는 수입신고 시에 제출하여야 하는 것이 원칙이다. 다만, 수입신고 전에 원산지증명서를 발급받았으나 분실 등의 사유로 수입신고 시에 원산지증명서를 제출하지 못한 경우에는 원산지증명서의 유효기간 내에 수입·납세신고정정신청서에 해당 원산지증명서 또는 사본을 첨부하여 제출함으로써 수입신고 시에 납부한 관세를 환급받을 수 있다(영 제236조).

나. 탄력세율의 종류

(1) 덤핑방지관세 (법 제51조)

시장독점 등을 위하여 외국물품이 정상가격 이하로 수입되어 국내 산업이 실질적인 피해를 받는 경우 국내 산업을 보호하기 위하여 부과하는 관세이다.

현재 합판·타일 등 14개 품목에 부과하고 있다. 앞으로 국제경쟁이 치열해질수록 적용 품목수는 계속 증가할 것으로 예상된다.

(2) 보복관세 (법 제63조)

우리나라의 수출물품 등에 대하여 부당 또는 차별적인 대우를 함으로써 우리나라의 무역이익이 침해되는 경우, 그 나라에서 수입되는 물품에 대하여 부과하는 관세이다. 우리나라에서는 보복관세를 부과한 적이 없다.

(3) 긴급관세 (법 제65조)

특정물품의 수입증가로 국내 산업이 피해를 보는 경우 국내산업을 보호하기 위하여 부과하는 관세이다. 2001년 상반기에는 마늘 3품목(깐 마늘, 냉동, 초산 조림마늘)에 부과하고 있었으나 현재는 적용품목이 없다.

(4) 특정국 물품 긴급관세 (법 제67조의(2))

중국이 WTO(세계무역기구)에 가입하면서 한시적으로 수입제한 조치를 허용함에 따라 제3국의 수입제한조치로 우리나라로 무역전환이 발생하여 우리나라가 저가의 중국 물품 수입 증가로 피해를 입을 우려가 있어, 국내산업 보호를 위하여 중국 물품의 수입증가로 국내 산업이 실질적인 피해를 입는 경우 부과하는 관세이다.

2003.1.1. 시행된 개정 관세법에서 도입된 제도로 2014년 12월 개정된 관세법에서 중국이 삭제

되어 현재 적용 품목이 없다. 법 제65조의 긴급관세와는 다음과 같이 구별된다.

구분	긴급관세 (법 65조)	특정국물품 긴급관세 (법 제67조의(2)
제 도 도 입 근 거	WTO Safeguard 규정	중국 측 WTO 가입제도
관 련 법 조 항	관세법 제65조	관세법 제67조의2
발 동 대 상	모든 국가 물품	중국제품에 한정
발 동 요 건	수입증가로 국내산업에 심각한 피해 발생 시	수입증가로 국내산업에 실질적 피해 발생 시 제3국의 조치로 인한 무역전환이 발생 우리나라로 수입증가 시
부 과 기 간	4년(예외적으로 연장하는 경우 8년)	
제 도 유 효 기 간	제한 없음	2013.12.10까지

(5) 조정관세 (법 제69조)

수입자유화 정책을 추진함에 따라 국민 생활과 국내산업에서 발생하는 부작용을 시정·보완하는 등 특정상품의 수입을 긴급히 억제할 필요가 있는 때에 부과하는 관세이다.

현재 실뱀장어, 돔, 명태, 새우, 표고버섯, 합판 등 13개 품목에 부과하고 있다.

(6) 특별긴급관세 (법 제68조)

WTO 협정 양허세율로 수입을 개방한 농림축산물 중 특정품목의 연간 수입량이 기준물량을 초과하는 때에 초과 수입량에 대하여 양허세율에 가산하여 부과하는 관세이다.

현재 부과대상 물품은 수입량이 급등하면 특별긴급관세를 부과하는 운용 품목이 HS 10단위로 16개 품목이고 수입가격이 하락하여 특별긴급관세를 부과하는 물품은 HS10 단위로 40개 품목이다.

(7) 상계관세 (법 제57조)

외국에서 보조금을 받은 물품의 수입으로 국내산업이 실질적인 피해를 입는 경우, 국내산업을 보호하기 위하여 부과하는 관세이다.

현재 적용되는 품목이 없다.

(8) 편익관세 (법 제74조)

협정세율을 적용할 수 없는 국가(WTO 협정에 가입하지 아니한 구 공산권국가 등)에서 수입되는 물품에 대하여 협정세율을 적용할 수 있는 관세이다.

적용대상 국가는 이라크·이란·아프리카스탄 등 16개 국가이며, 적용대상 물품은 WTO 양허관세규정 별표 I 의 "가" 내지 "다"에 규정된 10,221개 품목이다. 중국과 러시아는 WTO 가입으로 적용대상 국가에서 제외되었다.

(9) 계절관세 (법 제72조)

물품의 가격이 계절에 따라 현저한 차이가 있고 동종 물품 등의 수입으로 국내시장이 교란되는 경우, 국내산업보호를 위하여 계절에 따라 관세율을 달리 부과하는 관세이다.

현재 적용되는 품목이 없다.

(10) 할당관세 (법 제71조)

물자수급 또는 국내물가안정 등을 위하여 관세율을 인상하거나 인하하는 관세이다. 현재 LNG 등 서민생활안정품목 및 제분용 밀 등 가격급등품목 등을 대상으로 126개 품목을 적용하고 있다. 할당관세의 적용을 받기 위해서는 산업통상부장관이 고시하는 바에 따라 수입물품 관련 협회의 추천을 받아 수입신고수리일로부터 15일 이내에 세관에 제출하여야 한다.

(11) 일반특혜관세 (법 제76조)

개발도상국을 지원하기 위하여 원산지를 개발도상국으로 하는 수입물품에 대하여는 기본세율보다 낮은 특혜관세율을 부과하는 관세이다. 우리나라가 과거 산업개발 과정에서 선진국으로부터 특혜를 받아 왔던 관세이나 이제 우리나라도 선진국에 진입하여 개발도상국에 특혜관세를 베풀게 되었다.

현재 일반특혜관세 적용대상 국가인 최빈국은 아시아주 13개국, 아프리카주 34개국, 아메리카주 1개국, 합계 48개국이다. (최빈개발도상국에 대한 특혜관세공여규정, 대통령령 제25,895호, 2015.1.1.시행).

▶ 다. 실행세율

관세율에는 위와 같이 여러 종류가 있으므로 어떤 수입물품에는 둘 이상의 세율이 서로 경합할 수가 있는데 이럴 때 실제로 적용되는 세율을 실행세율이라 한다.

실행세율은 원칙적으로 '①협정(양허)세율 ②탄력세율 ③잠정세율 ④기본세율'의 순으로 적용되나, 탄력관세 중 덤핑방지관세, 보복관세, 긴급관세, 특별긴급관세 및 상계관세는 협정(양허)세율에 우선하여 적용된다.

이는 덤핑방지관세, 보복관세 및 상계관세는 불공정 무역행위에 대한 규제수단의 하나로 관세율을 인상·조정하는 제도이고, 긴급관세는 WTO 협정 부속서 중 "긴급수입제한조치에 관한 협정"의 규정에 따라 양허세율 수준 이상으로 관세율을 인상·조정하는 제도이며, 특별긴급관세는 농림축산물의 예외 없는 관세화에 의한 양허 품목 중 수입급증에 따른 피해가 발생하는 경우 국제가격과 국내가격의 차이만큼을 관세로 부과할 수 있도록 한 WTO 협정 부속서 중 "농업협정문"에 의한 특별긴급구제제도이므로 협정세율, 기타 탄력세율, 잠정세율 및 기본세율에 항상 우선하여 적용하는 것이 타당하다.

관세율의 종류별 적용 순서는 다음과 같다.

《 관세율 적용 우선순위 》

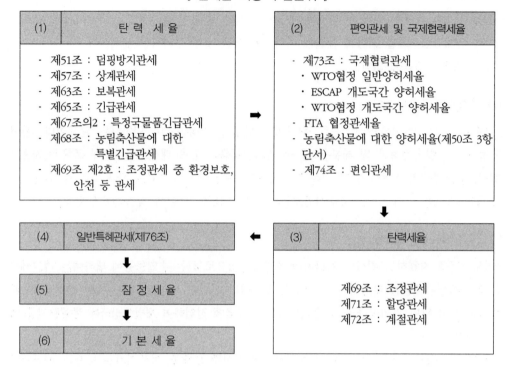

※ 한 품목에 두 개 이상의 세율이 경합 시 세율 적용 우선순위

① 관세율의 적용은 관세율의 높낮이와 관계없이 위의 순서에 따라 적용하는 것이 원칙임

② 다만, 예외적으로 편익관세 및 국제협력세율(2)은 국가 간의 무역을 증진하기 위하여 책정된 것이므로 타 세율(3), (4), (5), (6)보다 낮은 때에만 우선하여 적용하고 높은 경우는 적용하지 아니함

③ 할당관세율(3)은 일반특혜관세(4)보다 낮은 때에만 우선 적용함

④ 국제협력세율(제73조) 중 국내외의 가격차에 상당하는 율로 양허(讓許)하거나 국내시장 개방과 함께 기본세율보다 높은 세율로 양허한 농림축산물 중 대통령령으로 정하는 물품에 대한 양허세율(시장접근물량에 대한 양허세율 포함)은 기본세율 및 잠정세율에 우선 적용함.

⑤ 특정국물품 긴급관세율(제67조의2)은 FTA 협정관세율보다 우선하여 적용하지 아니함.

▶ 라. 합의세율

금액이 많지 않은 여러 품목을 함께 수입 신고한 경우, 물품별 세율이 서로 달라 품목별로 구분하여 신고하여야 하나 가격분할이 곤란하거나 세액산출이 복잡한 때에는 세액산출을 간단히 하기 위하여 화주의 요청에 따라 적용세율 중 가장 높은 세율을 모든 수입물품에 적용할 수 있는바, 이때 적용하는 세율을 합의세율이라 한다(법 제82조 1항).

(1) 특징

이 세율은 화주의 요청에 의거 높은 세율을 적용한 것이므로 통관절차 이행 후에 이의신청, 심사청구 또는 심판청구 등을 행사할 수 없다(법 제82조 2항).

(2) 적용대상 물품의 사례

- 시약
- 시설기계류 수입 시의 예비 부속품 등

마. 용도세율

관세율표에서 동일한 물품에 대하여 용도에 따라 세율을 다르게 정하는 물품 중 세율이 낮은 용도에 사용하고자 하는 때에는 수입신고 시에 신청하여 세관장의 승인을 받아야 한다.

용도세율의 적용으로 낮은 세율을 적용받는 것은 관세를 감면하는 것과 같은 성질의 것이므로 신청서와 수입통관 후 지정한 용도에 계속 사용하는지를 세관장이 확인하게 된다.

5. 내국세 산출

내국세의 과세가격은 관세의 과세가격을 기초로 산출하고 세율은 당해 법에 정해진 세율을 적용한다.

가. 개별소비세

(1) 과세가격

수입물품에 대한 개별소비세 과세가격은 관세의 과세가격에 관세를 합한 금액을 말한다(개별소비세법 제8조). 다만, 종량세가 적용되는 담배와 휘발유등 유류에 대해서는 수입하는 수량이 과세표준(과세가격)이 되고, 세율을 곱하여 개별소비세액을 산출한다.

> ① 개별소비세 과세대상 물품 중 제1종, 제2종, 제3종, 제5종 해당 물품
>   개별소비세 과세가격 = (관세의 과세가격 + 관세)
> ② 개별소비세 과세대상 물품 중 제4종 해당 물품
>   개별소비세 과세가격 = (관세의 과세가격 + 관세) - 기준가격

개별소비세 과세가격의 산출시 관세의 과세가격에 합산하는 관세는 당해 수입물품의 가격에 산입할 수 없는 출판권·판매권·공연권 등 무체재산권의 인수 대가로 지급하는 금액이 포함된 경

우에는 권리대가로 지급하는 금액을 과세가격에서 공제하며(영 제11조 3항), 원료과세를 받는 보세공장 반출물품은 보세공장에서의 실제 반출가격을 과세가격으로 한다(영 제11조 4항).

(2) 개별소비세율

개별소비세법에 규정된 세율을 적용한다.

▶ 나. 주세

수입하는 주류에 대한 주세의 부과는 주정과 주정 이외의 주류에 따라 주세율 책정 방식이 구분되어 있다.

(1) 주정(종량세)

주정에 대한 주세의 과세표준은 보세구역으로부터 반출하는 수량으로 하고, 이 경우 주세액은 1kℓ당 ₩57,000이며, 알코올 분 95도를 초과하면 초과하는 1도마다 600원을 가산한다(법 제8조).

> 주정의 수량 (kℓ) × (₩57,000 + 가산금액) = 주세액
>
> 🔵 알코올 분 96.7도 주정의 경우(₩57,000 + 600 × (1) × kℓ = 주세액

(2) 주류(종가세)

✅ 과세가격

주정 이외의 주류에 대한 과세표준은 수입신고 한 때의 가격으로 하고, 수입신고 한 때의 가격이란 관세의 과세가격에 당해 주류에 부과될 관세액을 합한 가격을 말한다(영 제5조제2항).

> [(관세의 과세가격 + 관세) = 주세의 과세가격]

✅ 주세율

주세법에 규정된 세율을 적용한다.

▶ 다. 기타 수입세

교통·에너지·환경세, 교육세 및 농어촌특별세의 과세대상 물품, 세율 및 과세표준은 다음과 같다.

세 종	과 세 대 상	세 율	과 세 표 준
교통·에너지·환경세	① 휘발유와 대체유류 ② 경유	ℓ 당 475원 ℓ 당 340원	수입 수량(ℓ) 수입 수량(ℓ)
교 육 세	① 개별소비세납부물품 ② 주세납부물품 ·주세율 70% 이하 ·기타(주세율 70% 초과) ③ 교통세납부물품	30% 10% 30% 15%	납부하는 개별소비세액 납부하는 주세액 〃 납부하는 교통·에너지·환경세
농어촌특별세	① 관세감면 물품 ② 개별소비세납부물품	20% 10%	관세감면세액 개별소비세액

▶ 라. 부가가치세

수입하는 물품에 부과하는 부가가치세의 과세표준은 관세의 과세가격에 관세, 개별소비세, 주세, 교통·에너지·환경세, 농어촌특별세 및 교육세를 합산한 금액(부가가치세법 제29조 2항)으로 하고 세율은 10%이다(부가가치세법 제14조).

(1) 과세가격

부가가치세의 과세가격은 관세의 감면 여부 및 부가가치세의 감면 여부에 따라 다음 형태와 같이 구분하여 과세가격이 결정되고 있다.

❶ 관세는 과세하고 부가가치세가 과세 또는 면제하는 일반적일 경우

부가가치세 과세가격
= 관세의 과세가격 + 관세 + 개별소비세 + 주세 + 교통세 + 교육세+ 농어촌특별세

❷ 관세는 면제하고 부가가치세는 과세하는 경우

부가가치세 과세가격
= 관세의 과세가격 + 개별소비세 + 주세 + 교통세 + 교육세+농어촌특별세

❸ 관세는 경감하고 부가가치세는 과세하는 경우

부가가치세 과세가격
= 관세의 과세가격 + 납부하는 관세 + 개별소비세 + 주세 + 교통세 +농어촌특별세 + 교육세

❹ 관세를 경감하고 부가가치세도 관세의 경감률과 같이 경감하는 경우

> • 총 부가가치세 과세가격 = 관세의 과세가격 + 경감 전 관세 + 개별소비세 + 주세 + 교통세 + 교육세 +농어촌특별세
> • 총 부가가치세액 = 총 부가가치세 과세가격 × 10%
> • 면제 부가가치세액 = 총부가가치세액 × 관세경감률
> • 납부하는 부가가치세액 = 총부가가치세액 − 면제 부가가치세액

❺ 부가가치세 면세 관련 규정 (부가가치세법 제27조제15호, 영 제56조)

부가가치세법 제27조 제6호부터 제13호까지의 규정에 따른 재화 외에 관세가 무세(無稅)이거나 감면되는 재화로서 대통령령으로 정하는 것. 다만, 관세가 경감되는 경우에는 경감되는 비율만큼만 면제한다(부가세법 제27조제15호).

이 규정의 적용대상 물품은 다음과 같다(부가세법 영 제56조).

① 수출품 첨부용 증표

② 항공기 부분품 및 항공기 관련용품

③ 올림픽 운동용구

④ 박람회 등 참가용품

⑤ 관세법 이외의 법령(조세특례제한법 제외)에 의한 감면물품

⑥ 장애인용품

(2) 부가가치세 감면 및 영세율 적용

부가가치세는 수출물품 등에 대하여는 관세환급의 경우와 같이 영세율을 적용하여 환급하고 수입물품 등에 대해서는 관세감면과 같이 정책목적상 면제하고 있다.

❶ 영세율 적용 대상

수출물품 및 국내에서 수출물품제조용으로 공급하는 물품과 외화를 획득하는 물품에 대해서는 영세율을 적용하여 환급함으로써 수출을 지원하고 있다(부가가치세법 제21조).

❷ 부가가치세 감면

수입물품에 대하여 정책목적상 부가가치세를 감면하는 것은 관세와 같은 취지이므로 부가가치세법에서는 관세가 감면되는 재화에 한하여 부가가치세를 감면하는 경우가 많다. 이를 표로 만들어 보면 다음과 같다.

《 관세가 감면되는 재화에 한하여 부가가치세가 면제되는 수입재화 》

부가가치세법 등 관련 규정	면제 대상 수입재화	관세법 등 관련 규정
법 제27조 제3호	과학·교육·문화용으로 수입하는 재화	관세법 제90조
법 제27조 제4호	종교단체 등에 기증되는 재화	관세법 제91조 1호 및 제2호
법 제27조 제6호	소액기증 물품	관세법 제94조 4호(소액 수증물품)
법 제27조 제7호	이사물품	관세법 제96조 2호
법 제27조 제8호	여행자 휴대품	관세법 제96조 1호
법 제27조 제9호	견품·광고용 물품	관세법 제94조 3호
법 제27조 제10호	전시용 등에 출품하기 위하여 무상으로 수입하는 물품	관세법 제97조 및 동법 시행규칙 제50조 1항 제6호
법 제27조 제11호	외교관·준외교관 면세물품	관세법 제88조
법 제27조 제12호	재수입면세물품	관세법 제99조
법 제27조 제13호	재수출조건면세물품	관세법 제97조
법 제27조 제15호 및 영 제56조제16호	관세법 이외의 법령(조세특례제한법 제외)에 의한 감면물품	해저광물자원개발법, 협정면세

7절 과세가격의 결정(관세평가)

1. 과세가격의 결정원칙

관세의 과세가격은 우리나라 수입항 도착시점을 기준으로 정상적인 거래형태에서의 실제거래가격을 원칙으로 한다.

그림에서와같이 실제 지급하였거나 지급하여야 할 가격에서 수입항 도착 후의 비용을 공제하고, 수입항에 도착하기까지의 비용 및 당해 물품의 수입에 관련된 제비용을 가산하여 과세가격을 결정한다(법 제30조제1항제2항).

수입항은 외국무역선(기)로부터 수입하는 화물이 양륙 되는 항구(공항)를 말한다(관세평가고시 제24조제1항).

■ 가. 실제 지급하였거나 지급하여야 할 가격

① 실제 지급하였거나 지급하여야 할 가격이란 수입물품의 대가로 구매자가 판매자에게 또는 판매자를 위하여 직접 또는 간접으로 지급하여야 할 총금액을 말한다(법 제30조 2항).
② 간접지급금액의 예를 들면 다음과 같다.
- 구매자가 당해 수입물품의 대가와 판매자의 채무를 상계하는 금액
- 구매자가 판매자의 제3자에 대한 채무를 변제하는 금액
- 구매자가 판매자의 요청에 의하여 수입물품대금의 일부를 제3자에게 지급하는 경우 그 금액 등이 있다.

■ 나. 실제 지급금액에서 공제되는 금액

구매자가 실제로 지급하였거나 지급하여야 할 가격에서 다음에 해당하는 금액을 명백히 구분할 수 있으면 과세가격에서 공제한다(법 제30조 2항 단서).
① 수입 후에 행하여지는 당해 물품의 건설, 설치, 조립, 정비, 유지 또는 기술지원비용
② 수입항 도착 후에 당해 수입물품의 운송에 필요한 운임, 보험료, 기타 운송에 관련되는 비용
③ 우리나라에서 당해 수입물품에 부과된 관세 등 제세와 기타 공과금

④ 연불조건 수입은 당해 수입물품에 대한 연불이자

▸ 다. 가산요소

물품의 수입과 관련하여 다음의 금액을 구매자가 부담하는 때에는 실제지급금액에 이를 가산하여 과세가격을 산출한다(법 제30조 1항).

(1) 수수료(Commission) 및 중개료(Brokerage)

수수료란 매매당사자의 위임을 받아 그를 대리하여 물품을 구매, 판매하고 위임자로부터 받는 대가를 말한다(다만, 외국에서 구매자만을 대리하여 행하는 대가로 구매자가 그 대리인에게 지급하는 구매수수료는 과세대상에서 제외된다.).

중개료란 매매당사자 사이에서 거래알선 및 중개역할의 대가로 쌍방으로부터 받는 거래알선료를 말한다.

(2) 용기 및 포장비용

당해 물품과 동일체로 취급하는 용기의 비용(카메라와 카메라케이스, 콜라와 콜라병, 시계와 시계케이스)과 당해 물품의 포장에 소요되는 노무비 및 자재비를 구매자가 부담하는 금액도 과세한다.

(3) 생산지원비용

생산지원비용이란 수입물품의 생산 및 수출거래를 위하여 구매자가 무료 또는 인하된 가격으로 제공하는 물품과 용역비용을 말한다.

과세하는 생산지원 물품에는 다음과 같은 것이 있다.

① 수입물품에 결합하는 재료, 구성요소, 부분품 등 (수입의류의 원단, 단추, 안감)
② 수입물품의 생산에 사용되는 공구, 다이스, 모울드 및 기계, 기구 등(종이제의 표본포함)
③ 수입물품의 생산과정에서 소비되는 물품(촉매, 연료 등)

과세하는 생산지원 용역으로는 수입물품의 생산에 필요한 기술, 설계, 고안, 공예 및 의장이 있다(다만, 우리나라에서 개발된 것은 제외한다.).

참고 **1. 해외위탁가공 수입물품의 과세가격**
국내 고임금 현상으로 외국에 제조·가공을 위탁하여 수입하는 경우가 증가하고 있는바, 이 경우 수입물품의 과세가격은?
: 외국에 지불한 가공임 외에도 무상으로 송부한 생산 시설재와 원재료의 가격 등 앞에서 언급한 생산지원비용을 가산하여 과세가격을 신고하여야 한다. 이를 누락한 경우 관세포탈의 고의성 여부를 확인하게 되고, 고의성이 없다고 확인되어도 추가납부와 함께 10%의 가산세 및 기간이자를 납부하게 된다.

2. 해외 임가공수출 시 발생되는 국내 내륙운송비의 과세가격 포함 여부 (재정경제부 관협47040-93호, 2001.4.18.)
해외 임가공 물품의 수입을 위해 원재료 등을 무상으로 수출할 때 발생되는 국내 내국운송료를 임가공 후 수입되는 물품의 과세가격에 포함하여야 하는지 여부
: 법 제30조 1항 제3호, 영 제18조 및 규칙 제4조 3항의 규정에 따라 임가공 후 재수입되는 물품의 과세가격에 가산하여야 함. 다만, 동 비용이 수출신고가격에 포함된 것이 확인되면 재수입물품의 과세가격에 수출신고가격

> 이 포함되었으므로 이중으로 과세가격에 가산할 필요가 없음

(4) 특허권 등 사용료(로열티)

수입물품에 관련되는 특허권, 실용신안권, 의장권, 상표권, 저작권 및 이와 유사한 권리(노하우 등)를 사용하는 대가로서 당해 물품의 거래조건으로 구매자가 직접 또는 간접으로 지급하는 금액(로열티)도 과세한다.

(5) 사후귀속이익

당해 물품의 수입 후의 판매, 처분 또는 사용에 따른 수익금액 중 일부가 직접 또는 간접으로 판매자에게 귀속되는 금액도 과세한다. (임대료와 가공임 등)

(6) 운임·보험료 및 운송 관련 비용

수입물품이 수입항에 도착할 때까지 실제 소요되는 운임·보험료 및 기타 운송관련 비용도 과세한다. 수입항 도착시점은 수입항에 도착하여 본선 하역 준비가 완료된 때를 말한다(영 제20조 5항).

> 참고 선박운송으로 계약된 물품을 수출자의 사정으로 선적이 지연되어 수출자가 운송비용을 부담하고 항공기로 운송한 경우, 수입물품의 과세가격 산출시 적용하는 운임은?
> : 선박으로 운송 시의 운임을 적용한다. (영 제20조제3항, 규칙 제4조의3 제2항제11호 제3항제2호)

라. 가산요소 중 중점 검토사항

(1) 수입물품의 생산에 지원된 기술용역비

❶ 생산지원 용역의 개념

구매자가 당해 물품의 생산 및 수출거래를 위하여 무료 또는 인하된 가격으로 직접 또는 간접으로 물품 및 용역을 공급하는 때에는 그 가격 또는 인하차액을 실제지급가격에 가산하여 과세한다.

생산지원비용을 수입물품의 실제지급가격에 가산하는 이유는 구매자가 당해 수입물품의 생산을 위하여 제공한 물품이나 용역은 수입물품에 대한 대가가 화폐 이외의 형태로 지급된 것으로 볼 수 있으므로 그 비용을 포함한 가격이 수입물품의 정확한 가격을 나타낸다고 보기 때문이다.

관세의 부과대상이 되는 생산지원용역에는 수입물품의 생산에 필요한 기술, 설계, 고안, 공예 및 의장이 있으며, 이들 요소의 비용까지 과세가격에 포함된다(관세평가고시 제19조제2항).

여기서 "생산"이라 함은 재배·제조·채광·채취·가공·조립 등 당해 물품을 만들어 내거나 가치를 창출해 내는 모든 행위를 의미한다.

❷ 생산지원 기술용역비의 가산요건

수입물품의 생산에 지원된 기술용역비를 실제지급금액에 가산하기 위해서는 다음의 세 요건을 모두 충족시켜야 한다.

① 기술용역이 수입물품의 생산 및 수출판매와 관련하여 사용되도록 제공되어야 한다. 생산 활동이 아닌 경영, 인사관리 등에 제공된 기술용역은 과세대상에 해당하지 아니한다.

② 구매자가 무료 또는 인하된 가격으로 제공한 것이어야 한다. 그러므로 구매자가 용역을 제공하고 그 대가를 전부 지급받으면 과세대상에 해당하지 아니한다.

③ 기술용역이 우리나라 이외의 지역에서 개발된 것으로서 당해 수입물품의 생산에 필요한 것이어야 한다.

그러므로 수입물품의 구매·보관에 필요한 용역은 과세대상에서 제외된다.

외국에서 유상으로 취득한 설계자료를 국내에서 수정 또는 상세설계하여 판매자에게 제공한 경우, 최초 설계자료 구매에 따른 기술용역비와 국내비용도 생산지원에 해당하는 것이다.

❸ 기술용역비의 가산방법

다음의 공식에 의거 산출한 금액을 관련 수입물품의 과세가격에 포함하여 과세하게 된다(영 제18조2, 관세평가고시 제20조).

$$\text{과세대상기술용역비} = \text{총기술용역비} \times \frac{\text{기술용역에 의해서 생산된 수입기자재금액(외자)}}{\text{기술용역에 의해서 생산된 관련기자재 총액}}$$

❹ 납부방법

전체 기술용역비에 대한 관세를 일시에 납부하고자 할 때에는 그 전액을 첫 번째 수입물품의 신고가격에 가산하여 납부한다(영 제18조2제2항).

전체 가액 중 당해 수입물품에 해당하는 금액만 납부하고자 하는 때에는 수입할 총 금액 중 당해 수입물품의 금액을 비례 계산하여 계산한 금액을 실제지급금액에 가산하여 납부한다.

(2) 로열티 (특허권 등 권리사용료)

❶ 로열티의 개념

수입물품에 관련되고, 그 거래조건으로 구매자가 지급하는 로열티는 수입물품의 지급가격에 가산하여 과세한다. 관세는 수입하는 물품에 대하여만 부과하는 대물 세이기 때문에 유체물이 아닌 권리나 정보 등 무체재산권에 대하여는 과세할 수 없음이 원칙이나, 무체재산권의 내용이 수입물품에 체화되어 있어 수입물품의 가치 일부를 구성하는 때에는 관세의 부과대상이 되는 것이다. 즉, 권리사용료가 송품장 가격에 포함되어 있지 않은 때에는 수입물품의 실제지급가격에 가산하여 과세해야 한다.

로열티는 다음 권리의 사용 대가로 지급되는 금액을 의미한다(법 제30조 1항 제4호 및 영 제19조 1항).

① 특허권(Patent)

② 실용신안권(Industrial Design)

③ 디자인권(Design)

④ 상표권(Trade mark)

⑤ 저작권(Copy · right)

⑥ 법적 권리에는 속하지 않지만, 경제적 가치를 가지는 것으로서 상당한 노력으로 비밀로 유지된 생산방법, 판매방법 기타 사업활동에 유용한 기술상 또는 경영상의 정보(Know · how)

❷ 로열티의 가산요건

로열티는 수입물품과 『관련성』이 있고, 『거래조건』으로 지급된 경우에만 부과대상이 된다(영제19조 2항). 『관련성』과 『거래조건』은 동시에 충족되어야 하며, 어느 한 가지만 충족한다고 해서 과세하는 것이 아님에 유의하여야 한다.

참고 ☑ **관련성**

로열티가 수입물품과 관련성이 있다는 것은 로열티의 지급원인이 수입물품에 있다는 것을 말한다. 즉, 이는 수입물품에 로열티 지급대상이 되는 권리 등이 구현·구체화하여 있다는 것을 의미하며, 예를 들면 다음과 같다(영 제19조3항).

① 특허권 : 수입물품이 특허발명품이거나, 방법에 관한 특허에 의하여 생산된 물품이거나, 국내에서 당해 특허에 의하여 생산될 물품의 부분품, 원재료 또는 구성요소로서 그 자체에 당해 특허의 내용 전부 또는 일부가 구현되어 있는 물품 또는 방법특허를 실시하기에 적합하게 고안된 설비·기계 및 장치인 경우

② 디자인권 : 수입물품이 당해 디자인을 표현하는 물품이거나 국내에서 당해 디자인권에 의하여 생산될 물품의 부분품 또는 구성요소로서 그 자체에 당해 디자인의 전부 또는 일부가 표현되어 있는 경우

③ 상표권 : 수입물품에 상표가 부착되거나 희석, 혼합, 분류, 단순조립, 재포장 등의 경미한 가공 후에 상표가 부착되는 경우

④ 저작권 : 수입물품에 가사·선율·영상·컴퓨터소프트웨어 등이 수록되어 있는 경우

⑤ 실용신안권, 영업비밀 : 특허권의 규정에 준하는 관련이 있는 경우

⑥ 기타의 권리 : 성격상 위 권리와 유사한 권리의 규정에 준하는 관련이 있는 경우

☑ **거래조건**

거래조건은 구매자가 수입물품을 판매자로부터 구입하기 위하여 지급이 요구되는 것을 의미하며, 예를 들면 다음과 같다(영 제19조 5항).

① 구매자가 수입물품을 구매하기 위하여 판매자에게 로열티를 지급하는 경우

② 구매자와 판매자간의 약정에 의하여 당해 판매자 외의 자에게 로열티를 지급하는 경우

③ 구매자가 수입물품을 구매하기 위하여 제3자로부터 특허권 등의 사용에 대한 허락을 받아 판매자에게 그 특허권 등을 사용하게 하고 제3자에게 로열티를 지불하는 경우

따라서 기술도입계약에 의해 로열티를 지급하고 물품을 수입하는 경우, 로열티 지불계약을 체결하지 않고서는 기술제공자(기술제공자와 특수관계에 있는 자를 포함) 이외의 자로부터 수입이 사실상 곤란한 경우에는 거래조건에 해당된다. 바꾸어 말하면, 로열티 지불계약을 체결하지 않고서도 당해 물품을 공개시장에서 자유롭게 구입할 수 있는 구매선택권이 구매자에게 있는 경우에는 거래조건에 해당되지 않는 것으로 볼 수 있다.

❸ 로열티의 가산방법

수입물품이 완제품(수입후 경미한 조립, 혼합, 희석, 분류, 가공 또는 재포장 등의 작업이 이루어지는 경우 포함)인 경우에는 이와 관련하여 지급되는 권리사용료 전액을 가산한다(관세평가고시 제22조제1항).

① 수입물품이 국내에서 생산될 물품의 부분품, 원재료, 구성요소 등(이하 "수입부분품 등"이라 한다)이라 할지라도 해당 권리가 수입물품에만 관련되는 경우에는 이와 관련하여 지급되는 권리사용료의 전액을 가산한다. 다만, 지급되는 권리사용료 중 수입부분품 등과 관련이 없는 우리나라에서의 생산, 기타 사업 등의 활동대가가 포함되어 있는 경우에는 지급되는 권리사용료에 완제품의 가격(제조원가에서 세금 및 권리사용료를 제외한 금액)중 수입부분품 등의 가격이 차지하는 비율을 곱하여 산출된 권리사용료 금액을 가산한다(관세평가고시 제22조제1항 제2호제4호 제2항제1호).

$$\text{가산대상 로열티 (조정액)} = \text{총지급 로열티} \times \frac{\text{수입물품가격}}{\text{완제품가격(세금및권리사용료제외)}}$$

② 수입물품이 방법에 관한 특허를 실시하기에 적합하게 고안된 설비, 기계 및 장치(주요특성을 갖춘 부분품 등 포함)인 경우에는 이와 관련하여 지급되는 권리사용료의 전액을 가산한다. 다만, 지급되는 권리사용료는 특정한 완제품을 생산하는 전체방법이나 제조공정에 관한 대가이고, 수입하는 물품은 그 중 일부공정을 실시하기 위한 설비 등인 경우에는 지급되는 권리사용료에 전체설비 등의 가격 중 수입설비 등의 가격이 차지하는 비율을 곱하여 산출된 권리사용료를 가산한다. 이 경우, 지급하는 권리사용료에 수입물품거래와 관련 없는 수입 이후의 국내 활동에 대한 대가 등이 포함되어 있는 때에는, 구매자가 자료 제출 등을 통하여 수입 이후 활동에 해당하는 금액을 증명하는 경우 해당 금액을 총지급로얄티에서 공제한다(관세평가고시 제22조 제3호제4호 제2항제1호).

$$\text{가산대상 로열티 (조정액)} = \text{총지급 로열티} \times \frac{\text{수입설비가격}}{\text{총설비 등 가격}}$$

③ 이 경우 로열티지급대상물품이 장기간 반복하여 수입되는 때에, 각 수입물품에 가산대상 로열티를 안분하는 가산율 산출방법은 다음과 같다(관세평가고시 제22조1항4호).

$$\text{가산율} = \frac{\text{조정액}}{\text{수입물품가격}} \times 100$$

(3) 운임·보험료 및 운송 관련 비용

가) 운임 관련 서류가 있을 때 운임 산출방법

당해 사업자가 발급한 운임명세서 또는 이에 갈음할 서류가 있는 때에는 그 서류에 근거하여

산출한다. (영 제20조1항)

나) 운임 관련 서류가 없을 때 운임 산출방법

운송거리·운송방법 등을 고려하여 다음의 방법으로 산출한다(영제20조제2항, 규칙제4조의3, 관세평가고시제24조)

① 선박, 항공기 등 자력 운항에 의거 도착한 수입물품에 대하여는 당해 선박 또는 항공기가 수출항으로부터 수입항에 도착할 때까지의 연료비, 승무원의 급식비, 급료, 수당, 선원 등의 송출비용 및 그 밖의 비용 등 운송에 실제로 소요되는 금액

② 하나의 용선계약으로 여러가지 화물을 여러 차례에 걸쳐 왕복운송(기간용선)하거나 여러가지 화물을 하나의 운송계약에 따라 일괄운임으로 지급(항해용선)하는 경우: 수입되는 물품의 중량을 기준으로 계산하여 배분한 운임. 다만, 수입되는 물품의 중량을 알 수 없거나 중량을 기준으로 계산하는 것이 현저히 불합리한 경우에는 가격을 기준으로 계산하여 배분한 운임으로 한다.

③ 운송계약상 선적항 및 수입항의 구분 없이 총 허용정박 시간만 정하여 체선료(滯船料) 또는 조출료(早出料)의 발생장소를 명확히 구분할 수 없는 경우: 총 허용정박 시간을 선적항과 수입항에서의 허용 정박시간으로 반분(半分)하여 계산된 선적항에서의 체선료를 포함한 운임. 이 경우 실제 공제받은 조출료는 운임에 포함하지 않는다.

④ 탁송품으로서 운임명세서 또는 이에 갈음할 수 있는 서류에서 수입항까지의 운임을 구분할 수 없는 경우에는 관세평가고시 별표1의 탁송품 과세운임표에 따른 운임

⑤ 수입물품을 운송하기 위한 선적자재비(資材費) 및 선박개장비(改裝費)를 지급한 경우에는 동 비용을 포함한다.

⑥ 수입물품의 운임에 수입항에서의 하역비가 포함되어 있고 그 금액이 구분 표시되어 있는 경우에는 동 하역비는 과세가격에 포함하지 아니한다.

⑦ 구매자(수입자 포함)가 부담하는 선적항에서의 체선료는 과세가격에 포함하며, 선적항에서의 조출료를 공제받은 경우에는 이를 과세가격에 포함하지 아니한다. 다만, 조출료는 수입통관시에 그 금액을 확인할 수 있는 경우에 한하되, 잠정가격신고의 경우 확정가격 신고일까지 그 금액을 확인할 수 있는 서류제출에 의하여 과세가격에 포함하지 아니한다.

⑧ 항해용선계약에서 수입물품의 운임과 구분되는 수입항에서의 체선료는 과세가격에 포함하지 아니하고 수입항에서의 조출료는 과세가격에서 공제하지 아니한다.

⑨ 컨테이너에 의한 문전배달형태(Door to Door)의 운송계약의 경우에 그 운송료가 구분되는 때에는 수입항 도착 이후의 운송료는 과세가격에 포함하지 아니한다.

⑩ 컨테이너 임차료가 운임과 별도로 지급되는 경우에는 컨테이너의 임차에 소요되는 비용은 과세가격에 포함한다.

⑪ 수입항에서의 도선료, 예선료, 강취료가 수입물품의 운임과 구분되는 경우에는 이를 과세가격에 포함하지 아니한다.

다) 항공운송 수입물품의 운임적용 특례

항공기로 수입된 다음의 물품은 항공기 외의 일반적인 운송방법에 의한 운임을 적용한다. (영 제20조제3항).

❶ 선편 소포우편물요금표에 의한 요금 적용

다만, 선편 소포우편물요금표에 의한 운임이 실제 항공운임보다 많은 경우에는 실제 항공운임을 적용한다(규칙 제4조의3제3항).

① 무상으로 반입하는 상품의 견본, 광고용품 또는 그 제조용 원료로서 운임·보험료를 제외한 총 과세가격이 20만원 이하의 물품

② 수출물품의 제조·가공에 사용할 원재료로서 세관장이 수출계약의 이행에 필요하다고 인정하여 무상으로 반입하는 물품

③ 계약조건과 다르거나 하자보증기간 안에 고장이 생긴 수입물품을 대체·수리·보수하기 위하여 반입하는 물품

④ 계약조건과 다르거나 하자보증기간 안에 고장이 생긴 수입물품을 외국으로 반출한 후 이를 수리하여 무상으로 반입하는 물품으로서 운임·보험료를 제외한 총과세가격이 20만원 이하인 물품

⑤ 종전 수출물품이 하자보증기간 안에 고장이 생기거나 계약조건과 달라 수리 또는 대체하기 위하여 무상으로 반입하는 물품

⑥ 신문사, 방송국 또는 통신사에서 반입하는 뉴스를 취재한 사진필름, 녹음테이프 및 이와 유사한 취재물품

⑦ 우리나라의 거주자가 수취하는 물품으로서 사적인 용도에 사용할 것으로 인정되는 것 중 운임·보험료를 제외한 총과세가격이 20만원 이하인 물품

⑧ 별송으로 반입하는 이사화물 및 준 이사화물로서 운임 및 보험료를 제외한 총 과세가격이 50만원 이하인 물품

⑨ 여행자가 휴대하여 반입하는 물품

❷ 통상 선박운임율표에 의한 운임 적용

통상운임이란 해당 물품의 종류, 수량 및 운송조건을 감안하여 통상 필요하다고 인정되는 수입항까지의 운송을 위한 운임 등을 말하며 다음의 물품에 적용한다. 통상 선박운임이 실제 항공운임보다 많은 경우에는 항공운임을 적용한다. (규칙 제4조의3 제3항, 관세평가고시 제25조)

① 항공기 이외의 일반운송 방법에 의하여 운송하기로 계약된 물품으로서 해당 물품의 제작지연, 기타수입자의 귀책사유가 되지 아니하는 사유로 수출자가 그 운송방법의 변경에 따른 비용을 부담하고 항공기로 운송한 물품

② 항공운송 사업을 영위하는 자가 자기 소유인 운송수단에 의하여 운송, 반입하는 기용품과 외국의 본사 또는 지사로부터 무상으로 송부받은 해당 운송사업에 사용할 소모품 및 사무

용품

③ 항공기 외의 일반적인 운송방법으로 운송하기로 계약된 물품으로서 천재지변 등으로 재산이나 사업에 심한 손실을 입거나 중대한 위기에 처하게 되어 운송수단을 변경하거나 해외거래처를 변경하여 항공기로 긴급하게 운송하는 물품

(4) 보험료 산출방법

수입물품의 과세가격에 가산하는 보험료는 실제로 보험에 부보된 경우에만 가산하며, 보험료는 운임과 같이 당해 사업자가 발급한 보험료명세서 또는 이에 갈음할 서류가 있는 때에는 그 서류에 근거하여 계산한다(영제20조제1항).

다만, 포괄예정보험에 따른 경우에는 다음의 어느 하나의 방법으로 계산한다(관세평가고시제26조).

① 수입신고 시에 보험료명세서를 제출하는 경우에는 이를 보험료로 계산한다.

② 보험사업자가 발급한 보험예정서류에 의하여 잠정계산하고 보험료가 확정되면 즉시 실제 지급한 보험료명세서에 의하여 확정 신고한다.

③ 수입자는 포괄예정보험이 적용되는 최초 수입물품의 수입신고 시에 포괄예정보험료 전액을 가산하여 잠정신고할 수 있으며, 보험료가 확정된 경우에는 최초 수입물품에 가산하여 확정 신고할 수 있다.

또한, 항공기로 수입된 물품에 일반적인 운송수단에 의한 운임이 적용되는 물품에 대한 보험료는 보험사업자가 통상적으로 적용하는 항공기 외의 일반적인 운송방법에 대한 보험료로 계산할 수 있다(영제20조제3항, 규칙제4조의3제4항)

2. 거래가격을 과세가격의 기초로 사용할 수 없는 물품

수입물품의 과세가격은 우리나라에 수출하기 위하여 판매되는 물품에 대하여 구매자가 실제로 지급하였거나 지급하여야 할 가격을 기초로 다음의 비용들을 가감·조정하여 정상적인 거래가격을 산출한다(법 제30조 1항). 그러므로 다음은 원칙적으로 거래가격을 과세가격결정의 기초로 사용할 수 없다.

▶ 가. 판매가 아닌 경우

거래가격은 우리나라에 수출·판매되는 물품에 대해서만 적용된다. 판매란 소유권의 이전을 전제로 이루어지는 유상거래를 의미하므로 다음에 해당하는 물품은 판매된 물품으로 보지 않는다(영제17조).

① 무상으로 수입하는 물품

② 수입 후 경매 등을 통하여 판매가격이 결정되는 위탁판매물품

③ 수출자의 책임으로 국내에서 판매하기 위하여 수입하는 물품

④ 별개의 사업자가 아닌 지점 등에서 수입하는 물품

⑤ 임대차 계약으로 수입하는 물품

⑥ 무상임차 수입물품

⑦ 송화주의 부담 하에 국내에서 파기하기 위하여 수입하는 물품(산업쓰레기 등)

나. 제한이 있는 경우

당해 물품의 사용·처분상에 어떠한 제한이 있는 경우(영제21조)

① 당해 물품을 전시용, 자선용, 교육용 등 특정용으로만 사용토록 하는 제한

② 당해 물품을 특정인(특히 수출자와 특수관계에 있는 자)에게만 판매 또는 임대하도록 하는 제한

③ 기타 당해 물품의 가격에 실질적으로 영향을 미치는 제한

다만, 다음의 제한이 있으면 예외가 된다(영제22조1항).

① 우리나라의 법령이나 법령에 의한 처분에 의하여 부과되거나 요구되는 제한

② 수입물품이 판매될 수 있는 지역제한

③ 기타 수입가격에 실질적으로 영향을 미치지 아니한다고 세관장이 인정하는 제한

다. 영향을 받는 경우

수입물품에 대한 거래의 성립 또는 가격의 결정이 금액으로 환산할 수 없는 조건이나 사정에 의하여 영향을 받은 경우(영제22조2항).

① 구매자가 판매자로부터 특정수량의 다른 물품을 구매하는 조건으로 당해 물품의 가격이 결정되는 경우(예구상 또는 보상거래물품)

⑧ 판매자가 구매자에게 다른 물품을 판매하는 가격에 따라 당해 물품의 가격이 결정되는 경우(예끼워팔기)

⑨ 판매자가 반제품을 구매자에게 공급하고 그 완제품의 일정수량을 받는다는 조건으로 당해 물품의 가격이 결정되는 경우

라. 사후귀속이익이 있는 경우

수입 후의 전매, 처분 또는 사용에 따른 수익 일부가 직·간접으로 판매자에게 귀속되는 사후귀속이익이 있는 경우

"수익"이란 그 물품의 판매·사용 등에서 얻어지는 매상대금, 임대료, 가공임 등을 말하며, 수입 통관 시에 이에 상당하는 금액을 확인할 수 있으면 실제지급금액에 동 금액을 가산하여 과세가

격이 결정된다(법 제30조3항4호 단서).

주식배당금과 같이 수입물품과 직접 관련이 없는 것은 해당하지 아니한다.

▶ 마. 특수관계자의 경우

판매자와 구매자 간의 특수관계가 가격에 영향을 미친 경우

(1) 특수관계의 범위

특수관계의 범위는 영 제23조 1항에서 다음과 같이 규정하고 있다.

① 상호 사업상의 임원 또는 관리자인 경우

② 상호 법률상의 동업자인 경우

③ 구매자와 판매자가 고용관계에 있는 경우

④ 특정인이 구매자와 판매자의 의결권이 있는 주식을 직접 또는 간접으로 5% 이상 소유하거나 관리하는 경우

⑤ 일방이 상대방에 대하여 법적으로 또는 사실상으로 지시나 통제를 할 수 있는 경우

⑥ 구매자와 판매자가 동일한 제3자에 의하여 직·간접으로 지배를 받는 경우

⑦ 구매자와 판매자가 동일한 제3자를 직·간접으로 공동 지배하는 경우

⑧ 구매자와 판매자가 국세기본법시행령에 해당하는 친족관계에 있는 경우

다만, 위의 특수관계에 해당한다 할지라도 특수관계가 가격에 영향을 미치지 않았음이 인정될 때에는 실제 거래가격에 의하여 과세가격을 결정할 수 있다(영 제23조 2항).

(2) 특수관계가 가격에 영향을 미치지 않았음을 입증하는 방법

특수관계로 말미암아 물품가격에 영향이 없음은 납세의무자가 가격신고 시 입증하여야 한다. 만약 수입자가 입증을 못 하면 거래가격에 의해 과세가격을 결정할 수 없음을 유의하여야 한다.

수입물품의 가격이 다음 중 하나에 해당함을 증명하면 특수관계가 당해 물품의 가격에 영향을 미치지 아니한 것으로 본다(영 제23조2항, 과세가격고시 제19조 제20조 참조).

① 특수관계가 없는 구매자와 판매자 간에 통상적으로 이루어지는 가격결정방법으로 결정된 경우(예신문, 잡지 등의 공표된 가격으로 결정하는 경우)

② 당해 산업부문의 정상적인 가격결정 관행에 부합하는 방법으로 결정된 경우(예국제 시세에 의해 가격이 결정되는 경우)

③ 특수관계가 없는 동종동질·유사물품의 가격 또는 당해 수입물품의 국내판매가격을 역산하거나 제조 가격을 기준으로 산정한 가격과 비교하여 10% 내외로서 세관장이 당해 수입물품의 특성·거래내용·거래 관행 등으로 보아 합리적이라고 인정하는 경우

3. 과세가격의 기타 결정방법

거래가격을 과세가격의 기초로 결정할 수 없을 때는 다음 순서에 의한 방법을 차례로 검토하여 과세가격을 결정하게 된다.

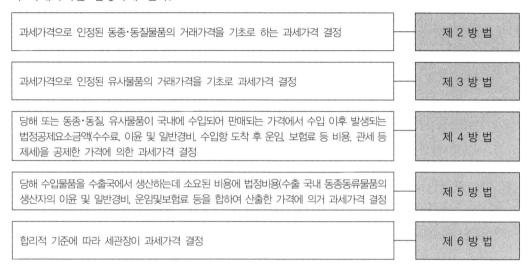

과세가격으로 인정된 동종·동질물품의 거래가격을 기초로 하는 과세가격 결정	제 2 방 법
과세가격으로 인정된 유사물품의 거래가격을 기초로 과세가격 결정	제 3 방 법
당해 또는 동종·동질, 유사물품이 국내에 수입되어 판매되는 가격에서 수입 이후 발생되는 법정공제요소금액(수수료, 이윤 및 일반경비, 수입항 도착 후 운임, 보험료 등 비용, 관세 등 제세)을 공제한 가격에 의한 과세가격 결정	제 4 방 법
당해 수입물품을 수출국에서 생산하는데 소요된 비용에 법정비용(수출 국내 동종동류물품의 생산자의 이윤 및 일반경비, 운임및보험료 등을 합하여 산출한 가격에 의거 과세가격 결정	제 5 방 법
합리적 기준에 따라 세관장이 과세가격 결정	제 6 방 법

※ 다만, 수입자가 원하는 경우에는 제4방법과 제5방법의 순위를 변경하여 적용받을 수 있다. 다만, 제5방법으로 요청하였으나, 제5방법에 따라 결정할 수 없는 경우에는 제4방법, 제6방법의 순서에 따라 과세가격을 결정한다.

4. 과세가격 결정방법 사전심사

관세의 과세가격 결정방법은 무역의 비관세장벽이 될 수 있어 WTO에서 관세평가협정을 체결하여 세계적으로 통일한 것이므로 매우 복잡하고 어려워 과세가격 결정방법을 수입신고 전에 사전심사를 신청할 수 있도록 관세법령에 규정하고 있다. 특히 특수거래관계자의 과세가격 결정방법이 어려우므로 일반수입물품과 특수거래관계 수입물품으로 구분하여 규정하고 있다.

사전심사를 신청하는 것도 서류구비 등이 쉽지 않으므로 관세사를 대리인으로 선임하여 도움을 받을 수 있고 또한 사전상담을 받을 수도 있도록 규정하고 있다.

(1) 사전상담 신청

사전상담 신청도 일반수입물품과 특수거래관계 수입물품으로 구분하여 규정하고 있다. 사전심사를 신청하고자 하는 자는 관세평가분류원장에게 사전심사에 관하여 상담을 신청할 수 있으며, 15일내에 상담을 할 수 있다. 다만, 특수거래관계 수입물품에 대한 상담신청에는 특수관계

사전심사 사전상담 신청서(관세평가고시별지 제20호서식)를 제출해야 한다.

(2) 일반수입물품 사전심사 신청

과세가격 결정방법 사전심사를 신청하려면 사전심사 신청서(관세평가고시별지 제16호서식)에 다음의 서류를 전자통관시스템을 통해 관세평가분류원장에게 제출하여야 한다.

① 거래관계에 관한 기본계약서(투자계약서·대리점계약서·기술용역계약서·기술도입계약서 등)
② 수입물품과 관련된 사업계획서
③ 수입물품공급계약서
④ 수입물품가격결정의 근거자료
⑤ 그밖에 과세가격결정에 필요한 참고자료

(3) 특수거래관계 수입물품 사전심사 신청

특수거래관계 수입물품 과세가격 결정방법 사전심사를 신청하려면 사전심사 신청서(관세평가고시별지 제22호서식)에 다음의 서류를 함께 전자통관시스템을 통해 관세평가분류원장에게 제출하여야 한다.

① 거래관계에 관한 기본계약서(투자계약서·대리점계약서·기술용역계약서·기술도입계약서 등)
② 수입물품과 관련된 사업계획서
③ 수입물품공급계약서
④ 수입물품가격결정의 근거자료
⑤ 거래당사자의 사업연혁, 사업내용, 조직 및 출자관계 등에 관한 설명자료
⑥ 관할 세무서에 신고한 거래당사자의 최근 3년 동안의 재무제표, 무형자산 및 용역거래를 포함한 「국제조세조정에 관한 법률」 제16조제2항제3호에 따른 정상가격 산출방법 신고서
⑦ 원가분담 계약서, 비용분담 계약서 등 수입물품 거래에 관한 서류
⑧ 수입물품 가격의 산출방법을 구체적으로 설명하는 다음 각 목의 자료
　가. 가격산출 관련 재무자료
　나. 가격산출의 전제가 되는 조건 또는 가정에 대한 설명자료
　다. 특수관계자간 가격결정에 관한 내부지침 및 정책
⑨ 「국제조세조정에 관한 법률」 제14조에 따른 정상가격 산출방법의 사전승인을 받은 경우 이를 증명하는 서류
⑩ 회계법인이 작성한 이전가격보고서가 있는 경우 산출근거자료 및 자산·용역의 가격에 영향을 미치는 요소에 관한 분석자료가 포함된 보고서

⑪ 판매 형태에 따라 구분한 최근 3년간 수입품목별 매출액·매출원가

⑫ 특수관계가 거래가격에 영향을 미치지 않았음을 확인할 수 있는 자료

⑬ 그밖에 과세가격결정에 필요한 참고자료

다만 중소기업의 경우에는 과세가격 결정방법 간이 사전심사 신청서(관세평가고시별지 제23호 서식)에 다음의 서류를 함께 전자통관시스템을 통해 관세평가분류원장에게 제출하면 된다.

① 거래관계에 관한 기본계약서(투자계약서·대리점계약서·기술용역계약서·기술도입계약서 등)

② 수입물품과 관련된 사업계획서

③ 수입물품공급계약서

④ 수입물품가격결정의 근거자료

⑤ 수입물품 가격의 산출방법을 구체적으로 설명하는 다음 각 목의 자료

　　가. 가격산출 관련 재무자료

　　나. 가격산출의 전제가 되는 조건 또는 가정에 대한 설명자료

　　다. 특수관계자간 가격결정에 관한 내부지침 및 정책

⑥ 특수관계가 거래가격에 영향을 미치지 않았음을 확인할 수 있는 자료

⑦ 그밖에 과세가격결정에 필요한 참고자료

8절 원산지 관리제도

양허(협정)세율 적용 품목을 수입하는 때에는 동일한 품목도 생산국가에 따라 양허세율 적용 여부가 결정되고 수입품이 국산품으로 둔갑하여 소비자를 기만할 우려가 있으므로 수입물품에 대하여는 원산지를 증명하고, 현품에 원산지를 표시하도록 하고 있다. 원산지 관리는 원산지증명서의 제출과 수입물품에 원산지 표시의 두 부분으로 나누어 구분·관리하고 있다.

1. 원산지의 판단기준

원산국의 판단기준은 다음 순서에 의한다(법 제229조, 대외무역법 관리규정 제85조).

▶ 가. 완전생산기준

당해 수입물품 전부를 생산·가공·제조한 나라를 원산국으로 인정하는 기준으로 이 기준에 의한 물품은 다음과 같다(규칙 제74조).
① 당해 국가의 영역에서 생산된 광산물과 식물성 생산물
② 당해 국가의 영역에서 번식 또는 사육된 산 동물과 이들로부터 채취한 물품
③ 당해 국가의 영역에서의 수렵·어로로 채포한 물품
④ 당해 국가의 선박에 의하여 채포한 어획물·기타의 물품
⑤ 당해 국가에서 제조·가공의 공정 중에서 발생한 설
⑥ 당해 국가 또는 그 선박에서 제1호 또는 제5호의 물품을 원재료로 하여 제조·가공한 물품

▶ 나. 실질적 변경 기준

2개국 이상에 걸쳐 생산된 물품은 그 물품의 본질적 특성을 부여하기에 충분한 정도의 실질적인 생산·가공·제조과정을 최종적으로 수행한 나라를 원산지로 한다(법 제229조 1항 제2호).
① 실질적 생산과정이라 함은 당해 국에서 제조 또는 가공공정을 통하여 원재료의 세번과 다른 세번(HS 6단위)의 제품을 생산하는 것으로 한다(규칙 제74조 2항). 다만, 관세청장이 따로 정하는 물품은 제외한다(규칙 제74조 3항).
② 2개국 이상의 국가에서 생산된 원재료 또는 구성품으로 하여 제조·가공된 물품은 실질적인 생산과정을 최종적으로 수행한 국가를 원산지로 한다(규칙 제74조 2항).

➡ 다. 부가가치 기준

대외무역관리규정 별표9에 게기된 부가가치기준 원산지확인 수입물품(현재 카메라 HS 6단위 1개 품목)은 실질적 변경기준에 불구하고 해당 물품에 사용된 원료 및 부품의 부가가치가 완제품 부가가치의 35% 이상인 경우, 해당 원료 및 부품을 생산 또는 최초로 공급한 국가로 한다. 다만, 이에 해당하는 국가가 없거나 2개국 이상이면 주요부품(셔터, 렌즈, 파인더)이 차지하는 부가가치의 비율이 높은 국가로 한다. 이 경우 부가가치비율 산출 공식은 다음과 같다.

$$\text{ARNRDML 부가가치 비율} = \frac{\text{A국 생산원료 또는 구성품의 금액누계}}{\text{수입가격(FOB)}}$$

➡ 라. 가공공정 기준

대외무역관리규정 별표9에 게기된 제조공정 기준 원산지 확인 수입물품(현재 섬유류와 동 제품 HS 4단위 42개 품목)에 대해서는 동 표에 게기된 당해 물품의 주요 부품을 생산한 국가 또는 주요 공정이 이루어진 국가를 원산지로 한다.

➡ 마. 원산지 판단기준 사례

(1) 실질적인 변경은 HS 6단위 변경

독일에서 생산한 비디오테이프 원단을 16㎜ 카세트용으로 절단(HS8523.1(3)하고, 태국에서 생산한 사례 등으로 중국에서 단순조립 후 우리나라에 수입하는 경우, 수입비디오 카세트테이프의 원산국은 독일임.

(2) 실질적 변경에 해당하지 않은 사례

벽지 반제품(벽지 원지에 PVC액 도포) 롤(Roll) 상을 제3국에 수출한 후 외국 현지공장에서 인쇄·엠보싱 등의 가공공정을 거쳐 완제품 벽지를 수입하는 경우, 반제품과 완제품의 세번(HS 6단위)이 동일함으로 원산지는 한국이다.

(3) 외국임가공의류의 원산국은 봉제공정수행 국가

중국 등 외국에 재단된 직물 또는 부분품을 임가공 수출한 후 현지에서 봉제공정을 통하여 제조된 의류 등의 완제품을 수입하는 경우에 종전에는 재단공정 수행한 우리나라를 원산지로 표시하는 것이 가능하였으나 2004.3.1 수입신고 분부터는 봉제공정을 수행한 국가(중국 등)를 원산지로 표시하도록 대외무역관리규정(제85조제2항, 2003.12.13.)이 개정되었다.

바. 원산지 사전확인 신청

원산국의 판정에 어려움이 있을 때에는 수입신고를 하기 전에 미리 관세청장에게 확인해 줄 것을 요청하면 60일 이내에 확인서를 받을 수 있다(특혜관세특혜관세원산지고시 제11조).

원산지 사전확인 신청서(고시별지9호서식)에 다음의 입증서류를 첨부하여 서면, 우편, 팩스 또는 전자우편(E-Mail) 등의 방법으로 제출해야 한다. 이 경우 제1호부터 제2호의 서류는 외국의 수출자 또는 제조자가 작성하거나 날인한 것이어야 한다.

① 세번변경기준을 적용하는 물품은 세번변경 관련 입증서류(예: 원료구입명세서, 원재료명세서(BOM), 공정내역 설명서 등)
② 부가가치기준을 적용하는 물품은 비원산지재료, 원산지재료 및 물품의 가격 관련 입증서류(예: 원재료명세서(BOM), 원료구입명세서, 원료수불부, 원가산출내역서, 공정내역 설명서 등)
③ 사전확인 대상 물품, 물품의 사진 및 카탈로그 등 세관장이 필요하다고 인정하는 참고자료
사전확인의 통지받은 결과 이의가 있는 경우에는 이의를 제기할 수 있으며, 사전확인 이의제기서(고시별지 제10호의2서식)를 작성하여 관세청장에게 제출하여야 한다.

2. 원산지증명서의 제출

가. 원산지증명서 제출 대상 물품

수입하는 물품이 대외무역법상 수출입공고, 통합공고 또는 별도공고에 의하여 특정국가로부터 수입이 제한되는 물품, 법이나 협정 등에 의하여 다른 나라 상품보다 낮은 세율을 적용받고자 하는 물품과 원산지 허위표시, 오인·혼동표시 등을 확인하기 위하여 세관장이 필요하다고 인정하는 물품 등에 대해서는 원산지증명서를 수입신고 시(부득이한 경우 유효기한 내)에 세관장에게 제출하여야 한다(영 제236조1항, 특혜관세특혜관세원산지고시 제5조, 대외무역관리규정 제91조 2항).

원산지확인과 관련하여 세관장이 요청하는 때에는 관련 증빙서류(부가가치기준, 제조공정기준, 실질적인 변경기준 판단자료 등)를 추가로 제출하여야 하며, 이를 이행하지 아니하면 세관장으로부터 원산지증명을 인정받을 수 없다(법 제232조 3항).

나. 원산지증명서 제출면제

원산지증명서 제출대상 물품인 경우에도 다음 물품에 대하여는 원산지증명서의 제출을 면제한다(영 제236조2항, 특혜관세원산지고시 제10조, 대외무역관리규정 제92조).

① 수입된 물품의 하자보수용(유상수리를 제외한다.) 물품
② 개인이 자가소비용(영업용물품을 제외한다.)으로 수입하는 물품
③ 국내 제조회사에서 반복적으로 수입하는 물품으로서 이미 원산지가 확인되어 원산지증명

서 제출이 필요 없다고 세관장이 인정하는 물품

④ 원산지사전확인을 받은 날로부터 3년 이내에 반입하는 물품(원산지사전확인 내용과 변동이 없는 경우에 한한다)

⑤ 세관장이 원산지증명서 확인자료를 제출받아 수입물품의 원산지를 확인한 후 3년 이내에 수입되는 동일규격의 물품. 다만, 모델·제조공정·사용원재료의 변경 등으로 인하여 당해 물품의 원산지별 부품사용 내용 등이 변경되는 경우에는 그러하지 아니하다.

⑥ 과세가격(종량세의 경우에는 이를「관세법」제15조에 준하여 산출한 가격)이 15만원 이하인 물품

⑦ 우편물(「관세법」제258조제2항에 해당하는 것을 제외한다)

⑧ 개인에게 무상 송부된 탁송품, 별송품 또는 여행자의 휴대품

⑨ 재수출조건부 면세 대상 물품 등 일시 수입 물품

⑩ 보세운송, 환적 등에 의하여 우리나라를 단순히 경유하는 통과화물

⑪ 물품의 종류, 성질, 형상 또는 그 상표, 생산국명, 제조자 등에 의하여 원산지가 인정되는 물품

다. 원산지증명서의 요건

원산지증명서는 표준양식(특혜관세원산지고시 별지 제2호부터 제7호서식)에 의거 원산지국가의 세관 기타 권한 있는 기관 또는 상공회의소가 확인 또는 발행한 것이어야 하며, 수입신고일로부터 소급하여 1년 이내에 발급된 것이어야 한다(영 제236조 및 특혜관세원산지고시 제5조).

원산지증명서의 진실성 등에 의심이 있으면 세관장은 수입신고수리 후 발행국 세관 등에 확인 요청을 할 수 있다(법 제232조, 제233조, 영 제236조 및 특혜관세원산지고시 제8조).

① 원산지국가의 세관 기타 권한 있는 기관 또는 상공회의소가 확인 또는 발행한 것일 것

② 수입신고일로부터 소급하여 1년 이내에 발급된 것일 것

③ 표준양식에 따라 작성되고 한국어 또는 영어로 표기한 것일 것

④ 제3국을 경유하여 수입하는 물품은 원산지국가에서 발행한 원산지증명서를 기초로 하여 경유지국가의 권한 있는 기관에서 발급한 것일 것

⑤ 관세청장이 정하는 물품은 상업송장 또는 관련 서류에 생산자·공급자·수출자 또는 권한 있는 자가 원산지국가를 기재한 것일 것

라. 원산지 적용의 직접운송원칙

원산지증명서에 의한 원산지 인정은 당해 원산국에서 직접 우리나라로 운송 반입된 물품에 한한다. 다만, 다음 중 하나에 해당하는 경우에는 당해 물품이 비 원산국의 보세구역 등에서 세관 감시하에 환적 또는 일시장치 등이 이루어지고, 이들 이외의 다른 행위가 없었음이 인정되는 때에만 이를 우리나라로 직접 운송된 물품으로 본다(규칙 제76조 및 대외무역관리규정 제93조).

① 지리적 또는 운송상의 이유로 비 원산국에서 환적 또는 일시장치가 이루어진 물품과
② 박람회, 전시회 기타 이에 따르는 행사(이하 "박람회 등")에 전시하기 위하여 비 원산국으로 수출하였던 물품으로서 당해 물품의 전시 목적에 사용 후 우리나라로 수출한 물품은 수출참가국의 발급기관이 발급한 원산지증명서 이외에 선하증권(AWB포함), 상업송품장 등 입증서류를 제출하여야 한다. (특혜관세원산지고시 제12조)

3. 원산지의 표시

가. 원산지 표시대상 물품

원산지 표시대상 물품은 대외무역관리규정 제75조(별표8)에 게기된 수입물품이다. 수출물품은 우리나라에서는 원산지를 의무적으로 표시해야 할 물품이 아니나, 수출국에서 요구하고 있으면 그에 따라 원산지를 표시하여야 한다. 원산지 표시대상 물품은 일반 소비 대중이 직접 구매·사용하는 품목을 주 대상으로 하고 있으며, 구체적인 품목은 대외무역관리규정 별표8에 HS 4단위로 게기되어 있으며, 주요 품목은 다음과 같다.

[원산지 표시대상품목]

• 동물과 식용설육 및 동 생산품	• 조명기구
• 식물과 동 생산품	• 커피, 차 등 기호음료
• 어류, 갑각류 및 동 생산품	• 아이스크림, 빙과류
• 의류, 신발, 모자, 타월, 직물등 섬유제품	• 냉장고, 세탁기등 전자기기
• 살충제, 소독제	• 사진기, 필름
• 식탁용품, 주방용품	• 시계류
• 생활용품	• 문구류
• 타자기	• 완구류

나. 원산지 표시면제

다음 물품에 대하여는 원산지 표시를 면제할 수 있다(대외무역관리규정 제82조, 원산지표시고시 제8조).

① 외화획득용 원료 및 시설기재로 수입되는 물품
② 개인에게 무상 송부된 탁송품·별송품 또는 여행자 휴대품
③ 수입 후 제조공정에 투입되는 부품 및 원재료로서 실수요자가 직접 수입하는 경우(실수요자를 위하여 수입을 대행하는 경우를 포함한다)

* 수입자 자신의 비용으로 수입하여 실수요자에게 직접 납품하는 경우를 수입대행으로 볼 수 있는지 : 수입자가 납품계약서 등 증빙서류를 제출하여 세관장의 인정을 받은 경우에는 수입대행으로 본다(관세청 원산지표시고시 제8조).

④ 판매 또는 임대목적에 제공되지 않는 물품으로서 실수요자가 직접 수입하는 경우(다만, 제조에 사용할 목적으로 수입되는 시설 및 기자재는 수입을 대행 인정).

⑤ 연구개발용품으로서 실수요자가 수입하는 경우(실수요자를 위한 수입대행 포함)

⑥ 견본품(진열·판매용이 아닌 것에 한함) 및 수입된 물품의 하자보수용 물품

⑦ 보세구역에서 국내로 반입되지 않고 외국으로 반송(중계무역 및 환적 포함)되는 물품

⑧ 재수출 조건부 면세대상 물품 등 일시수입물품

⑨ 우리나라에서 수출된 후 재수입되는 물품

⑩ 외교관면세 대상 물품

⑪ 우리나라로 수입되기 20년 이전에 생산된 물품

⑫ 판매 목적이 아닌 자선 목적의 기부 물품

⑬ 개인이 자가소비용으로 수입하는 물품으로서 세관장이 타당하다고 인정하는 물품

⑭ 수입자의 상호, 상표 등이 인쇄되어 전시용으로만 사용되는 물품

⑮ 기계류 등의 본 제품과 같이 세트로 포장되어 수입되는 부분품·부속품 및 공구류

다. 원산지 표시방법

(1) 표시요건

수입물품에 대한 원산지 표시는 다음의 4가지 요건을 모두 갖추어야 한다(대외무역법시행령 제56조1항).

① 다음에 해당하는 방식으로 한글, 한문 또는 영문으로 표시할 것(대외무역관리규정 제76조1항)

    1. 원산지: 국명 또는 국명 산(産), 국명 제(製)

    2. Made in 국명 또는 Product of 국명

    3. Made by 물품 제조자의 회사명, 주소, 국명

    4. Country of Origin : 국명

② 최종 구매자가 쉽게 판독할 수 있는 크기의 활자체로 표시할 것

③ 식별하기 쉬운 위치에 표시할 것

④ 표시된 원산지가 쉽게 지워지거나 떨어지지 아니하는 방법으로 표시할 것

(2) 표시단위

원산지 표시는 현품에 표시하는 것을 원칙으로 한다. 다만, 다음 물품에 대하여는 당해 물품의 포장용기 등에 표시할 수 있다(대외무역관리규정 제75조).

① 당해 물품에 원산지를 표시하는 것이 불가능한 경우(예 냉동옥수수, 밀가루 등)

② 원산지 표시로 인하여 당해 물품이 크게 훼손되는 경우(예 당구공, 콘택트렌즈, IC 등)

③ 원산지 표시로 인하여 당해 물품의 가치가 실질적으로 저하되는 경우

④ 원산지 표시의 비용이 당해 물품의 수입을 막을 정도로 과도한 경우(예 물품값보다 표시비

용이 더 많이 드는 경우 등)

⑤ 상거래관행상 최종 구매자에게 포장, 용기에 봉인되어 판매되는 물품(예 비누, 칫솔, 비디오테이프 등) 또는 봉인되지는 않았으나 포장, 용기를 뜯지 않고 판매되는 물품

⑥ 실질적 변형을 일으키는 제조공정에 투입되는 부품 및 원재료를 수입 후 실수요자에게 직접 공급하는 경우

⑦ 물품의 외관상 원산지의 오인 가능성이 적은 경우(예 오렌지, 바나나 등)

(3) 표시방법

원산지 표시는 다음과 같은 방법으로 하여야 한다(대외무역관리규정 제76조와 특혜관세원산지고시 제4조)

① 수입 물품의 원산지는 최종구매자가 해당 물품의 원산지를 용이하게 판독할 수 있는 크기의 활자체로 표시하여야 한다. 다만, 농수산물 및 그 가공품(HSK 25류 이하 물품)은 포장 또는 원산지가 표시된 표시면의 크기에 따라 다음과 같이 표시하여야 한다.

50cm^2 미만	50cm^2 이상 3,000cm^2 미만	3,000cm^2 이상
8포인트 이상	12포인트 이상	20포인트 이상

② 수입물품의 원산지는 최종구매자가 정상적인 물품구매과정에서 원산지 표시를 발견할 수 있도록 식별하기 용이한 곳에 표시하여야 한다. 다만, 주문자상표부착생산(이하 "OEM"이라 한다) 방식으로 수입되는 물품으로서 최종구매자가 원산지를 오인할 우려가 있는 물품은 원산지 표시를 해당 물품 또는 포장·용기의 전면에 표시하여야 한다. 특히 OEM 식품류는 다음과 같이 원산지 표시를 하여야 한다.

    1. 해당 물품 또는 포장·용기의 전면에 원산지 표시

    2. 원산지 표시는 한글로만 표시

    3. 원산지 표시 크기는 상표명 크기의 1/2 이상 또는 포장면적(표시면)별 글자 크기를 다음과 같이 표시하여야 한다.

36cm^2 이하	36cm^2~100cm^2	100cm^2~200cm^2	200cm^2~450cm^2	450cm^2 초과
12포인트 이상	16포인트 이상	24포인트 이상	30포인트 이상	36포인트 이상

③ 표시된 원산지는 쉽게 지워지지 않으며 물품(또는 포장·용기)에서 쉽게 떨어지지 말아야 한다.

④ 수입 물품의 원산지는 제조단계에서 인쇄(printing), 등사(stenciling), 낙인(branding), 주조(molding), 식각(etching), 박음질(stitching) 또는 이와 유사한 방식으로 원산지를 표시하는 것을 원칙으로 한다. 다만, 물품의 특성상 위와 같은 방식으로 표시하는 것이 부적합 또는 곤란하거나 물품을 훼손할 우려가 있는 경우에는 날인(stamping), 라벨(label), 스티커(sticker), 꼬리표(tag)를 사용하여 표시할 수 있다.

⑤ 원산지가 다른 2종 이상의 원재료를 단순 혼합하는 등 대외무역법령에 따른 단순한 가공활동을 한 물품의 원산지는 원재료의 원산지별로 구분하여 표시한다.

⑥ 수입 세트물품의 경우 해당 세트물품을 구성하는 개별 물품들의 원산지가 동일하고 최종 구매자에게 세트물품으로 판매되는 경우에는 포장·용기에 원산지를 표시하고, 원산지가 2개국 이상인 경우에는 개별 물품에 각각의 원산지를 표시하고, 해당 세트물품의 포장·용기에는 개별 물품들의 원산지를 모두 나열·표시하여야 한다. (예: Made in China, Taiwan,....)

(4) 수입물품별 적정원산지 표시방법의 지정

① 대외무역관리규정 제81조에 따라 수입물품별 원산지 표시방법을 관세청장이 다음 예시와 같이 지정하고 있다(원산지표시고시 제9조 및 별표3).

0201 ~ 0205	육류(소, 돼지, 면양, 산양, 말, 당나귀, 노새, 버새 등)	• 포장상자, 용기 등에 원산지 표시 • 비닐로 내포장이 되어 있는 경우 비닐에도 원산지 표시	원산지 표시 의무이행요구 *비닐에 국가명이 들어간 축산물 위생검사 스탬프도 원산지 표시로 인정

② 이 지정방법으로 원산지를 표시하기 곤란한 합리적인 사유가 있음을 수입자가 입증하는 경우에는 세관장이 관세청장의 승인을 받아 표시방법을 변경할 수 있다.

③ 이 지정방법에 게기되지 않은 물품이라 할지라도 본 표의 HS세번에 해당되고 게재된 물품과 유사할 경우에는 해당 물품에 준하여 원산지 표시를 하여야 한다.

④ 이 지정방법에 게기되지 않은 원산지 표시대상물품은 해당 물품의 특성을 고려하여 원산지 표시 원칙에 알맞은 방법으로 원산지 표시를 하여야 한다.

(5) 단순가공·분할·재포장 후 판매될 물품의 원산지 표시

수입통관 후 단순 제조·가공(결합 포함) 또는 분할포장·재포장하여 거래되는 물품과 재포장되지 않고 낱개 또는 산물로 거래되는 물품을 수입하는 경우에는 다음을 이행하는 조건으로 수입신고수리를 받을 수 있다. 이 경우 세관장은 이러한 의무를 이행하도록 최초 수입 시에는 별도의 통지서로, 반복수입 시에는 수입신고필증에 기재하여 통지하게 된다. (대외무역관리규정 제78조, 원산지표시고시 제11조)

이를 불이행 시에는 세관장으로부터 보세구역반입명령 등의 조치를 당하게 된다.

① 수입통관 후 실질적 변형을 거치지 않는 단순 제조·가공 물품은 제조·가공업자가 수입물품의 원산지를 분명하게 나타내도록 표시하여야 한다.

② 수입통관 후 소매단위로 재포장하여 거래하는 물품에는 재포장 판매업자가 재포장 용기에 수입물품의 원산지를 분명하게 나타내도록 표시하여야 하고, 낱개 또는 산물로 거래하는 경우에는 물품 또는 판매용기·판매 장소에 스티커 부착, 푯말부착 등의 방법으로 수입물품의 원산지를 표시하여야 한다.

③ 수입통관 후 다른 물품과 결합하여 판매되는 물품에는 제조·가공업자가 수입된 물품의 원

산지가 분명하게 나타나도록 "원산지 : 국명"의 형태로 표시하여야 한다.

④ 수입통관 후 제3자에게 양도하는 경우(제3자가 재양도하는 경우 포함)에는 양수인(재 양수인)이 동 물품을 단순 제조·가공 또는 재포장하여 거래하거나 낱개 또는 산물로 거래하는 때에 원산지 관련규정에 따라 원산지 표시를 해야 함을 서면으로 양수인(재 양수인)에게 통보하여야 한다.

(6) 원산지를 오인될 수 있는 수입물품의 원산지 표시

주문자상표부착(OEM)방식 수입물품 또는 상호·상표·지역·국가 또는 언어명이 수입물품의 원산지와 달라 최종 구매자가 당해 물품의 원산지를 오인할 우려가 있는 물품은 (1)원산지 표시요건에 다음의 요건을 추가한다.(대외무역관리규정 제77조)

① 당해 물품(포장·용기)의 전면에 원산지를 표시하여야 하며, 물품의 특성상 전후면의 구별이 어렵거나 전면에 표시하기 어려운 경우 등에는 원산지 오인을 초래하는 표시와 가까운 곳에 표시하여야 한다. 다만, 해당물품에 원산지가 적합하게 표시되어 있고, 최종판매단계에서 진열된 물품 등을 통하여 최종구매자가 원산지 확인이 가능하며, 국제 상거래 관행상 통용되는 방법으로 원산지를 표시하는 경우는 예외로 한다.

② 수입물품을 판매하는 자는 판매 또는 진열시 소비자가 알아볼 수 있도록 상품에 표시된 원산지와는 별도로 스티커, 푯말 등을 이용하여 원산지를 표시하여야 한다.

(7) 수입세트물품과 수입용기의 원산지 표시

① 수입 세트물품의 경우 해당 세트물품을 구성하는 개별 물품들의 원산지가 동일하고 최종구매자에게 세트물품으로 판매되는 경우에는 개별 물품에 원산지를 표시하지 아니하고 그 물품의 포장·용기에 원산지를 표시할 수 있다. (ㄷ외무역관리규정 제79조 제80조)

② 수입세트물품을 구성하는 개별 물품들의 원산지가 2개국 이상인 경우에는 개별 물품에 각각의 원산지를 표시하고, 해당 세트물품의 포장·용기에는 개별 물품들의 원산지를 모두 나열·표시하여야 한다. (예: Made in China, Taiwan, ····)

③ 관세율표에 따라 용기로 별도 분류되어 수입되는 물품의 경우에는 용기에 "(용기명)의 원산지 : (국명)"에 상응하는 표시를 하여야 한다(예: "Bottle made in 국명").

④ 1회 사용으로 폐기되는 용기의 경우에는 최소 판매단위의 포장에 용기의 원산지를 표시할 수 있으며, 실수요자가 이들 물품을 수입하는 경우에는 용기의 원산지를 표시하지 않아도 무방하다.

(8) 원산지 표시의 예외

위와 같은 원산지 표시 원칙에 대하여 다음과 같이 수입물품의 원산지 표시에 대한 예외를 대외무역관리규정 개정(산업통상자원부 고시 제2015-13호, 2015년1월9일) 시에 도입하였다(대외무역관리규정 제76조의2).

① 수입 물품의 크기가 작아 규정된 방법으로 원산지를 표시할 수 없을 경우에는 국명만을 표시할 수 있다.

② 최종구매자가 수입물품의 원산지를 오인할 우려가 없도록 표시하는 전제하에 규정된 원산지 표시와 병기하여 물품별 제조공정상의 다양한 특성을 반영할 수 있도록 다음 예시와 같이 보조표시를 할 수 있다.

　"Designed in 국명", "Fashioned in 국명", "Moded in 국명", "stlyed in 국명" , "Licensed by 국명", "Finished in 국명"....

③ 수출국에서의 주요 부분품의 단순 결합물품. 원재료의 단순 혼합물품, 중고물품으로 원산지를 특정하기 어려운 물품은 다음과 같이 원산지를 표시할 수 있다.

　　1. 단순 조립물품 : "Organized in 국명(부분품별 원산지 나열)"

　　2. 단순 혼합물품 : "Mixed in 국명(원재료별 원산지 나열)"

　　3. 중고물품 : "Imported from 국명"

▶ 라. 원산지 표시위반의 판정

원산지 표시위반 여부는 수입자와 세관 간에 이견이 발생할 수 있는 여지가 많아 관세청에서는 원산지표시고시에 이를 명확히 하고 있으며, 악용하는 업체에 대한 처벌을 강화하고 있다.

(1) 원산지 허위표시 물품의 판정

✓ 판정기준

원산지가 아닌 국가명(지역명)을 원산지 표시의 일반원칙에 따라 수출입 물품 등에 표시하는 행위를 말한다(원산지표시고시 제2조 제28조 및 별표7).

✓ 원산지허위표시 사례

① 원산지가 아닌 국가명(지역명 포함)을 「대외무역관리규정」제76조의 원산지 표시 일반원칙에 따라 표시한 경우

- 원산지가 중국인 물품에 「Made in Japan」으로 표시

- 인도네시아가 원산지인 물품에 「Product of California」로 표시

- 중국산 우산제품에 「원산지: 독일(OEM 중국)」으로 표시

- 현품(또는 최소포장)에는 「Made in China」로 실제 원산지 표시를 하였으나, 포장 판매하면서 그 포장에 「Made in Taiwan」표시(소비자가 구매시 현품을 확인할 수 없는 경우에만 적용)

② 케이스·부분품을 수입하면서 국내 제조를 고려하여「한국산」으로 표시한 경우

(2) 원산지오인표시 물품의 판정

✅ 판정기준

현품 또는 포장에 표시된 언어, 문자, 상표, 표장 등을 표시하면서 일반적인 주의에 비추어 원산지를 오인하게 표시하는 행위를 말한다(원산지표시고시 제2조 제28조 및 별표8).

✅ 원산지오인표시 사례

① 원산지 표시 이외에 원산지 인식에 혼동을 줄 수 있는 용어를 원산지 표시와 다른 위치에 표시한 경우 등
  - 「Italian Mode」,「Brand by Korea」,「Licensed by 회사명 Japan」등으로 표시
  - 원산지가 중국산인 의류의 목부분 라벨에 상표와 함께「France」로 표시
  - 벨기에산 돼지고기에 「토종돼지」를 표시
  - 중국산 골프가방 겉면에 상표권자 국적인「Australia」를 상표와 함께 크게 표시
  - 현품(또는 최소포장)에는 「Made in China」로 실제 원산지 표시를 하였으나, 포장판매하면서 그 포장에 「Made in Taiwan」표시(소비자가 구매시 현품을 확인할 수 있는 경우에 적용)

② 원산지 표시 없이 비원산지 국가언어·국가명·지역명·상표 등으로 원산지를 오인하도록 표시한 경우 등
  - 중국산 물품에 상표, 국내 업체명, 제품설명 등을 한글로만 표시
  - 중국에서 생산된 물품에 단지「ITALY」만을 표시
  - 베트남산 의류에「Italian Mode」또는「Brand by Korea」표시
  - 대만산 치즈에「Swiss Cheese」로 표시
  - 태국산 새우에「대한민국 대표새우」로 표시

③ KS, JAS, UL 등 비원산지 국가의 품질표준합격증명표시를 그 권한이 없는 자가 원산지를 오인하게끔 현저하게 표시
  - 중국산 철강제품에 국내산인 것처럼 「KS」 표시를 한 경우

④ 완제품의 원산지를 표시하지 않고 완제품의 원산지와 상이한 재료의 원산지만 표시한 경우
  - 국산 원재료를 사용하여 중국에서 제조한 물품에「재료 원산지 : 한국」으로 표시

(3) 원산지 부적정 표시 물품의 판정

✅ 판정기준

원산지의 표시위치, 표시의 견고성, 활자의 크기·색상·선명도·글씨체·국가명의 약어 표시 등을 부적정하게 하여 구매자가 원산지를 식별하기가 용이하지 않도록 하는 행위를 말한다(원산지표시고시 제2조 제28조 및 별표9).

● 원산지 부적정 표시의 사례

① 쉽게 보이지 않거나 확인이 어려운 위치에 원산지를 표시한 경우

　1. 선풍기, 소형스피커의 밑바닥에 표시

　2. 가방 안쪽의 주머니에 표시

　3. 가구, 냉장고, 전자레인지의 밑바닥에 표시

　4. 위생도기(소변기, 변기, 세면대 등)의 안쪽 깊숙한 곳 또는 밑바닥 또는 뒷면에 표시

② 아래와 같은 표시행위 때문에 원산지를 제대로 식별, 인지하기 어려운 경우 등

　1. 제품의 바탕색과 같거나 비슷한 색으로 인쇄하여 원산지를 표시

　2. 글자를 흘림체·그래픽체·필기체(직접 필기한 경우를 포함한다) 등으로 표시

　3. 원산지 표시와 같은 줄에 다른 표시를 하여 원산지를 쉽게 인지하기 어렵도록 표시

　4. 불어, 포르투갈어, 스페인어, 일본어 또는 중국의 백화문자 등으로 표시

　5. 국가가 아닌 지역공동체 또는 도시명을 기재한 경우(Made in EU, NAFTA 등)

　6. 국가명을 통상적으로 사용하지 않는 약자로 표시한 경우(Made in P.R.C, JPN 등)

　7. 포장상태로 판매되는 물품으로 현품에는 원산지 표시가 되었으나 포장에는 미표시

　8. 홍콩산 물품임에도 중국산으로 표시한 여성의류(제8조 제2호 관련)

　9. 괌에서 만든 물품에「Made in USA」로 표시(제8조 제2호 관련)

　10. 제품크기, 상표명·모델명·규격 표시 등을 감안할 때 8point 이상으로 원산지 표시가 충분히 가능함에도 8point 미만으로 원산지 표시

③ 제거하기 용이하게 표시한 경우

　1. 의류라벨을 길게 한 후 끝부분에 원산지를 표시하여 자르기 쉽게 한 경우

　2. 품질표시 라벨이 부착되어 있음에도 이 품질표시 라벨에는 원산지 표시를 하지 않고 별도로 부착한 라벨에 원산지를 표시한 경우

　3. 잘 떨어지는 스티커 또는 원산지만을 표시한 스티커로 표시한 경우

　　㈎ 라미네이팅 스티커 또는 접착력이 약한 스티커로 부착한 시계 등 기기

　4. 문질러 지워지는 잉크로 인쇄한 경우

　　㈎ 손톱으로 지워지는 골프채 원산지 표시, 물로 지워지는 시계뒷면 인쇄

(4) 원산지 미표시 물품의 판정

● 판정기준

　원산지 표시대상 물품에 원산지를 표시하지 아니하였거나, 전시 및 판매시 구매자에게 보여지지 않는 겉포장에만 표시하는 행위를 말한다(원산지표시고시 제2조 제28조 및 별표10).

● 원산지 미표시 사례

① 원산지 국가의 언어를 사용하여 제품명, 규격 등만 표시하고, 원산지 표시가 없는 경우

- 일본산 자전거에 일본어로 제품명, 규격 등만 표시하고, 원산지 표시는 없는 경우
② 현품(최소포장) 원산지 표시대상물품의 현품(최소포장)에는 원산지 표시를 하지 않고 포장에만 표시하는 경우
  1. 전시용 물품으로서 포장상자에만 원산지 표시가 되어있고 현품에는 미표시
  2. 런닝머신 등 중량 물품으로서 현품에 원산지를 표시하지 않고 포장박스에만 표시
  3. 청바지에는 원산지를 표시하지 않고 비닐포장에만 표시한 경우
  4. 김치, 돼지고기 등 비닐 내포장 후 박스 포장한 물품으로서, 박스에는 원산지 표시가 되었으나 최소포장인 비닐 내포장에는 미표시
  5. 중국산 자동차 디스크브레이크를 수입하면서 현품에는 원산지 표시를 하지 않고, 제품박스에만 원산지를 표시한 경우

(5) 원산지 표시 손상·변경 물품의 판정

✅ 판정기준

원산지 표시 일반원칙에 따라 적정하게 표시한 원산지를 손상·제거하거나 종전의 표시내용과 다른 내용으로 변경하는 행위를 말한다(원산지표시고시 제2조 제28조 및 별표11).

✅ 원산지 손상·변경 판정 사례

원산지판정 및 표시 원칙에 따라 적정하게 표시된 원산지를 손상 또는 변경하는 경우
  1. 인도네시아산 커피 제품의 'Product of Indonesia' 원산지 표시를 스티커 등으로 가리는 행위
  2. 중국산 제품의 'Made in China' 표시를 훼손하거나 덧붙여서 'Made in Taiwan'으로 변경하는 행위

▌ 마. 원산지 표시 적정성의 사전 확인

(1) 사전 확인

원산지 표시대상 물품의 원산지 표시방법 적정 여부에 대하여는 원산지 표시방법 사전확인신청서(원산지표시고시 별지 제43호 서식)에 다음의 서류를 첨부하여 관세청장에게 신청하면 수입신고 전에 확인할 수 있다(대외무역관리규정 제84조 및 원산지표시고시 제41조).
  - 신청서(별지 서식)
  - 견본(제출 곤란 시에는 사진 또는 카탈로그)

(2) 이의제기

관세청장의 사전확인에 대하여 이의가 있는 자는 사전확인 결과를 통보받은 날로부터 30일 이내에 서면(별지 제1호서식)으로 관세청장에게 이의를 제기할 수 있다(원산지표시고시 제23조).

이 경우 구체적인 이의제기 절차는 관세법 제132조의 관세구제 절차에 따른다.

▶ 바. 원산지 표시 확인

(1) 수입통관 시 세관장 확인 원칙

수입물품의 원산지 표시는 수입통관 시 수입물품의 검사를 통하여 세관장이 확인하게 된다(대외무역관리규정 제83조). 그러나 신속한 통관으로 물류비용을 절감하기 위하여 수입자의 성실신고를 전제로 대부분 수입물품에 대하여는 수입검사를 생략하고 있어 수입검사대상 물품으로 선별되지 않으면 세관장의 원산지 확인이 사실상 생략되고 있다. 수입신고수리시 통관 후 원산지 표시를 이행토록 의무를 부여받은 물품에 대하여 원산지 표시의무를 이행하지 아니하였음이 확인된 때에는 세관장으로부터 보세구역반입명령을 받게 된다.

(2) 수입통관 후 관계기관장의 확인

수입통관 후에 관계행정기관의 장, 서울특별시장, 광역시장 또는 도지사가 원산지 표시의 적정 여부를 확인하기도 하며, 원산지규정에 위반되는 것으로 인정되는 경우에는 원산지의 표시·정정·말소 등 적절한 조치를 하게 된다(대외무역관리규정 제83조).

4. 원산지 표시위반 물품에 대한 제재

(1) 통관 제한

원산지 표시위반 물품은 세관장이 통관을 허용하지 아니한다(원산지표시고시 제29조). 다만, 수입신고 후 물품검사에서 발견된 경우로서 최초로 위반한 경우와 고의성이 없다고 판단되는 때에는 원산지 표시를 적정하게 보완·정정하도록 한 뒤 통관을 허용한다.

(2) 시정조치의 요구

적합하게 원산지 표시를 정정할 수 있다고 판단되는 물품에 대해서는 세관장이 시정요구를 하게 되며, 이 경우에는 시정 후 통관할 수 있다. 원산지 표시를 시정하기 위해서는 보수작업을 세관장에게 신청하여 승인을 받은 후 작업해야 하며, 보수작업이 완료된 후 세관 공무원의 확인을 받아야 한다.

(3) 반송 또는 폐기

적합하게 원산지 표시를 정정할 수 없는 다음 물품은 반송 또는 폐기하게 된다(원산지표시고시 제33조).

① 규정에 맞는 방법으로 원산지 표시를 보완·정정하는 것이 현실적으로 불가능한 경우

② 오인표시의 보완·정정이 상품가치를 현저히 손상하는 경우

③ 기타 원산지 표시의 시정이 적합하지 아니한 경우

(4) 조사의뢰

다음의 원산지 표시위반 물품에 대해서는 세관장이 조사의뢰를 하게 된다(원산지표시고시 제35조).

① 원산지를 허위로 표시하였다고 판단할만한 객관적인 자료가 있는 경우

② 세관장의 원산지 표시 보완·정정의 시정조치요구에 응하지 아니한 경우

③ 원산지증명서 및 관계 서류를 사위 기타 부정한 방법으로 작성 또는 갖추어 제출한 경우 등 조사의뢰 후 처벌되었거나 무혐의로 조사가 종결된 경우에는 다음의 경우를 제외하고는 원산지 표시 시정을 하고 수입통관 할 수 있다(원산지표시고시 제35조).

① 규정에 맞는 방법으로 원산지 표시를 보완·정정하는 것이 현실적으로 불가능한 경우

② 오인표시의 보완·정정이 상품가치를 현저히 손상하는 경우

③ 기타 원산지 표시의 시정이 적합하지 아니한 경우

(5) 과징금 부과

검찰에 고발한 결과 원산지 표시 의무를 고의로 위반한 것으로 확인되면 대외무역법 제33조의 의한 과징금(대외무역법시행령 별표2)을 물게 된다.

과징금액은 수출입 신고 금액의 10%와 유형에 따라 3억원 이하의 금액 중 적은 금액으로 책정된다. 대외무역법령에 따른 시정명령과 과징금 등 세관장의 처분에 대해서는 이의가 있는 경우 관세법령을 적용하지 아니하고 중앙행정심판위원회에 행정심판을 청구(行政審判法)할 수 있다.

(6) 환적 또는 이적 물품에 대한 조치

우리나라에서 환적(이적)되는 물품이 우리나라를 원산지로 허위로 표시한 경우에는 세관장이 동 물품을 유치하고 대외무역법 위반혐의로 조사의뢰하여 검찰에 고발(송치)하게 된다. 처벌이 종료되거나 조사부서에서 통관을 허용하는 경우에는 원산지 표시를 시정된 뒤 선적을 할 수 있다. (원산지표시고시 제30조)

(7) 원산지 표시위반 판정에 대한 이의신청

원산지 표시와 관련한 세관장의 처분에 이의가 있는 자는 결과를 통보받은 날로부터 30일 안에 다음의 이의신청서(원산지표시고시 별지제28호서식)에 관련 증빙자료를 첨부하여 관세청장에게 이의신청할 수 있다. (원산지표고시 제40조)

원산지 표시방법 사전확인에 대해서는 30일 이내, 원산지판정에 대해서는 150일 이내에 그 결과를 통보받을 수 있다

9절 지식재산권 보호제도

기술개발·발명·창안 등 창의력을 기반으로 하는 지식재산권은 개발에 큰 비용이 소요되지만, 일단 개발되면 개발자에 대한 보상 없이 쉽게 이용할 수 있는 특징을 가진다. 이러한 특징 때문에 지식재산권자에게 일정한 범위에서 독점권을 부여하고 있다.

세계무역협정(WTO)과 그에 부속된 무역 관련 지식재산권 협정(TRIPS)이 체결되어 국제적으로도 지식재산권의 보호와 남용에 관한 국제적 합의가 이루어졌고, 우리나라도 이 협정에 가입하였다.

우리나라에서는 지식재산권보호를 위해 협정에 규정된 내용을 국내법에 수용하여 법 제235조에 법률에 따라 설정 등록된 상표권, 저작권 등, 품종보호권, 지리적표시권 등, 특허권 및 디자인권을 침해하는 물품은 수출 또는 수입할 수 없도록 규정하고 있으며, 지식재산권 침해 물품의 수출입을 더욱 효과적으로 차단하기 위하여 전산시스템 "지식재산권 정보시스템"을 구축하여 지식재산권의 신고, 침해의심물품에 대한 지식재산권 권리자 의견조회, 침해 물품 식별요령에 대한 정보 등을 공유하게 하고 있다.

1. 지식재산권 적용 대상

관세 법령에 따라 수출입 통관 시에 침해를 받지 않도록 관리하는 지식재산권은 다음과 같다(법 제235조). 다만, 여행자 휴대품으로서 상업적 목적이 아닌 개인용도에 사용하기 위하여 소량(품목당 1개, 전체 2개)으로 수출입 되는 물품에는 적용하지 아니한다(영 제243조, 지식재산권 고시 제3조).

① 「상표법」에 따라 설정 등록된 상표권
② 「저작권법」에 따른 저작권과 저작인접권
③ 「식물신품종 보호법」에 따라 설정등록된 품종보호권
④ 「농수산물 품질관리법」에 따라 등록되거나 조약·협정 등에 따라 보호대상으로 지정된 지리적표시권 또는 지리적표시
⑤ 「특허법」에 따라 설정등록된 특허권
⑥ 「디자인보호법」에 따라 설정등록된 디자인권
⑦ 「방위산업기술보호법」에 따른 방위산업기술

2. 지식재산권의 세관 신고

▐▗ 가. 신고서의 제출

관세청에서는 지식재산권을 침해하는 물품의 수출입을 효율적으로 단속할 수 있도록 세관에 신고하도록 관세법령에 규정하고 있으므로 지식재산권을 보호받고자 하는 자는 다음 서류를 세관장 권한을 위임받은 지식재산권보호협회장에게 제출하거나, 지식재산권 정보시스템을 통해 전자문서로 제출하여야 한다. 대리인이 신고하는 경우에는 위임장을 제출하여야 한다(지식재산권 고시 제10조).

(1) 상표권

① 상표권(전용사용권) 신고서 2부
② 상표등록원부 사본 2부
③ 침해가능성이 있는 수출입자(해외공급자)등 침해관련 자료
④ 그밖에 위조상품 식별을 위한 자료(진정상품의 카탈로그, 사진, 위조상품 식별 방법 등) 및 참고자료
⑤ 상표권 침해여부 판단 관련 입증서류

(2) 저작권, 저작인접권(저작권 등)

① 저작권등 신고서 2부
② 저작권등 등록증 사본 2부
③ 침해가능성이 있는 수출입자, 해외공급자 등 침해관련 자료
④ 저작권등에 대한 국내 또는 국외 사용계약 내용 및 입증서류
⑤ 저작물 사진 등(전산화일 포함) 그밖에 불법복제물 식별을 위한 자료(저작물 등의 카탈로그, 불법복제물 식별 방법 등) 및 참고자료

(3) 품종보호권

① 품종보호권(전용실시권) 신고서 2부
② 품종보호권 등록원부 사본 2부
③ 침해 가능성이 있는 수출입자, 해외공급자, 물품명, 상표명 등 침해 관련 자료
④ 품종보호권에 대한 국내 또는 국외 사용계약 내용 및 입증 서류
⑤ 그밖에 침해 물품 식별을 위한 자료(진정상품의 카탈로그, 사진, 침해 물품 식별 방법, DNA 분석자료 등) 및 참고 자료

(4) 지리적 표시권 및 지리적표시(지리적 표시권 등)

① 지리적 표시권 등 신고서 2부

② 지리적표시 등록증 사본 2부

③ 침해 가능성이 있는 수출입자, 해외공급자 등 침해관련 자료

④ 지리적 표시권 등에 대한 국내 또는 국외 정당한 수출입자등임을 증명하는 내용 및 입증서
류

⑤ 그밖에 침해 물품 식별을 위한 자료(진정상품의 카달로그, 사진, 침해 물품 식별 방법 등)
및 참고자료

(5) 특허권

④ 특허권(전용실시권) 신고서 2부

⑤ 특허등록원부 사본 2부

⑥ 침해 가능성이 있는 수출입자, 해외공급자, 품명·규격, 상표명 등 침해 관련 자료

⑦ 그밖에 침해 물품 식별을 위한 자료(진정상품의 카탈로그, 사진, 침해 물품 식별 방법 등)
및 참고 자료

(6) 디자인권

① 디자인권(전용실시권) 신고서 2부

② 디자인등록원부 사본 2부

③ 침해 가능성이 있는 수출입자, 해외공급자, 품명·규격, 상표명 등 침해 관련 자료

④ 그밖에 침해 물품 식별을 위한 자료(진정상품의 카탈로그, 사진, 침해 물품 식별 방법 등)
및 참고 자료

▸ 나. 신고서의 처리 및 효력

신고서를 접수한 지식재산권보호협회장은 이를 지식재산권 정보시스템에 입력하여 세관에 통보하게 되며, 세관은 신고를 접수한 후 신고의 적정성을 심사하게 된다.

지식재산권 권리보호 신고는 세관에 접수 한 날로부터 효력이 발생하며, 권리보호 신고의 유효기간은 10년이다. 다만, 지식재산권의 존속기간이 10년 이내에 만료되는 경우에는 존속기간 만료일까지이다. 지식재산권을 신고한 자가 사실과 다르게 신고한 것이 확인되면 신고의 효력은 상실하게 된다.

지식재산권 신고 내용에 변경이 있는 경우 신고인은 그 변경일로부터 30일 이내에 해당 지식재산권 신고서에 변경 내용을 작성하여 지식재산권보호협회장에게 제출하여야 한다.

2. 병행수입

(1) 병행수입의 개요

병행수입이란 외국에서 적법하게 상표가 부착되어 유통되는 진정상품을 제3자가 국내의 상표권자 또는 전용사용권자의 허락 없이 수입하는 행위를 말한다. 이는 지식재산권의 보호와 동 권한의 지나친 남용으로 국내 소비자가 받을 수 있는 금전적 피해를 형량하여 경쟁정책에 관한 조화를 위하여 마련된제도이다. 지식재산권고시에 병행수입 허용기준을 마련하여 시행하고 있다.

(2) 병행수입의 허용 기준

세관장에게 상표권 보호 신청을 한 상표와 동일한 상표가 부착된 물품을 당해 상표에 대한 권리가 없는 자가 수입 신고한 물품으로서 당해 상표가 외국에서 적법하게 사용할 수 있는 권리가 있는 자에 의하여 부착되고 국내·외 상표권자가 다음에 해당하는 경우에는 상표권을 침해하지 아니하는 것으로 보아 병행수입이 가능하다. (지식재산권고시 제5조)

① 국내 상표권자와 외국상표권자가 동일인이거나 계열회사 관계(주식의 30% 이상을 소유하면서 최다 출자자인 경우), 수입대리점 관계 등 동일인으로 볼 수 있는 관계가 있는 경우
② 국내외 상표권자가 동일인 관계가 아니면서 국내 상표권자가 외국에서 생산된 진정상품을 수입하거나 판매하는 경우
③ 국내 상표권자가 수출한 물품을 국내로 다시 수입하는 경우
④ 외국 상표권자의 요청에 따라 주문 제작하기 위하여 견본품을 수입하면서 그에 관한 입증자료를 제출하는 경우
⑤ 상표권자가 처분제한 없는 조건으로 양도담보 제공한 물품을 해당 상표에 대한 권리 없는 자가 수입하는 경우

4. 지식재산권 침해 물품의 통관보류

(1) 지식재산권 침해 우려 물품의 통보

세관장은 수출입, 환적 또는 복합환적, 보세구역 반입, 보세운송 또는 일시 양륙("수출입등"이라 한다) 신고된 물품이 세관에 신고된 지식재산권을 침해할 우려가 있다고 인정되는 경우에는 지식재산권 신고인에게 당해 물품의 수출입등 신고사실을 통보하고, 수출입 등 신고자에게는 당해 물품이 지식재산권 신고인의 요청에 의하여 통관보류 될 수 있음을 통보하게 된다(법 제235조제3항).

(2) 통관보류의 요청

지식재산권을 침해할 우려가 있는 수출입등 물품이 신고된 사실을 통보 받은 지식재산권 신고

인은 통보를 받은 날로부터 7일 이내에 지식재산권 침해의심물품 수출입등 신고예정 세관장에게 담보를 제공하고 지식재산권 침해 물품 통관보류등 요청서(소정 양식)에 정당한 권리자임을 증명하는 서류를 첨부하여 당해 물품의 통관보류를 요청할 수 있다(법 제235조 제4항 및 제7항, 영 제238조, 지식재산권고시 제14조-제16조)

통관보류 신청인이 제공하는 담보는 당해 수출입등 물품의 과세가격의 120%(중소기업은 40%)에 상당하는 금액을 금전, 국채 또는 지방채, 세관장이 인정하는 유가증권 등으로 제공하여야 한다(영 제241조제1항).

한편 수출입 등 신고한 물품에 대하여 지식재산권을 침해할 우려가 있다는 통보를 받은 수출입자는 통보를 받은 날로부터 7일(긴급물품은 5일) 내에 지식재산권을 침해하지 않았음을 증빙하는 자료를 첨부하여 세관장에게 의견을 제출할 수 있다.

(3) 통관보류

세관장은 통관보류가 요청된 물품이 지식재산권을 침해하는 물품이라고 인정되는 경우에는 당해 물품의 통관을 보류하며, 통관보류 신청인 및 당해 물품의 수출입자에 통관보류사실을 즉시 통보하게 된다(법 제235조 5항, 영 제239조 2항).

통관보류 기간은 통관보류 신청인이 통관보류 사실을 통보받은 날로부터 10일(휴일 및 공휴일 제외)간이나 통관보류 신청인이 통관보류사실을 통보받은 후 10일(부득이한 경우 10일 연장이 가능하며, 기간계산에 있어 휴일과 공휴일, 근로자의 날을 제외하고, 초일을 포함하지 아니한다.) 이내에 법원에 제소한 사실을 입증한 경우에는 통관보류를 계속한다(영 제239조 3항).

세관장은 수출입 신고된 물품이 위조 상품임이 명백한 경우에는 통관보류 요청이 없어도 당해 물품을 통관보류 할 수 있으며, 이 경우에는 즉시 관세범칙 등의 조사를 하여야 한다.

5. 통관보류 물품의 통관 허용

(1) 통관허용의 요청

수출입 자는 통관 보류된 물품에 대하여 다음 자료를 첨부하여 통관허용을 요청할 수 있으며, 세관장은 통관보류 요청자의 의견까지 종합하여 심사 후 통관허용 여부를 15일 이내에 결정하게 된다(법 제235조 5항, 영 제240조, 지식재산권고시 제20조).

① 수출입신고수리 등 요청서

② 지식재산권을 침해하지 않았음을 소명하는 자료

③ 해당 물품의 과세가격의 100분의 120(중소기업은 100분의 40)에 상당하는 금액의 담보(영 제241조)

④ 법원의 판결에 따라 수출입신고등을 한 자 또는 통관보류등을 요청한 자가 입은 손해의 배상에 사용하여도 좋다는 내용의 각서(영 제241조 제3항)

(2) 통관허용의 여부 심사

세관장은 통관허용요청일로부터 15일 이내에 당해 물품의 통관 허용 여부를 결정하여야 하며, 통관허용 여부를 결정하는 데 필요한 경우에는 관세청장과 특허청장 등 관계기관과 협의하거나 관계 전문가의 자문을 구할 수 있는바, 이러한 협의를 위한 서류의 이송에 소요되는 기간은 통관 허용 여부 결정기간인 15일에 산입하지 않는다.

원래 통관보류를 요청하였던 자는 세관장의 통보에 의거 수출입 신고된 물품의 침해사실과 관련된 입증자료 등을 세관장에게 제출하거나 상표권에 대한 전문 인력 또는 검사시설을 제공함으로써 세관장의 통관허용 여부 심의에 참고하게 할 수 있다(영 제240조 및 제242조 1항).

(3) 통관보류의 종료 (수출입신고 수리)

세관장은 통관 보류된 물품이 다음 중 하나에 해당하면 당해 물품에 대하여 수출입신고 등을 수리한다(지식재산권고시 제17조 등).

① 세관장의 심사결과 지식재산권을 침해하지 아니한 물품으로 결정된 때
② 법원에서 지식재산권을 침해하지 아니한 물품으로 판결되었을 때
③ 부패·변질 등의 사유로 통관보류해제에 대한 법원의 결정이 있을 때
④ 통관보류 신청인이 보류사실을 통보받은 후 10일(휴일, 공휴일, 근로자의 날 제외) 이내에 법원에 제소한 사실을 입증하지 아니하거나 통관보류를 계속하도록 하는 법원의 가처분 결정사실을 세관장에게 통보하지 아니한 때
⑤ 상표권자가 당해 물품의 통관에 동의하는 경우(영 제239조)
⑥ 통관보류기간이 경과된 경우
⑦ 상품권 또는 저작권 등의 침해 여부가 명백하지 아니하고 통관보류를 지속하는 경우 당해 물품의 부패, 변질 등으로 수출입자에 회복될 수 없는 손실이 발생할 우려가 있는 경우로서 법원의 확정판결이 있을 때까지 담보를 계속 제공하고 이 담보를 법원의 판결에 따라 지식재산권의 보호신청을 한 자에게 대한 손해배상에 사용할 것을 수출입자가 서면으로 요청한 경우
⑧ 통관보류신청인이 제공한 담보의 담보기간이 경과 할 때까지 동 담보를 갱신·연장하지 않는 경우
⑨ 지식재산권 침해의심물품 통보를 받고도 통관보류 등의 요청이 없는 경우
⑩ 지식재산권 권리자 등이 소재불명, 수취거절 등으로 연락이 불가능한 경우
⑪ 법원에서 침해하지 않았다고 판결이 확정되거나, 지식재산권 권리자가 소송을 취하한 경우
⑫ 송치 의뢰한 결과 무혐의로 결정된 경우. 다만, 해당 물품이 침해가 명백한 것으로 명시된 것은 제외한다.

10절 담보의 제공과 면제

1. 담보제공의 사유

(1) 담보제공의 의의

세관장이 관세의 채권을 확보하기 위하여 납세의무자가 관세를 납부하지 아니하는 사태가 발생하는 때에 관세를 강제로 징수할 수 있도록 담보물의 제공을 관세법령에서 규정하고 있다.

2010년 관세법을 개정하여 관세 담보의 제공에 따른 기업 부담을 완화하기 위하여 관세담보제도를 무담보 방식으로 전환하여, 수입신고 시 원칙적으로 담보를 제공하지 않도록 하되, 파산·청산 등으로 관세 채권의 확보가 곤란하거나 관세법 위반 업자 등에 대하여는 담보를 제공하도록 하였다(법 제248조 제2항, 영 제252조).

무담보 방식은 담보제공 생략 대상자를 신청에 의하여 확인하여 담보제공을 하지 아니하고 수입통관을 할 수 있도록 한 것이다. 다만, 담보제공 생략 대상자에 해당하면 반드시 관할지세관장의 사전 확인을 받아야만 무담보 혜택을 받을 수 있다.

(2) 담보제공의 사유

관세법령상 세관장이 담보를 요구하고 있는 경우는 다음과 같다. (징수고시 제37조)
① 수출용원재료에 대한 관세 등의 일괄납부 (환급특례법 제6조 1항)
② 수입신고수리 후 관세납부 (법 제248조)
③ 수입신고수리 전 반출승인 (법 제252조)
④ 재수출면세 및 재수출 감면세 (법 제97조 및 제98조)
⑤ 보세구역외장치허가 (법 제156조)
⑥ 보세운송신고 또는 승인 (법 제218조)
⑦ 수입신고 전 물품반출 (법 제253조)
⑧ 월별납부의 승인 (법 제9조)
⑨ 납부기한의 연장 (법 제10조)
⑩ 분할납부의 승인 (법 제107조)
⑪ 그밖에 세관장이 담보를 요구하는 경우
  • 덤핑방지관세(법 제53조) 및 상계관세(법 제59조)를 부과하기 전 잠정조치
  • 상표권 등의 지식재산권 보호를 위한 통관보류 요청(법 제235조)

2. 담보물의 종류

관세법에서 담보물로 인정하고 있는 담보물의 종류는 다음과 같으며, 담보의 종류에 따라 각기 다르다. (법 제24조 1항)

(1) 개별담보 시 제공할 수 있는 담보물

개별담보 시 담보물로 인정하는 다음의 모든 담보물을 담보로 제공할 수 있다(법 제24조).

담보물의 종류	세관장 인정 담보

① 금전
② 국채 또는 지방채
③ 세관장이 인정하는 유가증권
④ 납세보증 보험증권
⑤ 토지
⑥ 보험에 든 등기 또는 등록된 건물·공장재단·광업재단, 선박· 항공기나 건설기계
⑦ 세관장이 인정하는 보증인의 납세보증서
	③ 유가증권
	  1. 특별법에 따라 설립된 법인이 발행한 채권
	  2. 한국거래소에 상장된 법인의 사채권 중 보증사채 또는 전환사채
	  3. 한국거래소에 상장된 유가증권 중 매매사실이 있는 것
	  4. 양도성 예금증서
	  5. 납세담보제공·양도 또는 환매청구가 가능한 수익증권
	⑦ 납세보증서
	  1. 은행이 발행하는 보증서
	  2. 신용보증기금, 신용보증재단, 기술보증기금이 발행하는 보증서
	  3. 일시수입통관증서
	  4. 국제도로운송증서
	  5. 관세청장이 정하는 바에 의한 보증서
	  6. 그밖에 세관장이 인정하는 자의 보증서

(2) 포괄담보 시 제공할 수 있는 담보물

포괄담보 시 인정되는 담보물은 "개별담보 시 제공할 수 있는 담보물" 중 ①②④와 ⑦의 은행이 발행하는 보증서 및 신용보증기금·신용보증재단·기술보증기금이 발행하는 보증서에 한한다(징수고시 제43조).

(3) 수입신고수리 보류 등에 제공할 수 있는 담보물

지식재산권 보호를 위한 수입신고수리 보류 및 통관요청의 경우 제공할 수 있는 담보물로는 "개별담보 시 제공할 수 있는 담보물" 중 ①②③⑦의 담보물에 한한다(영 제241조1항).

3. 담보제공 생략 업체

세관장은 담보제공 대상으로 지정된 경우를 제외하고는 원칙적으로 담보제공을 요구하지 아니한다(징수고시 제38조). 납세의무자는 관할지세관장에게 담보제공 생략대상에 해당하는지를 사전에 확인을 받아야 하며(징수고시 제38조), 사전확인을 받지 않으면 담보제공 대상자로 취급된다.

가. 담보제공자

법령의 위반자, 조세나 과징금, 과태료 등의 체납자, 신용평가등급이 낮거나 법규준수도가 낮은 업체 등 다음의 업체는 세관장이 담보를 생략할 경우 관세채권 확보가 곤란할 것으로 인정되어 담보를 제공하도록 지정하고 있다(징수고시 제35조).

① 법 또는 환급특례법 제23조 위반으로 징역형 실형 선고 후 집행 종료 또는 면제 후 2년이 경과 되지 않은 자

② 법 또는 환급특례법 제23조 위반으로 징역형의 집행유예 선고받고 유예 기간 중에 있는 자

③ 법 또는 환급특례법 위반으로 벌금형 선고받거나, 통고처분 이행 후 2년이 경과 되지 않은 자

④ 최근 2년간 관세 등 조세를 체납한 사실이 있는 자(다만, 납기경과 후 30일 이내 납부한 때, 미 통관체납물품인 경우는 제외)

⑤ 최근 2년간 계속해서 수입실적이 없는 자

⑥ 청산·파산·회생절차가 진행 중인 자

⑦ 관세채권 확보가 곤란하다고 인정되는 자(다음 각 호의 어느 하나에 해당하는 자)

  1. 최근 1년 이내 어음법 및 수표법에 의한 어음교환소에서 거래정지처분 받은 자

  2. 신용평가등급이 없거나 아래에 해당하는 자

    가. 기업어음 평가등급 : A3 - 미만

    나. 회사채평가등급 : BBB - 미만

    다. 기업신용 평가등급 : BBB - 미만

  3. 과태료 또는 과징금을 체납 중인 자

  4. 불성실신고인

  5. 그밖에 관세채권 확보에 지장을 초래할 우려가 있다고 인정되는 자

나. 담보제공 생략대상

세관장은 다음 각호의 어느 하나에 해당하는 경우에는 담보제공을 요구하지 아니한다.(징수고시 제38조)

① 국가, 지방자치단체에서 수입하는 물품

② 공기업·준정부기관·그 밖의 공공기관에서 수입하는 물품

③ 지방공사 또는 지방공단에서 수입하는 물품

④ 여행자의 휴대품을 납세고지와 동시에 검사현장에서의 반출을 승인한 경우

⑤ 법 또는 그 밖의 법률·조약·협정 등에 의하여 관세의 감면, 징수기간의 연장이나 분할납부
의 승인을 하는 때에 담보를 제공받지 않는 경우

⑥ 담보제공자에 해당하지 아니하는 자가 수입하는 물품.

다만, 사전세액심사물품을 수입하는 경우에는 담보 제공을 요구한다. 다만, 담보제공 생략자로
서 수출입 안전관리 우수 공인업체와 법규준수도 80점 이상인 자는 담보 제공을 요구하지 아니
할 수 있다.

다. 담보제공 생략대상 확인 신청

위의 담보제공 생략대상 중「6. 담보제공자」에 해당하지 아니하는 자의 확인은 쉽지 않다. 확
인해야 할 사항이 많기 때문이다.

담보제공자에 해당하지 아니하는 사실을 확인받으려는 자는 담보제공 생략자 확인신청서(별지
제19호서식)에 세관장이 필요하다고 인정하는 서류를 갖추어 사업자단위 또는 법인단위로 관할
지세관장에게 제출하여야 하며, 신청서류는 우편으로 제출할 수 있다. 이 경우 신청자에게 다수
의 사업자가 있는 경우에는 각 사업자 단위로 신청을 하거나 주된 사업자가 일괄하여 신청하되,
그룹별 확인이 필요한 경우에는 법인단위로 신청을 하여야 한다.

세관장은 국가관세종합정보망으로 담보제공자 요건 해당여부를 각각 확인하여 그 결과를 별지
제20호서식에 따라 신청인에게 통지한다. 국가관세종합정보망으로 확인이 곤란하여 행정정보공
동이용센터를 통하여 확인하는 경우에는 신청인의 동의를 요구하거나 서류제출을 요구할 수 있
다.

라. 담보생략업체의 관리

(1) 확인사항 등 변경 신고 (징수고시 제40조)

① 담보제공 생략 대상자로 확인된 자는 확인된 내용(관할지세관의 변경을 포함한다)에 변경
이 있는 경우에는 별지 제21호서식에 따라 그 사실을 지체없이 관할지세관장에게 신고하여야 한
다.

② 법인이 합병한 경우 합병 후 존속하는 법인 또는 합병으로 설립된 법인은 합병으로 소멸된
법인의 담보제공 생략 대상자 해당 자격과 실적을 승계하여 담보제공 생략 대상자로 확인받을
수 있다.

③ 담보제공 생략 대상자 확인을 받은 자가 자신의 수출입 실적을 분리하여 자신으로부터 분
할·분할합병된 업체에 승계하려는 경우에는 관할지세관장에게 별지 제22호서식에 따라 변경신
고하여야 한다.

(2) 일시정지 (징수고시 제41조)

담보제공 생략 대상자가 관세채권 확보에 지장을 초래할 우려가 있는 사유가 발생한 경우 세관장은 즉시 담보제공 생략을 일시 정지하고 담보제공을 요구하게 된다.

(3) 담보제공 생략 중지 (징수고시 제42조)

담보제공 생략 대상자가 관세법과 환급특례법 등을 위반하여 처벌을 받게 되거나 관세등을 체납한 경우, 어음거래정지, 신용등급 하락, 법규준수도 하락, 영업이익 등을 고려하여 관세채권 확보가 곤란한 것으로 판단되는 경우가 발생하면 세관장은 담보제공 생략을 즉시 중지하고 담보제공자로 변경하게 된다.

4. 환급특례법에 따른 일괄납부업체 지정

▶ 가. 일괄납부업체 지정제도

세관장에게 담보제공 할 사유 중 관세법에 의한 담보제공생략제도는 앞에서 살펴본 담보제공 생략 대상자가 있으며, 환급특례법에 의한 관세 등의 일괄납부 시에 담보제공에 따른 담보면제 제도가 일괄납부업체 지정제도이다. 이를 구분하는 것은 근거 법률이 다르기 때문이다.

신용이 있는 성실업체에는 굳이 담보물을 제공하고 해제하는 번거로운 절차를 거치게 할 필요가 없으므로 관세청장이 정하는 기준에 합당하다고 세관장이 인정하는 성실한 수출업체에는 수출용원재료 수입 시 일괄납부에 따른 담보를 제공하는 경우에 신용을 담보로 제공하게 함으로써 실질적으로 담보제공을 면제하고 있다. 그러므로 일괄납부업체란 환급특례법 제6조에 따라서 세관장이 납세자의 환급실적(기초원재료납세증명서상 세액 포함)을 고려하여 설정한 한도액 범위 내에서 담보제공 없이 일괄납부할 수 있도록 지정된 자를 말한다.

▶ 나. 일괄납부업체 지정요건

일괄납부업체 지정요건은 「3. 담보제공 생략 업체의 지정요건」과 동일하다.

담보제공자에 해당하지 않아야 한다. 담보제공자에 해당하지 아니하는 자의 확인은 쉽지 않다. 확인해야 할 사항이 많기 때문이다. 세관장은 국가관세종합정보망으로 담보제공자 요건 해당여부를 각각 확인한다. 국가관세종합정보망으로 확인이 곤란하여 행정정보공동이용센터를 통하여 확인하는 경우에는 신청인의 동의를 요구하거나 서류제출을 요구할 수 있다.

▶ 다. 일괄납부업체 지정신청

일괄납부업체로 지정받고자 하는 자는 일괄납부업체 지정신청서(일괄납부정산고시 별지 제1호서식)에 세관장이 필요하다고 인정하는 서류를 첨부하여 관할지 세관장에게 제출하여야 하며,

신청서류는 우편으로 제출할 수 있다.

세관장은 담보제공 없이 일괄 납부할 수 있는 일괄납부한도액을 설정하여 통지한다. 다만, 담보제공자에 해당하는 자에게는 담보고시에서 정한 세부 절차에 따라 일괄 납부하려는 세액에 상당하는 금액의 담보제공을 요구할 수 있다.

일괄납부업체로 지정받고자 하는 자는 사업자 단위 또는 법인단위로 신청을 할 수 있으며, 다수의 환급 등 신청 사업장이 있는 경우에는 주된 사무소에서 사업자 단위로 일괄하여 신청하되, 환급 및 정산업무 수행 등을 위하여 필요한 경우에는 법인단위로 지정신청을 하여야 한다.

▶ 라. 일괄납부업체 일괄납부기간

수출용원재료에 대한 관세 등의 일괄납부기간은 법상으로는 1개월, 2개월, 3개월, 4개월, 6개월 5가지가 있다. 이 기간은 통상 3개월 이내가 적당하다.

업무가 원활히 돌아가는 기간을 선택함이 좋다, 길어서 좋은 것은 없다. 업무처리 속도가 미숙한 중소기업자에게는 일괄납부기간을 4개월까지 세관장에게 신청하면 가능하고, 수출물품 또는 내국신용장 등에 의한 국내공급물품의 생산기간이 3개월 이상 소요되는 경우에는 6개월까지 세관장에게 신청하면 가능하다.

▶ 마. 일괄납부한도액의 설정

일괄납부업체에서 담보제공 없이 이용할 수 있는 신용담보의 한도를 세관장이 책정하여 동 한도액의 범위 내에서만 신용이 담보되고, 동 한도액을 초과하는 담보제공금액에 대해서는 신용 외의 담보를 제공하도록 하고 있다. 이는 업체의 신용도는 가변적이므로 동제도를 악용함에서 발생할 수 있는 체납을 예방하기 위함이다.

(1) 일괄납부한도액의 책정 기준 (일괄납부정산고시 별표1)

일괄납부기간	설정 기준
1월	전년도 환급실적 등 × 1/12
2월	전년도 환급실적 등 × 2/12
3월	전년도 환급실적 등 × 3/12
4월	전년도 환급실적 등 × 4/12
6월	전년도 환급실적 등 × 6/12

① 관할지세관장은 상기 설정기준에 의하여 산출된 금액에 전년도 평균과세 환율 상승률에 상당하는 금액을 가산하여 일괄납부한도액을 설정한다.

예시: 일괄 납부신청(3월) 업체의 전년도 환급실적이 100만원, 전년도 평균과세환율 상승률

이 10%인 경우, 일괄납부한도액 = {100만원 × (3/12)} + [{100만원 × (3/12)}×0.1]

② 관할지세관장은 해당 업체의 환급실적 등의 증가로 최근 실적에 의하여 일괄납부한도액을 설정함이 합리적이라고 인정하는 경우에는 신청한 날이 속하는 월의 전월부터 이전 1년간의 환급실적 등을 기초로 일괄납부한도액을 설정할 수 있다. (일괄납부정산고시 제5조)

(2) 일괄납부한도액의 조정 (일괄납부정산고시 제6조)

일괄납부업체의 지정을 받은 자가 계절적인 요인 등에 따라 환급실적이 현저하게 영향을 받아 이미 설정된 일괄납부한도액이 부족한 경우에는 관할지세관장에게 일괄납부한도액의 조정을 요청할 수 있다. 이 경우 관할지세관장은 일괄납부한도액을 조정할 수 있다(일괄납부정산고시 제6조).

일괄납부한도액의 조정 방법은 다음 두 가지 방법을 생각해 볼 수 있다.

① 최근 3개월 동안 또는 전년도 어느 분기 동안의 환급실적 등에 4를 곱한 금액을 적용하여 한도액 조정

② 조정 한도액으로도 부족하게 되는 경우 해당 업체의 시설 개체 및 증설계획과 수출전망, 재무상태, 원자재 등의 수입가격 상승에 따른 납부세액 증가 및 수입물량 증가 등을 고려하여 130/100 범위 내에서 증액 조정

✚ 바. 일괄납부업체 지정 및 관리

(1) 일괄납부업체의 지정기간은 2년

일괄납부업체의 지정기준에 적합한 경우 일괄납부업체의 지정기간은 지정일로부터 2년이 되는 달의 말일까지로 지정하고 있다. (일괄납부및정산고시 제5조 제2항)

(2) 일괄납부업체의 지정기간 갱신신청

지정기간 만료 1개월 전까지 일괄납부업체 기간갱신 신청서를 작성하여 관할지세관장에게 제출하면 세관에서는 직전 지정기간 만료일의 익일부터 2년이 되는 달의 말일까지로 지정기간을 갱신하고, 일괄납부한도액을 조정하게 된다. (일갈납부및정산고시 제9조)

기간갱신신청 시의 구비서류는 일괄납부업체지정신청 시의 구비서류와 같다.

(3) 일괄납부업체의 지정사항 변경 신고

일괄납부업체로 지정된 업체에서 다음의 지정사항 등이 변경된 때에는 즉시 지정세관장에게 신고하여야 한다. 이를 이행하지 않으면 일괄납부에 지장을 가져오게 된다. (일괄납부및정산고시 제7조 제1항)

① 주소, 상호, 대표자, 사업자등록번호 등 지정사항에 변경이 있는 때

② 환급특례법 시행령 제2조에 따른 일괄납부기간을 변경하고자 하는 때

(4) 일괄납부업체 지정의 승계

일괄납부업체로 지정된 업체가 인수·합병 등으로 권리·의무가 포괄적으로 승계되는 경우에는 승계된 업체에 기존의 일괄납부 지정업체의 자격과 납세실적 등으로 일괄납부업체 지정 및 일괄납부한도액을 책정할 수 있다. (일괄납부및정산고시 제7조)

또한, 반대로 일괄납부업체가 분할·분할합병되어 모기업으로부터 독립된 분할·분할합병업체 (이하 "분할업체"라 한다)에 대하여 모기업이 수출입실적·환급실적 등 중 분할업체의 실적 분을 분리하여 분할업체에 승계하고자 하는 자는 그 사실을 관할지세관장에게 제출하여야 한다.

이 경우 세관장은 다음에서 정하는 바에 따라 분할업체를 일괄납부업체로 지정하고, 분할업체의 관할세관이 변경되는 때에는 그 사실 또는 '일괄납부업체 지정사항 변경신고(수리)서'를 즉시 분할업체의 관할지세관장에게 통보(송부)한다.

① 분할업체의 실적 분(최근 3년 동안의 수출입실적 등)이 적정한지 확인
② 모기업 실적이 감액 조정되는 경우 모기업의 지정요건은 적정한지 확인
③ 승계하는 실적 분에 의하여 일괄납부한도액을 설정하고 지정기간은 2년으로 등록
④ 분할업체에 승계한 실적 분 및 일괄납부한도액만큼 모기업의 실적 등 및 일괄납부한도액에서 감액 조정

(5) 일괄납부업체의 일시정지와 지정취소

일괄납부업체가 어음교환소에서 거래정지처분을 받거나 회사정리절차개시신청 등의 사유로 관세채권 확보에 지장을 초래할 우려가 있는 경우에는 세관에서는 일괄납부의 사용을 일시 정지시키게 된다(일괄납부및정산고시 제8조). 더 나아가 일괄납부업체 지정기준에 적합하지 않은 사유가 발생한 때에는 지정을 취소하게 된다(일괄납부및정산고시 제8조).

5. 담보의 제공 방법 등

(1) 개별담보와 포괄담보

✅ 개별담보

담보제공사유가 발생할 때마다 담보를 제공하고 해제하는 것을 말한다.

✅ 포괄담보

계속 반복하여 담보를 제공하는 업체에서는 일정한 기간 제공할 담보물을 포괄하여 제공하는 것을 말한다. 이는 무역업체(도매업체)에서 수입통관 후 관세를 납부하고자 할 때에 주로 많이 이용된다. 포괄담보가 가능한 담보물은 다음과 같다. (징수고시 제43조)

① 금전
② 국채 또는 지방채

③ 은행지급보증서

④ 납세보증 보험증권

⑤ 신용보증기금법의 규정에 의한 신용보증과 지역신용보증재단의 보증서

⑥ 기술보증기금법의 규정에 의한 보증서

(2) 은행지급보증 등의 담보물 요건

은행지급보증, 납세보증 보험증권, 신용보증기금법 또는 지역보증재단 및 기술보증기금법의 규정에 의한 신용보증서의 발급 시에는 납세담보가 되는 보증 또는 보험기간 중에 담보의 용도로 사용된 때에는 보증 또는 보험기간이 종료된 후 납기가 도래하는 경우에도 해당 관세 등을 납부한다는 문언이 기재된 것이어야 세관장이 담보물로서의 효력을 인정하고 접수하게 된다(징수고시 제43조 제3항).

(3) 담보제공과 해제 절차

✅ 담보제공 절차

담보를 제공하고자 하는 때에는 담보제공서에 담보물에 관한 증서를 첨부하여 세관장에게 제출한다.

✅ 담보 해제 절차

담보제공을 해제하고자 할 때에는 담보해제신청서에 해제사유를 증명하는 서류를 첨부하여 세관장에게 제출하여야 한다.

(4) 담보물의 관세충당

담보를 제공한 납세의무자가 납부기한 내에 당해 관세를 납부하지 아니하거나 당해 의무를 이행하지 아니하여 세관장이 납세고지를 하는 때에는 그 담보물로서 관세 등에 충당한다.

- 현금은 그대로 충당하고
- 각종의 지급보증 등은 보증기관에 관세 등을 청구하여 충당하며
- 국채증권 등은 매각하여 그 대금으로 관세에 충당하고 잔금은 담보제공자에게 교부한다.

11절 수입신고서 작성요령

▟ 수입신고서 항목별 기재사항

① 신고번호 : 신고자의 부호, 연도, 일련번호와 신고서식 부호를 다음과 같이 기재한다.

- 신고자부호 : 관세청에서 부여한 관세사 등의 부호(5자리)를 기재한다.
- 연　　　도 : 신고연도 끝 2자리를 기재한다.
- 일 련 번 호 : 신고자 별로 일련번호를 6자리로 기재한다. 다만, 통관포털 신고 시에는 인터넷신고
  와 중복을 방지하기 위하여 일련번호 5자리와 'P'를 기재한다.
- 신고서식 부호 : 수입신고(M), 보세공장 사용신고(B), 보세판매장 반입검사 신청(S), FTZ사용소비
  신청(F)를 1자리로 기재한다.

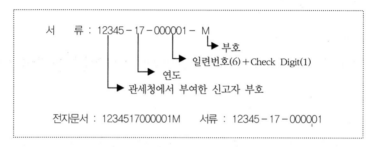

- 수입신고 전 물품반출신고 후 수입신고하는 경우에는 반출신고서의 신고번호를 기재한다.

③ 세관·과 : 통관지 세관 및 과 부호를 예시와 같이 기재한다.

> (예) 서울세관 수입과인 경우 : 010 - 11)

- 세관과 과 부호는 관세청홈페이지＞무역통계＞통계자료실＞공지사항＞19.무역통계부호표(2016)
  ＞첨부파일 다운로드＞2016무역＞제2부(1-4)＞(1)세관부호 (2)과별부호에서 확인한다.

④ B/L(AWB)번호 : HOUSE 단위의 B/L(AWB)번호 및 분할수입신고 여부를 기재한다.

- B/L(AWB)번호 : Master B/L(AWB)에 종속되어있는 HOUSE B/L(AWB)이 있는 경우에는
  HOUSE B/L (AWB)번호를 기재한다(적하목록 상의 HOUSE B/L(AWB)번호와 일치하여야 함).
  수출자유지역 또는 보세공장으로부터 국내반입되는 경우 등 B/L번호가 없는 경우에는 공란으로
  둔다.
- 분할수입신고 여부 : B/L을 분할하여 수입신고 한 경우 'true', B/L분할이 아닌 경우에는 'false'을
  기재한다. B/L분할 수입신고인 경우 ( )에 "분할"을 출력한다.

⑤ 화물관리번호 : 적하목록상의 화물관리번호를 기재한다.

- 적하목록 관리번호(Manifest Reference No)에 Master B/L(AWB) Sequence No. 4자리와 House
  B/L(AWB) Squence No. 4자리를 다음 예시와 같이 기재한다.

수입신고서 예시

<table>
<tr><td colspan="5" align="center">수입신고서</td></tr>
<tr><td colspan="5" align="right">※ 처리기간: 3일</td></tr>
<tr><td>① 신고번호</td><td>② 신고일</td><td>③ 세관·과</td><td>⑥ 입항일</td><td>⑦ 전자제출인증번호</td></tr>
<tr><td>④ B/L(AWB)번호</td><td>⑤ 화물관리번호</td><td>⑧ 반입일</td><td colspan="2">⑨ 징수형태</td></tr>
</table>

<table>
<tr>
<td rowspan="5">
⑩ 신 고 인
⑪ 수 입 자
⑫ 납세의무자
　(주　　　소)
　(상　　　호)
　(전화번호)
　(이메일주소)
　(성　　　명)
⑬ 운송주선인
⑭ 해외거래처
</td>
<td>⑮ 통관계획</td><td>⑲ 원산지증명서 유무</td><td>㉑ 총중량</td>
</tr>
<tr><td>⑯ 신고구분</td><td>⑳ 가격신고서 유무</td><td>㉒ 총포장갯수</td></tr>
<tr><td>⑰ 거래구분</td><td>㉓ 국내도착항</td><td>㉔ 운송형태</td></tr>
<tr><td rowspan="2">⑱ 종류</td><td colspan="2">㉕ 적출국</td></tr>
<tr><td colspan="2">㉖ 선기명</td></tr>
<tr><td colspan="3">㉗ MASTER B/L번호</td><td colspan="2">㉘ 운수기관부호</td></tr>
<tr><td colspan="5">㉙ 검사(반입)장소</td></tr>
</table>

● 품명·규격(란번호 / 총란수 :　　　　)

<table>
<tr><td colspan="2">㉚ 품　　명
㉛ 거래품명</td><td colspan="3">㉜ 상표</td></tr>
<tr><td>㉝ 모델·규격</td><td>㉞ 성분</td><td>㉟ 수량</td><td>㊱ 단가(DEM)</td><td>㊲ 금액(DEM)</td></tr>
<tr><td></td><td></td><td></td><td></td><td></td></tr>
<tr><td></td><td></td><td></td><td></td><td></td></tr>
</table>

<table>
<tr><td>㊳ 세번부호</td><td></td><td>㊵ 순중량</td><td></td><td>㊸ C/S검사</td><td></td><td rowspan="2">㊺ 사후확인기관</td></tr>
<tr><td rowspan="2">㊴ 과세가격
（CIF）</td><td rowspan="2"></td><td>㊶ 수량</td><td></td><td>㊹ 검사변경</td><td></td></tr>
<tr><td>㊷ 환급물량</td><td></td><td>㊻ 원산지</td><td></td><td>㊼ 특수세액</td><td></td></tr>
</table>

<table>
<tr><td colspan="7">㊽ 수입요건확인
　（발급서류명）</td></tr>
<tr><td>㊾ 세종</td><td>㊿ 세율(구분)</td><td>51 감면율</td><td>52 세액</td><td>53 감면분납부호</td><td>감면액</td><td>*내국세종부호</td></tr>
<tr><td></td><td></td><td></td><td></td><td></td><td></td><td></td></tr>
</table>

<table>
<tr><td colspan="3">54 결제금액(인도조건 · 통화종류 · 금액 · 결제방법)</td><td></td><td colspan="2">56 환율</td></tr>
<tr><td rowspan="2">55 총과세가격</td><td colspan="2">$</td><td>57 운임</td><td>59 가산금액</td><td>64 납부서번호</td></tr>
<tr><td colspan="2">₩</td><td>58 보험료</td><td>60 공제금액</td><td>65 총부가가치
세과표</td></tr>
</table>

<table>
<tr><td>61 세종</td><td>62 세액</td><td rowspan="11"></td><td rowspan="11"></td></tr>
<tr><td>관　　　　세</td><td></td></tr>
<tr><td>개 별 소 비 세</td><td></td></tr>
<tr><td>교　　통　　세</td><td></td></tr>
<tr><td>주　　　　세</td><td></td></tr>
<tr><td>교　　육　　세</td><td></td></tr>
<tr><td>농　특　　세</td><td></td></tr>
<tr><td>부　가　　세</td><td></td></tr>
<tr><td>신 고 지 연 가 산 세</td><td></td></tr>
<tr><td>미 신 고 가 산 세</td><td></td></tr>
<tr><td>63 총세액합계</td><td></td></tr>
</table>

※ 신고인기재란　　　　66 세관기재란

-전화번호
-이메일주소

<table>
<tr><td>67 담당자</td><td>68 접수일시</td><td>69 수리일자</td></tr>
</table>

- 휴대품은 휴대품유치서상의 화물관리번호를 기재하며, 화물관리번호가 없는 경우 "NO"로 기재

> 전자문서 : 01KE0766SS200100003   서   류 : 01KE0766SS2-0010-0003

⑥ 입항일 : 예정신고 시에는 입항예정일을 기재한다.

> 📅 2017년 5월 3일인 경우 ➡ 서류 : 2017/05/03, 전자문서 : 20170503

⑦ 전자인보이스 제출번호 : 제출번호를 기재한다.

⑧ 반입일 : 장치장소 반입일자를 기재(📅 전자문서 20170501, 서류 2017/05/01)

⑨ 징수형태 : 과세가격의 결정방법·관세납부시기 등을 신고자가 결정, 다음과 같이 기재한다. 이는 수입신고의 접수통보 이후에는 변경을 제한하고 있으므로 주의를 요한다. 수입신고 전 물품반출 신고한 물품을 수입신고기한을 경과하여 수입신고하는 경우에는 부과고지 징수형태를 기재한다.

종류	부호	종류	부호
과세보류	00	부과, 수리전 납부	21
수리전 반출 일괄고지	01	부과, 사후납부(개별담보)	22
신고, 수리전 납부	11	부과, 사후납부(신용담보)	23
신고, 사후납부(개별담보)	12	부과, 사후납부(무담보)	24
신고, 사후납부(포괄담보)	13	사후정산(환급특례법에의한 일괄고지)	33
신고, 사후납부(무담보)	14	월별납부 신용담보	43
신고, 사후납부(특송포괄담보)	18	복합납부	53

⑩ 신고인 : 수입신고는 화주, 관세사, 또는 관세사법인의 명의로 신고하여야 한다. 신고자가 관세사인 경우는 상호와 관세사 성명을 기재하고 관세사가 아닌 경우는 다음과 같이 기재한다.
- 자가통관업체 : ○○회사(주) 관세사 ○○○
- 자가신고업체 : 신고자상호와 대표자성명
- 기타 개인 : 성명

⑪ 수입자 : 수입자의 상호를 간략히 기재한다. 부호란에는 수입자의 통관고유부호를 쓰고 수입자와 화주와의 일치여부를 다음과 같이 기재한다. 개인은 성명을 기재하고 통관고유부호 기재를 생략한다. 정부기관 또는 정부투자기관은 관세청장이 부여한 번호를 통계부호표에서 찾아 기재한다.

> 📅 통관고유부호가 1234560이고, 수입자가 화주인 경우 … 12345678A
> 수입대행으로 수입자와 화주가 다른 경우 … 12345678B

⑫ 납세의무자 주소, 상호, 성명 : 납세의무자의 주소, 상호, 성명을 기재하고 본부세관장에게 등록한 통관고유부호를 기재(개인의 경우는 기재생략)하며, 사업자등록번호는 국세청장이 지정한 사업자등록부호를 기재하는바, 사업자등록번호가 없는 개인의 경우는 개인통관고유부호 또는 주민등록번호(외국인의 경우는 개인통관고유부호, 외국인등록번호가 없을 경우 F+ISO국가코드 2자리+ISO국가코드2자리 +여권번호)를 기재한다. 소재지부호는 우편번호 앞 5자리를 기재한다.

- 통관고유부호 구성 체계(예)

갑을병정	1	98	1	01	7
상호	업체유형	본 사 설립년도	동일업체 구 분	본지사	오류검증 부 호

- 사업자용 통관고유부호 등록은 통관고유부호 신규신청서(통관고유부호 및 해외공급자부호등록관리고시 별지 제1호서식)에 사업자등록증 사본, 대표자 주민등록증 사본과 법인등기부등본 사본을 첨부하여 부호신청전산시스템에 전자문서로 신청하거나 본부세관장에게 종이문서로 신청한다.(관세청고시 "통관고유부호 및 해외거래처부호 등록관리에 관한 고시" 참조)
- 개인용 통관고유부호 등록은 통관고유부호신규신청서(통관고유부호 및 해외공급자부호등록관리고시 별지 제2호서식)을 작성하여 인터넷 개인통관고유부호발급시스템에 신청하고 가까운 세관을 방문하여 주민등록증 등 본인확인서류를 제출하여야 한다. 개인정보 보호를 위해 우편 또는 팩스 신청방법은 폐지되었다. 본인확인서류는 운전면허증, 기간 만료 전의 여권, 장애인 복지카드, 외국인등록증의 사본도 인정되며, 신분증이 없는 미성년자는 청소년증 사본 또는 주민등록등본 사본으로도 가능하다.

⑬ 운송주선인 : 운송주선인(포워더)와 관련사항을 기재한다.
- 운송주선인 상호를 기재한다.
- 세관에 등록된 화물운송 주선업자 부호를 기재한다
- 가격신고(운임)와 직접 관련 있는 운송주선인을 기재하는 것이 원칙이다.

⑭ 무역거래처 : 해외거래처(송품장상의 매도자)의 상호, 국가부호(ISO코드)와 관세청장이 부여한 해외거래처부호를 차례로 기재한다.
- 수입승인면제물품은 송품장상의 해외 거래처명을 기재하고, 맨끝 2자리는 국가부호(ISO코드) 2자리를 다음과 같이 기재하며
- 인터넷쇼핑몰은 인터넷주소와 회사명을 병행 기재한다.

　　예 outpost.com (Cyberian Outpost Inc)
- 상호 중 Corporation 등의 경우는 다음과 같이 CORP로 기재한다.

〈회사명 약어사용 예〉

회 사 명	약어	회 사 명	약어
International	INTL	Limited	LTD
Trading	TRAD	Enterprise	ENTE
Corporation	CORP	Engineer	ENGR
Company	CO		

- 해외거래처부호 등록은 해외거래처 부호 신규신청서(통관고유부호 및 해외공급자부호등록관리고시 별지 제5호서식)에 해외거래처의 국가·상호·주소가 표기된 송품장 등 선적서류와 위임장을 첨부하여 부호신청전산시스템에서 전자문서로 신청하거나 본부세관장에게 종이문서로 신청(관세청고시 "통관고유부호 및 해외거래처부호 등록관리에 관한 고시" 참조)
- 국가별 ISO코드는 관세청홈페이지＞무역통계＞통계자료실＞공지사항＞19.무역통계부호표(2016)＞첨부파일 다운로드＞2016무역＞제2부(67. 국가별 ISO코드 및 통화코드)에서 확인한다.

⑮ 통관계획 : 통관계획부호를 다음과 같이 기재한다. 특급탁송화물과 간이 수입통관대상은 기재를 생략한다.

〈수입통관 계획 부호〉

내　용	부호	비고
출 항 전 신 고(부두내 직반출 포함)	A	
입 항 전 신 고(부두내 직반출 포함)	B	
보세구역도착전신고(부두밖 또는 내륙지세관 통관희망물품)	C	
보세구역장치후신고(부두밖 또는 내륙지세관 통관희망물품)	D	
부두내 보세구역 도착전신고(부두내 직반출 희망물품)	E	
부두내 보세구역 도착후신고(부두내 직반출 희망물품)	F	
물품 반출 후 신고(수입신고 전 물품반출 적용물품)	G	
적하목록이 없는 물품신고(휴대품)	H	
적하목록이 없는 물품 신고(선용품 등)	Z	

⑯ 신고구분 : 수입신고의 형태와 P/L 여부 등을 다음과 같이 부호로 표시한다.

내용	부호	내용	부호
일반 P/L 신고	A	간이서류신고	D
일반서류 신고	B	자동수리신청	E
간이 P/L 신고	C	포괄적즉시수리	F

※ 유의사항
① 일반수입신고서의 수입신고 시에는 모두 'A'로 신고
② 수입통관시스템에서 일반서류대상으로 지정된 경우에는 'B'로 자동처리됨.
③ 일반 간이신고물품은 'C' 또는 'D'를 입력하고 간이신고특송물품은 'E'를 입력한다.

⑰ 거래구분 : 수입물품의 거래형태를 다음 예시와 같이 구분·부호로 기재한다. (예 일반수입 '11')

• 거래형태부호는 관세청홈페이지＞무역통계＞통계자료실＞공지사항＞19.무역통계부호표(2016)＞
첨부파일 다운로드＞2016무역＞제2부(33)＞(33)수입관리부호, 1)형태별분류에서 확인한다.

⑱ 종류 : 수입통관의 형태와 수입물품의 용도를 예시와 같이 구분·부호로 기재한다.
(예 일반수입 내수용 '21')

• 부호는 관세청홈페이지＞무역통계＞통계자료실＞공지사항＞19.무역통계부호표(2016)＞첨부파일
다운로드＞2016무역＞제2부(33)＞(33)수입관리부호, 2)종류별 분류에서 확인한다.

⑲ 원산지증명서 유무 : 법 제232조 및 대외무역관리규정 제91조에 의거 세관장이 원산지를 확인해야
할 물품으로서 원산지증명서 구비여부를 다음과 같이 기재한다.

○ 원산지증명서를 구비한 경우 : Y

* 특혜관세(E,D,R,G,Y) 및 북한산물품중 비과세(U)를 적용하는 경우 발행번호, 발행국가, 발행기관, 발
행일자 및 Tax ID No(FTA 적용물품에 한함)를 다음 예시와 같이 기재한다.

• 발행번호: ESP12345

• 발행국가 : CN

• 발행기관
-중국 : 출입국검사검역소
-북한 : 민경련

• 발행일자 : 20050820

• Tax ID : 1234567879

* 원산지증명서 분할여부, 전체수량, 사용수량, 전체중량, 사용중량 기재

○ 원산지증명서 제출면제 대상인 경우 : X

○ 세관장 확인대상이 아니거나 원산지증명서를 구비하지 못한 경우 : N

⑳ 가격신고서 유무 : 가격신고서 제출(전자문서전송) 여부를 기재한다.

• 가격신고서 제출대상인 경우 : Y

• 가격신고서 제출대상이 아닌 경우 : N

㉑ 총중량 : 신고물품의 총중량(용기 포함)을 kg단위로 기재한다(소숫점 이하 둘째자리에서 반올림한다). 포장용기중량을 포함하고 반복사용 운반용기의 중량은 제외한다.

㉒ 총포장 개수 : 신고물품의 외포장 갯수를 기재한다. 신고물품의 포장종류는 통계부호표 부호를 다음 예시와 같이 기재한다. (예 Barrel (통) : BA)

• 포장종류별 부호는 관세청홈페이지＞무역통계＞통계자료실＞공지사항＞19.무역통계부호표(2016)＞첨부파일 다운로드＞2016무역＞제2부(5-1)＞(6)포장종류 부호에서 확인한다.

㉓ 국내도착항 : 공항 및 항구명과 그 부호를 다음과 같이 기재한다(무역통계부호표 참조).

예 부산공항인 경우 ➡ KRPUS

㉔ 운송형태 : 운송수단과 운송용기에 따른 다음의 코드를 기재한다.

예 항공기에 의한 벌크수입 : 40BU, 선박에 의한 LCL컨테이너 수입 : 10LC

• 운송수단과 용기의 부호는 관세청홈페이지＞무역통계＞통계자료실＞공지사항＞19.무역통계부호표(2016)＞첨부파일 다운로드＞2016무역＞제2부(5-1)＞(8)운송형태부호 1)운송수단별 부호와 2)운송용기별 부호에서 확인한다.

㉕ 적출국 : 수입물품의 적출국명을 통계부호표 상의 ISO국가코드 및 해당되는 국가명 약어로 다음 예시와 같이 기재한다. 보세공장, 수출자유지역으로부터 반입의 경우는 한국('KR(R.KOREA)')으로 기재한다. (예 호주의 경우 ➡ AU(AUSTRAL))

• 국가별 ISO코드는 관세청홈페이지＞무역통계＞통계자료실＞공지사항＞19.무역통계부호표(2016)＞첨부파일 다운로드＞2016무역＞제2부(67. 국가별 ISO코드 및 통화코드)에서 확인한다.

㉖ 선기명 : 수입물품을 적재한 선(기)명을 영문으로 기재한다. 국적은 선(기)명 뒤에 ISO국가코드를 기재한다. (예 CHUNHA KR)

㉗ MASTER B/L번호 : 선사 또는 항공사가 발행한 MASTER B/L(AWB)번호를 기재한다.

㉘ 운수기관부호 : 세관에 신고된 운항선사 또는 항공사 부호를 기재한다.

㉙ 검사(반입)장소 : 검사 또는 반입 장소의 보세구역부호와 화물의 장치위치를 18자리 이내로 기재한다. (예 13011013 - 가1 - A - 12345(6))

• 보세구역외장치인 경우, 장치위치는 '연도②+일련번호⑥'를 기재한다.

• 수입신고 전 물품반출 신고 후 수입신고하는 경우, 물품반출신고 시의 화물반입 보세구역부호를 기재한다.

㉚ 품명

○ 품명·규격의 표기원칙 : 품명·규격의 표기는 다음 사항을 구체적으로 빠짐없이 기재하여야 한다.

• 품목분류(HS10단위)에 필요한 사항

• 세율(관세와 내국세) 확인을 위하여 필요한 사항

- 관세법 제226조의 규정에 의한 세관장확인에 필요한 사항
- 관세감면, 분할납부 대상 확인에 필요한 사항
  * 품명·규격은 영어와 아라비아 숫자로 표기하여야 하며, 영어가 아닌 경우에는 영어로 번역하여 기재하여야 한다.

○ 품명기재원칙 : 당해 물품을 나타내는 관세율표상의 품명을 영문으로 기재함을 원칙으로 한다.

- 관세율표상 품목번호 10단위에 당해 품명이 특게되어 있는 경우 이를 기재

  예 TACKS(7317.00 - 2000)

- 10단위에 특게되어 있는 품명이 없는 경우에는 9단위부터 4단위까지 순차적으로 특게된 품명을 찾아 기재

  예 OPTICAL DISK DRIVE(8471.70 - 203(9) 9단위
  CINEMATOGRAPHIC FILM(3702.90 - 10(10) 8단위
  LOBSTER(바다가재, 1605.30 - 1000) 6단위
  ANTI - KNOCK PREPARATION(3811.19 - 0000) 5단위
  PAPER LABELS(지제라벨, 4821.10 - 0000) 4단위

- 일반적인 품명기재 : 품목번호 중 최종 4단위에도 관세율표상에 품명이 특게되지 않은 경우에는 일반적인 품명을 기재한다.

  예 RABBIT MEAT(토끼고기)(0208.10 - 0000)한다.

- 또한, 관세율표상에 특게된 품명이 당해 물품의 성질을 정확하게 표현하지 못하는 경우에도 일반적인 품명을 기재한다

  예 7108.13 - 1010의 경우 관세율표상WIRE이나 GOLD WIRE(금선)로 표기

- 표준품명이 제정된 물품은 표준품명을 영문으로 기재하며 품명 또는 용도 표준화 코드에 따라 기재한다.

○ 품명기재요령 : 품명은 명사, 명사의 조합, 형용사+명사의 조합으로 된 것만 사용가능하며 4단어 이내로 기재하고, 4단어를 초과할 경우에는 단순한 수식어는 빼고 4단어 이내로 기재한다.

- 부분품 및 부속품의 경우에는 「~PART」 또는 「PART FOR ~」로 일괄 기재하고 구체적인 품명은 모델·규격란에 기재한다(품명 : TOY PART).

  1. CAP0000, ZZZ
  2. BUTTON, XXX   ] 모델·규격
  3. ....

- 시약의 경우에는 관세율표상 품명을 기재하고 구체적인 품명·규격은 모델·규격 및 성분 항목에 기재한다.

㉛ 거래품명 : 거래품명이라 함은 실제 상거래시에 송품장 등 무역서류에 기재되는 품명으로서 학명을 병기하여 기재할 수 있다.

  예 VIETNAM ROBUSTA COFFEE BEAN

- 영어이외의 외국어는 단순히 발음을 영자로 표기한다.

  예 품   명 : ELETRONIC GAMES(9504.90 - 2000)
  거래품명 : TAMAGOCHI

- 학명은 CITES 대상품목, 한약재, 조정관세 적용여부 등의 확인이 필요한 경우에 한하여 기재한다.

예 품   명 : BELLFLOWER ROOT(도라지, 1211.90 - 9090)
거래품명 : PLATYCODI RADIX(도라지의 학명)
㉜ 상표 : 관세청청에 등록된 상표는 해당 상표코드를 기재한다.(예 : 123(4)

- 관세청에 등록되지 않은 상표는 "ZZZZ"로 기재하고 상표가 없는 경우는 "XXXX"로 기재한다.
- 상표가 있는 경우에는 상표명(한글 또는 영문)을 기재하고 상표가 없는 경우에는 "NO"로 기재하며 "BRAND"라는 단어는 기재하지 아니한다(예 : SONY ; SAMSUNG ; AIWA).
- 상표가 둘 이상인 경우 란을 달리하여 기재하고, 도형상표는 관세청 홈페이지에서 조회하여 해당 상표명(도형)을 기재한다.
- 상표는 지식재산권 확인, 원산지 확인, 가격심사 등에 필수적인 기재요소로서 상표가 있는 물품을 "없음"으로 기재하는 것은 불가하다.

㉝ 모델·규격

- 모델명기재방법

모델은 생산방식, 생산방법, 타입 등을 나타내는 부호로써 관세율표상의 품목분류, 법 제226조의 규정에 의한 세관장 확인대상 물품, 관세환급, 관세감면, 과세가격 등의 심사에 영향을 미치는 사항을 기재하여야 한다. 모델이 있는 경우에는 규격 앞에 "MODEL : "라는 단어를 기재한 후 영문 대문자로 모델명을 기재한다.

예 MODEL : M520T).

- 규격기재방법

규격은 재질, 가공상태, 용도, 조립여부, 사이즈, 정격전압, 처리능력, 생산년도 등으로써 관세율표상의 품목분류, 법 제226조의 규정에 의한 세관장 확인대상 물품, 관세환급, 관세감면, 과세가격 등의 심사에 영향을 미치는 사항을 기재하여야 한다. 규격은 주로 관세율표상에 OF, FOR, WITH 등의 단어로 표현되므로, 규격 기재 시에 가능하면 관세율표상 용어를 그대로 사용하여야 한다. 물품에 따라 세관심사에 필요한 규격사항을 다음 예시와 같이 기재한다.

예 냉동홍어의 경우 냉동여부만 기재
-품명 : SKATE(홍어, HS 0303.79 - 909(3)
-규격 : FROZEN

예 엔진의 경우는 품목분류 등을 확인해야 하므로 여러 가지 요소를 기재
-품명 : ENGINE
-규격 : GASOLIN ENGINE 2,500CC, FOR SEDAN, 1998 YEAR

예 미술품 모델·규격 기재방법
다음 순서대로 기재한다.
- Title(작품명), - Artist(작가), - Year(제작년도), - Dimension(크기)

- 용도의 기재사례

법 제226조의 규정에 의한 세관장 확인대상 물품에 해당하는 세번의 물품은 식용, 공업용, 사료용, 비료용, 의약용, 동물의약용, 연구·실험용, 기타 등의 용도로 영문자로 표기한다. 다만, '기타'라고 표기한 경우 ( )안에 구분 가능한 용도를 영문 또는 한글로 기입한다.
- 식용 : 전자문서 BLE
- 공업용 : INDUSTRIAL

　　　　- 화장품용 : COSMETICS
　　　　- 사료용 : FE 전자문서 NG
　　　　- 미끼용 : BAIT
　　　　- 비료용 : FERTILIZER
　　　　- 의약용 : M 전자문서 CINAL
　　　　- 동물의약용 : ANIMAL M 전자문서 CINAL
　　　　- 연구·실험용 : RESEARCH
　　　　- 기타 : ETC(용도)
- 합의세율신청 및 서류첨부 여부

　　합의세율신청 및 해당품목의 모델규격 일부만 입력하고 세부내역은 서류로 별첨(Attach)할 것인지 여부
　　　　- 일부입력 : 'Y'
　　　　- 전부입력 : 'N'
　　　　- 합의세율 신청+일부입력 : 'A'
　　　　- 합의세율 신청+전부입력 : 'B'
- 신고서 출력시 표시방법

　　　　- 'Y'인 경우 '모델·규격'란에 "상세내역 별첨"표시
　　　　- 'A'인 경우 '모델·규격'란에 "합의세율(상세내역 별첨)"표시
　　　　- 'B'인 경우 '모델·규격'란에 "합의세율"표시

㉞ 성분 : 성분은 당해 물질의 성분 및 함량으로써 관세율표상의 품목분류, 법 제226조의 규정에 의한 세관장 확인물품, 관세환급, 관세감면, 과세가격 등의 심사에 영향을 미치는 성분 및 함량을 기재한다. 농산물 혼합물 및 실·직물의 경우는 성분 및 함량을 모두 기재하여야 한다.

○ 성분의 기재사례
- 청바지는 주된 성분의 함량만을 기재하나 청바지용 직물은 성분의 종류 및 함량, 중량 등을 기재하여야 한다.
　　　　- 품명 : COTTON WOVEN FABRIC(HS 5218.11 · 0000)
　　　　- 성분 : COTTON 100%, 40G/㎡
　　　　- 품명 : BLUE JEAN(청바지, HS 6203.42 · 1000)
　　　　- 성분 : COTTON 100%
- 농산물의 혼합물 기재사례
　　　　- 품명 : Seasoning(양념, HS 2103.90 · 9030)
　　　　- 거래품명 : tafeki
　　　　- 성분 : red pepper powder maxed with salt 18%, water 42%, garlic powder 7%, onionpowder 5%

○ 성분의 기재오류 사례를 보면
- 품명 : CANE SUGAR(사탕수수당, 1710.11 · 2000)
　　　　- 성분 : RAW SUGAR POLARIZATION BETWEEN 98 AND 98.99 DEGREES
　　　　- 오류 : 당도표기 모호(당도 98.5를 기준으로 세번이 달라지나 당도가 양 세번간에 걸쳐 있어 세번 분류 불가능)
- 품명 : LACTOSE(유당, 1702.19 · 1000)
　　　　- 성분 : REFINED 전자문서 BLE FINE POWDER
　　　　- 오류 : 유당의 함유량 미표기로 세번분류 불가(99%를 기준으로 세번이 달라짐)

- 품명 : COCOA PREPARATION(1806.20 - 9010)
    - 성분 : 15%(18M/T) USD4,554.
    - 오류 : 함량표기 불분명(밀크분 함량50%를 기준으로 세번이 달라짐)

㉟ 수량 : 해당 품목의 모델·규격별 수량을 실제 수량단위(예 PCS)로 소수점이하 4자리까지 기재한다 (소수점이하 5자리에서 반올림)(예 45.6785).

㊱ 단가 : 해당 품목의 모델·규격별 단가를 결제통화 단위로 기재한다. 통화의 종류는 단가 우측의 ( )속에 부호를 기재한다.
  정수 12자리, 소수점 이하 6자리까지 기재한다(소수점 이하 7자리에서 반올림).

㊲ 금액 : 해당 품목의 모델·규격별 금액을 결제통화 단위로 정수 12자리, 소수점 이하 4자리까지 기 재한다(소수점 이하 5자리에서 반올림). 통화의 종류는 금액 우측의 ( ) 속에 부호를 기재한다.

㊳ 세번부호 : 관세율표에 기재된 HSK 10단위 품목번호를 기재한다. 간이세번은 간이세율표에 기재된 세번을 3단위로 기재한다.
    (예 목재 침대인 경우 : 9403.50 - 1000)

㊴ 과세가격 : 가격신고서에 과세가격으로 기재된 금액(CIF기준)을 원화와 미화로 기재한다.

㊵ 순중량 : 물품의 포장용기를 제외한 순중량을 기재하되 관세율표에 게기된 당해 물품의 중량단위 로 환산하여 기재한다. 중량단위가 kg(I.C)인 경우에는 용기를 포함한 중량을 기재하며, 소수점 이 하는 둘째자리에서 반올림하여 기재한다.

㊶ 수량 : 관세율표에 당해 HS별로 표기하도록 요구하고 있는 단위로 환산·기재한다. 소숫점 이하는 반올림하여 기재한다. 관세율표 상에 중량단위만 있고 수량단위 부호가 특게되어 있지 않은 것은 기재하지 않는다(중량만 기재). 관세율표의 수량단위부호는 다음과 같다.
    CR : carat(카랏트)
    M : meteres(미터)
    M2 : square meters(제곱미터)
    M3 : cubic meters(세제곱미터)
    L : litres(리터)
    MW : mega watt(메가와트)
    U : pieces/items(개, 본, 매, 두, 필, 대, 량, 기, 척, 착을 뜻함)
    - 송품장등에 수량이 나타나 있지 않거나 packs으로 되어 있어 개개의 수량을 파악하기 불가능한 물 품의 경우는 packs(U) 단위로 기재한다.
    2U : pairs(쌍, 켤레, 족)
    DZ : dozens(타)
    TU : thousands units(천본, 천매)

㊷ 환급물량 : 수출 후 환급에서 사용하는 물량을 HS별 표준수량과 관계없이 소요량계산시 실제 사용 하는 단위로 환급 사용 물량을 기재한다(예 ㊵항목 10DZ→㊶항목 120PCS).

- 물량단위는 개별 환급신청 시 작성하는 소요량계산서에 기재하는 단위를 기재한다.
    - 소수점이하 3자리까지 기재(소수점 이하 4자리에서 반올림)한다.
    - 환급물량이 없는 경우에는 '0.000'으로 기재한다.
    - 단위는 소요량 계산시 실제 사용하는 단위로 기재한다.

- 환급물량을 입력하지 않고 수입신고하는 경우에는 전산시스템에서 오류로 통보한다.
- 환급물량 입력대상 : 수입관리 부호(형태별 분류)
  - 11,12,13,14,15,21,22,29,51,52,55,59,80,83,84,87,88,89,92,93,94

㊸ C/S검사 : 세관에서 실시한 C/S 검사구분 부호로서 수입신고 시에는 기재를 하지 않는다. 수입통관 후 세관에서 수입물품 검사를 어떻게 했는지 알아보는데 참고가 될 수 있다.

㊹ 검사변경 : 세관에 의해 C/S검사방법이 변경되었을 때 세관에서 기재하는 것이므로 수입신고 시에는 기재하지 않는다.

㊺ 사후확인기관 : 수입물품이 수입통관 후 확인대상인 경우 당해 수입요건 확인기관의 부호를 다음 예시와 같이 3개까지 기재한다. (예 식품의약품안전처 '005')

- 부호는 관세청홈페이지＞무역통계＞통계자료실＞공지사항＞19.무역통계부호표(2016)＞첨부파일 다운로드＞2016무역＞제2부(41)＞(54)수출입요건 승인기관코드를 찾아 기재한다.

㊻ 원산지 : 원산지 표시대상물품의 원산지 표시를 「원산국-결정기준-원산지 표시유무-원산지 표시방법(면제의 경우에는 면제사유)」 순으로 기재한다.

> (예 미국산이고 HS4 단위변경이며, 현품에 인쇄된 경우 : US-4-Y-B)

- 원산국은 관세청홈페이지＞무역통계＞통계자료실＞공지사항＞19.무역통계부호표(2016)＞첨부파일 다운로드＞2016무역＞제2부(67)＞(67)국가별 ISO코드 및 통화코드에서 국가코드를 찾아 기재하고, 원산지 결정기준과 표시유무 및 표시방법(면제사유)는 위 제2부(41)＞(42) 수입원산지 결정기준·표시유무·방법 부호와 (41) 원산지표시 면제사유 부호를 찾아 차례로 기재한다.

㊼ 특수세액 : 종량세로 과세되는 물품이거나 기준가격을 초과하는 물품에 대하여만 과세하는 물품 등에 대하여 세액계산의 근거가 되는 수량과 가격 등을 기재한다.

> 예
> - 주정인 경우 알콜도수를 기재
> - 비디오 테이프 등 분당으로 계산되는 종량세인 경우 란별 총분수 기재
> - 내국세 제4종 물품의 경우 기준가격 초과분 개수 또는 조 기재

㊽ 수입요건확인 : 타 법령에 의한 수입요건 확인서류를 최대 8개까지 기재한다(법 제226조). 관세법 이외의 법령에 의한 수입요건 확인 대상물품인 경우에는 발급서류의 구분부호, 승인번호, 서류명, 발급일자, 관련 법령부호(무역통계부호표) 순으로 기재한다.

- 발급서류의 구분부호
  - '1': 승인서 등, '2':검사/검역증
- 요건확인서의 허가승인 번호
  - * 통관단일창구를 통해 요건신청과 동시 또는 요건승인 전에 신고할 경우에는 요건신청서 신청번호
- 수입요건확인서류명
- 수입요건확인서류 발급일자
  - * 통관단일창구를 통해 요건신청과 동시 또는 요건승인 전에 신고할 경우 신청(고)일 입력
- 수입요건확인 관련 법령부호(통계부호표 '65'참조)
- 품목식별부호 철저히 기재.

품목식별부호는 요건확인기관에 요건승인 신청 시에 부여되는 규격별 일련번호로서 수입신고서의 모델·규격 별로 기재하여야 한다. 이는 통관심사 시에 수작업으로 확인하던 것을 전산 자동확인으로

통관심사시간을 단축하기 위한 것이므로 기재하지 않으면 통관이 지연될 수밖에 없다.

㊾ 세종 : 관세와 각종 내국세의 종류를 차례대로 기재한다.

세종	기재	세종	기재
관세	관	교육세	육
개별소비세	개	농특세	농
교통세	통	부가세	부
주세	주		

㊿ 세율 : 세종에 해당하는 세율 구분과 세율을 기재하며, 관세, 내국세만 세율을 기재한다.

관세의 세율(종량세인 경우에는 단위당 세액)을 기재하고 관세율의 구분 부호를 다음 예시와 같이 기재한다.

(예) 기본세율은 'A', 간이세율은 'X', 한·미FTA 협정세율(선택3)은 'FUS3')
- 관세율 구분부호는 관세청홈페이지＞무역통계＞통계자료실＞공지사항＞19.무역통계부호표(2016)＞첨부파일 다운로드＞2016무역＞제2부(33)＞(37)관세율 구분부호에서 찾아 기재한다.

• 내국세율 : 내국세 세율 란에는 세율을 기재하고 ( )에 내국세 구분 부호를 다음 예시와 같이 기재한다.

(예) 주세과세는 1A, 개별소비세 일반수입(기본세율)은 '2A')
- 내국세 구분부호는 관세청홈페이지＞무역통계＞통계자료실＞공지사항＞19.무역통계부호표(2016)＞첨부파일 다운로드＞2016무역＞제2부(40)＞(40)내국세 구분부호에서 찾아 기재한다.

51 감면율 : 세종에 해당하는 감면율을 기재한다.

52 세액 : 각 품목별 해당 세액을 기재한다. 원 미만은 절사하고 기재하며 수리 전 반출승인물품은 확정되지 않은 경우라도 잠정세액을 기재한다. 보세공장 및 수출자유지역에서의 사용신고 또는 반입신고 시에도 산출된 세액을 기재한다.

53 감면·분납부호 : 감면·분납부호 및 감면액을 기재한다.

• 관세 : 관세인 경우에는 관세청 무역통계부호표 상의 감면·분납부호를 다음 예시와 같이 기재한다. (예 법 제90조제1항제1호 감면물품 'A090000101')

-관세감면·분납부호는 관세청홈페이지＞무역통계＞통계자료실＞공지사항＞19.무역통계부호표(2016)＞첨부파일 다운로드＞2016무역＞제2부(70)＞(73)관세감면·분할납부·부가가치세 감면·개별소비세등 감면부호에서 찾아 기재한다.

• 부가가치세 : 부가세 감면인 경우에는 부가세감면부호를 위 표에서 찾아 기재한다.

• 개별소비세 : 개소세 면세인 경우에는 개소세면세부호를 위 표에서 찾아 기재한다.

• 과세보류 : 보세공장 및 자유무역지역에서의 사용신고 또는 반입신고 시에는 "과세보류"로 표시한다.

• 내국세 세종부호 : 내국세(개별소비세와 주세 및 교통세에 한한다)가 부과되는 수입물품에 대하여는 다음 예시와 같이 구분·기재한다.

(예 개별소비세 제1조제2항 중 제3호의가 '511100')
- 내국세 세종부호는 관세청홈페이지＞무역통계＞통계자료실＞공지사항＞19.무역통계부호표(2016)＞첨부파일 다운로드＞2016무역＞제2부(39)＞(39)내국세 종별부호에서 찾아 기재한다.

54 결제금액 : 송품장 등의 내용에 근거하여 인도조건, 통화종류, 결제금액, 결제방법 순으로 다음과 같이 기재한다.

> 예 US·CIF U$ 12000의 경우 ➡ CIF - USD - 12,000 - LS
> (CIF: 인도조건, USD: 통화종류, 12,000: 금액, LS: 결재방법)

- 인도조건 : 인도조건은 INCOTERMS 90, 코드를 기재하며 INCOTERMS 90 코드 이외에는 환산하여 기재한다.
  * INCOTERMS 90 코드 (EXW, FCA, FAX, FOB, CIF, CIN, CFR, CPT, CIP, DADES, DEQ, DDU, DDP 등)
- 통화종류 : 통화종류는 통계부호표 상의 통화코드를 기재한다. 다만, 관세청고시환율에 해당 통화코드가 없거나 또는 결재금액이 없는 경우에는 "USD"로 통일한다.
  * 금액은 통화종류에 따른 금액을 기재한다.
- 결제금액 : 결제금액은 통화종류에 따른 결제금액을 기재한다. Incoterms 90 코드 이외에는 환산하여 기재한다.
- 결제방법 : 수입물품의 대금결재 방법을 다음과 같이 구분·기재한다.

구 분	기 호	구 분	기 호
• 일람출급 L/C	LS	• 사후 또는 동시 송금방식(COD, CAD)	CD
• 기 한 부 L/C	LU	• 임가공료 지급방식의 위탁(수탁)가공무역	PT
• D/P	DP	• 계좌이체(상호계산방식)	WK
• D/A	DA	• 기타 유상	GO
• 분할영수(지급)방식	LH	• 기타 무상	GN
• 단순송금방식(T/T, M/T)	TT		

(55) 총과세가격 : 신고서 총과세가격을 원화로 기재하고 미화로 환산하여 기재한다.

(56) 환율 : (53)번 항목의 통화종류에 대한 관세청 고시환율을 기재한다. 결재금액이 없는 경우에도 해당 환율은 기재하여야 하며, 수입신고 전 물품반출신고 후 수입신고하는 경우에는 물품반출신고 시의 환율을 기재한다.

(57) 운임 : 운임에 대한 통화종류 및 금액을 기재한다. 통화종류는 "KRW"기재하고 운임은 실제 지급한 운임을 원화로 환산하여 기재한다.

(58) 보험료 : 보험료에 대한 통화종류 및 금액을 기재한다. 통화종류는 "KWR"기재하고 보험료는 실제 지급한 보험료를 원화로 환산하여 기재한다.

(59) 가산금액 : 품목전체에 영향을 미친 가산금액을 원화로 환산하여 기재한다. 통화종류는 "KWR"기재한다.

(60) 공제금액 : 품목전체에 영향을 미친 공제금액을 원화로 환산하여 기재한다. 통화종류는 "KWR"기재한다.

(61) 세종, (62) 세액, (63) 총세액 합계 : 납부하는 관세 등의 세액을 세목별로 기재한다. 원단위 이하는 버리고 세종 별로 10원 단위로 기재하여 합계한다.

(64) 납부서번호 : 세관에서 수입신고서의 접수통보 시에 부여하는 납부(고지)번호이다. 납부(고지)번호는 세관(3)+과(2)+연도(2)+고지유형(1)+일련번호(6)+Check Digit(1)로 구성되어 있다.

(65) 총부가가치세 과표 : 총부가가치세의 과세표준 또는 총 면세 부가가치세의 과세표준을 기재한다.

(66) 세관기재란 및 신고인기재란

세관기재란 : 의무이행 요구사항 등 세관에서 필요한 사항을 기재한다.

신고인기재란 : 신고서 표시사항 또는 세관에 제공하는 정보를 구분하여 기재한다.

- 수입신고물품에 대한 사항을 관세청 통계부호표 부호로 기재한다.
- 신고서에 출력할 사항을 기재한다. 예를 들면 사전회시번호 및 시행일자, 컨테이너번호 및 수량 등이다.
- 신고서에 출력하지 아니할 사항도 자유롭게 기재할 수 있다.

㉗ 담당자 : 신고서 처리 담당자의 성명과 직원부호를 기재한다.

㉘ 접수일시, ㉙ 수리일자 : 세관에서 수입신고서를 접수한 접수일시와 세관에서 통보한 수입신고수리일자를 다음과 예시와 같이 기재한다(YY/MM/DD).

- 접수일시 : 2011/06/20 11 : 55
- 수리일자 : 20110620

3장
수출통관 절차와 실무

1절 수출신고 전 절차

1. 수출통관 절차의 이해

수출물품의 통관절차는 수출하고자 하는 물품에 대하여 세관에 수출신고를 하고 필요한 검사를 거쳐 수출신고 수리를 받아 물품을 외국무역선(기)에 적재하기까지의 절차를 말한다. 세관에서는 이러한 일련의 절차를 통해서 관세법은 물론 대외무역법, 외국환거래법 등 각종의 수출규제에 관한 법규의 이행 사항을 최종적으로 확인하게 된다. 수출통관은 선(기)적지의 세관에서 할 수도 있고, 수출품 생산지에 있는 내륙지 세관에서 한 후 운송을 하여 선(기)적할 수도 있다.

수출통관과 직접적인 관련이 있는 무역 절차까지 포함해 보면 수출통관 절차는 다음과 같다.

《 수출통관의 절차도 》

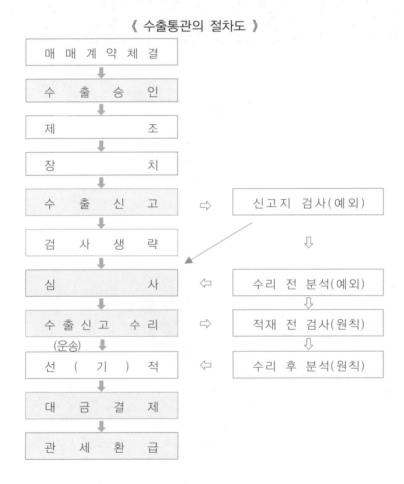

2. 수출제한의 확인

▶ 가. 수출승인서의 제출 생략

수출제한 품목을 제외하고는 수출 시에 수출승인을 받지 아니한다. 수출제한 품목이라 하더라도 법 제226조의 규정에 의한 세관장 확인 물품이 아닌 물품은 수출업체에서는 수출승인을 받아야 하나 세관에 수출신고 시에는 수출승인서를 제출하지 않고 수출할 수 있다(영 제250조, 수출및반송통관고시 제7조).

(1) 수출승인 대상 물품

- 수출입공고에서 수출제한 품목으로 지정된 물품
- 전략물자(대외무역법 제19조)
- 산업설비수출(대외무역법 제32조)

(2) 수출승인 대상이 아닌 물품

다음의 품목은 수출승인서 제출대상 품목이 아니다.

- 통합공고에 의한 수출제한 품목
- 특정거래형태의 수출시 무역업자가 발급받는 수출입인정서 발급물품
- 무상으로 수출하는 수출제한 품목

▶ 나. 수출승인 기관과 서류

수출입공고에서 수출제한 품목으로 지정된 물품 및 전략물자와 산업설비의 수출은 수출제한의 요건 구비를 확인하기 위하여 수출승인서를 발급받아야 한다.

(1) 수출승인 기관

수출승인권은 산업통상자원부장관에게 있으나 다음과 같이 관계행정기관장에게 위임하고 있다.

거 래 형 태	승 인 기 관
① 전략물자의 수출 ·일반산업용 물자 ·방산물자 ·핵 관련 물자	·산업통상자원부(수출입과) ·국방부(수출진흥과) ·과학기술정보통신부(원자력통제과)
② 연계무역에 의한 수출(제한품목)	·산업통상자원부
③ 북한과의 교역물품(제한품목)	·통일부
④ 산업설비수출 ·연불 금융이 지원되는 경우 ·일괄수주방식	·한국수출입은행 ·산업통상자원부
⑤ 기타 수출제한 품목	·종전의 수출추천기관(수출입기별공고 등에 지정되어 있음)

(2) 수출승인 신청서류

- 수출승인신청서(4부)
- 신용장, 계약서 또는 주문서
- 수출대행계약서(수출 대행의 경우)
- 수출입공고 등에서 규정한 요건을 갖추는 서류

▶ 다. 수출제한 여부의 확인

수출하고자 하는 물품의 수출제한 여부는 수출입공고 등에서 확인하여야 한다.

(1) 수출입공고

대외무역법 제11조 5항의 규정에 따라 산업통상자원부장관이 수출입제한 또는 금지품목 및 수출입제한품목에 대한 추천 또는 확인 등의 절차를 공고한 것을 말한다.

✅ 공고방법

수출입제한품목만 HS 부호를 기준으로 열거하고 있어, 별도의 수출요령이 게기되어 있으면 수출제한 품목이고, 게기되어 있지 않으면 수출제한 품목에 해당하지 아니한다.

〈 수출제한 품목의 예 〉

품목번호(HS)	품 명	수출입요령
2505.10	규사	다음의 것은 한국골재협회의 승인을 받아 수출할 수 있음 ① 규산 분(sio(2)이 90% 이하의 것

✅ 수출금지 및 제한품목

현재 시행 중인 수출입공고(산업통상자원부고시 제2022-153호)상 수출금지품목은 HS 6단위로 6품목이고, 수출제한 품목은 HS 6단위로 31개 품목이다.

(2) 전략물자 수출입고 시

국제평화와 안전을 보호하기 위하여 전쟁에 소요될 수 있는 무기류 또는 그와 관련된 민·군 겸용물품과 기술 등 전략물자에 대하여는 수출입공고 등에 불구하고 수출허가를 받도록 따로 정하는 고시를 말한다. 별도고시의 일종이다(수입물품에 대하여는 통제하지 아니한다.).

✅ 전략물자

전략물자 수출입고시 별표에 게기한 물질, 시설과 장비(부품 포함), 기술을 말하는 바 이를 요약하면 다음과 같다. 수출물품의 전략물자 해당 여부는 동 공고 별표를 확인하기 바라며, 의심이 가는 물품에 대하여는 수출허가기관에 문의하는 것이 도움된다.

《 전략물자 종류별 품목 》

종 류 별	품 목
1. 일반산업용 물자	• 불소화합물 등 신소재 및 이들의 제품 • 로봇 등 소재가공용 기계·장비·시스템과 이들의 부품 • 전자장치·장비와 그 부품 • 컴퓨터·관련장비와 이들의 전용부품 • 전기통신 및 정보보안용 장비·시스템 • 음향장치, 카메라, 센서 및 레이져류 • 공중고도계 등 항법 및 항공전자장비·기기 • 잠수정 등 해양 장비 및 시스템 • 추진엔진 및 엔진제작관련 부품과 장비 • 방산물자
2. 원자력 비확산체제 관련물자	• 용해조 등 원자력 전용 물질·장비·부품 • 원자력관련 일반산업용 장비·S/W·시스템·물질
3. 미사일 비확산체제 관련물자	• 로켓 및 무인항공기 등과 관련한 생산장비·S/W. 소재·부품·기기
4. 생화학무기 비확산 체제 관련물자	• 화학물질과 시설·장비·기술 • 생물체 관련 시설·장비·기술
5. 화학무기 금지협약 관련물자	• 독성 화학물질
6. 대량살상무기 등 관련물자	• 25류(소금, 황 등)부터 95류(완구 등)까지 49개 류의 물품

✅ 전략물자 수출 허가기관

전략물자 수출 허가기관은 수출 품목에 따라 산업통상자원부, 과학기술정보통신부, 국방부(방위사업청) 이다. 수출하는 품목이 전략물자에 해당하는지는 전략물자관리원(산업통상자원부 산하기관)에서 그 여부를 확인할 수 있다.

문의 기관	구 분	전 화
전략물자관리원	전자물자 사전 판정	(02) 6000-6441~7
	전략물자제도·법령	(02) 6000-6431~7
	전략물자 교육 상담	(02) 6000-6423

✅ 전략물자 수출통제 강화를 위한 대외무역법령 개정 (2007.4.11.)

전략물자 수출통제 강화를 위한 대외무역법령 개정내용는 다음과 같다.

1. 전략물자에 해당할 가능성이 있는 물품을 제조하는 자는 사전에 전략물자 해당 여부를 확인하는 의무를 부여하고,
2. 전략물자에 해당하면 행정관청에 신고하도록 의무를 부여하였으며,
3. 수출 시에는 수출허가를 받아야 하고, 국내 판매 시에는 거래상대방에게 전략물자임을 통보하여야 하며, 제3국에서 중개를 하는 때에도 허가를 받도록 강화하였다.
4. 그뿐만 아니라 전략물자가 수출승인을 받지 아니하고 수출되는 것으로 의심되는 경우 수

출 중지 명령을 내릴 수 있고,

   5. 전략물자가 아닌 품목이라도 대량파괴 무기의 제조 등에 전용될 가능성이 큰 물품을 수출하고자 하는 때에는 상황허가를 받도록 규정하였으며,

위의 의무들을 이행하지 않으면 최고 7년 이하의 징역이란 엄중한 처벌을 하도록 개정하여 시행하였다.

(3) 통합공고

대외무역법 이외의 법령에서 수출입 요건 및 절차 등을 규정하고 있는 품목을 모아서 산업통상자원부장관이 공고한 것을 말한다(대외무역법 제12조). 특별법별로 주무부 장관이 적용범위, 수출입요령 및 절차 등을 따로 정하여 공고한 것을 수출입공고시 산업통상자원부장관이 함께 고시하고 있다.

▍라. 소요원재료의 표시

개별환급 방법에 의하여 관세환급을 받을 수출물품의 수출승인 신청 또는 수출신고 시에는 수출품 제조에 소요된 원재료의 종류와 수출품에 포함된 원재료별 실량을 수출승인신청서 또는 수출신고서에 표시하지 아니하면 소요량계산서 작성이 불가능한 물품이 있다. 이는 수출승인서 또는 수출신고서의 내용대로 통관되고 현품이 수출(외국으로 반출)되고 난 후에는 당해 물품의 제조에 소요된 원재료를 쉽게 확인할 수 없는 때도 있기 때문이다.

(1) 소요원재료의 표시대상 물품

의류, 신발, 장갑 등 소요 원재료를 표시하지 아니하면 수출신고필증만으로는 수출품 제조에 소요된 원재료와 소요량을 산출할 수 없는 물품이다.

(2) 필수규격의 확인

관세청장이 정한 "수출품 및 원자재의 필수규격 집"에서 표시토록 요구하고 있는 규격은 반드시 표시하여야 한다. 필수규격이 없거나 모르는 때에는 다음의 사례를 참조하여 당해 수출물품의 가격 결정에 중요한 요소가 되는 규격을 표시하면 된다.

(3) 필수규격의 사례

❶ 고구마 전분(HSK : 1108.19-1000)
- 물품설명 : 고구마의 분말과 입상(약 58%), 고구마전분의 분말과 응결입상(약 42%)이 혼합된 물품으로 1.25밀리 체를 통과하는 중량비율이 약 65%로 전분제조용임
- 필수규격 : 전분함량

❷ 면실사라다유(HSK : 1512.29-1000)
- 필수규격 :
  - SEED의 종류(해바라기, 잇꽃, 면실, 야자, 팜핵 바바수, 유채 등)
  - FFA (유리지방산)
  - 등급
  - 정제 여부(씨앗의 종류, 정제 여부에 따라 세번부호가 달라짐)

❸ 플루오르화수소 (반도체 제조용의 것)(HSK : 2811.11-1000)
- 물품설명 : 반도체 제조 공정용 가스(웨이퍼의 EPI 막성장공정 및 유리의 식각 탄탈륨의 제조 등에 사용됨) - 철제실린더. 탱크 등에 충진하여 보관. 운반
- 필수규격 : 화학명, 등급(UHP), 순도(PURITY), 중량(wt), 실린더의 중량을 제외한 GAS의 순 중량), SIZE(IV), 용도

❹ 플라스틱제 접착성 필름(HSK : 3919.90-0000)
- 필수규격 : 두께×폭×길이, 접착성 여부표시

❺ 철제 못(HSK : 7317.00 - 101(9)
- 필수규격 : 강종(재질), 단위당중량(g/pc), 직경×길이, 도금·도포의 경우 도포량, 두부의 사용재료

❻ 냉간인발 강관(HSK : 7304.31-0000)
- 물품설명 : 전기용·접강관을 냉간 상태에서 인발한 강관
- 필수규격 : 강종(재질), 용도, 규격(가로×세로), 직경, 제조방법

❼ 냉동넙치(HSK : 0303.31 - 0000)
- 필수규격 : 어종, 보관방법 (신선, 냉장, 냉동), 가공정도 (원어, 피레트, 기타 어육 등), 단위당 중량

❽ 방모직물(HSK : 5111.11-1000)
- 필수규격 : 원사의 종류(WOOLLEN YARN, CASHMERE TOP등), 원사별 번수, 원사별 중량(G/M, G/YD), 염색 여부 표시(생지, 표백,염색,나염등), 직물의 혼용(WOOL /CASHMERE＝90%/10%) 위·경사표시 및 위·경사별 사용원재료, 가닥수, 원단의 폭, 길이

❾ 정구화(갑피를 가죽으로 만든 것)(HSK : 6403.99-4000)
- 필수규격 : 갑피(UPPER)의 사용 원재료, 부위별 단위당 중량
  『UPPER, LINING, PATTEN, SOLE(OUT SOLE, IN SOLE, MIDDLE SOLE)』여자용 또는 남자용

❿ 유아용 양말(HSK : 6111.20-2000)
- 필수규격 :
  - 편직기에 의해 제직되면서 제품화된 것(양말·스웨트 등) : 제품의 중량(wt/doz), 원사의 종류, 데시텍스 또는 데니아, 혼용율, wt/doz
  - 편직 후 재단하여 제품화된 것 : 제품의 중량, circular knitted cut pile cloth(양면 또는 편면 PILE 가공표시, 위생가공 처리여부 표시

❶ **면양가죽 스커트**(HSK : 4203.10-3070)
- 필수규격 : 완제품의 SIZE(S, M, L, XL)
  - 겉감(원단, 면양, 어린양 또는 산양의 것)
    - 원단 : 종류 및 섬도, 단위당 중량(G)/M
    - 양가죽 : 종류 및 단위당 중량(G/SF)
  - 안감 : 종류, 섬도, 단위당 중량(W'T/M)
    - 원단별 데시텍스 또는 데니아
    - 밀도, 혼용율, wt/doz, 사용길이(m 또는 yds)
  - 심지 : 종류, 섬도, 단위당 중량(W'T/M)
    - POCKETING CLOTH, KNITTED FABRIC : 종류, 섬도, 단위당 중량(W'T/M)
    - FILLER, SEWING THREAD : 종류, 섬도, 재단여부, 단위당 중량
    - 단추, Zipper, label : 단추의 종류

❷ **남자용 자켓**(HSK : 6203.33-0000)
- 필수규격 :
  - 완제품의 SIZE(S, M, L, XL)
  - 겉감(원단, 소가죽, 돼지가죽 구분 기재)
    - 원단 : 종류 및 번수, 단위당 중량(G)/M
    - 소가죽 : 종류 및 단위당 중량(G/SF)
    - 돼지가죽 : 종류 및 단위당 중량(G/SF)
  - 안감 : 종류, 번수, 단위당 중량(W'T/M)
    - 원단별 데시텍스 또는 데니아
    - 밀도, 혼용율, wt/doz, 사용길이(m 또는 yds)
    - 염색표기(염색재 구분 표기)
  - 심지 : 종류, 번수, 단위당 중량(W'T/M)
    - POCKETING CLOTH, KNITTED FABRIC : 종류, 번수, 단위당 중량 (W'T/M)
    - FILLER, SEWING THREAD : 종류, 번수(섬도), 재단 여부, 단위당 중량, 단추, Zipper, label : 단추의 종류

3. 수출품의 장치

(1) 장치 후 수출신고

물품을 수출하고자 하는 자는 제조공장의 창고 등 세관검사를 받고자 하는 장소에 장치한 후 동 장소를 관할하는 세관장에게 수출신고 하여야 한다. 다만, 선상신고물품은 예외로 한다. 이는 수출신고 물품에 대한 세관장의 수출검사가 가능하도록 하기 위함이다.

(2) 보세구역 장치원칙 폐지

수출품의 장치장소는 수입물품과는 달리 장치장소에 제한이 없으며, 보세구역이 아닌 곳도 가능하다. 따라서 제조공장이나 창고에 장치하여도 가능하며, 종전처럼 보세구역외장치허가를 받을 필요가 없다. 보세구역외장치허가는 보세구역에 장치함을 원칙으로 할 때, 보세구역 이외의 장소에 장치하고자 할 때에 세관장의 허가를 받는 제도이기 때문이다.

(3) 세관장의 보세구역 반입 명령

세관장은 부정수출 또는 부정환급 등 우범성 정보가 있거나 물품의 성질, 업체의 성실도 등을 감안하여 물품의 효율적인 검사를 위하여 부득이한 경우에는 수출품을 보세구역에 반입도록 요구할 수 있다(법 제247조2항, 수출및반송통관고시 제8조).

세관장으로부터 보세구역에 반입도록 요구받은 수출물품은 화주의 부담으로 지정장치장에 반입하여 장치하여야 한다. 다만, 지정장치장에 장치하기 곤란한 경우에는 보세창고에 장치할 수 있다. 만약, 이를 이행하지 않을 때에는 세관장으로부터 수출신고를 각하 당하게 된다(수출및반송통관고시 제36조).

(4) 공항·항만 보세구역 반입 후 수출신고

밀수출 등 불법행위가 발생할 우려가 큰 물품은 장치장소에 제한이 없는 일반수출 물품과는 달리 수출물품을 선박이나 항공기에 적재하는 공항·항만 지역의 보세구역에 반입한 후 수출신고 하게 하여 수출신고 수리 후의 부정행위를 방지하기 위함이다(법 제243조 제4항, 수출및반송통관고시 제8조)

① 적용 대상 수출품 : 컨테이너에 적입하여 수출하는 중고자동차와 플라스틱 폐품 및 생활폐기물

② 반입 장소 : 공항·항만 지역의 특허보세창고·종합보세구역·지정보세구역 및 자유무역지역 입주기업체 창고 중 하나

(5) 선상수출신고

신속통관 등을 위하여 수출신고 수리 전 선적이 불가피한 다음의 물품에 대하여는 외국으로 반출할 운송수단(선박)에 선적한 후 선상에서 수출신고를 할 수 있다(수출및반송통관고시 제38조).

✅ 대상 물품

① 선적한 후 공인검증기관의 검정서(Survey Report)에 의하여 수출품의 수량을 확인하는 물품(예 산물, 광산물)

② 물품의 신선도 유지 등의 사유로 선상 수출신고가 불가피하다고 인정되는 물품

③ 자동차운반전용선박에 적재하여 수출하는 신품자동차

④ 벌크선에 적재하여 수출하는 국내제조 HS 72류 철강류

✅ 수출신고 수리 전 선(기)적 허가신청

외국무역선(기)에 수출물품을 선(기)적하고자 하는 때에는 세관장으로부터 수출신고 수리를 받아야만 가능한 것이므로 선적 후 선상에서 수출신고를 하는 물품은 수출신고 수리 전 선(기)적허가신청서(수출및반송통관고시 별지제8호서식)를 세관장에게 제출하여 허가를 받은 후에야 외국무역선(기)에 선(기)적이 가능하다(법 제140조 4항 단서 및 수출및반송통관고시 제38조3항).

(6) 출항 후 수출신고

다음 물품에 대하여는 당해 수출품을 적재한 운송수단이 출항한 후 수출신고할 수 있다(수출및반송통관고시 제38조2항).

✅ 대상 물품

선적한 후 공인검증기관의 검정서(Surgery Report)에 의하여 수출품의 수량을 확인하는 물품 중 다음의 세 요건을 모두 갖춘 물품에 대하여는 당해 수출품을 적재한 운송수단이 출항한 후 수출신고 할 수 있다.

① 세관장 확인대상 물품, 요건 확인 물품, 계약상이와 관련한 수출품이 아닌 물품

② 수출신고수리 전 적재허가 받은 물품

③ 세관 근무시간 외에 적재 또는 출항하는 물품

✅ 수출신고 기한

당해 수출물품을 적재한 운송수단이 출항한 후 최초 세관근무시간까지 수출신고 하여야 한다.

(7) 통관지 세관의 임의 선택

수출통관은 제조장 관할세관 또는 수출품의 선(기)적지 관할세관 중 임의 선택하여서 할 수 있다. 즉 수출품의 장치장소를 선택함에 따라 통관세관을 임의 선택 할 수 있다.

2절 수출신고 주요사항

물품을 수출하고자 하는 자는 당해 물품이 장치된 물품소재지를 관할하는 세관장에게 수출신고를 하여야 한다(수출및반송통관고시 제4조).

1. 수출신고인

(1) 수출신고인의 명의

수출신고는 화주(완제품 공급자 포함), 관세사, 통관취급법인 또는 관세법인의 명의로 하여야 한다. 화주는 법에 따라 등록된 관세사를 채용하여 관세사 명의로도 수출신고 할 수 있다.

(2) 수출신고자의 부호 부여

수출신고를 하고자 하는 자는 관할 세관장으로부터 전자자료교환방식에 의한 수출입신고업무 처리를 위한 신고자 부호(ID)를 부여받아야 한다. (수출및반송통관고시 제7조제4항).

2. 수출신고 시기와 단위

(1) 수출신고의 시기

수출신고는 수출품을 적재하기 전까지 수출물품이 장치된 물품소재지를 관할하는 세관장에게 하여야 한다. 다만, 선상신고 대상 물품, 현지수출 어패류와 원양수산물 등은 예외로 한다.

종전에는 제조 전 수출신고도 가능하도록 한 적이 있었으나 수출통관의 전산화로 통관소요시간이 1시간 이내로 극히 단축되어 실효성이 없으므로 폐지하였다.

(2) 수출신고의 단위

◉ 적재 단위별 신고

수출신고는 선박이나 항공기의 적재단위(S/R 또는 S/O, B/L 또는 AWB) 별로 하여야 한다. 이는 수출신고 수리 후 선(기)적을 하고 확인을 쉽게 하기 위함이다(수출및반송통관고시 제6조).

다만, 수입국 구매선의 요청 등 부득이한 사유가 있을 때에는 동시 포장된 물품을 2건 이상으로 분할하여 수출신고를 하거나 2건 이상으로 수출신고 수리된 물품을 1건으로 재포장하여 선(기)적할 수 있다(수출및반송통관고시 제71조제72조). 이 경우 수출자는 동 사실을 수출신고필증과 선적요청서 등에 표기하고 적하목록작성책임자는 이 사실을 적하목록에 등재하고 이를 수출화물시스템에 전송하여야 한다.

✅ 수출품 장치 장소별 신고

수출신고는 수출품의 장치 장소별로 따로 신고하여야 한다. 수출물품의 품명·규격·수량의 확인을 위한 검사 등이 가능하여야 하기 때문이다. 다만, 동일 세관의 관할구역 내에 물품소재지가 2곳 이상이면 1건으로 수출신고가 가능하도록 허용하고 있다. 그러므로 동일한 적재단위의 물품을 여러 곳에서 수집하는 물품은 선(기)적지에 모아서 수출신고를 하는 것이 편리하다.

3. 수출신고 서류

▪ 가. 신고서 제출 방법

(1) 종이서류의 제출

다음의 수출물품을 신고하는 때에는 신고자료를 관세청통관시스템에 전송한 후 종이서류로 수출신고서를 제출하거나 전자이미지로 전송하여야 한다(수출및반송통관고시 제7조).

① 관세법 제226조의 규정에 의한 세관장확인대상물품(수출신고 수리 전에 요건구비의 증명이 필요한 물품에 한하며, 수출승인기관과 전산망이 연계된 물품은 제외한다.)

② 계약내용과 상이하여 재수출하는 물품

③ 재수출조건 부로 수입통관된 물품의 수출

④ 재수입시 관세감면 등을 위하여 수출자가 서류제출로 신고하거나 세관검사를 요청하는 물품

⑤ 수출통관 시스템에서 서류제출대상으로 선별된 물품

⑥ 화주(완제품 공급자 포함)가 직접 신고하는 경우로서 세관장으로부터 수출신고필증을 발급받고자 하는 물품

(2) 수출신고 첨부서류를 전자적인 방식으로 제출

수출신고서를 종이서류로 제출 시에 첨부하는 계약서, 선하증권, 송품장, 포장명세서 등을 전자파일의 형태로 전자적 방식(On-line)으로 제출할 수 있도록 관세청에서 2017년 1월에 시행하였다. 이를 이용하면 세관을 방문하지 않아도 되므로 관련 교통비, 인건비 등이 절감되고, 서류를 별도로 출력하거나 복사할 필요가 없어 서류 인쇄비용이 절감되며 서류 제출 시간도 단축된다.

❶ 제출 방법

수출신고 시 첨부서류를 UNI-PASS 첨부서류 제출시스템을 통해 전자문서로 제출한다.

※ UNI-PASS(http://unipass.customs.go.kr)-고객지원-서비스안내-UNIPASS매뉴얼-전자신고매뉴얼(p.199) 참조

❷ 적용대상 제외 물품

세관검사대상 물품과 P/L신고 대상 및 간이수출신고 물품은 적용 대상에서 제외된다.

❸ 제출 가능 전자문서 : 다음의 이미지 및 문서파일

jpg, png, gif, tif, hwp, pdf, doc, docx, xls, xlsx, ppt, pptx, txt, bmp

다만, 압축파일(ZIP 등)은 제출이 불가능하다.

❹ 예외 사항

전자서류로 제출한 것이 판독 불가 등으로 심사가 곤란하여 종이서류 제출로 보완요구한 경우와 전산장애 등으로 전자제출이 불가능한 경우에는 종이서류를 제출하여야 한다.

(3) 전자문서의 전송

수출신고서 제출대상 물품 이외의 수출물품에 대하여는 전자문서로 작성된 신고자료를 관세청 통관시스템에 전송하게 된다(화주 직접 신고 시에도 가능). 이 경우 수출신고의 효력발생 시점은 통관시스템에서 신고번호가 부여된 시점으로 한다.

전자문서로 신고하는 수출신고서에 첨부하는 서류는 3년간 수출신고인(관세사 등)이 보관하여야 한다(법 제12조 및 영 제3조 1항 제2호). 이를 어길 때 관세법에 의거 처벌을 받게 된다.

(4) 신고서류 제출 방법

수출승인서 등의 제출 서류는 수출화주가 원본 대조필한 사본이나 FAX로 제출할 수 있다. FAX로 송부된 서류는 쉽게 탈색 또는 변색하여 장기간 보관할 수 없으므로 이를 복사하여 제출 또는 보관하여야 한다.

또한, 서류제출 대상 중 선적 일정 촉박 등 긴급한 경우에는 신고서 및 첨부서류를 FAX로 제출하여 우선 통관할 수 있으며, FAX에 의한 우선통관은 다음날 세관근무시간 내에 선적 일정 촉박 증빙서류와 정식신고서류를 제출하여야 한다(수출및반송통관고시 제7조).

나. 수출신고 시 구비서류

(1) 화주가 수출신고인에게 제출하는 서류

수출통관을 위하여 수출업체에서 관세사 등 신고인에게 제출하여야 하는 서류는 다음과 같다.
- 송품장
- 기타 서류(다음 표에 해당하는 물품에 한함)

대 상 물 품	구 비 서 류
•관세법 제226조 규정에 의한 세관장 확인대상 물품 •계약내용과 상이 물품 •재수출면세 물품	•동 고시에서 정하는 요건구비서류 (다만, 수출승인 기관과 관세청 간에 전산으로 연계된 물품은 제외한다.) •계약내용과 상이 물품 입증서류 •수입신고필증

(2) 수출신고인이 세관장에게 제출하는 서류

✔ 전자문서로 신고하는 경우

수출신고서를 작성하여 관세청통관시스템에 전송하며, 송품장 등은 세관에 제출하지 아니하고 수출신고인이 3년간 보존하여야 한다. 세관장이 제출을 요구할 때에는 즉시 제출하여야 하기 때문이다.

✔ 종이서류로 신고하는 경우

종이서류로 수출신고 하는 때에는 구비서류를 수출신고서에 첨부하여 세관장에게 제출하여야 한다. 이 경우에는 수출신고서를 세관장이 보관하게 된다.

■ 다. 세관장 확인대상 수출물품과 구비서류

(1) 세관장 확인대상 물품

세관장 확인대상 물품을 분석해 보면 수출입기별공고상의 수출제한물품 등 상의 지정물품 중 수출통관 전 단계 또는 수출통관 후에 확인할 수 있는 물품은 제외하고 부득이 수출통관 단계에서 확인하여야 할 물품만 세관장 확인대상 물품으로 지정하고 있다.

(2) 세관장 확인대상 물품의 지정고시 방법

수출통관 절차가 전산화되어 있는 점을 감안하여 업무의 편의를 위하여 HSK 10단위로 지정하고 있다. 다만, 예외적으로 해당 물품이 특정되지 않은 폐기물과 남북교역물품 및 문화재에 대하여는 모든 물품을 지정하고 있다.

(3) 세관장 확인대상 물품과 구비 요건

대상 법령 및 물품의 범위	구비 요건
(1) 「마약류관리에 관한 법률」 해당물품	○ 식품의약품안전처장의 수출승인(요건확인)서
(2) (삭제)	
(3) 「폐기물의 국가간 이동 및 그 처리에 관한 법률」 해당물품	○ 유역(지방)환경청장의 폐기물 수출허가확인서
(4) 「외국환거래법」 해당물품	○ 세관장의 지급수단등의 수출신고필증 ○ 한국은행총재 또는 외국환은행장의 지급등의 방법 (변경)신고서 또는 외국환신고(확인)필증
(5) 「총포·도검·화약류 등의 안전관리에 관한 법률」 해당물품 (가) 권총·소총·기관총·포, 화약폭약 (나) 그외의 총 및 그 부분품, 도검, 화공품, 분사기, 전자충격기, 석궁	 ○ 경찰청장의 수출허가증 ○ 지방경찰청장의 수출허가증
(6) 「야생동물 보호 및 관리에 관한 법률」 해당물품 (가) 〈삭제〉 (나) 멸종위기에 처한 야생동물(국제적 멸종위기종 포함) (다) 〈삭제〉	 ○ 〈삭제〉 ○ 유역(지방)환경청장의 멸종위기 야생동물(국제적멸종위기종) 수출허가증(서) ○ 〈삭제〉
(7) 「문화유산의 보존 및 활용에 관한 법률」 해당물품	○ 국가유산청장의 문화유산 국외반출허가서 또는 비문화유산 국외반출확인서
(8) 「남북교류협력에 관한 법률」 해당물품	○ 통일부장관의 반출승인서
(9) 「원자력안전법」 해당물품 (가) 핵물질 (나) 방사성동위원소 및 방사선발생장치	 ○ 원자력안전위원회의 수출요건확인서 ○ 한국원자력안전재단의 수출요건확인서
(10) 「가축전염병 예방법」 해당물품	○ 농림축산검역본부장의 검역증명서
(11) 〈삭제〉	○ 〈삭제〉
(12) 「농수산생명자원의 보존·관리 및 이용에 관한 법률」 해당물품 중 인삼종자	○ 농촌진흥청장의 수출승인서
(13) 「방위사업법」 해당물품 중 군용 총포, 도검, 화약류	○ 방위사업청장의 수출허가서
(14) 「생물다양성 보존및 이용에 관한 법률」 해당물품 (가) 국외반출승인대상 생물자원	○ 유역(지방)환경청장의 생물자원 국외반출승인서
(15) 「생활주변방사선 안전관리법」 해당물품 (가) 원료물질·공정부산물	○ 원자력안정위원회의 수출신고 확인증

(4) HSK10 단위로 연계되지 아니하는 물품의 수출요건

위의 세관장 확인대상 물품은 대부분 HS10 단위로 연계되어 있어 수출신고를 할 때에 해당 여부가 쉽게 밝혀진다. 그렇게 연계할 수 없는 남북교역물품이나 문화재 등은 다음의 요령에 의한다.

① 남북교역물품은 「남부교류협력에 관한 법률」에 의한 남북교역물품 중 컴퓨터 및 「대북전략물자의 반출승인 절차에 관한 고시(통일부)」 제2조에 해당하는 전략물자는 통일부장관의 반출승인서

② 문화유산 또는 문화유산일 가능성이 있는 물품은 문화유산의 보존 및 활용에 관한 법률에 의한 국가유산청장의 문화유산 국외반출 허가서 또는 비문화유산 국외반출 확인서

(5) 수출신고 서류의 보관

수출신고를 전자문서로 함에 따라 수출신고 구비서류도 수입신고서의 구비서류와 같이 신고인(관세사)가 보관하게 된다(법 제12조) 다만, 세관장의 요구에 의하여 종이문서로 제출된 수출신고 서류는 세관장이 보관하게 된다.

수출신고 서류의 보관자인 신고인 등은 세관장이 요구하는 경우에는 이를 즉시 제출하여야 한다. 보관방법은 마이크로필름, 광디스크 등 전산 매체에 의해서도 보관할 수 있다(수출및반송통관고시 제28조).

보관서류는 다음의 보관기간이 경과하면 폐기목록을 신고인 관할지세관장에게 제출하고 폐기하여야 하며, 보관기간에 보관할 수 없는 사정이 발생한 때에는 보관 중인 서류목록을 작성하여 당해 서류와 함께 신고인 관할지세관장에게 제출하여야 한다.

서 류 명	보관기간
1. 수출신고필증	3년
2. 수출물품 가격결정에 관한 자료	3년
3. 수출거래 관련계약서 또는 이에 갈음하는 서류	3년

4. 수출물품의 검사

세관에 수출신고서가 유효하게 접수되면 세관에서는 실제 수출되는 물품이 수출 신고된 물품과 동일물품 여부를 확인하게 되는데 이 과정을 세관검사라고 한다. 심사담당 공무원은 접수된 수출신고서 등을 심사하고, 검사 여부를 결정한다. 수출품 검사는 위장수출 또는 위조상품 수출의 방지, 불법 수출의 방지 및 관세환급의 적정하게 하려는 데 목적이 있어 수출품의 품명·규격, 수량 등의 확인에 주된 목적을 두고 있다. 그러나 신속한 수출통관으로 적기선적을 위해 원칙적

으로 수출품 검사는 생략하고 다음은 예외적으로 수출검사를 하게 된다.

(1) 검사대상 물품

수출물품에 대한 검사대상 물품은 다음의 물품 중에서 선별하여 검사한다. 검사대상의 선별기준은 물품, 수출자 또는 제조자, 신고인 등의 우범성 및 신용도 등을 고려하여 관세청 전산시스템에서 주로 선별한다.

① 법 226조의 규정에 의한 세관장 확인물품

② 위약으로 인한 재수출물품 및 수입시 재수출이행 조건 면세물품

③ 위조상품수출 등 지식재산권 침해 우려가 있는 물품

④ 관세환급과 관련하여 위장수출의 우려가 있는 물품

⑤ 기타 불법수출에 대한 우범성 정보가 있는 물품

(2) 검사시기

수출업체 편의를 높이고 세관검사의 실효성을 확보하기 위하여 제조공장 방문 수출검사제도를 적재 전 검사제도로 전면 전환하였다. 그리하여 세관의 수출검사는 수출신고 수리 후 선박이나 항공기에 적재하기 전에 검사하는 것을 원칙으로 한다. 다만, 적재 전 검사가 부적절하다고 판단되는 물품이나 반송물품, 계약상이물품과 재수출물품 등은 수출신고지 세관에서 물품검사를 할 수 있다.

수출신고 시에 적재 전 검사대상으로 지정된 경우에는 수출물품이 적재되기 24시간 전까지 적재지 보세구역 또는 적재지 세관장이 별도로 정하는 장소에 당해 물품을 반입하고 적재지 관할 세관장에게 수출신고필증 및 첨부서류를 제시하여 물품검사를 요청하여야 한다. 다만, 세관장은 항공화물 기타 신고인의 요청에 의하여 부득이 한 이유가 있다고 인정되는 때에는 물품검사 소요시간을 고려하여 반입완료시점을 단축할 수 있다.

적재 전 검사대상 물품을 수출신고한 이후 적재 지가 변경되는 경우에는 물품검사 이전에 수출신고를 정정하여야 한다.

(3) 검사장소

① 수출신고 물품의 장치장소에서 검사하는 것을 원칙으로 한다.

② 다음의 물품은 보세구역에 반입하여 검사하는 수도 있다.

• 부정수출 또는 부정환급 등 우범성 정보가 있는 물품

• 물품의 성질과 업체의 성실도 등을 감안하여 물품의 효율적인 검사를 위하여 부득이한 물품

③ 검사의 입회 : 수출자가 세관검사에 입회하고자 하는 때에는 세관장에게 요청하면 가능하다. 또한, 세관장이 화주의 입회를 요청하는 때도 있다. 이 경우 입회의 여부는 임의로 선택할 수 있으나 입회에 참여하는 것이 여러모로 유리하다.

(4) 분석의뢰

수출물품을 검사한 결과 5감으로 확인하기 곤란한 물품은 품명과 규격을 확인하기 위하여 세관 분석실에 분석을 의뢰하여 물리적, 화학적 실험에 의하여 그 내용을 확인한다. 분석의뢰 시기는 수출검사 시에 시료를 채취하여 신고수리 후 분석함을 원칙으로 한다. 다만, 다음은 신고수리 전에 분석한다.

① 물품의 특성상 수출제한 품목일 가능성이 있는 경우
② 수출물품이 계약상이 신고 물품인 경우

5. 수출통관의 특례

⬛ 가. 현지수출 어패류 (수출및반송통관고시 제39조)

수출 어패류의 신선도 유지 등을 위하여 선수출 후통관 할 수 있도록 지원하는 제도이다.

(1) 적용대상 물품

다음의 요건을 모두 갖춘 물품 등이다.

① 산 것, 신선한 것, 냉동 또는 냉장한 어패류일 것
② 신선도유지 등을 위하여 현지수출이 부득이한 물품일 것
③ 세관장으로부터 외국무역선으로 출항허가를 받은 운반선에 의하여 수출하는 물품일 것

(2) 수출신고 세관

운반선을 외국무역선으로 출항 허가한 세관에 수출신고 한다.

(3) 수출신고 시기

선수출하고 수출물품의 대금결제 전까지 세관에 신고자료를 전송하여야 한다.

(4) 수출신고 서류

수출신고서에 수출실적증명서류(예 : Cargo Receipt)를 첨부하여 제출하여야 한다.

⬛ 나. 원양 수산물의 신고 (수출및반송통관고시 제41조)

우리나라 선박이 공해에서 체포한 수산물을 현지에서 수출하는 때에는 수출통관을 하지 않고 그 실적을 수출 통계용으로 사후 보고한다.

(1) 수출신고 시기
선수출하고 수출물품의 대금결제 전까지 세관에 신고자료를 전송하여야 한다.

(2) 수출실적 보고
수출자는 수출 후 대금결제 전에 수출증명서류〈예: Cargo Receipt, B/L, Final(fish) Settlement〉를 첨부한 수출실적보고서(수출신고서 양식 사용)를 작성하여 한국원양어업협회를 경유하여 서울세관에 전송하여야 한다.

▶ 다. 전자상거래물품의 간이수출통관
전자상거래 업체가 수출신고하는 전자상거래물품에 대해서는 기재항목을 일부 생략하는 간이수출통관을 허용하고 있다(수출및반송통관고시 제43조).

(1) 전자상거래 적용대상 물품
전자상거래 수출업체가 수출하는 물품가격이 400만원(FOB 기준) 이하의 물품

(2) 적용 제외 물품
위의 적용대상물품에 해당한다 하더라도 세관장 확인대상 수출물품(법 제226조)이거나 계약상이 수출품, 재수출조건부로 수입통관된 재수출물품은 간인신고를 할 수 없다.

(3) 간이수출신고
다음 중 어느 하나에 해당하는 경우에는 간이수출신고를 할 수 있다.
① 수출신고서상 신고구분을 전자상거래 간이수출신고로 신고하거나 전자상거래 간이신고 시스템으로 신고하는 수출물품
② 수출목록 변환신고 시스템을 통해 신고하는 수출물품

▶ 라. 잠정 수출신고
수출신고 시에 수출품의 수량이나 가격 확정이 곤란한 다음 물품을 수출하는 때에는 잠정수출신고를 할 수 있다. 잠정신고 시에 적재예정수량과 금액은 수출신고서 서식을 사용하여 신고한다.

확정신고는 적재완료일로부터 수량의 경우 5일, 금액의 경우 180일이 경과하기 전까지 실제 공급한 수량 및 금액을 「수출신고 정정승인 신청서」를 사용하여 신고하여야 한다(수출및반송토관고시 제42조).
1. 가스

2. 액체

3. 전기

4. 직물 및 편물

5. 귀금속 및 비금속제 물품

6. 전자상거래 수출물품

7. 위탁판매 수출물품

8. 그밖에 계약의 내용이나 거래의 특성상 잠정수량 또는 잠정가격으로 신고하는 것이 불가피
   하다고 세관장이 인정하는 물품

🔲 마. 보세판매장 수출신고

대외무역법령의 개정(대외무역법 시행령 제2조 제3호나목 신설, `16.10.18.))으로 보세판매장에
서 외국인에게 국내에서 생산된 물품을 판매하는 것을 수출로 인정하게 되어 이 경우에도 수출
신고를 하게 된다(수출및반송통관고시 제40조)

(1) 수출통관 대상 물품

국내에서 생산된 물품이어야 한다. 이 경우 생산의 개념에는 제조·가공·조립·수리·재생 또는
개조하는 것을 포함한다. 수입된 물품은 수입통관하지 아니한 것이므로 반송의 개념에 해당하는
것이지 수출의 대상은 될 수 없다.

(2) 외국인에게 판매하는 물품

외국인에게 판매하는 물품은 공항에서 인도하게 된다.

(3) 간이한 신고사항

수출신고서 57개 신고항목 중 24개 항목만을 신고하도록 간소화하였다.

3절 세관의 심사와 적재

1. 수출심사

세관검사를 하는 수출물품은 수출신고된 내용과 현품이 일치하고(세관검사를 생략하는 수출물품은 일치하는 것으로 간주함) 기타 서류상으로 모든 조건을 갖추었음이 확인되면 당해 수출물품에 대한 수출신고를 수리하고 수출신고자에게 수출신고필증을 교부하게 된다.

수출물품은 이 수출신고 수리에 의해서 관세법상 내국물품에서 외국물품으로 되고 그 이후에는 세관의 특별한 관리, 감독을 받게 된다. 수출신고 수리를 받은 물품은 선(기)적항으로 운송되어 선(기)적하게 되며, 세관에서는 당해 물품의 선적을 확인함으로써 수출통관 절차를 완료하게 된다.

(1) 수출심사 사항

① 수출신고 내용이 신고서 작성요령에 따라 정확하게 작성되었는지 여부
② 종이서류 제출 대상인지 여부
③ 세관장확인대상 수출물품 조건의 구비 여부(법 제226조)
④ 수출물품에 대한 품목분류의 정확성
⑤ 원산지 표시(법 230조) 및 지식재산권(법 제235조) 침해 여부
⑥ 분석의뢰가 필요한 물품인지 여부
⑦ 기타 수출물품 통관을 위하여 필요한 사항

(2) 보완 통보

① 수출신고 서류 및 수출품의 검사결과, 심사사항의 확인이 곤란한 경우에는 세관장은 서류나 자료의 보완을 보완요구서에 의하여 요청하게 된다(법 제249조).
② 보완요구기한 내에 이를 보완하지 않으면 수출통관을 보류하게 된다.

2. 수출신고의 정정

(1) 정정 신청

수출신고가 유효하게 수리된 때에는 임의로 정정할 수 없다. 수출신고를 정정하고자 하는 자는 정정신청 내역을 기재한 수출신고정정신청서(수출및반송통관고시 별지제2호서식)를 전자문서

로 통관지세관장 또는 신청인 소재지 관할 세관장에게 전송하고 그 표준증빙자료를 제출하여야 한다(수출및반송통관고시 제32조).

다만, 자동수리된 수출신고서를 출항 전에 정정신청하는 자율정정대상이거나 세관장이 수출신고정정신청만으로 정정내역의 확인이 가능하다고 인정하는 경우에는 그 증빙자료의 제출을 생략할 수 있다.

(2) 정정요건

자율정정을 제외한 수출물품의 정정은 다음과 같이 확인된 경우에 승인한다.

① 현품확인으로 정정내용을 확인한 경우

② 품명·규격 및 세번부호 정정으로 환급액이 증가하는 경우는 계약서, 송품장, 당해 수출 물품에 대한 품명·규격을 입증할 수 있는 객관적 자료(분석결과회보서 등)에 의하여 정정내용을 확인한 경우

③ 단가, 신고가격의 정정으로 환급액이 증가하는 경우는 계약서, L/C, 외화입금증명서, P/O(Purchase Order) 등 거래 관련 서류에 의하여 정정 내용을 확인한 경우

④ 수량(중량)정정으로 수출금액이 증가하는 경우는 계약서, L/C, 선하증권, 상대국 해당 물품 수입신고서 사본 등 거래 관련 서류에 의하여 정정 내용을 확인 한 경우

⑤ 거래구분 정정은 임가공계약서 등 거래형태를 증빙하는 서류에 의하여 정정내용을 확인한 경우. 다만, 원상태수출 또는 계약상이수출로의 거래구분정정은 원칙적으로 전산시스템상 선적이 완료되기 전에만 허용하고, 선적이 완료된 이후에는 서류심사 및 물품검사를 완료하고 동시에 계약서, 법원판결문 그밖의 이에 준하는 객관적 증빙서류로 입증이 가능한 경우에 한하여 정정을 허용한다.

⑥ 계산착오, 소수점기재착오 등 작성(전송)오류가 수출신고인의 명백한 과실로 인정될 경우

⑦ 기타 환급액 증가가 없는 경우로 관련증빙서류에 의하여 정정사유가 타당하다고 인정될 경우

《 수출신고정정 표준증빙서류 》

(수출통관고시 제26조제1항 관련 별표8)

항목 번호	항 목 명	표준증빙서류	비 고
2	수출대행자, 구분, 수출화주 (주 소) (대 표 자) (통관고유부호) (사업자등록번호)	1. 수출대행자/수출화주 내역의 전부 변경 시 　1-1. 변경 전 변경동의서 　1-2. 변경 전 인감증명서 (동일법인 내 변경 시는 생략) 　1-3. L/C 또는 구매승인서 또는 수출대행계약서 또는 최초 　　　 수입신고필증 2. 수출대행자/수출화주 내역 중 일부만 변경 시 　2-1. 변경된 내역을 확인할 수 있는 서류(사업자등록증 등)	표준증빙서류로 정정 내용을 확인할 수 없는 경우에는 별도로 세관장이 요구하는 자료 다만, 수출대행자·수출화주·제조자 정정 시 신고인 오류가 명백한 경우로서 기타서류(계약서·L/C·선적서류 등)에 의해 정정 내용을 확인할 수 있는 경우에는 변경동의서와 인감증명서 제출 생략 가능
3	제 조 자 (통관 고유부호)	1. 제조자 내역이 전부 변경 시 　1-1. 변경 전 제조자의 변경동의서 　1-2. 변경 전 제조자의 인감증명서(동일 법인 내 변경시 생략) 　1-3. Local L/C 또는 구매승인서 또는 수출대행계약서 2. 제조자 내역 중 일부만 변경 시 　2-1. 변경된 내역을 확인할 수 있는 서류(사업자등록증 등)	
9	거 래 구 분	1. 거래형태를 입증할 수 있는 서류(임가공계약서, 임대계약서, 해외투자신고서, 수탁가공계약서, 산업설비수출승인서, 수출입신고필증 등)	
10	수 출 종 류	1. 당해 업체 제조가공 증명 등 서류	
16	물 품 소 재 지	1. 공장등록증사본 또는 사업자등록증사본 및 관련 계약서	
21	환 급 신 청 인	1. 변경 전 환급신청인의 변경동의서 2. 변경 전 환급신청인의 인감증명서(동일 법인 내 변경시 생략) ※ 수출자와 제조자가 동일한 경우에는 제외(화면심사 대상)	
22 22a	품 명 · 규 격 차 대 번 호	1. 계약서, 송품장 및 당해 수출물품에 대한 품명, 규격을 입증할 수 있는 객관적 입증서류(제품 카탈로그, 제조공정설명서, 구매승인서, Local L/C, 기납증, 수입분증, 자동차말소등록사실증명서 등)	
30	세 번 부 호	1. 신고서의 품명, 규격으로 세번분류가 곤란한 경우에는 카탈로그 또는 용도설명서, 분석결과 회보서 등	
31	순 중 량	1. 중량이 증가하는 경우에는 거래금액에 의한 중량 역산을 위하여 단가 확인서류(계약서 또는 L/C), 상대국 해당 물품 수입신고서 사본, 바이어의 인수확인서 및 외화입금증명서, B/L 적재된 경우에 한함) 2. 중량이 감소하는 경우에는 송품장	
32	수 량	1. 수량이 증가하는 경우에는 거래금액에 의한 수량역산을 위하여 단가 확인서류(계약서 또는 L/C), 상대국 해당 물품 수입신고서 사본, B/L 2. 수량이 감소하는 경우에는 송품장 * 적재 후 수량이 감소하는 경우 선적관리시스템에 선적된 수량(포장개수, 중량) 확인 후 정정	
33	신고가격(FOB)	1. 계약서 또는 L/C 또는 외화입금증명서	

* 표준증빙서류는 서류제출 대상이어서 지정된 주요항목에 대하여 규정한 것이므로 기타 항목 중 정정내용을 확인할 필요가 있는 경우 해당 증빙서류 제출 요구 가능

(3) 자율정정

신고인의 편의제고를 위하여 심사나 검사대상 이외의 수출물품은 출항 전까지 원칙적으로 자율정정이 허용된다. 그러나 다음의 자율정정 제외 대상은 허용되지 않는다.

《 자율정정 제외 대상 》

(수출및반송통관고시 제32조2항 별표9)

항 목 명	정정 항목명	항 목 명	정정 항목명
수출화주	수출화주 대표자명	세번부호	세번부호
	수출화주 사업자등록번호	차대번호	차대번호
제조자	제조자 상호	원산지	원산지
거래구분	거래구분	수출요건확인	요건승인번호
환급신청인	환급신청인	적재의무기간	적재의무기간
품명	품명	신고가격	신고가격*
상표명	상표명	총신고가격	총신고가격

* 신고가격은 정정으로 인한 차이 금액이 100만원 이하인 경우에는 자율정정을 허용한다.
* 원산지는 FTA C/O(원산지증명서) 발급여부 정정은 자율정정 대상이다.

3. 수출신고의 취하와 각하

(1) 수출신고의 취하

세관에 수출신고가 유효하게 접수되거나 수출신고가 수리된 뒤에는 원칙적으로 수출신고를 취하할 수 없다. 그러나 수출할 수 없는 정당한 사유가 있어 세관장에게 수출신고 취하 승인을 신청하여 승인을 받으면 수출신고 수리 이후라 하더라도 그 수출신고를 취하할 수 있다(법 제250조 1항).

세관장이 수출신고의 취하를 승인할 수 있는 정당한 사유란 신용장이 취소된 경우, 수입국의 수입금지 조치, 천재지변 또는 부두 파업 등으로 수출할 수 없는 사유가 수출자에게 귀책되지 않는 경우를 말한다.

그러므로 일반수출 물품이면 수출물품을 적재한 선박이 출항하기 전까지는 언제든지 취하할 수 있으나, 반송물품은 보세구역에서 반출된 뒤에는 신고의 취하가 불가능하다.

이와 함께 수출대금이 이미 결제된 것으로 확인된 경우엔 수출신고 취하승인을 하지 않는 것이 원칙이며, 특별한 사유가 있어 이를 승인하는 때에는 즉시 수출승인기관장과 사후관리은행에 통보하여야 한다. 수출신고 수리를 받은 물품에 대하여 수출신고가 취하되면 수출신고 수리의 효력은 자동으로 상실되며, 따라서 외국물품이 되었던 수출품은 내국물품으로 되고 이에 따라 별도의 수입신고와 수입신고수리 없이도 국내반입이 가능하게 된다.

수출신고를 취하하고자 하는 자는 수출신고취하승인(신청)서에 신고취하 신청내역을 기재하여 통관지세관장에게 전송하여야 한다. (수출및반송통관고시 제33조)

(2) 수출신고의 각하

수출신고의 취하는 신고인의 신청에 의하여 세관장이 신고를 취소하는 것이나 수출신고의 각하란 세관장이 직권으로 당해 신고를 거절하거나 취소하는 것을 말한다.

수출신고가 신고의 요건을 갖추지 못하였거나 부정한 방법으로 된 때에는 세관장은 그 신고를 각하하게 된다(법 제250조제3항, 수출및반송통관고시 제36조). 수출신고 각하의 사례를 예시하면 다음과 같다.

    ① 거짓 또는 그 밖의 부정한 방법으로 신고한 경우
    ② 그밖에 수출신고의 형식적 요건을 갖추지 못한 경우

4. 수출신고의 수리

가. 종이서류로 수출신고한 경우

세관장은 수출신고된 사항이 수출신고서 작성요령에 적합하게 작성되었는지 여부 등을 심사 후 즉시 신고수리하고, 검사대상 물품일 때 물품검사결과 신고사항과 현품이 일치하는 것으로 확인된 때에 수리하게 된다.

또한, 수출신고서에 표시된 수출물품의 규격 중 관세환급과 관련하여 사후에 확인할 필요가 있다고 인정되는 경우에는 견품을 채취하고 수출신고 수리를 하게 되며, 채취된 견품에 대하여는 필요한 분석 또는 정밀검사 등을 하고, 그 결과 이미 발급한 수출신고필증상의 표시규격과 차이가 있을 때에는 환급기관에 이를 통보하게 된다.

통보를 받은 환급기관의 장은 당해 수출신고필증에 대한 관세 등의 환급금을 그 통보 내용에 따라 결정하게 되며, 이미 환급금이 지급된 것일 때에는 초과 지급된 금액을 즉시 징수하게 된다.

나. 전자문서로 수출신고한 경우

종이서류 제출대상이 아닌 수출신고서 중 수출통관 시스템에서 종이서류 제출대상으로 선별된 수출신고서를 제외한 전자문서로 신고한 수출신고서에 대해서는 자동수리 대상은 통관업무의 신속한 처리를 위하여 통관시스템에서 자동으로 신고수리하게 되며 심사 및 검사대상은 심사검사 후 수리하게 된다. 다만, 적재 전 검사대상은 수출물품을 선박이나 항공기에 적재하기 전에 검사를 받는 조건으로 신고를 수리할 수 있다.

> 참고 〈적재 전 검사 안내문〉(제22조 3항 관련, 별표(9)
> 1. 동 물품은 적재 전 검사대상으로 수출을 위하여 선박·항공기에 적재하기 전에 보세구역에 반입한 후 적재지 세관에 검사를 요청하여 세관 공무원의 물품검사를 받아야 한다.
> 2. 이를 위반한 경우에는 관세법 276조 3항 제7호의 규정에 의거 1천만원 이하의 벌금에 상응하는 처벌받을 수 있습니다.

▶ 다. 수출신고필증의 교부

세관의 수출신고필증은 적재 전 수출신고필증과 수출이행 수출신고필증으로 구분하여 교부된다. 적재 전 검사제도가 도입되어 이를 구분하기 위함이다.

(1) 전자문서로 수출신고한 경우

세관장이 수출신고를 수리한 때에는 세관특수청인을 전자적으로 날인하여 "수출신고필증(적재전)"을 신고인에게 발급하고, 출항이 완료된 이후에는 "수출신고필증(수출이행)"을 발급한다.

이는 수출할 의사가 없이 수출신고필증을 발급받아 무역금융 대출 등의 악용을 방지하기 위하여 출항 시점을 기준으로 수출신고필증을 이원화하여 발급하도록 2010년 12월에 개정 되었다(수출및반송통관고시 제27조)

(2) 신고필증을 전자적으로 교부할 수 없는 경우

신고필증을 전자적으로 교부할 수 없는 경우에는 수출신고서에 세관특수청인을 직접 찍어서 세관장이 발급한다. 다만, 신고물품의 규격수가 50개 이상이어서 신고서와 신고필증에 상세내용을 별도의 붙임서류로 첨부하여 신고하는 경우에는 세관특수청인을 전자적으로 찍은 신고필증과 붙임서류의 경계면에 신고서 처리담당자 도장을 찍어서 교부한다.

(3) 신고인이 아닌 화주도 수입신고필증 발급 가능

관세법 제248조의 개정(24.12.24)으로 신고인과 신고인이 아닌 화주도

전지통관시스템을 통하여 신고필증을 발급 받을 수 있다, 그러므로 종전의 수출신고필증의 재교부제도는 필요가 없어졌다고 하겠다.

(4) 영문 수출통관증명서 발급

영문수출통관증명서가 필요한 경우에는 고시별지 제1호서식에 수출신고 수리내역을 영문으로 전자문서 방식으로 작성하여 통관지세관장 또는 관할지세관장에게 신청하면 발급이 가능하다.

5. 수출품의 적재

(1) 수출품의 적재신고

수출(반송물품 포함)물품을 선박이나 항공기에 적재하고자 하는 자(적하목록 제출의무자.)는 수출물품이 선적지 공항·항만(ODCY 포함) 내에 장치된 후 적재하기 전에 물품목록을 출항지세관장에게 전자문서로 제출하여 적재신고를 하여야 한다(법 제140조4항, 영 제161조2항 단서 규정 및 보세화물 입출항 하선하기 및 적재에 관한 고시 제37조 제1항).

이 경우 적하목록 제출의무자는 운항선사 또는 항공사가 되며, LCL 화물은 화물운송주선업자(포워더)의 혼재 화물 물품목록을 취합하여 제출하여야 한다.

(2) 검사 물품의 선정

세관장은 적재신고를 받은 물품에 대하여 전산시스템으로 신고내용의 오류 여부를 확인 후 자동으로 적재신고수리 하되, 수출신고 사항과의 이상 유무 등에 대하여 세관 공무원의 확인이 필요하다고 판단되는 물품은 선별하여 확인한다.

적하목록 제출의무자는 적재신고 시 신고내용 중 물품확인대상으로 선별 여부를 확인하고, 선별된 물품이 있는 경우 당해 물품의 화주 또는 수출신고인에게 이를 통보하여야 하며, 세관 공무원의 확인을 받아 적재신고수리를 받은 후 적재하여야 한다.

적재 전 검사대상 물품은 물품검사가 완료된 후 운송수단에 적재하여야 한다(수출및반송통관고시 제65조)

6. 수출 화물의 적재

(1) 선적 전 검사제도

도난차량, 금괴의 부정 수출 등 수출신고 수리 후 물품을 교체하는 부정 수출을 방지하기 위해서는 수출신고 시 세관에서 검사하는 제도로는 곤란하므로 수출물품에 대한 세관의 검사 시기를 현행 수출신고 수리 전뿐만 아니라 수출신고 수리 후 선적 전에도 할 수 있도록 출항 적하목록의 제출시기를 종전 출항 익일 24 :00부터 선적 전 24시간 이전까지로 단축하여 대미 수출품에 대해서는 2003년 8월부터 실시하고 있다.

수출신고는 신고접수 정도로 간소화하고 실질적인 세관의 수출검사는 선적 전에 실시하는 것이 효과적이므로 2010년 12월부터 모든 수출물품에 적재 전 검사제도를 확대 시행하였다.

(2) 대미 수출물품에 컨테이너안전협정(CSI : Container Security Initiative) 시행

특히 대미 수출물품은 미국이 9.11테러 이후 미국의 안전을 도모하기 위하여 수출국에서 미국 세관 전문요원이 선적 전에 검사하는 제도(CSI : 컨테이너 안전협정)를 시행하고 있음에 유의하

222 3장 수출통관 절차와 실무

여야 한다. 미국에 주요 수출국(캐나다, 독일, 일본 등 12개국)에서 시행하고 있으며 우리나라는 부산항에 미국세관 직원 5명이 상주하고 있다.

검사방법은 검사비용과 시간을 최소화하기 위하여 선별된 물품을 컨테이너 검색기를 통한 검색을 한 후 의심이 가는 경우에만 개장검사를 한다.

우리나라에서 검사한 컨테이너 화물은 미국에서 통관 시에 수입검사생략 등 통관 편의를 받게 되나 협조하지 않을 때 벌금이 부과(최초 5천 달러에서 차후 1만 달러씩)되기도 하고 입항과 하역 등에서 불이익을 받을 수도 있으므로 반드시 선적 24시간 이전까지 출항 적하목록을 제출하도록 유의하여야 한다.

7. 수출품의 적재 확인

수출품의 적재 여부는 통관시스템에서 확인하게 된다. 운송회사에서는 운송수단에의 적재 후 적재하였음을 통관시스템에 입력하게 된다. 운송수단에의 적재 방법에 따라 통관시스템에 적재 사실을 입력하는 방법은 다음과 같이 다르다.

(1) 선박이나 항공기에 탁송하는 경우

선박회사 또는 항공사에 선(기)적을 의뢰하면 적하목록을 작성하고 선하증권(B/L) 또는 항공화물운송증(AB)을 발급하며, 선(기)적하면 선박회사 또는 항공사에서 이를 통관시스템에 입력하게 된다. 입력사항은 수출신고번호, 선(기)적일자, 포장반출 개수, 중량이다.

> 참고 실제 선적일과 선하증권 선적일이 달라 과태료 부과대상에 해당한 경우, 선하증권 선적일을 실제선적일로 정정하는 방법?
> : 통관지세관장을 통하여 출항지세관장에게 동 사실을 조사하여 적하목록 작성책임자에게 법 제263조에 의거 출항 적하목록을 정정토록 명령하여 이를 정정하면 선하증권상의 선적일 정정이 가능한 것임(관세청 수출 47130 · 711호, 2000.12.2(6)

(2) 여행자 휴대품으로 반출하는 경우

출국장에서 탑승 수속시 출국담당 세관 공무원(선박으로 출국하는 경우에는 부두 및 초소 세관 공무원)에게 수출신고필증 사본 2부를 제출하여 그 중 1부에 선(기)적 확인을 받아야 하며, (수출및반송통관고시 제67조) 나머지 1부는 선(기)적 사실을 세관 공무원이 통관시스템에 입력하는 데 사용하게 된다.

> 참고 수출통관 한 물품을 외국으로 가는 인편에 부치는 경우 기적확인방법
> : 인편에 부칠 때도 출국장에서 탑승 수속시 출국담당 세관공무원에게 수출신고필증 사본 2부를 제출하여 그 중 1부에 기적확인을 받은 후 탑승하면 가능하다. 공항세관에서는 출국검사대에 "수출물품 기적확인" 창구를 마련하여 운영 중이다.

(3) 우편물로 반출하는 경우

수출통관한 물품을 우편으로 발송하는 경우에는 통관우체국 또는 관세청장이 인정하는 수출우편물 발송확인 취급 우체국장에게 현품과 수출신고필증을 제출하여 발송확인을 받아야 한다(수출및반송통관고시 제68조).

8. 30일 이내 적재 의무

(1) 수출신고 수리일로부터 30일 이내 적재 의무

수출품은 수출신고가 수리된 날로부터 30일 이내에 운송수단에 적재하여야 한다(법 제251조). 이를 이행하지 아니하면 수출신고가 취소되기도 하고, 다음과 같이 과태료를 납부하게 된다. (영 별표5)

적발 횟수	과태료
최근 1년간 10회 이하	건당 10만원
최근 1년간 10회초과 20회 이하	건당 30만원
최근 1년간 20회 초과	건당 50만원

출항 또는 선(기)적 일정 변경 등 수출신고를 수리한 날로부터 30일 이내에 운송수단에 선(기)적할 수 없는 부득이한 사유가 있는 때에는 '적재기간연장승인신청서'에 당해 사유를 증명하는 서류를 첨부하여 적재기간이 만료되기 전에 수출신고 한 세관에 제출·승인을 받으면 수출신고수리일로부터 1년의 범위내에서 적재기간의 연장이 가능하다(법 제251조 1항 단서, 수출및반송통관고시 제65조). 적재기간이 지난 뒤에 연장신청을 하게 되면 과태료를 내야 한다.

> 참고 1. 적재기간 연장의 횟수와 기간
> : 적재기간연장의 승인신청 횟수는 제한이 없으나 그 기간을 합한 기간이 1년을 초과하지 못한다(영 제255조).
> 2. 적재기간 내에 선(기)적하지 아니하여 과태료를 부과한 수출물품에 대하여도 적재기간 연장승인의 신청이 가능한지 여부
> : 적재기간의 연장승인 신청은 선(기)적 기간을 초과한 물품에 대하여도 수출신고 수리가 취소되지 아니하는 한 가능하다. 그리고 과태료는 약정된 의무를 이행하지 아니한 데에 대한 과태료이므로 적재기간의 연장승인과는 직접적인 관련이 없다.

(2) 수출신고 수리의 취소

적재기간의 연장승인을 신청하지 아니하고 수출신고를 수리한 날로부터 30일 이내에 수출품을 선적하지 아니하면 수출신고 수리를 취소당하게 된다.

다만, 다음에 해당하는 경우는 예외로 한다.

① 수출신고취하 신청에 정당한 사유가 있는 경우

② 적재기간의 연장승인 신청에 정당한 사유가 있는 경우

③ 수출신고의 수리를 취소하기 전에 적재를 확인한 경우

④ 기타 세관장이 동기간 내에 적재하기 곤란하다고 인정하는 경우

(3) 처벌

적재기간의 연장승인 없이 위 기간 내에 선(기)적하지 아니한 때에는 200만원 이하의 과태료를 물게 된다(법 제277조6항). 현재는 건당, 회당 10만원에서 50만원의 과태료를 부과하고 있다(영 별표5).

참고 하나의 수출신고필증에 대하여 2회 이상 과태료 부과가 가능한지 여부

: 과태료는 당해 의무를 강제로 이행하게 하려고 체결한 약속을 이행하지 아니한 데에 대하여 부과하는 것이므로 한 건의 수출신고필증에 대하여도 연장승인 신청 건별로 2회 이상 과태료를 부과할 수 있다.

4절 무환수출의 특례

1. 무환수출 통관절차

　무환수출 물품은 무상으로 수출하는 물품이므로 수출제한 품목이라 하더라도 수출승인을 받지 않고 무상수출 사유서로 대외무역법령에서 규정한 수출승인면제 사유에 해당하는지를 판단하여 세관장이 수출통관 여부를 결정하도록 대외무역법령에서 규정하고 있다. 그러나 통관 절차상으로는 무환수출을 유환수출과 구분하지 않고 있다.

　무환수출은 계약상이 수입물품의 수출 후 환급, 재수출 조건부로 면세 통관된 물품의 재수출 이행 및 클레임 발생으로 대체 수출품의 관세환급 등과 관련하여 수출신고서의 작성에 특히 유의하여야 수출 후 관세환급 및 재수출이행 등에 차질이 없게 된다.

《 무환수출 통관절차 》

```
┌───────────────┐
│  수 출 신 고  │
└───────────────┘
        ↓
┌───────────────┐
│  물 품 검 사  │
└───────────────┘
        ↓
┌───────────────┐
│  통 관 심 사  │
└───────────────┘
        ↓
┌───────────────┐
│  신 고 수 리  │
└───────────────┘
        ↓
┌───────────────┐
│  선 (기) 적  │
└───────────────┘
```

2. 수출신고

(1) 수출신고 시 구비서류

무상수출물품에 대한 수출신고 서류는 다음과 같다.

① 수출신고서

② 무상수출사유서

③ 관세법 제226조의 규정에 따라 세관장이 확인하는 수출물품의 구비서류

(2) 무상수출사유서 작성의 유의사항

✅ 무상수출물품 통관심사

대외무역법령상 무상수출물품에 대하여는 수출통관의 허용 여부는 수출자가 작성하는 무상수출사유서에 의하여 수출승인면제사유(대외무역관리규정 별표(3)에 해당하는지를 세관장이 개별적으로 심사하도록 규정하고 있다.

✅ 무상수출 증빙자료의 제출

무상수출사유 중 증빙자료가 있는 때에는 이를 무상수출사유서와 함께 제출하여야 한다. 특히 수출이행이나 관세환급과 관련된 다음의 경우에는 반드시 제출하여야 한다.

1. 계약상이물품의 수출
   - 수입신고필증(원본과 사본)
   - 계약상이물품임을 증명할 수 있는 서류 및 자료

2. 재수출 조건부 면세물품의 수출
   - 수입신고필증

3. 클레임 제기 대체물품의 수출
   - 최초 수출신고필증
   - 수입신고필증(재수입 시)

4. 기타 관세환급 대상이 되는 물품의 수출
   - 주무부 장관의 확인서(환급 등을 위한 수출의 확인 편 참조)

(3) 세관장 확인물품의 구비서류

무환수출 물품에 대한 관세법 제226조 규정의 세관장 확인물품 및 확인방법 지정고시에 의한 구비서류는 유환 수출물품과 같다.

3. 보세구역 반입 후 검사

부정수출 또는 부정환급 등 우범성 정보가 있거나, 물품의 성질, 업체의 성실도 등을 감안하여 물품의 효율적인 검사를 위하여 필요한 경우에는 세관장은 수출물품을 보세구역에 반입하게 할 수 있는바, 이러한 점으로 보아 무환수출 물품은 보세구역에 반입하여 검사할 우려성이 높다.

물품의 수량 또는 중량이 적고 반드시 전량검사를 해야 할 필요성이 크기 때문이다.

4. 환급 등을 위한 수출의 확인

(1) 계약상이 수출의 확인

법 제106조의 규정에 의하면 계약내용과 다르게 수입된 물품을 수입신고수리일로부터 1년 이내에 수입된 상태로 보세구역(세관장이 허가한 보세구역외장치장 포함)에 반입하여 수출한 때에는 납부한 관세를 환급도록 규정하고 있는바, 계약내용과 다르게 수입된 신고필증의 물품이 수출되었는지는 수출입신고필증의 세관기재란에 다음과 같이 표시되어야 확인이 가능하다(수출및반송통관고시 제13조).

● 수출신고필증

> 수입신고번호 ○ ○ ○ － ○ ○ － ○ ○ ○ ○ ○ ○호(201 . . .수리)호의 전량(또는 일부 ○ ○개)을 계약상이로 수출함 ○ ○ ○ ㉑

- 종전 수입신고필증에 표시하던 것은 전산으로 확인이 가능하기 때문에 신고간소화 차원에서 2017년부터 생략하게 되었다.

(2) 재수출이행의 확인

법 제97조의 규정에 의하면 일시 수입되는 물품은 재수출 조건부로 관세를 면제하고 있는바, 동 물품의 재수출 시에도 다음과 같은 방법으로 재수출되었음을 수입신고필증뿐만 아니라 수출신고필증의 세관기재란 확인함이 신속한 업무처리에 도움이 된다.

● 수출신고필증

> 수입신고번호 ○ ○ ○ － ○ ○ － ○ ○ ○ ○ ○ ○(201 . . .신고수리)호의 재수출 물품 ○ ○ ○ ㉑

(3) 관세환급 대상 수출의 확인

수출용원재료에 대한 관세 등 환급특례법 제2조 2항의 규정에 따라 환급대상수출로 인정되는 다음의 무환수출에 대해서는 그 사실을 수출신고 수리필증에 표시하도록 규정하고 있다.

① 해외에서 투자, 건설, 용역, 산업시설수출 기타 이에 준하는 사업을 행하고 있는 우리나라의 국민(법인을 포함한다.)에게 무상으로 송부하기 위하여 반출하는 기계, 시설 자재와 근로자용 생활필수품 기타 그 사업과 관련하여 사용하는 물품으로서 주무부 장관이 지정한 기관의 장이 확인한 물품의 수출(환급특례법 시행규칙 제2조 1항 제2호]

> 이 수출은 환급특례법 시행규칙 제2조 1항 제2호의 규정에 의하여 주무부 장관의 확인 (202 . . . 확인번호 제 호)에 의한 것임

② 원양산업발전법 제6호 1항, 제17조 1항, 및 제3항에 따라 농림축산식품부 장관의 허가·승인

또는 지정을 받은 자가 그 원양어선에 무상으로 송부하기 위하여 반출하는 물품으로서 해양수산부 장관 또는 그가 지정하는 자가 확인한 물품의 수출(환급특례법 시행규칙 제2조 4항 제2호)

> 이 수출은 환급특례법 시행규칙 제2조 4항 제2호의 규정에 의하여 해양수산부 장관의 확인(202 . . . 확인번호 제   호)에 의한 것임

③ 수출된 물품이 계약조건과 서로 달라서 반품된 물품에 대체하기 위한 물품의 수출(환급특례법 시행규칙 제2조 1항 3호)
- 대체품 수출신고필증

> 이 수출은 환급특례법 시행규칙 제2조 1항 3호의 규정에 의한 수출로서 신고번호 ○ ○ ○ - ○ ○ - ○ ○ ○ ○ ○ ○(202 . . . 신고수리)호의 대체품 수출임

- 최초 수출신고필증

> 수입신고번호 ○ ○ ○ - ○ ○ - ○ ○ ○ ○ ○ ○ (202 . . .신고수리)호로 재수입함

- 수입(재수입)신고필증

> 수출신고번호 ○ ○ ○ - ○ ○ - ○ ○ ○ ○ ○ ○ (202 . . .신고수리)호로 대체 수출함

5. 간이수출통관

(1) 간이수출통관의 절차

간이수출통관 절차는 정식수출통관 절차를 거치지 않고 선(기)적도 세관에서 관리하지 않아 주로 무환수출 물품에 한하여 적용하는 수출통관 절차이다.

수출통관 절차가 간편한 장점이 있으나 수출신고필증이 없어 수출한 물품의 품명·규격이 확인되지 않고 선(기)적 사항도 관리되지 않아 관세환급이나 재수출이행 등에 사용할 수 없음에 유의하여야 한다.

특송업체의 특급화물이나 우편물품 등에 대하여 정식 수출통관 절차를 거치지 아니하고 송품장, 간이통관목록 또는 우편물목록을 일괄 제출하여 간이통관절차를 거치게 하는 통관절차이다.

(2) 간이수출통관 적용대상 수출물품

관세환급 대상이 아닌 물품가격 FOB기준 400만원 이하의 물품이다(수출및반송통관고시 제43조1항). 카탈로그와 신상품 견본 등 무상으로 수출하는 소액물품이 주로 이용된다고 할 수 있다. 간이수출통관절차를 밟을 것인지는 일반적으로 외국으로 물품을 송부할 때 어떤 방법을 선택하

느냐에 따라 주로 결정된다고 할 수 있다. 특급탁송화물 또는 우편물로 송부하는 경우에는 특별한 노력을 기울이지 아니하면 대부분 간이통관절차를 거치게 된다.

(3) 간이수출통관의 종류

✅ 간이통관목록에 의한 통관

특송업체에서 취급하는 항공수출화물에 대하여 수출물품의 목록을 특송업체에서 세관장에게 제출함으로써 수출신고에 갈음하는 수출통관 제도이다(수출및반송통관고시 제55조).

✅ 우편물목록에 의한 통관

우편으로 송부되는 수출화물에 대하여 우체국에서 작성한 우편물목록을 세관장에게 제출함으로써 수출신고에 갈음하는 수출통관 제도이다(수출및반송통관고시 제55조).

✅ 구두신고에 의한 휴대품 통관

해외수출상담·전시 등을 위하여 여행자가 휴대 반출하는 견본품으로서 세관장이 타당하다고 인정하는 물품(환급대상 물품, 귀금속류, 지급수단 및 법 22조에 따른 세관장 확인대상 물품은 제외)에 대하여 구두 신고를 수출신고로 갈음하는 수출통관제도이다. 휴대반출물품을 재수입하고자 할 때에는 송품장 또는 휴대품 반출신고서에 출국심사 세관 공무원의 반출확인을 받아 이를 재수입시 면세통관 증빙자료로 제출할 수 있다(수출및반송통관고시 제55조).

(4) 간이수출통관 적용제외 대상 물품

간이수출통관절차를 거치면 수출 후 수출신고필증이 없으므로 수출신고필증이 필요한 다음의 물품 등은 간이수출통관절차를 거쳐서는 안 된다. 간이통관절차를 거쳐 수출하고 나면 불이익을 당하게 된다.

✅ 관세환급 등을 받을 물품

신상품 견본 등에 대해서도 관세환급을 받을 수 있으므로 간이통관절차를 거치면 관세환급을 받을 수 없게 된다. 또한, 재수입시 관세 등의 감면(예를 들면 최초수입시 학술연구용품으로 감면받아 사용하다가 고장 등으로 해외에서 수리하여 재수입하는 경우 당해 물품에 대하여 감면해 주고 해외임가공비 등만 과세하는 경우이다.) 사후관리를 위한 물품도 제외된다.

✅ 재수출 조건부로 면세통관 한 수입물품

재수출면세 물품은 일정한 기간 후 재수출을 이행해야 하는데 재수출을 이행하면서 간이통관절차를 거치면 재수출을 이행하지 아니한 것으로 되어 면제된 관세 등과 동 세액의 20%를 가산세로 납부하여야 한다.

✅ 계약상이 환급을 받을 물품

거래계약과 다른 물품이 수입되었을 때 수입신고 수리일부터 1년 내에 보세구역에 반입(수출은 1년 후에라도 가능) 납부한 관세 등을 환급받을 수 있는데 위약 물품을 수출할 때 간이통관절차를 거치면 수출신고필증이 없으므로 계약상이물품을 수출하였음을 확인할 수 없어 계약상이환급을 받지 못하게 된다.

● 세관장 확인물품

법 제226조의 규정에 의한 세관장 확인물품은 수출통관 시점에서 세관장이 확인토록 각종 법령에서 위임한 사항이므로 간이통관 절차를 악용하지 못하도록 제도적으로 보완되어야 할 것으로 생각한다.

6. 클레임 발생 수출품의 해결방법과 통관절차

▶ 가. 해결방법의 개요

수출품에 대하여 구매자(Buyer)가 클레임을 제기한 경우 해결방법은 클레임의 발생 원인에 따라 가격인하, 수리 후 재수출 및 대체품 수출이 있다.

(1) 가격인하 방법

품질이 다소 불량해도 그대로 사용할 수 있는 때에는 가격을 인하함으로써 해결할 수 있다.

(2) 수리 후 재수출 방법

클레임(claim)의 발생 원인이 수출품의 어느 한 부분에 하자가 있고, 수출품을 국내에 반입하여 수리하면 클레임의 치유가 가능한 경우에 해결방법으로 이용할 수 있다.

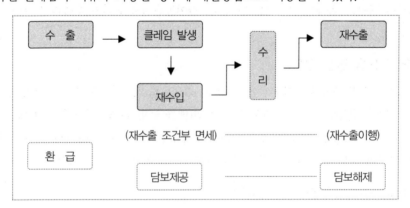

(3) 대체품 수출 방법

위의 두 방법으로 해결할 수 없는 클레임에 대하여는 동일한 수출품을 새로 만들어서 무상으로 수출할 수밖에 없다. 이를 대체품 수출이라 한다.

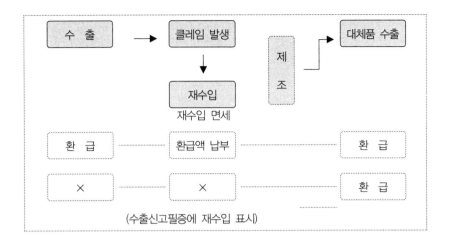

➤ 나. 가격인하와 관세환급

클레임 발생으로 수출품의 가격을 인하한 때에도 환급받은 관세 등을 추징하지 아니한다. 이를 환급액 산출방법별로 검토해 보면 다음과 같다.

(1) 개별환급을 적용한 경우

개별환급방법은 수출품의 품명·규격·수량을 기준으로 소요 원재료를 확인하여 환급액을 산출하기 때문에 수출액은 환급액에 전혀 영향을 미치지 아니한다.

(2) 간이정액환급률표를 적용한 경우

수출품의 가격에 따라 환급액을 책정하는 것이므로 간이정액환급률표를 적용한 경우는 클레임 발생으로 수출금액이 인하되었다면 환급액을 추징하여야 한다는 의견이 있을 수도 있다.

그러나 환급액은 수출품의 품명·규격·수량에 따라 소요 원재료가 정해지는 것이고, 흠의 발생여부에 관계없이 소요 원재료는 대부분 일치하는 것이어서 흠이 발생하였다 하여 원재료의 납부세액이 적은 것이 아니므로 비록 간이정액환급률표가 수출품의 금액과 환급액의 비율로 정액환급률을 책정하였다 하더라도 과다환급을 목적으로 고의로 수출금액을 상향신고하지 않는 한 수출신고금액 그대로 환급액을 산출함이 타당한 것으로 사료된다.

➤ 다. 수리 후 재수출 시 통관절차

(1) 수출품의 재수입 시 재수출 조건부 면세 통관

⬤ 재수입 면세 대상이 아님

수출한 물품을 다시 국내에 반입하는 것을 재수입이라 한다. 그러나 수리 후 재수출하는 물품은 국내에 일시 수입하는 것이며, 국내에서 소비할 물품이 아니므로 재수입에 해당하지 아니한다. 그러므로 재수출 조건부로 수입되는 물품에 대하여 재수입 면세(법 제99조)를 적용할 수 없다고 본다.

✅ 재수출 조건부 면세

수리 후 재수출할 물품의 수입 시에는 재수출 조건부면세(법 제97조 및 규칙 제50조 11호)를 적용하여 면세통관하여야 한다.

✅ 수입통관 시 구비서류

무상으로 수입되는 물품이므로 수입승인의 면제사유에 해당하여 무환수입통관 절차를 밟게 되는바, 수입통관 시 구비서류는 다음과 같다.

- 수입신고서
- 무상수입사유서
- 수출신고필증 원본 및 사본
- 전문 사본 등 무상수입사유 입증서류
- 재수출면세신청서
- 담보물(통관 후 관세납부 지정업체는 담보제공 생략)

✅ 재수출기한

수리 후 재수출기간은 1년의 범위 내에서 세관장이 정하고 있으므로 무상수입사유서와 재수출면세신청서에 재수출이행기한을 여유 있게 신고하는 것이 좋다.

✅ 담보제공

면세액의 120%(면세액이 2,500만원을 초과하는 때에는 면세액+500만원)에 해당하는 금액의 담보물을 제공하여야 한다. 재수출 불이행 시 가산세가 면세액의 20%이며 가산세의 최고한도가 500만원이기 때문이다.

세관장이 통관 후 관세납부업체로 지정한 성실업체에서는 담보제공을 면제받을 수 있다. 계속 성실업체로 관리 받기 위해서는 수출업체에서 재수출기한 관리에 특히 유의하여야 한다.

(2) 수출 후 재수출이행보고 및 담보해제

✅ 수출신고 시 유의사항

수리한 물품은 재수출기한(재수입통관 시 세관장이 수입신고필증의 세관기재란에 기재) 내에 세관에 수출신고하여야 한다(수출신고 세관은 수입통관세관이 아니어도 무방함). 이 경우, 재수입신고필증을 첨부하여 수리 후 재수출하는 물품임을 무상수출사유서에 명확히 신고하여 수출신고필증의 세관기재란에 확인을 받아야 한다.

✅ **수출신고 시 구비서류**

- 수출신고서
- 무상수출사유서와 동 사유 증명서류(전문 사본 등)
- 최초 수출신고필증 및 재수입신고필증 원본 및 사본

✅ **재수출이행보고 및 담보해제 신청**

재수출이행보고 및 담보해제 신청서에 수입신고필증(원본과 사본), 수출신고필증(원본과 사본) 및 담보영수증을 첨부하여 수입통관세관장에게 재수출기한 내에 신청하는 것이 좋다. 세관장은 수출이행기한 후에도 재수출이행보고가 없으면 재수출 불이행으로 보고, 담보물에서 관세를 충당하기 때문이다. 충당 후 재수출이 이행되었음이 확인되는 때에는 과오납 환급을 받을 수 있지만, 세관과 수출업체 모두 절차가 번잡해지기 때문이다.

(3) 재수출 기한의 연장

✅ **1년의 범위내에서 신청**

재수출기간 내에 재수출할 수 없는 부득이한 사유가 발생한 때에는 동 사유를 증명할 수 있는 서류를 첨부하여 1년의 범위 내에서 재수출기한을 연장승인 신청할 수 있다.

✅ **연장신청 횟수에 제한 없음**

재수출 기한 연장은 1년의 범위 이내에 한하며, 동 기한 내에서는 연장승인 신청 횟수의 제한이 없다.

✅ **재수출 기한 만료 전 신청**

재수출 기한의 연장승인 신청은 반드시 재수출 기한이 도래하기 전에 신청하여야 하며, 적어도 1개월 전까지 신청함이 좋다. 재수출기한이 경과한 후에는 연장승인 신청을 할 수가 없고, 연장승인 신청 후 연장승인이 안 될 때 재수출을 이행하여야 하기 때문이다.

(4) 재수출 불이행 시 제재

재수출기한 내에 재수출을 이행하지 않으면 면제된 관세 등(부가가치세 등 내국세 포함)과 가산세를 납부하게 된다. 재수출기간을 경과한 후에는 재수출을 이행하였을 때 납부한 관세에 대하여 환급특례법에서 정한 환급요건을 충족하는 경우 관세환급이 가능하나, 가산세는 환급받을 수 없다. (국심 2006관0176. 2007.2.1(2)

가산세는 면제세액(내국세 포함)의 20%이며, 500만원을 초과하면 500만원을 납부하게 된다.

또한, 수입제한 물품을 재수출 기한 내에 재수출을 이행하지 않는 때에는 부정수입 여부를 조사하는 때도 있다.

234 3장 수출통관 절차와 실무

(5) 용도 외 사용 승인신청

수리 후 재수출하고자 하였으나 수리 중 도저히 수리가 불가능함을 발견한 때에는 즉시 용도 외 사용 승인 신청서를 세관장에게 제출하여야 한다.

이 경우, 용도 외 사용 승인 신청서에 재수입면제신청서를 첨부하여 제출하면 1년 이내에 재수입된 경우에는 재수입 면세로 관세감면의 승계가 가능하다. 즉 재수출 조건부 관세감면을 재수입면세로 감면근거를 변경할 수 있고, 재수출이행의 무가 해제된다.

그러나 최초 수출물품에 대한 관세환급을 받은 때에는 동 환급액을 용도 외 사용 승인 시에 납부하게 된다.

▐▌ 라. 대체품의 수출

클레임이 제기된 수출품은 재수입하여 국내에서 사용하고, 새로 대체품을 제조하여 수출한 후 관세환급을 받게 된다.

(1) 수출품 재수입 통관

✅ 수입통관 시 구비서류

무상 수입물품이며 수출한 물품을 국내에서 사용하기 위하여 재수입하는 것이므로 수출한 지 2년 이내에 수입(수출신고수리일로부터 수입신고일까지 2년 이내)되는 물품에 대하여는 법 제99조의 규정에 의거 재수입 면세를 받을 수 있으며, 이를 위하여 다음과 같은 구비서류가 필요하다.

- 수입신고서
- 무상수입사유서와 동 사유증명서류(전문 사본 등)
- 수출신고필증
- 관세감면신청서(재수입면세)

✅ 환급액 납부 및 재수입 사실 표시

수출한 물품을 2년내에 재수입하는 때에는 관세면제가 가능하다. 최초 수출물품에 관세환급을 받은 때에는 동 환급액을 납부하여야 한다. 관세환급을 받지 않은 때에는 환급액이 없으므로 납부하지 않으나 추후 관세환급을 방지하기 위하여 수출신고필증에 재수입사실을 세관에서 표시하게 된다. 또한, 수입신고필증의 세관기재란에 "수출신고번호 ○○○·○○·○○○○○호(20 . . .신고수리)의 재수입물품임"을 표시하게 된다. 이는 대체품 수출 후 관세환급 시에 수출품의 재수입을 확인함에 필요하다.

(2) 대체품 수출통관

✔ 수출통관 시 구비서류

대체품수출은 무상수출이나, 대체품수출 후 관세환급을 위하여 다음의 서류들이 수출통관 시 필요하다.

- 수출신고서
- 무상수출사유서와 동 사유입증서류(전문 사본 등 클레임 받은 것과 관련된 자료)
- 최초 수출신고필증
- 재수입신고필증

✔ 대체품 수출 확인

대체품수출신고필증의 세관기재란에는 "수입신고번호 ○○○ · ○○ · ○○○○○(20 . . . 신고수리)의 대체수출임"이라는 사실이 확인되어야 관세환급이 가능하다.

(3) 대체품에 대한 관세환급

대체품 수출은 무상수출이나 최초수출신고필증, 수출품재수입신고필증 및 대체품수출신고필증을 함께 제출하는 때에는 대체품 수출에 대하여도 일반 수출물품과 같이 관세환급을 받을 수 있다. 환급 대상 수출의 증명서류는 다음과 같다.

① 대체 수출물품의 수출신고필증

수출신고필증상 5(1)세관기재란에 다음과 같이 기재되어야 한다.

> 이 수출은 환급특례법 시행규칙 제2조 1항 3호의 규정에 의한 수출로서 신고번호 ○○○ – ○○ – ○○
> ○○○ (20 . . . 신고수리) 호의 대체품 수출임

② 대체 수출물품의 선(기)적 증명 : 정상수출의 선(기)적증명방법과 동일하다.

③ 반품된 수출물품의 재수입신고필증

- 수입신고필증상 6(6)세관기재란에 재수입사실이 표시(최초 수출신고필증의 수출신고번호와 수출신고 수리일자를 함께 기재)되어야 함
- 최초 수출신고필증에 대하여 관세환급을 받은 때에는 환급액을 납부하였음이 이 수입신고필증에 의하여 확인되어야 함
- 최초 수출신고필증에 대하여 관세환급을 받지 않았을 때에는 최초 수출신고필증에 재수입사실이 기재되어야 함

④ 최초 수출신고필증

5절 반송통관의 절차

1. 반송통관 대상 물품

■ 가. 반송통관의 개요

우리나라에 도착한 외국물품을 어떤 사정에 의하여 수입통관하지 아니하고 외국물품 상태 그대로 외국으로 반출하는 것을 말한다. 보세구역에서 외국으로 보내는 경우가 대부분 이에 해당한다. 이는 내국물품을 외국으로 반출하는 수출과 구분된다.

반송통관은 수출통관이 아니므로 일반의 수출통관 절차와 여러 면에서 다르다. 보세구역(세관장의 승인을 받은 보세구역외장치장 포함)에 있는 상태에서 반송신고가 가능하고 수리 후에는 선적지로 보세운송을 하여야 하며, 보세운송기간 내에 선적지에 도착하지 아니하면 200만원 이하의 과태료를 납부하게 된다. 또한, 원재료를 수입할 때 관세 등을 납부하지 않았으므로 외국으로 반출 후에도 관세환급을 받을 수 없다.

그러나 반송통관도 통관절차 면에서는 수출통관과 동일함으로 종전에는 수출신고서 용지를 반송통관에 그대로 사용하여 앞에서 지적한 바와 같이 착오하는 경우에 혼란이 있었으므로 신고서 양식은 수출신고서 양식을 그대로 사용하되 신고서의 서식 명은 반송신고서로 바꾸어 2003년도부터 시행하고 있다.

■ 나. 반송통관 대상 물품

반송은 그 사유가 다양한 형태이고 형태별로 세관에서 관리해야 할 위험의 크기가 다르므로 위험의 크기가 통관절차의 간소화 등을 위하여 다음과 같이 구분하여 관리하고 있다.

(1) 보세구역에 반입된 상태 그대로 외국으로 반출하는 경우

보세구역에 반입된 외국물품을 수입통관하지 않고 반입된 상태대로 외국으로 반출하여 세관에서 관리해야 할 위험이 비교적 큰 사례들이 포함되어 있으므로 반송통관 대상을 다음과 같이 분류하고 있다.

❶ 통관보류 물품

수입신고를 하였으나 수입통관 요건을 갖추지 못하여 통관이 보류된 물품을 외국으로 반출하는 경우

❷ 위탁가공 물품

우리나라 자재로 해외에서 위탁가공 후 수입하여 보세구역에 반입한 물품을 수출할 목적으로

다시 외국으로 반출하는 경우

❸ 중계무역 물품

중계무역 방식으로 수입하여 보세구역(보세구역외장치장 포함)에 장치 후 외국으로 반출하는 경우

❹ 보세창고 반입 물품

외국으로부터 보세창고에 반입된 물품으로서 국내 수입화주의 결정지연 등으로 다시 외국으로 반출하는 경우

❺ 장기비축 수출용원재료 및 수출물품 사후 보수 용품

보세창고에 장치 중인 수입물품 또는 국내 제조 후 반입물품을 해외 조립용 수출용원재료 또는 이미 수출한 물품의 사후보수용(after service)으로 외국으로 송부하는 경우

❻ 보세전시장 반출물품

수입물품을 보세상태로 보세전시장에 전시한 후 외국으로 반출하는 경우

❼ 보세판매장 반출물품

수입물품을 보세상태로 보세판매장에서 판매하다가 판매가 되지 않아 외국으로 송부하는 경우

❽ 단순반송 물품

- 주문이 취소되었거나 잘못 반입되어 송부 국으로 되돌려 보내는 경우
- 계약상이 수입된 물품을 수입신고수리 전에 발견하여 수입통관하지 않고 송화주에게 되돌려 보내는 경우
- 수입신고 전에 수입요건을 구비할 수 없음이 확인되어 송화주에게 되돌려 보내는 경우
- 선사(항공사)가 외국으로 반출하는 선(기)용품 또는 선(기)내 판매용품
- 앞에 열거한 사유 이외의 사유로 되돌려 보내는 경우

❾ 수출조건부 미군불하 물품

(2) 보세구역에서 제조 후 외국으로 반출하는 경우

보세구역에서 제조하여 외국으로 반출하기 때문에 세관에서 관리해야 할 위험이 비교적 작은 사례의 반송통관 대상을 살펴보면 다음과 같다.
- 보세공장에서 제조한 물품을 외국으로 반출하는 경우
- 자유무역지역 입주기업체에서 제조한 물품을 외국으로 반출하는 경우

(3) 기타 특이한 경우

반송통관의 절차를 간이로 하기 위한 반송통관 대상 사례는 다음과 같다.
- 여행자 또는 승무원의 휴대품을 반출하는 경우

• 보세판매장에서 외국인 등에게 판매된 물품을 외국으로 반출하는 경우

(4) 반송통관 대상에 해당하지 않는 경우

국제운송의 편의상 단순히 우리나라를 거쳐 가는 환적화물(단순통과화물)은 반송통관 대상이 되지 아니한다. 수입화물과 환적화물의 구분방법은 동 물품의 선하증권으로 판단하며, 우리나라 국민이 아닌 제삼국의 수입자가 선하증권 등에 수하인으로 기재된 물품은 환적화물에 해당한다.

2. 반송통관의 절차

(1) 보세구역에 반입된 상태 그대로 외국으로 반출하는 경우

수출통관 절차와 거의 같다. 다만, 외국에서 도착한 외국물품을 그대로 외국으로 반출하는 것이어서 국내로 밀수입될 우려가 있으므로 다음과 같은 점에서 수출물품보다 세관의 관리가 엄격한 점이 다르다.

• 반송물품은 보세구역에 장치되어 있음이 원칙이다.
• 세관의 검사가 강화된다.
• 보세운송이 반송신고와 구분하여 별도로 보세운송 신고를 하여야 하도록 강화하고 있다.
• 선적이행기간 내에 선적되지 않는 경우 제재가 강화된다.

그러므로 이 장에서의 반송통관 절차는 이 경우의 통관절차를 말하는 것이며, 구체적인 통관절차는 다음 그림과 같다.

《 반송통관 절차 》

보세구역 장치 → 장치 확인 → 반송신고 → 물품검사 / 검사 생략 → 통관심사 → 신고수리 → 보세운송신고 / 보세운송 → 보세운송 도착 확인 → 선(기)적

(2) 보세구역에서 제조 후 외국으로 반출하는 경우

반송물품이라 하더라도 보세구역에서 제조 후 외국으로 반출하는 경우는 위험도가 작아 세관의 관리상 일반 수출물품과 크게 다르지 아니하므로 관리를 완화하여 반송신고와 보세운송신고를 함께 신고하게 하여 통관절차를 간소화하고 있다.

즉 반송신고서(수출신고서 용지) 보세운송의 신고인과 기간을 기재하여 별도의 보세운송신고를 생략하고 있다. 이는 수출을 지원하기 위함이다. 그러므로 이 경우는 이 장의 반송통관절차를 적용하지 아니하고 일반 수출물품의 통관절차와 유사한 점이 많다.

그러나 보세운송기간 내에 보세운송을 하지 아니하는 때에 처벌을 받는 것은 보세구역에 반입된 상태 그대로 외국으로 반송하는 경우와 동일하다.

(3) 기타 특이한 경우

여행자 또는 승무원의 휴대품을 반송하는 경우와 보세판매장에서 외국인에게 판매되어 외국으로 반송되는 경우는 반송통관의 절차를 간이로 하기 위하여 별도의 절차를 따로 규정하고 있으므로 이 장의 반송통관절차를 적용하지 아니한다.

3. 반송신고

(1) 보세구역 장치

반송신고를 하고자 하는 물품은 지정장치장, 보세창고 또는 보세구역외장치장에 장치한 경우에 할 수 있다(법 제241조3항).

(2) 반송신고인

반송신고는 관세사 또는 당해 물품의 화주(적하목록, 선하증권, 항공화물운송장상의 수하인 및 처분 권리를 취득한 자를 포함함)가 할 수 있다(수출및반송통관고사 제46조).

(3) 반송신고 서류

수출신고서에 다음의 서류를 첨부하여 신고자료를 전송한 후 반송물품의 소재지를 관할하는 세관장에게 제출하여야 한다.

　① 당해 물품의 선하증권(B/L) 또는 항공화물상환증(AWB)
　② 수출송품장 및 포장명세서(필요한 경우에 한함)
　③ 수입신고취하승인서(통관보류물품에 한함)
　④ 대외무역법령에 의한 승인·추천·인증 등이 필요한 경우 관련 서류

(4) 반송신고 기한

반송신고는 수입신고와 같이 보세구역 또는 보세구역외장치장에 반입한 날로부터 30일 이내에 신고하여야 한다(법 제241조제3항). 이를 이행하지 아니하면 관세청장이 정한 보세구역(반입물동량이 많은 부산, 인천, 인천공항, 김해공항의 지정장치장과 부두에 있는 보세창고 등임)에 장치 중인 물품에 대하여는 당해 물품의 과세가격의 2% 범위 내에서 가산세를 부과한다. 이는 한정된 보세구역의 물품을 원활히 유통시켜 보세구역의 활용을 높이려는 조치이다.

(4) 반입·반송통관 서류

반입·반송신고에는 수입신고서와 수출신고서 양식을 그대로 이용하고 있다. 기재사항들이 유사하기 때문이다. 이를 수입·수출과 구분함은 반입 시에는 관세를 납부하지 아니하고 반송 시에는 관세환급대상이 되지 아니하는 점 등에서 다르기 때문이다.

반입·반송물품을 일반 수출입 물품과 구분하기 위하여 다음과 같이 구분·기재하고 있다.

● 반입의 경우

수입신고서 「⑱종류」란에 다음과 같이 구분하여 부호를 기재한다.

종 류	부 호
• 외국으로부터 수출용 보세공장에 반입물품	12
• 〃 내수용 보세공장에 반입물품	31
• 〃 자유무역지역에 반입물품	27
• 〃 보세판매장에 반입물품	30
• 일반수입 외화획득용	11
• 〃 내수용	21

● 반송의 경우

수출신고서 「⑦신고구분, ⑩종류」란에 다음과 같이 구분·기재하고 있다. 반송신고 시에 이를 허위로 기재하여 관세환급을 받으면 부정환급에 해당한다.

⑦ 수출신고 구분 부호

구분	부 호
• 일반 수출신고	H ~ L
• 반송신고(중계무역 수출 포함)	M

⑩ 수출종류별 부호

종류	부 호
• 보세공장으로부터 수출	B
• 자유무역지역으로부터 수출	D
• 일반수출	A

4. 반송심사와 신고수리

(1) 세관검사

반송신고 물품에 대해서도 반송신고가 성실하게 신고되었는지를 확인하기 위하여 현품검사를 한다. 검사대상 물품의 선정 요령은 수출입 물품의 검사대상 선정 요령과 동일하다. 다만, 반송의 경우에는 바꿔치기나 마약류의 은닉·혼재 등 부정무역의 위험도가 상대적으로 높아 검사대상으로 선정될 가능성이 크다.

(2) 반송심사

반송 담당 직원은 다음의 사항을 심사한다.
- 반송 요건의 적합 여부
- 법 제234조 또는 제235조의 규정에 따라 수출입이 금지되는지 여부
- 대외무역법령 및 기타법령에 의한 조건의 구비 여부
- 기타 반송 물품의 통관을 위하여 필요한 사항

신고사항 중 반송인, 품명 및 규격, 수량, 신고가격 등을 유의하여 심사하게 된다.

> **참고** 반송통관 때 수출입공고 적용 여부
> : 반입·반송은 관세선을 통과하지 않았으므로 관세법상의 수입·수출에는 해당하지 아니하나, 국경선을 통과하는 것이므로 대외무역법상의 수출입에는 해당하여 수출입공고를 적용하여야 할 것이다. 그러나 통합공고에 의한 수출입요건은 반입 반송시 요건확인면제규정인 동 공고 제12조의 규정에 의한 면제사유에 해당되어 적용대상이 아님. 따라서 수입요건의 미구비 등으로 수입통관 되지 않은 물품을 반송하는 경우에는 수출요건의 구비가 필요하지 아니한다. (산업통상자원부 수입55250 - 237호, 2000.9.14.)

(3) 반송신고수리

반송신고 물품에 대하여 신고사항 및 신고서류에 이상이 없고, 물품검사를 하였을 때 신고사항과 현품이 일치하는 등 이상이 없는 때에 반송신고를 수리하게 된다. 이 경우 신고필증의 세관기재란에 "반송 물품"이란 적색 고무인을 날인하여 교부한다. 이는 반송신고 시 수출신고서를 사용하고 있어 수출신고필증과 혼돈을 막으려는 조치이다.

(4) 반송신고의 취하

반송신고는 다음과 같은 정당한 사유가 있는 때에 취하할 수 있다. 다만, 반송신고 시 장치된 장소에서 반출된 후에는 취하할 수 없다(법 제250조 1항 및 수출및반송통관고시 제51조1항)
- 해외공급자가 반송을 거부한 때에는 동 증명서류를 제출할 수 있고, 앞으로 동 물품의 처리 계획이 수립되어 있을 때
- 재해 기타 부득이한 사유로 반송대상 물품이 멸실되었거나 세관장의 승인을 얻어 멸각하고자 하는 경우

• 기타 세관장이 타당하다고 인정하는 경우

5. 반송물품의 선(기)적 관리

(1) 보세구역에 반입된 상태 그대로 외국으로 반출하는 경우

✅ 적재 확인

반송물품의 기한 내 적재 여부는 반송신고수리 세관장이 전산시스템을 조회하여 확인한다. 반송물품은 수출물품과는 달리 신고수리일로부터 30일 이내에 외국무역선(기)에 선(기)적 의무는 없다. 반송물품은 보세운송을 하게 되므로 보세운송을 위반하면 제재를 가하기 때문이다.

(2) 보세구역에서 제조 후 외국으로 반출하는 경우

✅ 수출물품의 30일 이내 선(기)적

보세공장에서 제조·가공되어 수출신고 수리된 물품도 수출신고가 수리된 날부터 30일 이내에 외국무역선(기)에 적재하여야 함은 일반 수출물품과 같다.(보세공장고시 제39조) 출항 또는 적재 일정변경 등 부득이한 사유로 적재기간을 연장하고자 하는 때에는 보세공장고시별지 제21호 서식의 보세공장 수출신고 수리물품 선(기)적기간연장신청서를 제출하면 6개월의 범위 내에서 연장승인을 받을 수 있다.

✅ 미선적물품에 대한 세관장 조치

보세공장에서 제조·가공되어 수출신고 수리된 물품이 신고수리일로부터 30일 내에 선(기)적되지 아니한 경우에는 통관지세관장은 원보세공장에 재반입하도록 명령하여 신고수리를 취소하게 된다. 이 경우 수출신고 수리물품의 반출입신고 및 보세운송신고는 보세공장고시 별지 제20호의2 서식의 보세공장 수출신고 수리물품 재반입 승인서 또는 보세공징고시 별지 제20호서식의 보세공장 수출신고 수리 물품 반입명령서로 갈음한다.

(3) 반송물품의 보세운송

반송물품의 보세운송은 「제8장 보세운송 절차」를 참고 바랍니다.

6절 수출신고서 작성요령

1. 수출신고서 일반사항

1. 수출신고서는 일반수출 이외에 보세공장이나 자유무역지역으로부터 반출 시에도 사용하고, 반송하는 물품 및 북한에 반출하는 물품에도 사용한다.

2. 수출신고서는 상업송품장(Commercial Invoice) 또는 포장명세서(packing list) 등을 근거로 작성하되 신고 시점에 제시된 현품과 동일해야 한다.

3. 품목번호 또는 품목별로 별도의 「란」으로 구분하여 기재하고, 동일 「란」 안에는 모델·규격별로 "모델·규격, 성분, 상표명, 수량, 단가, 금액"을 최대 50행까지 상세히 기재하여야 한다. 모델·규격이 최대 50행을 초과하는 경우에는 수출신고서의 '송품장번호'란에 반드시 해당 송품장번호를 기재 하여야 한다.

4. 다수의 품목으로 신고서 1매를 초과할 경우에는 "을지"를 사용할 수 있으며 이때 신고서의 우측 상단에 "을지"라 표시한다.

5. 자동차, 전자제품, 기계류, 섬유류 등 주요품목에 부수하여 수출되는 품목으로서 금액이 적고 종류가 다양하며 관세환급 또는 무역통계 작성에 지장이 없는 것으로서 품목별로 각각 별도의 「란」을 구분하여 기재하는 것이 비능률적이라고 판단되는 경우에는 여러 가지 부수되는 품목 중에서 무역통계상 별 의미가 없는 품목은 일괄하여 한 「란」에 기재할 수 있다. 이 경우에는 수출신고서의 '송품장번호'란에 반드시 해당 송품장번호를 기재하여야 한다.

6. 원·부자재와 자동차·전자제품 등의 주요 부품(A/S 목적 등) 및 해외 현지조립 방식(Knock Down방식) 수출 물품으로 종류가 다양하며 관세환급 또는 무역통계 작성에 지장이 없는 경우 일괄하여 한 「란」에 기재할 수 있다. 이 경우에는 수출신고서의 '송품장번호'란에 반드시 해당 송품장번호를 기재하여야 한다.

7. 비환급대상 물품의 경우에는 품목별로 「란」을 구분하여 기재하되 모델·규격 구분 없이 일괄하여 기재할 수 있다. 이 경우에는 수출신고서의 '송품장번호'란에 반드시 해당 송품장번호를 기재하여야 한다.

(별지 제1호 서식)

수출신고서

※ (처리기간 : 즉시)

①신고자	⑤신고번호	⑥세관.과	⑦신고일자	⑧신고구분	⑨C/S구분

②수출대행자 (통관고유부호)　　　수출자구분 수 출 화 주 (통관고유부호) (주소) (대표자)　　　　(소재지) (사업자등록번호)	⑩거래구분	⑪종류	⑫결제방법
	⑬목적국	⑭적재항	⑮선박회사 (항공사)
	⑯선박명(항공편명)	⑰출항예정일자	⑱적재예정보세구역
	⑲운송형태		⑳ 검사희망일
	㉑물품소재지		

③제 조 자 (통관고유부호) 　제조장소　　산업단지부호	㉒L/C번호	㉓물품상태
	㉔사전임시개청통보여부	㉕반송 사유
④구 매 자 (구매자부호)	㉖환급신청인　(1:수출대행자/수출화주, 2:제조자) 　자동간이정액환급 (　　　)	

품명 · 규격 (란번호/총란수)

㉗품 명 ㉘거래품명	㉙상표명		

㉚모델 · 규격	㉛성분	㉜수량	㉝단가(XXX)	㉞금액(XXX)

㉟세번부호	㊱순중량	㊲수량	㊳신고가격 (FOB)	$ ₩
㊴송품장번호	㊵수입신고번호	㊶원산지	㊷포장갯수(종류)	

㊸수출요건확인 (발급서류명)			
㊹총중량	㊺총포장갯수	㊻총신고가격 (FOB)	$ ₩
㊼운임(₩)	㊽보험료(₩)	㊾결제금액	
㊿수입화물관리번호		51컨테이너번호	

※신고인기재란	52세관기재란

53운송(신고)인 54기간　부터　　까지	55적재의무기한	56담당자	57신고수리일자

(1) 수출신고수리일로부터 30일내에 적재하지 아니한 때에는 수출신고 수리가 취소됨과 아울러 과태료가 부과될 수 있으므로 적재사실을 확인하시기바랍니다.(관세법 제251조, 제277조) 또한 휴대탁송 반출시에는 반드시 출국심사(부두,초소,공항) 세관공무원에게 제시하여 확인을 받으시기 바랍니다.
(2) 수출신고필증의 진위여부는 관세청 인터넷통관포탈에 조회하여 확인하시기 바랍니다.(http://portal.customs.go.kr)

2. 수출신고서 항목별 기재사항

② 수출대행자, 수출화주

- 수출자 구분란에는 수출자와 제조자와의 관계를 다음 부호와 같이 구분·기재한다.

> 〈수출자 구분 부호〉
> - 수출자가 제조자와 동일한 경우 : A
> - 수출자가 수출대행만을 한 경우 : B
> - 수출자가 완제품공급을 받아 수출한 경우 또는 원상태공급을 받아 수출한 경우 : C
> - 수출자와 제조자가 본·지사 관계일 경우 : D

③ 제조자

- 국내 제조자가 없는 수입물품, 반송물품, 제조자를 알 수 없는 시중구매물품, 제조자 다수 등 제조자 기재가 불가능한 경우에는 제조자 상호를 "미상"으로 하고 통관 고유부호는 "제조 미상 9999000"으로 기재한다.
- 제조장소 : 수출물품 제조장소(공장)의 우편번호 앞 5자리 번호를 기재한다. 다만, 제조자가 미상인 경우에는 수출화주 소재지 우편번호 앞 5자리 번호를 기재한다.
- 수출물품 제조장소의 산업단지부호를 다음 예시와 같이 기재한다. 산업단지가 아닌 경우에는 '999'를 기재한다. (예 : 서울의 한국수출공단 '101')
- 산업단지부호는 관세청홈페이지＞무역통계＞통계자료실＞공지사항＞19.무역통계부호표(2016)＞첨부파일 다운로드＞2016무역＞제2부(29)＞(29)산업단지부호에서 확인한다.

④ 구매자

- 상업송품장(Invoice)에 게기된 외국의 구매회사 이름을 영문으로 기재한다.
- 부호는 관세청(세관)에서 부여하는 해외거래처 부호를 다음 예시와 같이 기재한다. 관세청에 등록된 부호가 없는 경우에는 관세청(세관)에서 해외거래처 부호를 부여받아 기재한다. 다만, 임시개청 등의 사유로 부득이하게 해외거래처 부호를 확인할 수 없거나 부여받을 수 없는 경우에는 기타부호(ZZZZZ9999Z)를 기재한다.

⑧ 신고구분 : 신고의 형태를 다음과 같이 구분하여 부호로 기재한다.

구 분	부 호
• Paperless(P/L) 수출신고	H
• 관세법 제226조 규정에 의한 세관장 확인대상 물품	J
• 출항 후수출신고(수출및반송통관고시 제32조 제2항)	L
• 반송신고(중계무역수출포함)	M
• 기타	O

⑩ 거래구분 : 수출의 형태를 관세청 무역통계부호표에서 찾아 다음 예시와 같이 구분부호로 기재한다. (예 : 일반형태 수출 '11')

- 거래구분 부호는 관세청홈페이지＞무역통계＞통계자료실＞공지사항＞19.무역통계부호표(2016)＞첨부파일 다운로드＞2016무역＞제2부(5-1)＞(14)수출관리부호 1)형태별분류(거래구분)에서 확인한다.

⑪ **종류** : 수출되는 지역을 다음과 같이 구분하여 부호로 기재한다. 관세환급대상이 될 수 있는 수출

은 일반수출 (A)와 우편수출 (P)에 한한다.

종류	관리번호	비고
• 일반수출	A	일반
• 보세공장으로부터 수출	B	보세공장
• 관세자유지역으로부터 수출	C	관세자유
• 자유무역지역으로부터 수출	D	자유무역
• 종합보세규역으로부터 수출	E	종합보세
• 공해상에서 체포한 수산물의 현지수출	F	현지수출
• 선상수출신고	L	선상수출
• 우편수출(국제우체국 신고수리분)	P	국제우편

⑫ 결제방법 : 수출물품의 대금결제방법을 다음과 같이 구분·부호로 기재한다.

구분	기호	구분	기호
• 신용장방식		• 송금방식	
- 일람출급 L/C	LS	- 단순송금방식	TT
- 기한부 L/C	LU	- COD, CAD방식	CD
• 불할영수(지급)방식	LH		
• 계좌이체(상호계산)방식	WK	• 기타유상	GO
• 무신용장방식		• 기타무상	GN
- D/P	DP		
- D/A	DA		

⑬ 목적국 : 수출물품의 최종 도착국가에 대한 약어(7자리)와 ISO 국가코드(2자리)를 기재한다(국가별 약어와 ISO코드는 관세청홈페이지＞무역통계＞통계자료실＞공지사항＞19.무역통계부호표(2016)＞ 첨부파일 다운로드＞2016무역＞제2부(67. 국가별 ISO코드 및 통화코드)에서 확인한다.

⑭ 적재항 : 수출물품이 적재되는 공항, 항구명을 통계부호표를 참조 기재한다.
- 관세청홈페이지＞무역통계＞통계자료실＞공지사항＞19.무역통계부호표(2016)＞첨부파일 다운로드＞2016무역＞제2부(5-1)＞(5)항구 및 공항부호에서 확인한다.

⑮ 선박회사(항공사) : 당해 항차의 선박운행을 책임지는 선박회사의 상호 또는 당해 항행의 항공기 운항을 책임지는 항공사 상호를 기재하고, 부호는 관세청에 등록된 선박회사 또는 항공사의 코드를 기재한다.

⑯ 선박명 (항공편명) : 선박의 고유명칭(선박명을 23자리 이내의 영문으로 기재하고, 국외로 출항하는 항공기의 운항 항공편명을 기재한다.

⑰ 출항예정일자 : 당해 선박 또는 항공기의 출항예정일을 기재한다.

⑱ 적재예정 보세구역 : 적재를 위한 장치장소의 보세구역 코드를 기재한다.
- 보세구역 코드는 관세청홈페이지＞무역통계＞통계자료실＞공지사항＞19.무역통계부호표(2016)＞ 첨부파일 다운로드＞2016무역＞제2부(69. 장치장소 부호)에서 확인한다.

⑲ 운송형태 : 운송수단과 운송용기를 다음과 같이 구분·부호로 기재한다.

- 운송수단과 용기의 부호는 관세청홈페이지＞무역통계＞통계자료실＞공지사항＞19.무역통계부호

표(2016)≫첨부파일 다운로드≫2016무역≫제2부(5-1)≫(8)운송형태부호 1)운송수단별 부호와 2)운송용기별 부호에서 확인한다.

⑳ 검사희망일 : 수출물품에 대한 세관검사 희망일자를 기재한다. 신고 시점에는 수출물품이 신고한 장치장소에 장치되어 있어야 한다.

㉑ 물품 소재지

- 수출물품이 장치되어 있는 소재지의 우편번호 앞 5자리와 소재지를 기재한다. 다만, 물품소재지가 동일세관 관내 2개소 이상인 경우에는 대표적인 곳의 우편번호와 소재지를 도로명 주소로 기재한다.
- 물품소재지가 보세구역일 경우, 주소('시·군·구'용어는 생략) 및 보세구역명을 기재한다.
    (예) 한진보세장치장 서울 강동 명일대로 123

㉒ L/C번호 : 신용장 거래 방식에 의한 수출인 경우에는 L/C번호를 기재하고, 그 외의 경우에는 은행 참조 번호 또는 계약서 번호를 기재한다.

㉓ **물품상태** : 수출물품이 신품인지 중고품인지를 기재한다.

- 수출물품이 신품인 경우 : N
- 수출물품이 신품과 중고품 혼재인 경우 : M
- 수출품인 중고품인 경우 : O

㉔ **사전 임시개청 통보여부** : 야간 또는 공휴일에 신고서를 전송하는 경우, 사전에 임시개청을 통보한 신고서인지 아닌지를 기재한다.

- 임시개청 미통보(임시개청대상이 아님) : A
- 임시개청 기통보(임시개청대상임) : B

㉕ **반송사유** : 반송절차에 관한 고시의 규정에 의한 반송물품의 경우에는 반송사유부호를 다음의 예시와 같이 기재한다. (예 : 통관보류물품의 반송인 경우 '20')

- 반송사유부호는 관세청홈페이지≫무역통계≫통계자료실≫공지사항≫19.무역통계부호표(2016)≫첨부파일 다운로드≫2016무역≫제2부(16)≫(24)수출반송사유부호에서 확인한다.

㉖ 환급신청인과 자동간이정액환급

- 환급신청인 : 수출물품이 환급대상인 경우 환급신청인을 수출대행자/수출화주와 제조자 중 해당하는 번로를 다음과 같이 기재한다.
    - 수출대행자/수출화주 : 1
    - 제조자 : 2
- 자동간이정액환급 : 수출신고에 의한 자동 간이정액환급신청여부를 다음과 같이 기재한다.
    - 자동 간이정액환급신청 : AD
    - 미신청 : NO
  ※ 자동간이정액환급을 신청하고자 하는 자는 다음의 세 요건을 모두 충족하여야 한다.
    1. 환급신청인이 수출물품의 제조자이어야 하며
    2. 거래구분은 일반형태 수출인 '11'이어야 하고
    3. 수출물품의 제조자 통관고유부호는 관세환급시스템에 등록된 자동환급 대상업체의 통관고유부호와 일치하여야 한다.

㉗ 품명 : 당해 물품을 나타내는 관세율표상의 품명을 영문으로 기재한다.

- 관세율표상 품목번호 10단위에 당해 품명이 특게되어 있는 경우 이를 기재하고 10단위에 특게되어 있는 품명이 없는 경우에는 9단위부터 4단위까지 순차적으로 특게된 품명을 찾아 기재한다.
- 품목번호 중 최종 4단위에도 관세율표상에 품명이 특게되지 않은 경우 일반적인 품명을 기재한다.
- 관세율표상에 특게된 품명이 당해 물품의 성질을 정확하게 표현하지 못하는 경우 일반적인 품명 기재한다.
- 부분품 및 부속품의 경우에는 「~PART」 또는 「PART FOR~」로 일괄 기재하고 구체적인 품명은 모델·규격 란에 기재한다.
- 해외현지조립방식(Knock Down) 물품의 경우 "CKD" 또는 "SKD" 라는 단어를 기재한 후 품명을 기재한다.

   ※ 중고물품인 경우 품명 맨 앞에 "USED"를 표기한다.

      반복수출입포장용기의 경우 품명 맨 앞에 "Returnable"를 표기한다.

㉘ 거래품명 : 실제 상거래시 상업송품장 등 무역서류에 기재하는 품명을 기재한다.

- 영어 이외의 외국어는 단순히 발음을 영자로 표기한다.
- 학명은 CITES 해당 여부 등을 위해 확인이 필요한 경우 기재한다.

㉙ 상표명 : 상표가 있는 경우 실제 사용하는 하나의 상표명을 기재한다.

- 상표에 포함되어 있는 공백을 제거하고 연결하여 기재하고, 상표가 다른 경우 란을 달리하여 신고하며, 'BRAND'라는 단어는 기재하지 않는다.
- 상표가 없는 경우 'NO'를 기재한다.

㉚ 모델·규격 : 해당 품목의 세부 모델 및 규격을 기재한다.

- 모델·규격별 일련번호를 기재하고 세관 심사에 필요한 모델 및 규격을 상세히 기재하며 하나의 모델에 규격이 여러개인 경우 각 규격별로 규격 앞에 모델명을 기재한다.
- 모델명 기재방법 : 생산방식, 생산방법, 타입 등을 나타내는 부호이므로 모델이 있는 경우에는 규격 앞에 "MODEL : "라는 단어를 기재한 후 영어 대문자로 모델명을 기재한다.
- 규격 기재방법 : 재질, 가공상태, 용도, 조립여부, 사이즈, 정격전압, 처리능력, 생산년도, 두께 등을 나타내며 여러 규격을 기재하는 경우 ';'로 구분하여 기재한다.
- 원·부자재의 단위실량(Raw Material) 등 환급심사에 필요한 사항을 기재하고자 하는 경우 그 앞에 "〈RM〉"라고 기재한 후 영어 대분자로 내역을 기재한다.

㉛ 성분 : 품목분류, 법 제266조의 규정에 의한 세관장 확인대상 물품, 관세환급심사에 영향을 미치는 성분 및 함량을 기재한다.

- 농산물 혼합물 및 실, 직물의 경우는 성분 및 함량을 모두 기재한다.

㉜ 수량·단위 : 당해 품목의 모델·규격별 수량을 기재하고 소수점 이하 다섯째 자리에서 반올림하여 기재하며, 실제 수량단위를 기재한다.

㉝ 단가 : 당해 품목의 모델·규격별 단가를 기재하고 소수점 이하 일곱째 자리에서 반올림하여 기재한다.

㉞ 금액 : 당해 품목의 모델·규격별 금액을 기재하고 소수점 이하 다섯째 자리에서 반올림하여 기재

하며 결제금액란의 통화종류 부호를 단가 및 금액항목 우측 ( )안에 출력한다.

㉟ 세번부호 : 관세율표에 게기된 HS 부호를 10단위까지 기재한다.

• 전자상거래 물품의 수출신고 시에는 비환급대상이나 관세법 제226조의 규정에 의한 세관장 확인 대상물품에 해당하지 않는 경우 6단위 기재가 가능하다.

㊱ 순중량 : 수출물품의 총중량에서 포장의 무게를 공제한 중량을 기재한다. 다만, (IC)로 표기된 것은 최소의 포장무게를 포함한다. 단위는 kg으로 기재하되 소수점 이하 둘째자리에서 반올림하여 기재한다.

㊲ 수량 : 관세율표에서 당해 HS 부호 별로 표기하도록 요구하고 있는 단위로 환산·기재한다. 관세율표 상의 수량단위는 수입신고서작성요령을 참조하기 바란다. 소수점 이하는 반올림하여 기재한다.

㊳ 신고가격 : FOB 기준의 원화 가격을 원단위까지 기재한다.

• 송품장상 결제조건이 FOB가 아닌 경우에는 FOB가격으로 산정하여 기재한다(결제조건이 CIF인 경우 운임, 보험료를 공제한 금액).

• 외국에서 수리, 개조하기 위하여 반입된 선박, 항공기를 수리 후 수출하는 경우에는 수리, 개조로 인한 가득액을 기재(E/L, 송품장금액 참조)한다.

• 우리나라 선박, 항공기를 외국에서 수리 후 반입하기 위해 수출하는 경우에는 "0"을 기재한다.

• 선박, 항공기가 아닌 기타의 경우에는 물품가격에 가득액을 합산하여 기재한다.

㊴ 송품장 부호 : 상업송품장 부호를 기재한다. 수출물품에 원상태수출물품이 일부 포함되어 수출되는 경우 맨 앞에 "72 - "를 기재한 후 송품장 부호를 기재한다.

㊵ 수입신고번호 : 재수출조건부 수입물품의 수출신고 시 기재하며 해당 수입신고건의 신고번호와 란번호를 기재한다.

㊶ 원산지 : 수출물품의 원산지를 국가부호로 기재하고 원산지 결정방법 코드와 원산지 표시 여부 및 원산지증명서 발급여부를 다음 예시와 같이 기재한다. "CN - A - Y - Y"

• 원산지 결정방법 코드

A : 완전생산기준	2 : 세번변경기준(HS 2단위)
B : 부가가치기준(직접생산비기준)	4 : 세번변경기준(HS 4단위)
C : 부가가치기준(타국원재료비공제기준)	6 : 세번변경기준(HS 6단위)
D : 가공공정기준	8 : 세번변경기준(HS 6단위에서 세분)
E : 조합기준	

• 원산지 표시여부 코드

N : 원산지 미표시	B : 포장에만 원산지 표시
Y : 현품 및 포장에 원산지 표시	G : 현품에만 원산지 표시

• FTA 원산지증명서 자율발급 여부 표시

Y : 원산지증명서 발급(수출이후 발급예정 포함)
N : 원산지증명서 미발급
B : 상대국 보세구역 반입으로 불필요

※ 자율발급 국가(칠레, EFTA, EU 등)의 경우에는 반드시 기재하여야 하며, 수출이후 원산지증명서 발급예정인 경우에도 기재하여야 한다.

㊷ **포장 개수(종류)** : 수출신고서 란별로 포장명세서 상의 총 외포장 개수를 다음 예시와 같이 기재

한다.

> **예** 15카톤(판지로 만든 상자)인 경우 : 15   CT
> 수량 포장의 종류

- 포장종류의 부호는 관세청홈페이지≫무역통계≫통계자료실≫공지사항≫19.무역통계부호표(2016)≫첨부파일 다운로드≫2016무역≫제2부(5-1)≫(6)포장종류부호에서 확인한다.

㊸ 수출요건확인 : 수출요건별 구분코드를 기재하고 수출요건확인서의 허가 또는 승인 번호를 기재하며 ( )속에 발급서류 명을 기재한다.

- · 수출요건별 구분코드

       A : 수출승인서   D : 검역증
       B : 수출추천서   E : 전략물자수출허가서 또는 상황허가서
       C : 검사증

- 요건승인번호

      A : 수출승인서

         ㉠ 수출에 제한이 있는 경우에는 반드시 기재

         수출입구분 1자리   연도 2자리
         기관고유코드 3자리   일련번호 7자리
         산하기관코드 2자리   체크다짓 1자리

         ㉡ 대외무역법령상 수출승인면제물품인 경우에는 대외무역관리규정의 해당 사유항목을 기재

     E. 전략물자수출허가서(상황허가서 포함)

         ㉠ 허가구분자리(1자리)

         A : 개별수출허가   D : 수탁가공포괄수출허가
         B : 일반포괄수출허가   E : 전략물자비해당판정
         C : 특정포괄수출허가

         ㉡ 허가번호 및 판정번호(6자리)

- 전략물자 자가판정서로 요건확인을 하는 업체의 경우에는 매 수출신고 시 마다 동일한 자가판정서를 제출함이 업계에 부담이 되고 신속통관에 장애가 됨으로 동일한 물품(동일한 모델·규격)을 동일한 목적국의 동일 구매자에게 수출하는 경우에는 첫회 발급 받은 자가판정서로 요건확인을 하도록 2017년에 개선하였음. 그러므로 수출요건확인 기재란에는 첫회 발급받은 자가판정서 번호 기재하고, 또한 ※신고인기재란에는 첫회 자가판정서 번호가 입력된 수출신고번호를 기재하여야 함.

  ※ 신고인 기재란 : 관세사 등 신고인이 수출신고 시 세관에 제공하는 정보를 기재한다.

㊹ 총중량 : 포장무게를 포함한 수출물품의 중량을 kg단위로 기재한다(소수점 이하 둘째자리에서는 반올림).

㊺ 총포장갯수 : 포장명세서 상의 총 외포장 개수를 기재한다(운송용기 수량으로 기재하지 않음).

㊻ 총신고가격 : 수출신고된 각 란별 가격의 합계(원단위 이하 절사)를 원단위까지 기재하고, 총 원화 가격을 관세청장이 고시한 수출환율로 환산($ 이하는 반올림)하여 미화로 기재한다.

㊼ 운임 : 결재금액(㊽)에 운임이 포함된 경우에만 이 란을 기재한다. 운임은 원화로 환산하여 기재한다.

㊽ 보험료 : 결재금액(㊽)에 보험료가 포함된 경우에만 이 란을 기재한다. 보험료는 원화로 환산하여 기재한다.

㊾ 결재금액 : 송품장의 내용에 근거하여 인도조건, 통화코드, 금액(실제 결제금액) 순으로 기재한다. 인도조건은 다음의 INCOTERMS 2010 코드를 기재하고 그 이외에는 환산하여 기재한다.

> EXW, FAS, FCA, FOB, CFR, CIF, CPT, CIP, DAP, DDP, DAT (11개임)

- 통화코드 및 금액은 통계부호표 상의 통화코드를 다음과 같이 기재하고 실제 결제금액을 기재한다. 다만, 관세청 고시환율에 해당통화코드가 없는 경우에는 "USD"로 기재하고 금액은 과세가격결정고시 제3조를 준용·환산하여 기재한다.

> (예) CFR조건 12,000,000원인 경우 : CFR – KRW – 12,000,000
> 　　　　　　　　　　　　　　　인도조건 – 통화코드 – 금액

〈인도조건 부호〉

인도조건	부호	인도조건	부호
· Ex Work (작업장 인도조건)	EXW	· Carriage Paid to (운송비지불 인도조건)	CPT
· Free Carrier (운송인 인도조건)	FCA	· Carriage and Insurance Paid to (운송비, 보험료지불 인도조건)	CIP
· Free Alongside Ship (선측 인도조건)	FAS		
· Free On Board (본선 인도조건)	FOB	· Delivered Duty Paid (관세지급 인도조건)	DDP
· Cost and Freight (운임포함 인도조건)	CFR	· Delivered At Place (도착장소 인도조건)	DAP
· Cost, Insurance and Freight (운임, 보험료 포함 인도조건)	CIF	· Delivered At Terminal (도착터미널 인도조건)	DAT

㊿ **수입화물 관리번호**
- 화물관리번호 : 반송절차에 관한 고시의 규정에 의한 반송물품의 경우에 당해 수입화물의 관리번호를 다음 예시와 같이 기재한다.

> (예) 화물관리번호 + 구분부호

* 무적화물은 "NO"를 기재하고 화물관리번호가 여러개인 경우에는 모두 기재하여 전송하되 수출신고서에는 최초 입력한 번호만 출력한다.
- 구분부호 :
  A : 화물 전량을 반송
  B : 화물을 분할하여 반송
  C : 여러 건의 화물을 동시에 반송

51 컨테이너 번호 : 컨테이너 적입여부("Y" 또는 "N")를 기재하고 컨테이너에 적입된 경우 컨테이너 번호를 기재한다. 최대 10개까지 기재 가능하며, 수출신고서에는 최초 입력한 번호만 출력한다.

52 세관기재란 : 세관에서 사용하는 특기사항(예 선적확인사항 등) 기재란으로 신고 시에 기재할 필요가 없다.

53 운송 신고인 : 보세운송대상물품(보세공장물품, 자유무역지역 등)인 경우에는 해당 보세운송신고인의 상호와 성명을 한글로 기재하고, 일반 수출물품인 경우에는 복합운송주선업자 등 당해 수출물품의 운송인의 상호와 성명을 한글로 기재한다. 기재방법은 다음과 같다.
- 운송신고인이 신고자인 경우 : "신고자와 동일"로 기재
- 운송신고인이 수출자인 경우 : "수출자와 동일"로 기재

- 운송신고인이 제조자인 경우 : "제조자와 동일"로 기재
- 운송신고인이 보세운송사업자인 경우 : 상호와 성명을 기재

㉜ 기간 : 보세운송신고수리 일자와 종료예정 일자를 다음 예시와 같이 기재하고, 일반수출물품인 경우에는 운송예정기간을 기재한다.

㉝ 적재의무기간 : 신고수리일 터 기산된 최초 적재의무기한이 전산시스템에서 자동으로 기재되므로 신고인이 기재할 필요는 없다.

㉞ 담당자 : 세관의 접수 담당자가 기재한다.

㉟ 신고수리일자 : 세관에서 수출신고 수리일자를 기재한다.

4장

관세환급 대상과 실무

1. 수출지원 관세환급
2. 과오납 환급
3. 계약상이 환급
4. 전자상거래물품 반환 환급

1. 수출지원 관세환급

관세환급이란 세관에 납부한 관세를 어떠한 사유로 되돌려받는 것을 말하며, 되돌려받는 사유에 따라 '과오납 환급', '계약상이 환급' 및 수출지원을 위한 '관세환급'의 3종류로 구분한다.

(1) 환급의 취지

수입물품에 관세를 부과함은 국내산업체를 보호하는 것이나 수출업체에는 수출을 저해하는 요인으로 작용하는 것이므로 이를 폐지하는 것이 요청된다.

상반된 이 두 요구를 모두 충족하기 위하여 수출업체에는 수출품 제조에 소요된 원재료가 수입될 때에 납부한 관세를 되돌려 주어 관세장벽을 제거함으로써 수출을 지원하는 것이다.

〈 수출지원 관세환급 절차 〉

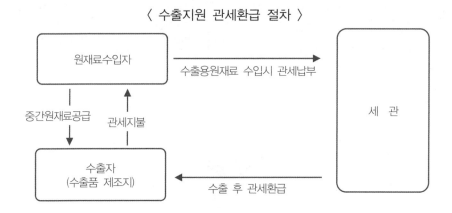

(2) 환급의 요건

수입한 원재료로 제조한 물품을 일정한 기간 내에 수출하여야 함이 원칙이다(수입신고필증 등과 소요량계산서 및 수출신고필증 등이 있어야 함).

예외적으로 수입한 물품을 제조하지 아니하고 수입한 상태(이를 원상태라고 부른다.)대로 수출한 때에도 환급이 가능하며(이 경우에는 수출신고필증과 수입신고필증이 있어야 함), 간이정액환급률표를 적용하여 환급액을 산출하는 때에는 소요량계산서와 수입신고필증 등이 없어도 수출신고필증만으로도 환급신청이 가능하다.

(3) 환급신청권자

수출 등에 제공한 자가 환급신청인이 될 수 있다. 수출한 경우에는 수출자와 수출품 제조자 중 수출신고필증 ㉖환급신청인란에 기재된 자이다.

(4) 환급신청 기한

물품을 수출 등에 제공한 날(수출한 때에는 수출신고필증상의 수출신고 수리일)로부터 5년 이내에 신청하여야 한다. 이 기간이 경과되면 환급신청권이 소멸된다.

(5) 환급신청 서류

환급신청 서류는 환급금 산출방법에 따라서 다음과 같이 다르다.

환급금 산출방법	신 청 서 류	구 비 서 류
• 간이정액환급률표를 적용하는 경우 (1) (2) • 개별환급방법에 의하는 경우 (1) (2) (3) (4)	(1) 환급신청서(환급특례고시 별지 제3호서식) (2) 수출증명서류 (3) 원재료 수입시 납부세액 증명서류 (4) 소요량 증명서류	• (갑)지, (을)지, (정)지 • 선(기)적이 확인된 수출신고필증 등 • 환급신청서(병)지 • 수입신고필증 기납증 등 • 소요량계산서

(6) 환급액

환급액의 산출방법은 정액환급률표의 적용여부에 따라 다음과 같이 서로 다르다.

● 간이정액환급률표를 적용하는 경우

$$\text{정액환급률표 상의 금액)} \times \frac{\text{수출신고필증상의 물품금액 (FOB₩)}}{10,000}$$

● 개별환급 방법에 의하는 경우

수출품 제조에 소요된 원재료의 종류와 양을 소요량계산서에 의하여 확인하고, 동 원재료의 수입시 납부세액을 수입신고필증과 기납증 등에 의하여 산출한다.

(7) 환급신청 기관

유상으로 수출하는 물품에 대하여는 관세청장이 지정한 세관 중 수출업체에서 임의 선택하여 신청할 수 있음이 원칙이다. 수출용원재료에 대한 관세환급신청은 환급업체가 소재하고 있는 관할지 세관에 신청하여야 하며, 관세환급신청 세관을 변경하고자 하는 경우에는 환급신청 기관 변경신청서를 변경 전 세관장에게 제출하여야 하며 변경신청서를 접수한 세관장은 관할지 세관 변경이유 및 소요량관리의 적정성 등을 판단하여 승인한다. 환급은 김포세관, 김해세관, 고성세관 및 부산 국제우편세관을 제외하고는 어느 세관에서도 가능하다.

2. 과오납 환급

(1) 환급의 취지

외국으로부터 물품을 수입하는 때에 납부한 관세가 납부하여야 할 금액보다 많이 납부하였음이 발견된 때에 이를 바로 잡기 위하여 되돌려받는 것이다.

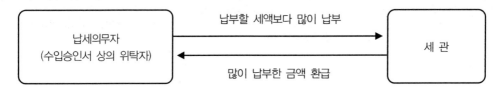

(2) 환급요건

납부하여야 할 금액보다 많은 금액을 납부하였음이 확인되면 그 사유를 불문하고 환급신청이 가능하다. 예를 들면 과세환율의 적용착오, 관세율의 적용 착오 또는 관세평가 시에 과세가격에 포함해서는 안 될 비용(연불이자 등)을 포함한 때 등이다. (법 제46조)

(3) 환급신청권자

수입신고필증상의 납세의무자(11번란)가 환급신청권자가 되며, 납세의무자로부터 환급신청권을 양도받으면 누구든지 환급신청이 가능하다. 이 경우에는 양도증명서류와 양도자의 인감증명서를 첨부하여야 한다.

(4) 환급신청 기한

과오납환급을 신청할 수 있는 날로부터 5년 이내에 환급신청하여야 한다. 이 기간이 경과되면 환급신청권이 소멸된다 (법 제22조 2항). 과오납 환급을 신청할 수 있는 날은 다음과 같다(영 제7조 2항).

① 경정으로 과오납이 확정되는 경우에는 경정결정일
② 착오납부 또는 이중납부의 경우에는 그 납부일
③ 계약과 상이한 물품 등에 대한 환급의 경우에는 당해 물품의 수출승인일 또는 보세공장 반입신고일(법 제106조 1항)
④ 폐기, 멸실, 변질 또는 손상된 물품에 대한 환급의 경우에는 해당 물품의 폐기, 멸실, 손상된 날(법 제106조 3항 4항)
⑤ 수입신고의 취하 또는 각하로 과오납이 발생하는 경우에는 그 취하 또는 각하일
⑥ 적법하게 납부한 후 법률의 개정으로 과오납이 발생하는 경우에는 그 법률의 시행일

(5) 환급신청 서류

환급신청서(납세업무처리고시 별지제19호서식)에 과오납 을 증명할 수 있는 사유서 또는 서류 등을 첨부하여 통관지세관장(징수담당부서)에게 제출하여야 한다.

세관장이 과오납을 직접 확인한 때에는 납세의무자의 청구가 없는 경우에도 환급이 가능한 것이므로, 이 경우에는 환급신청 서류가 없어도 환급이 가능하다.

(6) 환급액 산출방법

과오납한 금액, 즉 이미 납부한 세액에서 정상 납부세액을 공제한 차액이 환급액이다. 관세를 과오납 환급하는 수입물품에 대한 부가가치세와 개별소비세, 농어촌개별소비세 등 내국세가 함께 과오납된 경우에는 내국세도 관세와 함께 환급된다(법 제4조 참조).

과오납금의 환급 시에는 과오납한 기간에 상당하는 환급가산금을 환급액에 포함하여 지급한다. 이 경우 환급가산금 계산 시에는 내국세 환급액도 포함한다.

환급가산금의 이율은 년 1천분의 31의 이율로 한다(영 제56조2항, 규칙 제9조의3).

> **참고** **1. 과오납 환급시 부가가치세 환급 여부**
> : 종전에는 세무서에 신고된 부가가치세는 이미 세무서에서 과오납한 부가가치세를 환급 받은 것이므로 세관에서 환급을 받지 않는 것이 절차상 간편하다는 생각에서 세관에서 환급하지 않았으나 다음과 같은 사유로 환급하여야 한다.
> ① 부가가치세법시행령 제71조 2항 및 제3항에서 과오납환급시 수입물품에 대하여 납부한 부가가치세는 지체없이 환급해 주도록 규정하고 있고,
> ② 관세법 제46조 1항에서 세관장이 직접 확인한 과오납금은 납세의무자의 청구가 없는 경우에도 환급토록 규정하고 있으므로 납세자의 부가가치세 환급청구 여부 및 세무서로부터 환급 여부 또는 매입세액 공제여부에 관계없이 부가가치세법령대로 환급하고 반드시 수정수입세금계산서를 교부하는 동시에 이 사실을 관할 세무서에 통지하여야 한다.(관세청 심사정책47130 - 114호, 2000.2.2.)
> **2. 농어촌특별세 환급가산금 지급 여부**
> : 관세추징에 따른 농특세 과오납 환급시 환급가산금은 지급하지 아니한다.(관세청 총괄 47230 - 1022호, 1995.8.24.)

(7) 환급신청 기관

과오납이 발생한 수입물품의 통관지 세관에 신청하여야 한다.

3. 계약상이 환급

(1) 환급의 취지

계약상이 환급은 다른 조세에서는 볼 수 없고 관세법에만 있는 특수한 환급제도이다. 관세는 소비세이므로 수입물품이 국내에서 소비되는 것을 전제로 부과되는 조세(징세의 편의상 소비되기 전에 세관에서 징수하고 있음)이고, 수입계약과 다른 수입물품은 수입자에 책임 없이 잘못 수입된 것이며, 수입 후 국내에서 사용되지 아니하고 수출자에게 되돌려 보내지거나 폐기(멸각)되는 등으로 국내에서 소비되는 것이 아니기 때문이다.

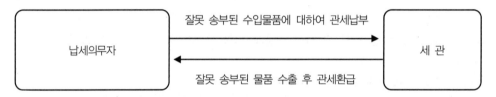

(2) 계약상이 환급의 종류

법 제106조의 계약상이 환급규정에 의하면 계약상이물품의 수입으로 인한 관세환급과 정상수입물품이 수입신고수리 후 지정보세구역에 장치 중 재해로 인하여 멸실 되거나 변질 또는 손상 등으로 그 가치가 감소된 경우의 관세환급을 함께 규정하고 있다.

후자의 경우는 실제 발생할 가능성이 극히 희박한 경우이며, 엄밀한 의미에서는 계약상이 환급으로 볼 수 없다. 또한, 전자는 수입된 계약상이물품의 처분방법에 따라 수출하는 경우와 국내에서 멸각 또는 폐기하는 경우로 구분하고 있는바, 이는 계약상이 환급의 요건이 다르고, 환급신청서에 첨부할 환급요건의 증빙서류가 달라지기 때문이다.

(3) 환급의 요건

계약내용과 다른 환급을 받기 위해서는 다음의 세 요건을 모두 갖추어야 한다.

가) 수입 통관한 물품이 계약내용(수입신용장 등)과 다른 물품일 것

다음은 계약상이 환급대상으로 볼 수 없다.

- 신용장 개설의 실수로 잘못 수입된 물품(수입신용장의 물품과 수입물품이 같은 경우)
- 수입통관 후 운송 도중 변질 또는 파괴된 경우
- 수입신고수리 전 계약상이물품의 확인으로 관세를 납부하지 않은 물품

나) 1년 이내에 수출하거나 세관장의 승인을 얻어 멸각 또는 폐기한 것일 것

수입신고수리일로부터 1년 내에 보세구역(세관장이 허가한 보세구역외장치장과 자유무역지역

중 관세청장이 고시한 장소 및 통관우체국 포함)에 반입하여 수출하거나 세관장의 승인을 얻어 멸각 또는 폐기한 것일 것

❶ 기간(1년)의 계산

수입신고수리일로부터 보세구역 반입일까지로 계산한다. 이 경우 수출은 수입신고 수리일부터 1년이 지난 후에도 할 수 있다.

❷ 보세공장 생산물품의 수입 통관한 경우

당해 물품이 보세공장에서 생산된 후 국내반입을 위하여 수입 통관한 경우 수입신고수리일로부터 1년 이내에 보세공장에 다시 반입된 물품에 한한다.

❸ 계약상이물품의 수출신고

무상수출사유서, 계약상이물품임을 증명할 수 있는 서류(수입신용장, 검정보고서, 송하주와 교환한 서신 등)와 수입신고필증 등을 수출신고서에 첨부하여 수출신고필증의 세관기재란에 다음과 같이 계약상이물품의 수출임을 증명하여야 한다.

종전 수입신고필증에 표시하던 것은 전산으로 확인이 가능하기 때문에 신고 간소화 차원에서 2017년부터 생략하게 되었다.

> 〈수출신고필증〉
> 수출신고번호 ○○○-○○-○○○○○('20. . .신고수리)호의 전량(또는 일부 개)을 계약상이로 수출 ○○○ ㊞

④ 보세구역 반입

보세구역에 계약상이물품을 반입하고자 할 때는 세관장에게 신고하여야 한다.

다) 수입신고수리 당시의 성질 또는 형상이 변경되지 아니한 물품일 것

이는 보세구역에 반입된 물품과 수입신고필증상의 물품이 일치하는 것으로 확인한다. 그러므로 제조에 사용 중 작업자의 부주의로 발생한 불량품은 계약상이물품에서 제외된다.

(4) 환급신청권자

계약상이물품을 수입한 화주, 즉 수입신고필증상의 납세의무자가 환급신청인이 된다. 다만, 화주로부터 환급신청권을 양도받은 때에는 양수자도 환급신청자가 될 수 있다. 이 경우에는 양도증명서류와 양도자의 인감증명서를 환급신청 서류에 첨부하여야 한다.

(5) 환급신청 기한

계약상이물품을 수출한 때에는 수출신고 수리일, 세관장의 승인을 받아 없애버리거나 폐기한 때에는 멸각 또는 폐기한 날로부터 5년 내에 환급을 신청하여야 한다. 이 기간이 경과되면 환급신청권은 소멸한다.

(6) 환급신청 서류

❶ 계약상이물품 수출시 환급신청 서류

- 환급신청서(납세업무처리고시 별지제19호서식)
- 수출신고필증(세관기재란에 계약상이물품 수입신고필증의 신고번호와 수출품이 동 계약 상이물품임이 확인되어야 함) 원본과 사본
- 계약상이물품의 선(기)적증명서류(선적일이 표시된 선하증권 등)
- 계약상이물품임을 증명하는 서류 : 수입신용장과 검정보고서(Survey Report) 등(세관장이 필요하다고 인정 시)
- 계약상이물품의 수입신고필증 원본과 사본

❷ 계약상이물품 보세공장 반입시 환급신청 서류

- 계약상이 환급신청서
- 보세공장반입승인서
- 계약상이물품을 증명하는 서류

❸ 계약상이물품의 멸각(폐기)시 환급신청 서류

- 계약상이 환급신청서(과오납 환급신청서 참조)
- 세관장의 멸각(폐기)승인서와 동 확인서(계약상이물품의 수입신고번호와 동 계약상이물 품이 멸각 또는 폐기되었음이 확인되어야 함)
- 멸각물품의 경우에 경제적 가치가 있는 잔존물이 발생하는 때에는 그 명세(품명·규격·수 량·가격 등)
- 계약상이물품임을 증명하는 서류 : 수입신용장과 검증보고서(Survey Report) 등(세관장이 필요하다고 인정 시)
- 계약상이물품의 수입신고필증 원본과 사본

(7) 환급액의 산출

- 계약상이물품의 수입 시에 납부한 관세액을 전액 환급한다.
- 계약상이물품의 수입 시에 납부한 내국세(개별소비세, 주세, 교육세, 교통세 및 농어촌특 별세)액도 함께 전액을 환급한다(법 제4조 1항 참조).

> 참고 **계약상이 환급시 부가가치세 환급 여부**
> : 종전에는 세무서에 신고된 부가가치세는 이미 세무서에서 계약상이 납부한 부가가치세를 환급 받은 것이므로 세관에서 환급을 받지 않는 것이 절차상 간편하다는 생각에서 세관에서 환급하지 않았으나 다음 과 같은 사유로 환급하여야 한다.
> : 부가가치세법시행령 제71조 2항 및 제3항에서 계약상이 환급시 수입물품에 대하여 납부한 부가가치세는 지 체없이 환급해 주도록 규정하고 있으므로 납세자의 부가가치세 환급청구 여부 및 세무서로부터 환급 여부 또 는 매입세액 공제여부에 관계없이 부가가치세법령대로 환급하고 반드시 수정수입세금계산서를 교부하는 동시 에 이 사실을 관할 세무서에 통지하여야 한다(관세청 심사정책47130·114호, 2000.2.2.).

(8) 환급신청 기관

❶ 계약상이물품의 보세구역 반입

계약상이물품을 반입하는 보세구역은 세관장이 지정 또는 특허한 보세구역이면 어디든지 가능하다. 그러나 일반수입물품은 계약상이물품의 장치장소에 가까운 지정장치장 또는 보세창고(자가 보세창고 포함)에 반입하는 것이 유리하다. 이들은 수출입할 물품을 일시 장치하는 장소이며, 계약상이물품의 장치장소에서 멀면 운송비용이 많이 소요되기 때문이다. 다만, 예외적으로 지정장치장 또는 보세창고에 반입하기가 현실적으로 곤란한 거대중량 등의 물품에 대하여는 세관장의 승인을 받은 보세구역외장치도 가능하다. 계약상이물품의 반입 보세구역이 수입통관지세관의 관할구역이어야 할 이유는 없다. 이는 관세법령상 계약상이물품의 수출신고세관 및 멸각·폐기물품의 신청세관에 제한이 없기 때문이다.

❷ 계약상이물품의 수출신고 세관

계약상이물품의 수출신고 시에는 계약상이물품이 반입된 보세구역을 관할하는 세관장에게 신고하여야 한다.

❸ 수출한 계약상이물품에 대한 환급신청 세관

환급신청 세관에 제한이 없다(영 제121조 2항). 2001년 시행된 법 개정 이전에는 당해 계약상이물품의 수입지 세관장에게 환급신청 하도록 제한하고 있었으나 개정하였다. 그러나 계약상이물품의 수출세관에 환급신청하는 것이 편리하다. 가까운 세관이고 수출한 세관이기 때문이다.

❹ 계약상이물품의 폐기승인 및 확인신청 세관

계약상이물품을 반입한 보세구역을 관할하는 세관장에게 신청하여야 한다. 또한, 동 승인된 계약상이물품의 폐기 확인도 동 승인세관에 신청하여야 한다.

❺ 폐기한 계약상이물품에 대한 환급신청 기관

전국의 어느 세관(출장소)이든지 제한이 없이 환급신청할 수 있다. 그러나 계약상이물품을 폐기승인 및 확인한 세관에 환급신청함이 정상적이다. 환급신청인의 주소지와 가까운 세관일 것이고, 동 사실을 잘 알고 있을 것이므로 이해가 빨라 환급처리가 신속해질 것이기 때문이다.

(9) 계약상이 환급신청 사례

수입화주가 보세구역에 반입하지 아니하고 수출신고한 것을 세관장이 별도로 보세구역에 반입도록 조치하지 않고 계약상이물품으로 인정하여 수출신고를 수리한 경우 계약상이 환급요건 미비로 계약상이 환급 가능 여부 사례

> **참고** 계약상이 환급요건 미비로 계약상이 환급 가능 여부 사례
> 보세구역에 반입하지 않고 수출신고하였다 하더라도 세관장이 계약상이물품으로 인정하여 수출신고를 수리한 것이므로 계약상이 환급이 가능하다. 다만, 세관에서는 계약상이물품으로 신고한 물품이 보세구역에 반입되지 아니하면 보세구역에 반입도록 조치한 후 수리하여야 한다(관세청 심사정책 47130 · 594호, 2000.6.13.).

4. 전자상거래물품 반환 환급

(1) 환급의 취지

외국과의 전자상거래를 지원하기 위하여 관세를 납부한 물품이 반품되는 경우 그 납부한 관세를 되돌려주기 위함이다.

(2) 환급의 요건

① 수입물품이 개인의 자가사용물품 즉 전자상거래물품이어야 한다.

② 수입한 상태 그대로 수출하여야 한다. 수입신고 당시의 성질 또는 형태가 변경되지 아니하고 국내에서 사용하지 않아야 가능하다.

③ 수입한 날(신고수리일)로부터 6개월 이내에 보세구역(자유무역지역 중 관세청장이 고시한 장소 포함)에 반입하여 수출하거나, 세관장의 확인을 받고 수출하여야 한다.

④ 위의 3요건을 모두 갖춘 경우에는 수입신고필증 상의 물품 전체를 반환하지 않고 그 중 일부를 반환하는 경우에도 반환하는 물품의 납부세액을 확인할 수 있는 경우에는 환급이 가능하다.

⑤ 보세판매장(국제무역선 또는 국제무역기 포함)에서 구입한 물품이 환불되는 경우에는 자진신고할 때 납부한 관세를 환급할 수 있다.

(3) 환급신청 서류

환급신청서(납세업무처리고시 별지제19호서식)에 수출신고필증(수출증빙서류)과 수입신고필증(수입증빙서류)을 갖추어 세관에 제출하면 30일 이내에 환급금을 받을 수 있다.

5장

FTA 통관 절차와 실무

1절 FTA 개요와 현황

1. FTA 개요와 체결 현황

(1) FTA 개요

FTA(Free Trade Agreement)는 자유무역협정으로서 회원국 간 무역자유화를 위해 관세를 포함하여 각종 무역제한 조치를 철폐하는 협정을 말한다. 무역자유화를 위한 국가 간의 협정에는 크게 다자간의 무역협정과 지역 간의 무역협정의 두 가지 형태가 있다.

다자간 무역협정은 범세계적으로 협정을 체결한 국가가 모두 동일한 혜택을 받는 데 비하여 지역무역협정은 2개국 또는 그 이상의 지역적 협정을 체결한 국가 간에만 혜택을 받을 수 있음이 다르다. 다자간 무역협정에는 WTO 무역협정이 대표적이고, 지역무역협정은 유럽의 EU, 북미의 NAFTA, 동남아시아의 ASEAN 등이 있으며, FTA(자유무역협정)가 대표적이다.

(2) FTA 체결 현황

제2차 세계대전 이후 GATT 체제로부터 WTO 체제에 이르기까지 세계무역협정은 다자간 무역협정을 주로 하고 지역무역협정은 보완 수단으로 운영됐다.

2001년에 시작하여 2005년까지 3년 이내에 체결하기로 한 다자간 무역협정(DDA 협정)이 농산물 등에 대한 합의가 실패함으로써 2006년 협상을 일시 중단하는 등 지지부진하자 이에 대한 대안으로서 FTA가 단기간에 광범위한 무역자유화 달성 수단으로 인식되어 확대되는 추세에 있다.

2015년 4월 현재 지역무역협정 발효 건수는 총 399건이며, 이 중 자유무역협정(FTA)이 231건으로 58%를 차지하고 있다.

2025년 4월 현재 우리나라의 FTA 체결·발효된 협정은 다음과 같다.

- 한·칠레 FTA : 2004.4.1. 발효
- 한·EFTA FTA : 2006.9.1 발효
- 한·아세안 FTA : 2007.6.1 발효
- 한·EU FTA : 2011.7.1 발효
- 한·미국 FTA : 2012.3.15 발효
- 한·호주 FTA : 2014.12.12. 발효
- 한·중 FTA : 2015.12.20. 발효
- 한·콜롬비아 FTA : 2016.7.15. 발효
- 한·영 FTA : 2021.1.1.
- 한·캄보디아 FTA : 2022.12.1.
- 한·인도네시아 FTA : 2023.1.1.
- 한·싱가포르 FTA : 2006.3.2 발효
- 한·인도 CEPA(포괄적 경제동반자 협정) : 2010.1.1 발효
- 한·페루 FTA : 2011.8.1. 발효
- 한·튀르키에 FTA : 2013.5.1. 발효
- 한·캐나다 FTA : 2015.1.1. 발효
- 한·뉴질랜드 FTA : 2015.12.20. 발효
- 한·베트남 FTA : 2015.12.20. 발효
- 한·중미 FTA : 2019.10.1. 발효
- 한·RCEP FTA : 2022.2.1
- 한·이스라엘 FTA : 2022.12.1.
- 한·필리핀 FTA : 2024.12.31.

2. FTA 법령 체계

국회에서 비준 후 정부에서 공포한 FTA 협정은 국내법과 동일한 효력을 가지는 것이며, 관세법과 FTA 관세 특례법 등 국내법에 우선하여 적용되는 특별법의 성격을 띠고 있다(FTA 관세특례법 제3조 2항).

FTA 협정에서는 일반원칙만 정하고 시행에 필요한 구체적인제도·절차는 국내법령에 위임하고 있어, 이의 이행에 필요한 사항을 규정하기 위하여 자유무역협정의 이행을 위한 관세법의 특례에 관한 법률(이 책에서 'FTA관세특례법'이라 하고 이장에서는 '법'이라 한다)과 동 시행령, 시행규칙(이 책에서 'FTA관세특례법시행령', 'FTA관세특례법시행규칙'이라 하고 이장에서는 '영', '규칙'이라 한다)을 제정하고 있다.

(1) FTA 관세특례법

FTA 협정의 국내 이행에 필요한 기본법의 성격을 가진다. 협정마다 따로 이행법률을 제정하는 방법도 있고, 모든 협정을 묶어 이행법률을 제정할 수도 있다. 우리나라는 한·칠레 FTA 특례법을 제정한 이후 동시다발적으로 FTA를 추진하게 됨에 따라 신속한 법적 지원을 위하여 모두 하나의 이행법률을 적용토록 운용하고 있다. 즉각 FTA 협정마다 다른 사항들은 시행령과 시행규칙으로 규정할 수 있도록 법률에서 위임하고 있다. 또한, 기 제정된 한·칠레 FTA 특례법과 동법시행령 및 동법시행규칙도 2010.1.1 개정 발효된 같은 법률에 통합하였다.

(2) FTA 관세특례법 시행령

FTA 관세 특례법에서 위임한 사항들을 대통령령으로 규정하고 있다. 특히 FTA 협정 별 적용할 협정관세율을 별표로 규정하고 있다.

협정세율은 협정에 의하여 적용되는 것이나 협정에는 품목별 양허 유형과 연도별 감축비율만 규정하고 있어 수입업체와 세관으로서는 실제 적용되는 구체적인 관세율을 파악하는 데 어려움이 있기 때문에 연도별 적용세율 및 적용기간 등을 표기하였다.

(3) FTA 관세특례법 시행규칙

FTA 관세 특례법과 동법시행령에서 위임한 사항들을 기획재정부령으로 규정하고 있다. 각 협정 별 원산지 결정기준(제12조 및 별표)과 원산지증명서의 발급방법 및 발급기관 등을 협정 별 국가별로 규정하고 있다.

(4) FTA 관세특례 고시

FTA 관세 특례법령에서 위임한 사항 및 통관절차 등을 관세청 고시로 규정하고 있다. 원산지증명서의 서명권자 등록 및 정보교환 등 구체적인 사항들을 규정하고 있다.

2절 FTA 수입통관의 절차

1. 수입거래계약 전 확인사항

FTA 협정관세 적용 물품을 수입하고자 하는 때에는 수입계약 전에 다음 사항을 확인하여야 수입 후 발생할 우려가 있는 문제점을 예방할 수 있다.

(1) 협정관세율 적용 대상 품목 확인

수입하고자 하는 물품이 우리나라 관세율표상 협정관세 적용 물품인지를 당해 FTA 협정에서 확인한다. 할당 수량에 대해서만 낮은 세율을 적용하는 관세 할당 품목(농축산물 등)에 대해서는 주무부장관 등의 추천서를 제출하여야 한다(영 제3조).

(2) 협정관세 적용 제한 확인

수출자가 우리나라 세관장의 자료 제출 요구에 응하지 않거나, 서면조사 또는 현지 조사에 대해 동의하지 아니하는 경우 당해 수입물품에 대하여 협정관세 적용을 받을 수 없으므로 이를 계약서에 명기하는 것이 필요하며, 또한 이미 협정관세 적용 제한자로 지정된 자인지도 함께 확인하여야 한다(관세청이나 세관에서 확인 가능).

(3) 수출자에게 원산지증명서 송부 요청

수출자에게 FTA 협정의 규정에 맞는 원산지증명서를 보내 줄 수 있는지를 사전에 확인하고 계약하여야 한다. 협정관세를 적용받지 못하면 수입품의 가격을 재조정해야 할 경우도 있을 수 있기 때문이다.

(4) 배상 문제를 계약서에 반영

잘못 발급된 원산지증명서를 보내거나 원산지증명서를 발급받지 못하는 경우 등으로 관세를 추징당하는 경우의 배상문제를 사전에 충분히 합의하여 계약서에 반영하여야 불의의 손해를 예방할 수 있다.

2. 협정관세 적용신청

(1) 협정관세 적용신청서 제출

수입통관 시에 협정세율을 적용받고자 하는 때에는 수출자로부터 받은 원산지증명서를 보고 작성한 협정관세 적용신청서(FTA관세특례법시행규칙 별지 제1호서식)를 수입신고 시에 세관장에게 제출하며, 원산지증명서는 세관에 제출하지 아니한다.

이는 수입신고 시(수입신고수리 전까지)에 원산지증명서를 제출하고 신청하는 경우에는 종이서류 제출에 따른 수입통관 절차가 지연되기 때문에 신속통관을 위하여 전자문서로 통관하기 위함이다. 원산지증명서는 세관장이 심사를 위하여 요청하는 때에 제출하면 된다.

(2) 협정관세 적용신청서 제출 시기

● 수입신고수리 전 제출 원칙

협정관세 적용신청서는 수입신고 시에 제출함이 편리하다. 전자문서로 통관하는 경우 수입신고 후 즉시 수리되기 때문이다. 이 경우 수입신고서에 적용받고자 하는 협정관세율 및 관세율 구분부호를 기재하여야 한다(FTA관세특례고시 제10조).

● 수입신고수리 후 제출 예외

수입신고 시에 원산지증명서를 수출자로부터 받지 못하였을 때 부득이 수입신고수리 후 1년 이내에 제출할 수 있다. 이 경우에는 수입신고 시에 협정관세를 적용하지 아니한 관세를 납부하고, 수입통관을 한 후에 원산지증명서가 갖춰지면 이를 근거로 협정관세 적용신청서를 작성하고 다음의 서류를 첨부하여 세관장에게 제출하여 수입통관 시에 납부한 관세를 환급 받게 된다(법 제9조, 영 제5조, FTA관세특례고시 제18조)

① 수입·납세신고정정신청서
② 원산지증명서 원본 또는 사본
③ 원산지증빙서류(세관장이 요구하는 경우)
- 중국에서 수입되는 물품에 대해서는 원산지증명서를 세관에 제출할 필요가 없다. 한·중 FTA 원산지자료교환시스템이 구축(2016.12.28.시행)되어 중국에서 발급된 원산지증명서가 우리나라 세관에 전산으로 통보되어 확인이 가능하기 때문이다.
- 원산지증명서 사본은 원산지증명서 원본을 스캔 등의 방법으로 전자이미지화 한 것으로 세관장이 인정하는 것 또는 FTA고시에서 정한 원산지증명서 사본 제출 스탬프를 날인한 사본에 한한다.

3. FTA 협정관세율 우선 적용 순위
(FTA관세특례법 제5조)

(1) FTA 협정관세율 우선 적용 원칙

FTA 협정이 국가 간의 무역을 촉진하기 위하여 체결한 것이므로 협정체결국에서 수입되는 원산지요건을 충족한 물품에는 협정관세가 최우선적으로 적용되어야 한다.

(2) 협정관세율이 관세법 관세율보다 높은 경우

협정관세율이 관세법에 의한 관세율보다 높은 경우에는 관세법의 낮은 세율을 적용한다. 사정의 변경으로 협정관세를 적용하지 아니하는 경우의 관세율이 협정관세율보다 낮은 경우에는 우선적용의 실익이 없으므로 관세법의 낮은 세율을 적용한다.

칠레에서 수입되는 홍어에 대한 협정관세율을 보면 25%이나 관세법에 의한 조정관세율은 10%이므로 협정관세율을 적용하지 아니하고 조정관세율을 적용한다.

다만, 협정관세율이 관세법에 의한 세율과 같은 경우에 수입자가 협정관세의 적용을 신청하는 때에는 협정관세율을 적용할 수 있다. (FTA관세특례법 제5조제1항)

(3) FTA 협정관세율보다 우선적용 관세 등

덤핑방지관세, 상계관세, 보복관세, 긴급관세와 특별긴급관세는 FTA 협정관세율보다 우선 적용한다. 이러한 관세 등은 특정물품의 수입증가로 우리나라 국내 산업이 심각한 피해를 받을 우려가 있을 때에 국내산업을 보호하기 위하여 발동하는 관세이므로 협정관세에 우선하여 적용하는 것이다. 이러한 관세는 적용 품목 수가 극히 적다.

4. 수입물품에 대한 원산지증빙서류 수정 통보

수입자는 체약상대국의 수출물품에 대한 원산지증빙서류를 작성한 자 또는 당해 물품에 대한 수입신고를 수리 한 우리나라 세관장으로부터 원산지증빙서류의 내용에 오류가 있음을 통보받은 경우로서 그 오류로 말미암아 납세신고한 세액 또는 신고납부 한 세액에 과부족이 있는 때에는 수입자가 통보받은 날부터 30일 이내(서면조사통지를 받기 전날까지)에 세액정정·세액보정신청·수정신고 또는 경정청구를 하여야 한다(FTA관세특례법 제14조2항 및 FTA관세특례법 시행규칙 제20조).

3절 FTA 수출통관의 절차

1. 수출거래계약 전 확인 사항

FTA 협정관세 적용 물품을 수출하고자 하는 때에는 수출계약 전에 다음 사항을 확인하는 것이 무역거래를 원활하게 하는 데 도움이 될 수 있다.

(1) 협정관세율 적용대상 품목 확인

수출하고자 하는 물품이 수출상대체약국 관세율표상 협정관세 적용 물품인지를 다음과 같이 확인한다. 수출거래처에 문의하는 방법도 있다. 협정관세율 적용품목이면 FTA 협정에 의한 원산지증명서를 요구할 것이기 때문이다.

- 협정관세율찾기 〉 한국무역협회홈페이지 〉 국제무역연구원 〉 FTA포탈〉 FTA관세율 〉 상대국의 수입관세율 〉 찾고자 하는 국가명 〉 HS Code 또는 관세청홈페이지 〉 FTA〉 한국어 〉 FTA자료실 〉 협정별 세율정보 〉 수출세율조회 〉 HS코드(6자리)

(2) 협정관세율 인하 폭 확인

적용되는 협정세율을 알기 위해서는 HS 번호(Code)를 알아야 한다. 6단위까지는 세계 공통이고, 나머지 부호는 4단위 이내에서 국가마다 다르다. 협정관세율이 종전 관세율보다 인하되는 폭을 알면 수출가격의 결정 또는 수출량의 증대에 활용할 수 있을 것이다.

(3) 수출품의 원산지 결정기준 재확인

수출거래처에 FTA 협정의 규정에 맞는 원산지증명서를 보내 주기로 약속하고 이를 이행하지 못할 때 배상의 문제도 발생할 가능성도 있고 수출거래가 단절될 수도 있기 때문이다.

(4) 원산지 사후조사에 따른 배상

수출자가 수출물품에 대해 한국산으로 판정하여 원산지증명서를 발급하고 이를 근거로 수입자가 FTA 협정세율을 적용 받았으나, 사후조사 결과 한국산이 아닌 것으로 판정된 경우 수입자는 수출자에게 특혜관세 적용 배제에 따른 금전적 손해배상을 청구할 수 있음을 유의하여야 하며, 또한 수출자는 국내공급자로부터 수령한 원산지(포괄)확인서상의 물품이 한국산이 아닌 것으로 확인된 경우에는 수입자가 청구한 손해배상 부분에 대해 국내공급자에게 청구할 수 있다.

2. FTA 원산지증명서의 송부

원산지증명서 증명발급이 수출업체 자율발급인지 기관발급인지를 먼저 FTA 협정에 의거 확인하고, 자율발급이면 자율발급 증명방법으로 수출업체에서 증명서를 발급한다. 자율발급을 하면서는 원산지 결정기준에 적합 여부를 철저히 확인하여야 하며, FTA 협정마다 원산지증명서의 서식이 다르므로 이 점도 특히 유의하여야 한다.

기관발급이면 수출품의 선적 전에 증명기관에 신청(제5절 참조)하여 원산지증명서를 발급받아 수출거래처에 보낸다. 인터넷으로 간편한 원산지증명서의 발급을 위해서는 관세청장 또는 세관장에게 신청하여 원산지인증수출자로 지정받는 것이 좋다.

중국으로 수출하는 물품에 대해서는 원산지증명서를 수출자에게 송부하지 않아도 가능하다. 한·중FTA 원산지자료교환시스템이 구축(2016.12.28.시행)되어 우리나라에서 발급된 원산지증명서가 중국세관에 전산으로 통보되어 확인이 가능하기 때문이다. 다만, 수출자에게 원산지증명서가 발급되었음을 알려주기 위해서 원산지증명서를 송부할 필요는 있다고 본다.

3. 수출물품에 대한 원산지증빙서류의 수정 통보

수출자 또는 생산자가 체약상대국의 협정관세를 적용받을 목적으로 원산지증빙서류를 작성·제출한 후 당해 물품의 원산지에 관한 내용에 오류가 있음을 안 때에는 30일 이내에 그 사실을 원산지증명서 수정 통보서(규칙 별지제31호서식)에 수정된 원산지증빙서류를 첨부하여 수출신고세관장 및 원산지증빙서류를 제출받은 체약상대국의 수입자에게 각각 통보하여야 한다.

이 경우 세관장은 동 사실을 체약상대국의 관세 당국에 통보하게 된다(법 제14조1항, 영 제9조, 규칙제19조).

4절 FTA 원산지 결정기준

1. 원산지 결정기준의 일반원칙

원산지 결정기준은 '일반기준'과 '품목별 기준'으로 대별되며 양자를 모두 충족하여야 원산지 물품으로 인정된다. 일반기준은 총칙 규정으로서 협정체계상 '원산지규정'의 본문으로 규정되며, 품목별 기준은 해당품목에 한정하여 적용되는 각칙으로서 '별표'로 규정되는 것이 일반적이다.

FTA 협정세율은 협정체결국을 원산지로 하는 물품에 한하여 적용할 수 있다. 그러므로 원산지 결정기준은 각국의 이해를 반영하기 위하여 협정별, 품목별로 다르며, 일반기준과 더불어 해당 품목별로 적용되는 원산지 결정기준을 정한 뒤 이를 보완하기 위한 기준과 직접운송의 원칙을 적용하고 있다. 원산지 결정기준의 일반기준을 보면 다음과 같다.

(1) 완전생산기준

당해 물품 전부를 완전히 생산·가공 또는 제조한 나라를 원산지로 인정하는 기준이다. 농산물, 임산물, 축산물, 수산물, 광산물 등이 대표적이며, 원산지의 확인이 쉬운 것이 특징이다.

(2) 실질적 변형 기준

2개국 이상에 걸쳐 생산된 물품의 원산지는 그 물품의 본질적 특성을 부여하기에 충분하게 최종적으로 '실질적 변형'을 수행한 국가를 원산지로 한다. 예를 들면 미국에서 수입한 원면으로 우리나라에서 면직물을 제조한 후 중국에 가서 제조한 의류의 원산지를 어느 나라로 볼 것인가 하는 것이다.

여기서 '실질적 변형'으로 인정하는 방법은 국가마다 품목마다 이해관계에 따라 달라질 수 있는데 다음과 같이 여러 방법이 활용되고 있다.

❶ 세번변경기준

원재료의 세번(HS) 부호와 제품의 세번(HS) 부호가 일정수준 이상 달라지는 생산을 하였을 때 당해 물품을 최종적으로 생산한 국가를 '실질적 변형'이 이루어진 국가로 보는 기준이다. 여기서 일정수준은 세번(HS) 부호의 변경 단위가 2단위(CC)가 변경된 경우, 4단위(CTH)가 변경된 경우 및 6단위(CTSH)가 변경된 경우의 3종류로 나누어진다.

위 예에서는
- 원면 세번(HS) 부호 : 5201.00
- 면직물 세번(HS) 부호 : 5208.12
- 의류 세번(HS) 부호 : 6205.20

　이어서 세번(HS) 변경기준 4단위를 적용하는 경우 우리나라와 중국이 모두 세번 변경 기준에 해당하므로 최종적으로 '실질적 변형'을 수행한 중국이 원산지이다.

❷ 부가가치 기준

　당해 물품의 제조과정에서 발생한 부가가치가 일정수준 이상인 국가를 원산지로 인정하는 기준이다. 부가가치율 산정공식은 다음과 같이 두 가지 방법이 있다. 기준가격과 산정공식은 협정마다 달라질 수 있고 원산지를 인정하는 부가가치율은 동일 협정에서도 품목마다 달라질 수 있다. 기준가격을 보면 제품가격은 FOB 가격, 비원산지 재료가격은 CIF 가격이 일반적이나 EXW 가격을 적용하는 때도 있다.

- 집적법 : 원산지 재료가격 ÷ 제품가격 × 100
- 공제법 : (제품가격 - 비원산지 재료가격) ÷ 제품가격 × 100

　예를 들어 소요량계산서상에 소요된 수입원재료의 양의 가격이 8만원이고 제품가격이 20만원일 때 공제법에 따라 부가가치율을 계산하면

　(20만원 - 8만원) ÷ 20만원 = 60%가 된다.

❸ 주요 공정기준

　당해 물품의 제조과정에서 특정한 공정을 거친 국가를 원산지로 인정하는 기준이다. 섬유 또는 의류제품에 주로 이용되고 있다. 한·칠레 FTA는 의류제품에 한하여 자국산 원단을 사용하여 재단·봉제공정을 거쳐 만들면 원산지를 인정하고 있고, 한·싱가포르 FTA 및 한·EFTA FTA는 원단의 원산지와 관계없이 재단·봉제공정을 거쳐 만들면 원산지를 인정하고 있다.

(3) 보충적 원산지 기준

　앞에서 언급한 기준들이 지니고 있는 한계 또는 모순을 보완하기 위하여 다음과 같은 다양한 형태의 보충적 기준을 FTA에 도입하고 있다.

❶ 미소기준 (원산지 인정 최소기준)

　비원산지 원재료의 가격이 당해 물품의 전체가격에서 차지하는 비율이 일정수준 이하로 미미할 때 세번 변경 기준 등 원산지 요건을 충족하지 못할 경우에도 예외적으로 원산지를 인정하는 기준이다.

　원산지를 인정하는 미소기준 인정 한도는 협정에 따라 다르다. 한·칠레 FTA는 8% 미만이나, 한·싱가포르 FTA 및 한·EFTA FTA는 10% 미만 수준이다.

❷ 누적기준

　부가가치율을 산정할 때에 협정 상대국에서 생산한 수입 원재료를 국산 원재료로 인정하는 기준이다. 한·칠레 FTA는 칠레로 수출하는 물품의 부가가치율을 계산할 때에 칠레에서 수입한 원재료는 국산 원재료로 취급하는 것이다.

　또한, 국내에서 다수 생산자에 의해 다단계 제조공정을 거쳤을 때 국내에서 발생한 모든 부가가치는 국내 최종단계의 생산자에 의해 발생한 것으로 간주한다. 즉 외국에서 1차 원재료를 수입한

후 국내에서 추가가공을 거쳐 생산된 반제품을 조달하여 최종제품에 결합한다고 할 때 국내에서 조달한 반제품이 원산지물품의 요건을 충족하는 때에는 당해 반제품의 전체 가격을 국내에서 발생한 부가가치에 포함한다.

❸ 최소공정기준 (불인정 공정기준)

세번(HS) 변경기준에 의거 원산지기준을 충족하는 때도 단순·가벼운 공정을 거쳐서 제조된 물품은 원산지를 인정하지 않는 기준을 말한다. 예를 들어 중국산 멸치(HS030(1)를 우리나라에서 건조하여 마른 멸치(HS030(5)를 가공하면 4단위 세 번(HS) 변경이 발생하고, 미국산 쌀(HS100(6))을 수입하여 국내에서 분쇄한 쌀가루(HS110(2)는 2단위의 세 번(HS) 변경이 발생하나 이러한 경우는 원산지를 인정하지 않는 것이다.

2. 직접운송과 원산지 결정의 특례

(1) 직접운송의 원칙

원산지 인정요건을 모두 갖추었더라도 운송 도중 제삼국을 거치지 않고 원산국에서 수입국으로 직접 운송된 때에만 협정관세를 적용하는 원칙을 말한다. 다만, 환적 등 운송상의 목적으로 제삼국(보세구역)을 거친 경우는 원산지가 인정된다.

Back‐to‐Back 원산지증명서가 좋은 사례이다. 이는 재수출물품에 발급하는 원산지증명서로서 수입물품을 수입통관하지 아니하고 보세구역에 장치된 상태에서 그대로 수출하는 것이므로 최초 수출국의 원산지증명서에 의거 다시 발급하게 된다.

(2) 원산지 결정의 특례

FTA 협정시 상대국의 특수한 지리적 특성이나 사정을 고려하여 원산지 특례조항이 제정되는 때도 있다. 역외가공 물품과 개성공단 생산품이 대표적이다.

✅ 역외가공물품

한·싱가포르 FTA 및 한·EFTA FTA는 외국 임가공물품의 원산지를 우리나라로 인정하는 제도이다.

예를 들어 (1단계) 한국에서 반제품 생산 → (2단계) 중국에서 반제품 조립 → (3단계) 한국에서 완제품생산 → 노르웨이로 수출하는 경우

부가가치율을 산정할 때에 임가공한 반제품의 원산지를 한국으로 인정하는 것이다. 역외가공 물품의 구체적인 인정범위는 협정에 따라 다르고 품목에 따라서도 다를 수 있다.

✅ 개성공단 생산품

한·싱가포르 FTA, 한·아세안 FTA 및 한·EFTA는 개성공단에서 생산된 물품은 원산지를 한국

으로 인정하여 협정관세를 적용하는 규정이다. 원산지를 인정하는 구체적인 물품은 협정에 따라 다르고, 품목에 따라서도 달라질 수 있다(한·아세안 FTA는 국가마다 적용품목이 다름).

3. 원산지 사전심사 제도

당해 수입물품에 적용할 FTA 협정에서 사전심사에 관한 사항을 규정하고 있는 국가(싱가포르, 칠레 등)에서 수입하는 물품의 원산지를 결정함에 있어 동 결정기준의 기초가 되는 원재료의 원산지, 가격, 부가가치율 산정 등에 대하여 의문이 있는 자는 수입신고를 하기 전에 관세청장에게 사전심사를 신청할 수 있다. 체약 상대국의 수출자와 생산자 뿐만아니라 그 대리인도 신청할 수 있다(법 제31조, 영 제37조, 규칙 제31조, FTA관세특례고시 제47조)

(1) 사전심사 신청 사항 (영 제37조1항)

① 당해 물품 및 당해 물품의 생산에 사용된 재료의 원산지에 관한 사항

② 당해 물품 및 당해 물품의 생산에 사용된 재료의 품목분류·가격 또는 원가결정에 관한 사항

③ 당해 물품의 생산·가공 또는 제조과정에서 발생한 부가가치의 산정에 관한 사항

④ 해당 물품에 대한 관세의 환급·감면에 관한 사항

⑤ 해당 물품의 원산지 표시에 관한 사항

⑥ 제4조에 따른 수량별 차등 협정관세의 적용에 관한 사항 등

(2) 사전심사 신청인

① 우리나라 수입업자 등

② 체약상대국의 수출자 및 생산자와 그 대리인.

(3) 사전심사 신청서류 (영 제37조2항)

① 다음 내용이 기재된 사전심사신청서(규칙 제35호)

　1. 생산에 사용된 재료의 원산지에 관한 사항

　2. 생산에 사용된 재료의 품목분류·가격 또는 원가결정에 관한 사항

　3. 생산·가공 또는 제조과정에서 발생한 부가가치의 산정에 관한 사항

　4. 해당 물품에 대한 관세의 환급·감면에 관한 사항

　5. 해당 물품의 원산지 표시에 관한 사항

　6. 수량별 차등협정관세의 적용에 관한 사항

② 거래계약서·원가계산서·원재료내역서·공정명세서 등 신청내용에 대한 심사에 필요한 서류

③ 수수료 : 신청 품목당 30,000원

(4) 신청 결과

① 90일 이내에 심사결과를 사전심사서로 통지하게 된다. 다만, 제출된 서류가 심사를 하기에 부족한 경우에는 신청인에게 보정을 요구하게 된다.

② 사전심사의 결과에 이의가 있는 자는 그 결과를 통지받은 날로부터 30일 이내에 관세청장에게 이의를 제기할 수 있다.

③ 사전심사를 받은 수입물품에 관해서는 사전심사내용 변경 등 특별한 사유가 없는 한 사전심사서의 내용에 따라 세관에서 협정관세를 적용하게 된다(법 제31조3항).

5절 원산지 증명제도

1. 원산지 증명기관

원산지 증명 방법에는 수출업체 자율발급제와 기관 발급제가 있으며, 각 협정에 의해서 선택된다.

(1) 자율발급제

수출자가 자율적으로 원산지 요건을 확인하고 증명서를 작성하여 수입자에게 전달하는 방식이다. 수출자와 생산자가 다른 경우에는 생산자의 원산지확인서를 근거로 수출자가 작성한다. 아세아주 이외의 국가에서 채택하고 있다.

(2) 기관 발급제

수출국의 권한 있는 기관이 수출자로부터 신청받아 원산지의 적정 여부를 확인한 후 증명서를 발급하는 방식이다. 아세아주 국가에서 채택하고 있다. 우리나라는 세관, 자유무역관리원(지유무역지역 입주기업 한정)과 상공회의소가 발급한다. 개성공단 물품은 세관에서 발급한다.

(3) 절충식

두 방식을 혼용하는 방식이다. 한·EUFTA에서 6,000유로 이상의 수출품에 대해서는 세관장이 인정한 원산지인증수출자만 가능하고, 한·페루FTA에서 협정 발효 후 5년 이내(2016년7월까지)는 기관발급을 하고, 그 이후에는 자율발급을 하는 등이다.

자율발급 협정	기관 발급 협정
· 한·칠레 FTA, 한·EFTA FTA, 한·EU FTA. · 한·미 FTA, 한·페루FTA, 한·튀르키에 FTA. · 한·호주 FTA, 한·카나다 FTA. · 한·콜롬비아 FTA, 한·뉴질랜드 FTA. · 한·중 FTA, 한·영 FTA	· 한·싱가포르FTA, 한·아세안 FTA, · 한·인도FTA, 한·중국 FTA, · 한·베트남 FTA, 한·RCEP FTA · 한·캄보디아 FTA, 한·이스라엘 FTA · 한·인도네시아 FTA, 한·필리핀 FTA

2. 원산지증명서의 자율발급

(1) 자율발급의 중요성

수출품의 원산지는 생산자나 수출자가 가장 잘 알고 있으므로 수출자가 증명하는 것이 정확하고 간편하다. 그러나 고의나 착오로 잘못 발급되어 수입국 세관의 원산지 조사 등에 따라 밝혀질 때는 수입자에게 직접적인 피해를 주게 되어 수출거래가 단절될 뿐만 아니라 손해배상의 문제도 발생하며, 국가적으로도 신뢰를 받지 못하여 대외 무역거래에 지장을 주게 될 우려가 있다. 그러므로 자율발급은 정확하게 제도를 이해하여 착오하는 일이 없도록 유의하여야 할 것이다. 특히 원산지 결정기준에 주의할 필요가 있다.

(2) 발급방법 (영 제6조, 규칙 제14조, FTA관세특례고시 제41조~43조)

① 협정이 정하는 방법과 절차에 따라 수출자가 자율적으로 당해 수출품에 대하여 원산지 결정기준에 따른 원산지를 확인한 후 원산지증명서 기재요령에 따라 원산지증명서를 작성·서명하여 체약상대국 수입자의 요구에 따라 제공한다. 협정에서 허용하는 경우는 당해 물품의 상업송장 또는 이에 갈음하는 서류에 생산자 또는 수출자가 원산지를 기재할 수도 있다.

   1. 한·칠레 FTA는 규칙 별지 제8호서식
   2. 한·미 FTA는 규칙 별지 제17호 권고서식
   3. 한·콜롬비아 FTA는 규칙 별지 제18호 서식
   4. 한·호주 FTA는 규칙 별지 제19호서식
   5. 한·카나다 FTA는 규칙 별지 제20호서식
   6. 한·뉴질랜드 FTA는 규칙 별지 제21호 서식의 원산지증명서를 작성
   7. 한·EFTA FTA는 규칙 별표 제16호
   8. 한·EU FTA는 규칙 별표 제17호
   9. 한·페루 FTA는 규칙 별표 제16호
   10. 한·튀르키에 FTA는 규칙 별표 제19호
   11. 한·영 FTA는 규칙 별표 제20의 2호
   12. 한·이스라엘 FTA는 규칙 별표 제20의 4호
   13. 한·필리핀 FTA는 규칙 별표 제20의 5호에 게기된 문안을 기재

② 영문으로 작성한다.

③ 원산지증명서 작성대장이 비치되어 발급내역이 관리되어야 하고,

④ 원산지증명서에 서명권자가 지정되어 원산지증명서 서명카드(고시 별지 제9호서식)를 비치하고 있어야 하며, 그 서명권자가 서명하여 발급하여야 한다.

수출자가 서명권자를 변경 또는 추가하고자 할 때에는 원산지증명서 서명카드에 새로운 서명권자의 서명·지정일자 및 사유를 기재하여야 하며 종전의 서명권자에 대하여는 해제일자 및 사

유를 기재하여야 한다.

(3) 생산자와 다른 수출자 또는 수입자의 원산지증명서 자율발급

❶ 발급 근거

생산자가 발급하는 원산지확인서 (규칙 별지 제5호서식) 또는 원산지소명서(규칙 별지 제4호서식), 수출용원재료의 국내제조확인서(규칙 별지 제6호서식) 등 원산지를 확인할 수 있는 서류에 의거 수출자 또는 수입자가 원산지증명서를 발급할 수 있다(규칙 제14조).

중소기업 등이 발급한 원산지(포괄)확인서의 신뢰성을 높이기 위해서는 원산지(포괄)확인서세관장확인신청서(고시별지 제7호서식)에 원산지(포괄)확인서와 동 내용을 입증할 수 있는 서류 및 정보를 첨부하여 세관장에게 제출하면 세관장의 확인을 받을 수 있다. (FTA관세특례고시 제40조)

❷ 원산지확인서 등 요청

수출자 또는 수입자가 원산지증명서 작성을 위한 근거 자료를 생산자에게 요청하는 경우에는 적용협정, 수출국·수출품 HS 부호·원산지 결정기준을 생산자에게 통지할 수 있다.

❸ 원산지확인서 등 작성 및 제출

생산자는 자신이 생산한 물품이 원산지 결정기준을 충족하는지를 확인한 후 원산지확인서(규칙별지 제5호서식) 등을 작성하여 수출자 또는 수입자에게 제출한다(규칙 제12조).

3. 원산지증명서의 발급신청

▶ 가. 신청서류

수출업체 자율발급이 아니고 기관 발급제의 경우 원산지증명서를 발급받기 위해서는 원산지증명서 발급신청서(규칙 별지 제3호서식)에 다음의 서류를 첨부하여 세관이나 상공회의소에 신청하여야 한다. 다만, 원산지인증수출자(원산지인증수출자 생산물품, 미가공수출자 포함)는 첨부서류의 제출을 생략할 수 있다(규칙제10조, 고시제26조).

① 수출신고의 수리 필증 사본 또는 이에 갈음하는 서류
  • 수출신고가 수리되기 전에 신청하는 때에는 수출신고가 수리된 후에 제출할 수 있다.
② 송품장 또는 거래계약서
③ 생산자와 수출자가 다른 경우에는 다음 하나에 해당하는 서류 다만, 당해 물품에 한한다.
  • 원산지확인서
  • 칠레로 수출되는 물품은 원산지통보서
④ 원산지소명서 (수출자와 다른 생산자는 증명서발급기관에 직접 제출)
⑤ 원산지소명서 내용 입증서류, 증명서발급기관이 제출을 요구하는 경우에 한한다. (FTA관

세특례고시 제27조)
- 세번변경기준을 적용할 물품은 세번 변경 관련 입증서류(원료구입명세서, 자재명세서 (BOM), 생산공정명세서, 사용자매뉴얼, 홍보책자 등)
- 부가가치기준을 적용하는 물품은 비원산지재료, 원산지재료 및 수출물품의 가격 관련 입증서류 (자재명세서(BOM), 원재료구입명세서, 원재료수불부, 원가산출내역서 등)
- 수출용원재료국내제조확인서 (규칙 별지 제6호서식)
- 해당 물품의 생산자·생산장소·생산공정 등 원산지의 확인이 객관적으로 가능한 서류

▶ 나. 신청시기

(1) 수출물품의 선적 전 원칙

원산지증명서의 발급을 신청하려는 자는 수출물품의 선적이 완료되기 전까지 증명서발급기관에 제출하여야 한다(규칙 제10조1항).

(2) 선적 후 1년 이내 예외

수출자의 과실. 착오 그 밖의 부득이한 사유로 수출물품의 선적이 완료되기 전까지 원산지증명서의 발급을 신청하지 못한 자는 수출물품의 선적일로부터 1년 이내에 원산지증명서의 발급을 신청할 수 있다. 이 경우 신청자는 다음의 서류를 제출하여야 한다(규칙 제10조3항).
① 원산지증명서 발급신청 시 구비서류
② 사유서(선적일로부터 30일 이내 신청 시 제외)
③ 선하증권(Bill of Lading) 사본과 선적입증서류

▶ 다. 발급신청 물품의 기준

(1) 발급신청 기준

원산지증명서는 수출신고 기준으로 발급 또는 작성·서명하여야 한다. 다만, 하나의 원산지증명서에 수출신고서의 품목별로 구분하여 작성·발급할 수 있으며 수출물품을 분할 또는 동시 포장하여 적재 할 때는 선하증권 또는 항공운송장별로 원산지증명서를 발급 또는 작성·서명할 수 있다(FTA관세특례고시 제25조).

(2) 발급신청 서식

원산지증명서식은 협정마다 다르며, 다른 서식을 사용한 경우에는 정당한 원산지증명서로 인정받지 못하는 큰 문제점이 있으므로 이를 해결하기 위하여 증명기관에서 발급하는 원산지증명서발급신청서(규칙 별지제3호서식)는 같은 양식으로 신청하도록 통일하였다. 각 협정에 따른 원산지증명서는 증명기관에서 알아서 발급해 준다.

(3) 원산지의 현지 확인

세관장은 원산지에 의심이 가는 다음의 경우에는 신청인의 주소·거소·공장 또는 사업장 등을 방문하여 원산지의 적정 여부를 확인하고 최장 10 근무일 이내에 증명서를 발급한다(규칙 제10조제6항). 대한상공회의소의 장에게 신청한 원산지증명신청서의 현지 확인은 세관장에게 의뢰하여 확인하게 된다(규칙 제10조5항).

① 국내 생산시설이 없는 자가 원산지증명서 발급을 최초로 신청한 경우
② 해당 물품을 직접 생산하지 아니하는 자가 원산지증명서 발급을 최초로 신청한 경우
③ 원산지증명서 신청 오류의 빈도, 협정·법·영 및 이 규칙의 준수도, 생산공장의 유무, 제조공정 및 물품의 생산특성 등을 고려하여 관세청장이 정하여 고시하는 현지확인의 기준에 해당하는 자가 신청한 경우
④ 속임수 또는 부정한 방법으로 원산지증명서의 발급을 신청한 것으로 의심되는 경우
⑤ 체약상대국의 관세당국으로부터 원산지의 조사를 요청받은 수출자 또는 생산자가 신청한 경우
⑥ 그밖에 신청자가 제출한 서류만으로 원산지를 확인하기 곤란하다고 인정하는 경우

(4) 원산지증명서의 유효기간

협정에서 따로 정하지 아니하면 발급일로부터 1년으로 규정하고 있다(영 제6조). 협정에서 정한 내용을 보면 한·칠레, 한·호주, 한·캐나다, 한·뉴질랜드 FTA에서는 서명일로부터 2년, 한·아세안 FTA에서는 발행일로부터 1년, 한·미 FTA에서는 발급일로부터 4년으로 정하고 있다.

▶ 라. 원산지증명서의 발급

(1) 최초발급

수출물품에 대한 원산지증명서의 발급은 1회 발급을 원칙으로 한다. 증명서발급기관에서 원본 1부와 부본 2부(인도협정은 3부)를 작성하여 신청인에게 원본 1부와 부본 1부(인도협정은 2부)를 내주고 부본 1부를 보관하게 된다(FTA관세특례고시 제33조).

(2) 재발급

발급받은 원산지증명서의 분실·도난·훼손 기타 부득이한 사유로 재발급이 필요한 경우에는 원산지증명서 발급신청서(규칙 별지 제3호서식)에 다음의 서류를 첨부하여 증명서발급기관에 제출하면 원산지증명서를 재발급받을 수 있다(규칙 제10조9항, FTA관세특례고시 제34조).

① 재발급 신청사유서
② 신청사유 입증자료(증명서발급기관이 요구하는 경우)

(3) 정정발급

수출신고 수리 필증의 정정 등으로 발급된 원산지증명서를 정정하고자 하는 자는 원산지증명서 발급신청서(규칙 별지 제3호서식)에 다음의 서류를 첨부하여 증명서 발급기관에 제출하여야 한다(규칙 제10조10항, FTA관세특례고시 제35조)

① 원산지증명서 원본(아세안과 베트남의 경우는 사본제출 가능)

② 정정발급 신청사유서

③ 정정사유를 입증할 수 있는 객관적인 서류

(4) 전자문서 방식의 발급

증명기관의 원산지증명서는 전자문서 방식으로 발급(수출 신고한 관세사가 대리 가능)받는 것을 원칙으로 하며(수출 신고한 관세사가 대리 가능), 증명기관에 따라 다음과 같이 신청하여야 한다.

증명기관은 신청내역과 구비서류를 확인 후 이상이 없는 경우 3일 이내(현지 확인이 필요한 경우는 10일 이내)에 승인 등록하게 되고, 승인 사항을 인터넷으로 출력하면 원산지증명서를 발급받을 수 있다(규칙 제10조11항, FTA관세특례고시 제26조).

❶ 세관에 신청하는 경우

관할세관장으로부터 전자민원 사용승인을 받아 전자공인인증서를 발급받은 후 관세청 통관포탈시스템에 접속하여 원산지증명서 발급신청서의 내역을 건별로 입력하거나 여러 건을 일괄로 전송한다

❷ 대한상공회의소에 신청하는 경우

대한상공회의소 무역인증서비스센터에 접속하여 웹인증 사용자 등록 후 원산지증명서 발급신청서의 내역을 건별로 입력하거나 여러 건을 일괄로 전송한다.

(5) 연결원산지증명서의 발급

① 연결원산지증명서란 체약상대국을 원산지로 하는 물품이 협정에서 허용하는 것 외의 추가가공 없이 우리나라를 경유하여 동일한 협정이 체결된 다른 체약상대국으로 수출(반송 및 국외반출)되는 경우 해당 물품에 대해 그 원산지에서 작성·발급한 원산지증명서에 근거하여 우리나라에서 작성·발급하는 원산지증명서를 말한다.

② 「역내포괄적경제동반자협정」 및 아세안회원국과의 협정에 따라 제1항에 따른 연결원산지증명서의 발급을 신청하려는 자는 대상물품의 선적이 완료되기 전까지 별지 제3호서식의 원산지증명서 발급신청서에 다음 각 호의 서류를 첨부하여 증명서발급기관에 제출해야 한다.

다만, 원산지인증수출자의 경우에는 제1호 및 제2호에 따른 서류의 제출을 생략할 수 있다.

1. 수출신고의 수리필증 사본 또는 이를 대신하는 다음 각 목의 구분에 따른 서류. 이 경우 수출신고 또는 다음 각 목의 신고가 수리되기 전에 원산지증명서의 발급을 신청한

자는 해당 신고가 수리된 후에 제출할 수 있다.

　가. 보세구역에 보관된 물품이 반송되는 경우: 반송신고필증 사본

　나. 자유무역지역 안으로 반입된 물품의 경우: 국외반출신고서 사본

　다. 개성공업지구로 반입된 물품의 경우: 보세운송신고서 사본

　라. 우편물·탁송품 및 별송품의 경우(수출신고를 해야 하는 경우로 한정한다): 영수증·선하증권 사본 또는 그밖에 체약상대국으로 수출하였거나 수출할 것임을 나타내는 서류

2. 송품장 또는 거래계약서

3. 대상물품의 원산지에서 작성·발급한 원산지증명서 원본(유효기간 이내의 것으로 한정한다)

4. 대상물품에 대한 수입신고필증 사본 또는 관세청장이 이를 대신하는 서류로 인정하여 고시하는 서류

③ 연결원산지증명서의 발급절차는 일반 원산지 발급규정을 준용한다.

4. 원산지인증수출자 제도

원산지 증명 절차를 간소화하기 위하여 원산지를 사전에 관세 당국으로부터 인증을 받는 제도를 말한다. 원산지 증명 절차는 수출품을 선적하기 전에 시급히 이루어지는 것이고 계속 반복적으로 이루어지는 것이므로 사전에 인증을 받아두면 신청 시의 각종 구비서류를 생략할 수 있고 확인 절차가 생략되어 전자문서로 아주 신속하고 간편하게 원산지증명서를 발급받을 수 있는 편리한 제도이다.

원산지증명서 자율발급의 경우에도 증명서의 신뢰도를 높여주고, 특히 한·EU FTA에서는 6,000 유로 이상의 수출품에 대해서는 원산지인증수출자로 인증을 받아야만 원산지증명서를 자율발급할 수 있도록 제한하고 있다.

가. 인증의 종류

인증의 대상을 수출업체로 하는가 아니면 품목으로 하는가에 따라 업체별 원산지인증수출자제도와 품목별 원산지인증수출자제도가 있다. 업체별 인증제도는 원산지증명능력이 있다고 관세 당국으로부터 인증된 것이므로 업체에서 생산하는 모든 수출품에 대하여 원산지가 대한민국으로 인정되는제도이고, 품목별 인증제도는 인증받은 품목에 한하여 원산지가 대한민국으로 인정되는 제도이므로 수출품이 추가되면 추가되는 품목에 다시 인증을 받아야 하는 불편이 따른다. 그러나 업체별 인증제도는 모든 생산품이 원산지 결정기준에 충족하는지를 관리하는 전산처리시스템을 보유하여야 하므로 품목별 인증제도가 인증받기에 상대적으로 쉬워 대부분 수출업체에서는

품목별 원산지인증수출자제도를 선호하고 있다.

나. 품목별 원산지인증수출자의 인증요건

(1) 인증요건 (영 제7조)

① 원산지 결정기준을 충족하는 물품을 수출(생산)하는 자
② 원산지관리전담자(외부전문가 포함)를 지정하고 원산지증명서 작성대장을 비치·관리하는 자. (외부전문가에는 관세사가 포함됨)

(2) 인증신청 시 구비서류 (규칙 제18조 제1항)

① 품목별 원산지인증수출자 인증(연장)신청서(FTA특례법 시행규칙 별지 제29호서식)
② 신청품목(HS 6단위)별 원산지소명서
③ 원산지확인서(수출품을 구매한 경우)
④ 원산지소명서의 입증서류
⑤ 원재료를 국내구매한 경우에는 수출용원재료원산지확인서 등

다. 업체별 원산지인증수출자의 인증요건

(1) 인증요건

품목별 인증요건에 다음의 요건을 추가 (영 제7조)

① 원산지 결정기준 충족 여부를 증명할 수 있는 전산처리시스템을 보유하고 있거나 증명할 능력이 있는 자
② 원산지증명서 작성대장을 비치·관리하고 원산지관리전담자를 지정·운영하는 자.
③ 최근 2년간 세관의 원산지 조사를 거부한 사실이 없는 자
④ 최근 2년간 원산지증명 관련 서류의 보관의무를 위반한 사실이 없는 자
⑤ 최근 2년간 속임수 또는 부정한 방법으로 원산지증명서를 발급 신청하거나 작성·발급한 사실이 없는 자

(2) 인증신청 시 구비서류 (규칙 제17조1항)

① 업체별 원산지인증수출자 인증(연장) 신청서(FTA특례법시행규칙 별지 제25호서식)
② 원산지관리 전산처리시스템의 현황자료
③ 원산지소명서 (전산처리시스템 미보유자)
④ 원산지확인서 (생산자와 수출자가 다른 경우)
⑤ 원산지소명 입증자료 (세관장이 요청하는 경우)

▶ 라. 인증수출자 제도의 사후관리

① 품목별 원산지 인증수출자와 업체별 원산지 인증수출자 모두 인증 유효기간은 5년이므로 계속 인증을 유지하려면 갱신하여야 함.
② 자료보관 의무(5년)
③ 원산지검증서류제공 및 협조의무

5. 국내거래 물품의 원산지 확인 제도

수출자가 국내 구매한 수출품(완제품)의 원산지를 확인하거나 국내 구매한 원재료의 원산지를 확인하여야 수출품의 원산지증명서를 자율발급하거나 증명기관에 발급을 신청할 수 있다. 이 경우에는 공급자로부터 원산지확인서를 요청하여 받을 수 있도록 제도를 운영하고 있다. 공급물품이 완제품인 경우와 원재료인 경우를 구분하여 확인서를 다음과 같이 달리하고 있다.

▶ 가. 원산지확인서

(1) 국내거래 물품의 원산지 확인

수출자와 수출품의 제조자가 다른 경우에는 제조자가 원산지확인서를 작성하여 수출자에게 보내야 수출자가 이를 근거로 원산지증명서를 자율발급하거나 증명기관에 발급신청 할 수 있다. 이 확인서는 세관에서 증명을 받는 것이 아니고 제조자가 정해진 양식에 기재하여 스스로 확인을 하면 가능하다. (규칙 제12조)

(2) 원산지 확인 절차

원산지확인서를 작성하기 위해서는 다음의 절차를 거쳐야 한다.
① 공급물품의 HS 부호를 알아야 하고,
② 수출자에게 문의하여 적용할 자유무역협정(FTA)을 알아야 하며,
③ 당해 협정에서 공급물품에 적용할 원산지 결정기준을 HS 부호로 찾아
④ 동 원산지 결정기준을 공급자가 갖추었음을 증명할 수 있어야 한다.
이는 수출자가 수입국 세관으로부터 원산지 조사를 받는 경우에는 극히 가능성이 적기는 하겠지만 공급자가 발행한 원산지확인서도 조사를 받을 수 있기 때문이다.

(3) 원산지확인서의 작성

국내공급물품의 원산지가 한국으로 확인되는 경우에는 공급자가 원산지(포괄)확인서(규칙제5

호서식)를 작성하여 수출자(공급받는 자)에게 인도하여야 한다. 계속 반복되는 거래에는 원산지 포괄확인서를 작성하면 한 번 작성으로 12개월(1년)간 이용할 수 있다.

(4) 농림축수산물의 간편한 원산지확인서

농림축수산물 생산자인 농어민 등이 자유무역협정 원산지확인서를 간편하게 이용할 수 있게 하여 FTA 활용을 통한 수출을 지원하기 위하여 국립농산물품질관리원장, 국립수산물품질관리원장, 축산물품질평가원장(위임·위탁받은 자 포함)과 16개 수협조합장(강진, 완도소안, 고흥, 의창, 군산, 영흥, 서천서부, 목포, 신안, 해남, 완도금일, 진도, 웅진, 부산, 경기남부, 장흥이 발급한 다음 서류는 원산지확인서로 인정하고 있다(규칙제12제4항 및 관세청장이 인정하는 원산지확인서 고시).

① 친환경농산물인증서(친환경농어업 육성 및 유기식품 등의 관리·지원에 관한 법률 제19조)
② 농산물우수관리 인증서(농수산물 품질관리법 제6조)
③ 농산물 이력추적관리등록증(농수산물 품질관리법 제24조)
④ 지리적표시 등록증(농수산물 품질관리법 제32조)
⑤ 물김(마른김) 수매확인서(농수산물 유통 및 가격안정에 관한 법률 제32조)
⑥ 제주특별자치도청의 원산지상품 인증서

▶ 나. 수출용원재료의 국내제조확인서

제조한 물품을 다른 수출품 제조업체에 원재료로 공급하는 자는 수출용원재료국매제조확인서를 작성하여 제조업체에 보내야 제조업체에서 이를 근거로 원산지 결정기준에 해당하는지를 확인할 수 있다. 이 확인서도 세관에서 증명을 받는 것이 아니고 제조자가 정해진 양식에 기재하여 스스로 확인을 하면 가능하다. (규칙 제13조)

수출용원재료의 국내제조확인서를 작성하기 위한 절차는 원산지확인서의 발급절차와 동일하다. 다만, 국내제조확인서의 서식이 다를 뿐이다(규칙 별지 제6호서식), 이렇게 규칙법령상으로는 구분(규칙 제12조와 제13조)하고 있지만 수출용원재료의 국내제조확인서는 원산지확인서에 포함되는 것으로 보고 운용해도 큰 지장이 없다고 생각된다.

▶ 다. 세관장의 원산지확인서

(1) 제도의 개요

중소협력업체가 작성·제공하는 원산지(포괄)확인서에 대하여 중간재 또는 최종제품을 공급받는 수출자 등이 이를 신뢰하지 못하고 생산원가 등 영업비밀 자료를 추가로 요구하여 FTA 활용에 애로가 있어, 이와 같은 이해관계를 해결하고 공신력 있는 원산지(포괄)확인서의 유통을 지원하기 위해 2015년 말부터 세관장이 원산지를 확인하는 제도이다(고시 제40조).

그러므로 업체가 작성한 원산지(포괄)확인서에 대하여 공급받는 수출자 등이 이를 신뢰하는 때에는 굳이 세관장의 원산지확인서를 발급받을 필요가 없다.

(2) 신청서류

위 (가)와 (나)에 따라 원산지(포괄)확인서 또는 수출용원재료의 국내제조(포괄)확인서를 작성한 자는 고시 별지제7호서식의 원산지(포괄)확인서 세관장 확인 신청서에 다음 각 호의 서류를 첨부하여 세관장에게 신청하면 20일 이내에 확인을 받을 수 있다.

① 원산지확인서 등
② 원산지확인서 등에 기재된 내용을 입증할 수 있는 서류 및 정보

6. 원산지 증명서류의 수정통보

(1) 수출자 등의 수정통보

수출자 또는 생산자가 발급한 원산지증빙서류에 오류가 있음을 안 때에는 협정이 정하는 바에 따라 안 날로부터 30일 이내에 수정통보서에 수정된 원산지증명서를 첨부하여 수출신고세관장과 수출국의 수입자에게 통보하여야 한다. 세관장은 수출국의 세관 당국에 통보하게 된다(법 제14조제1항, 규칙제19조).

(2) 수입자의 수정신고

수입자는 협정세율을 적용하여 수입통관 한 물품에 대한 원산지증빙서류에 오류가 있음을 통보받은 때에는 납세신고한 세액에 과부족이 있는지를 확인하고, 있을 때에는 30일 이내(세관장의 서면 조사 통지 전까지)에 세액정정, 세액보정, 수정신고 또는 경정청구를 하여야 한다. (법 제14조제2항 및 규칙제20조).

6절 협정의 이행 관리

1. 원산지의 조사

협정에 정해진 기준대로 수출입 물품의 원산지 증명이 이루어지고 협정관세율이 적용되는지를 확인하며 협정관세를 적용받기 위한 원산지 조작 등 부정행위를 방지하기 위해서는 조사가 필요하다고 하겠다. 이를 표현하는 용어는 심사, 조사, 검증(협정), 확인(관세법) 등이 사용되고 있으나 이 책에서는 법에서 사용하고 있는 '조사'를 사용하기로 한다.

우리나라에 수입된 물품의 원산지 또는 협정관세 적용의 적정 여부 등에 대한 확인이 필요한 때에는 체약상대국의 관세 당국에 요청할 수 있으며, 수출된 물품과 관련하여 체약상대국 관세당국으로부터 원산지증빙서류의 사실 여부와 그 정확성 등에 관한 확인을 요청받은 때에는 수입자와 수출자 등을 조사할 수 있도록 협정과 법에 규정하고 있다(법 제17조). 구체적인 조사방법은 각 협정에 따라서 다르다.

▶ 가. 협정별 원산지 조사방법

협정별로 원산지 조사방법은 각각 다르나 이를 유형별로 분류해 보면 다음과 같다(규칙제24조). 이는 우리나라 세관에서 수입물품에 대한 원산지를 조사하는 경우뿐만 아니라 우리나라 수출품의 수출국 세관에서 우리나라 수출품에 대한 원산지를 조사하는 경우에 적용된다.

① 조사 대상자를 직접 서면조사 또는 현지 조사하는 방법
  • 칠레, 싱가포르, 미국(섬유는 관세당국에 확인요청), 캐나다, 뉴질랜드, 호주.
② 체약상대국의 관세당국에 원산지 확인을 요청하는 방법.
  • 체약상대국 관세당국의 동의를 받아 원산지 확인절차에 소속 공무원을 참관 가능
  • EU, EFTA, 터키.
③ 체약상대국의 증명서 발급기관에 원산지 확인을 요청하는 방법.
  • 체약상대국의 수출자 또는 생산자 현지 조사 가능
  • 아세안, 인도, 베트남, 중국.
④ 체약상대국의 관세당국에 원산지 확인을 요청하는 방법과 조사 대상자를 직접 서면조사 또는 현지 조사하는 방법
  • 페루, 콜롬비아

▶ 나. 조사 대상자

세관에서 원산지 조사를 위하여 서면조사 또는 현지 조사를 하는 경우 조사 대상자의 범위는 다음과 같다(법 제17조제1항)

1. 수입자
2. 수출자 또는 생산자(체약상대국에 거주하는 수출자 및 생산자를 포함한다)
3. 원산지증빙서류 발급기관
4. 해당물품의 생산에 사용된 재료를 공급하거나 생산한 자(체약상대국에 거주자 포함)
5. 해당물품의 거래 · 유통 · 운송 · 보관 및 통관을 대행하거나 취급한 자

▶ 다. 수입물품에 대한 원산지 조사

(1) 수입자 우선조사 원칙 (영 제11조제3항)

먼저 수입자를 대상으로 조사를 한 결과 원산지증빙서류의 진위 여부와 그 정확성 등을 확인하기가 곤란하거나 추가로 확인할 필요가 있을 때만 조사가 이루어진다.

(2) 서면조사 원칙

세관장은 수입자를 대상으로 원산지증빙서류와 원산지 조사를 한 결과 원산지를 확인하기가 곤란하거나 추가로 확인할 필요가 있는 경우 또는 무작위 추출 방식으로 표본조사를 하려는 경우에 원산지증빙서류의 진위와 그 정확성 등에 대한 확인 요청을 서면으로 체약상대국의 조사 대상자에게 요청하게 된다(영 제11조). 이는 조사비용과 조사 인력의 효율적인 활용을 위함이다.

(3) 현지 조사 예외

서면조사 결과 원산지증빙서류의 진위 여부와 그 정확성 등을 확인하기 곤란하여 직접 확인할 필요가 있을 때에는 현지 조사를 할 수 있다. 또한, 조사 대상자의 특성상 현지 조사가 필요하다고 판단되는 경우에는 서면조사에 앞서 현지 조사를 할 수 있다(영 제11조).

세관에서 현지 조사를 하는 경우에는 조사 대상자에게 조사 사유, 조사 예정기간 등을 통지하여 동의를 받아야 하고, 조사 대상자는 조사를 받기가 곤란한 경우에는 조사의 연기를 신청할 수 있다.

조사결과에 이의가 있는 조사 대상자는 조사 결과를 통지받은 날부터 30일 이내에 세관장에게 이의를 제기할 수 있다(법 제17조).

▶ 라. 수출물품에 대한 원산지 조사

(1) 우리나라 세관의 원산지 조사

세관장은 체약상대국의 관세당국으로부터 우리나라의 수출물품에 대한 원산지증빙서류의 진위 여부와 그 정확성 등에 관한 확인을 요청받은 경우에는 원산지 확인에 필요한 서면조사 또는 현지 조사를 한다. 이 경우 조사방법은 수입물품에 대한 조사방법과 동일하다.

(2) 체약상대국 세관의 직접조사

체약상대국의 세관에서 우리나라 조사 대상 업체에 현지 조사를 하는 경우에는 조사를 시작하기 전에 조사 대상자에게 조사 사유, 조사 예정기간 등을 통지하여 동의를 받게 되고, 조사를 받기가 곤란한 경우에는 조사의 연기를 신청할 수 있다.(법 제20조).

(3) 현지 조사의 연기신청 (영 제12조)

현지 조사의 연기를 신청하려는 자는 조사 연기 신청서를 현지 조사에 관한 사전통지를 받은 날부터 15일 이내에 통지한 세관장에게 제출하여야 한다. 이 경우 현지 조사의 연기신청은 60일 이내 1회만 할 수 있다.

2. 협정관세의 적용 제한 및 보류

(1) 협정관세의 적용 제한

협정관세를 적용한 수입물품에 대한 협정의 이행 관리를 위하여 시행한 원산지 조사 등의 결과 다음 중 어느 하나에 해당하는 때에는 당해 수입물품에 대하여 협정관세를 적용하지 아니하고 실행세율과의 차액을 추징하는 것을 협정관세의 적용 제한이라 한다. (법 제35조)

적용 제한은 업체와 물품별로 지정하고 있어 적용 제한 물품과 동종 동질의 수입물품이 아니라면 적용 제한자가 수입신고하는 물품도 원산지 등 협정관세의 적용 요건을 충족하는 경우에는 협정관세를 적용할 수 있다. (FTA관세특례고시 제46조)

① 세관장이 요구한 자료를 정당한 사유 없이 제출하지 아니하거나 거짓으로 또는 사실과 다르게 제출한 경우.

② 세관장의 서면조사에 대하여 회신하지 아니하거나 현지 조사에 대하여 동의하지 아니하는 경우

③ 현지 조사에 정당한 사유 없이 원산지증빙서류의 확인에 필요한 자료에 대한 세관공무원의 접근을 거부하거나 원산지증빙서류를 보관하지 아니한 경우

④ 서면조사 또는 현지 조사 결과 세관장에게 신고한 원산지가 실제 원산지와 다른 것으로 확인되거나 수입자 또는 체약상대국수출자등이 제출한 자료에 원산지의 정확성을 확인하는 데 필요한 정보가 포함되지 아니한 경우

⑤ 세관장이 체약상대국의 관세당국에 원산지의 확인을 요청한 사항에 대하여 결과를 회신하
지 아니한 경우 또는 세관장에게 신고한 원산지가 실제 원산지와 다른 것으로 확인되거나
회신 내용에 원산지의 정확성을 확인하는 데 필요한 정보가 포함되지 아니한 경우

⑥ 사전심사를 신청한 수입자가 사전심사의 결과에 영향을 미칠 수 있는 자료를 고의로 제출
하지 아니하였거나 거짓으로 제출한 경우 또는 사전심사서에 기재된 조건을 이행하지 아니
한 경우

⑦ 협정관세 적용의 거부·제한 사유에 해당하는 경우

⑧ 그밖에 원산지의 정확성 여부를 확인할 수 없는 경우

(2) 협정관세의 적용보류

원산지 조사를 시작한 날(서면조사 통지일)부터 조사가 종료될 때까지 조사대상 수입자가 조
사대상 물품과 동종 동질의 물품을 동일한 수출자(생산자)로부터 수입하는 때에는 협정관세의
적용을 보류하고 실행관세율에 의거 관세를 납부하는 것을 협정관세의 적용보류라고 한다.

보류되었던 관세는 조사 후에 조사결과에 따라 협정관세를 적용할 수 있으면 세액을 경정하고
차액 관세를 환급하게 된다. 또한, 담보를 제공하고 적용보류의 해제를 요청하면 협정관세를 적
용할 수 있다. 이 경우는 조사결과에 따라 추가로 관세를 납부할 수도 있다. (법 제21조)

3. 사후 조사 대응 매뉴얼

수출품 제조업체에서 수출국세관으로부터 원산지 조사를 위한 정보제공 요청서를 받고 사후조
사를 받게 되었을 때를 대비한 실무적인 대응 메뉴얼은 다음과 같다.

직접 검증을 수행하는 협정의 경우에는 상대국 세관을 상대로 소명하기 때문에 모든 자료는
영문으로 작성해야 한다. 표 또는 서식을 갖춘 자료는 영문표기를 병기하는 것도 한 가지 방법이
될 수 있다.

(1) 조사 대응 기본서류 준비

① 회사 소개 자료

② 소요부품 명세서

③ 제조공정도

④ 원산지(포괄)확인서

⑤ 거래명세서

⑥ 원가 자료

⑦ 품목분류 근거자료

(2) 원산지 결정기준 충족 여부 소명 및 제출

❶ 검증 대상 물품 정보 기재

조사대상 물품에 대한 기본정보를 영문으로 작성한다. Invoice No. 또는 HS Code는 필수 기재 사항은 아니지만, 기재하는 것이 좋다.

❷ 원산지 결정기준 기재

조사대상 물품의 원산지 결정기준에 대해서 설명하고, FTA 협정상 근거조항을 기재한다.(관세청 FTA포털(yesfta.customs.go.kr) 또는 산업통상자원부 FTA 강국 KOREA(fta.go.kr) 참조).

❸ 원산지 결정기준 충족 여부 소명

원산지 결정기준별로 소명자료를 통해 원산지를 판정하는 과정을 설명한다.

❹ 소명자료 정리 및 제출

준비된 소명자료는 효율적으로 파악할 수 있도록 일목요연하게 정리하여 제출하는 것이 좋다. 요청자료를 항목별로 구분하여 Answer Sheet를 작성하는 방법이 좋다.

(3) 결과통지서 수령 및 추가 소명

FTA 협정세율 적용 대상에 해당되지 않는다는 예비결정문을 받은 경우, 수출자는 20일 이내에 추가 소명자료를 제출할 수 있다. 소명하면 역내산으로 인정, 그렇지 못한 경우 그대로 확정되어 최종 결정이 된다.

만약 최종 결정이 협정 적용 배제로 확정되는 경우, 통지된 내용에 따라 세액추징 등의 조치가 이뤄지며, 만약 최종 결정에 이의를 제기하고자 하는 경우(불복)에는 일단 정산(Liquidation) 절차를 거친 후에 구제신청이 가능하다.

7절 원산지증빙서류 등의 보관과 제출

1. 원산지증빙서류 등의 보관

(1) 보관 의무자

수입자, 수출자, 생산자이며, 체약상대국의 수출자와 생산자를 포함한다.

(2) 보관 서류 (영 제10조)

● **수입자가 보관하여야 하는 서류**

① 원산지증명서 사본

② 수입신고필증

③ 수입거래 관련 계약서

④ 지식재산권거래 관련 계약서

⑤ 수입물품의 과세가격결정에 관한 자료

⑥ 수입물품의 국제운송 관련 서류

⑦ 사전심사를 받았을 때 사전심사에 필요한 증빙서류

● **수출자가 보관하여야 하는 서류**

① 원산지증명서 사본 및 발급신청서류 사본

② 수출신고필증

③ 당해 물품의 생산에 사용된 원재료의 수입신고필증

④ 수출거래 관련 계약서

⑤ 당해 물품 및 원재료의 생산 또는 구입 관련 증빙서류

⑥ 원가계산서·원재료내역서 및 공정명세서

⑦ 당해 물품 및 원재료의 출납·재고관리대장

⑧ 생산자(재료의 공급자와 생산자 포함)가 해당 물품의 원산지증명을 위하여 작성한 후 수출자에게 제공한 서류

● **생산자가 보관하여야 하는 서류**

① 원산지의 증명을 위하여 작성·제공한 서류

② 수출자와의 물품공급계약서

③ 원재료의 수입신고필증

④ 수출공급물품 및 원재료의 생산 또는 구입 관련 증빙서류

⑤ 원가계산서·원재료내역서 및 공정명세서

⑥ 원재료공급자가 원산지증명을 위하여 제공한 서류

(3) 보관기간

수입자는 수입신고 수리일로부터 5년, 수출자는 수출신고수리일로부터 5년, 생산자는 원산지증빙서류를 작성한 날로부터 5년이다. 다만, 체약상대국이 중국인 경우는 3년이다(영 제10조2항).

2. 원산지증빙서류 등의 제출

(1) 서류제출 요청

관세청장 또는 세관장이 협정관세의 심사 등에 필요한 경우에는 관련 서류의 제출을 요청하게 된다(법 제16조).

(2) 서류제출 의무자

수입자, 수출자, 생산자(체약상대국의 생산자 포함)는 물론 당해 물품의 생산에 사용된 재료를 공급하거나 생산한 자(체약상대국의 공급자 등 포함)뿐만 아니라 당해 물품의 거래·유통·운송·보관 및 통관을 대행하거나 취급한 자를 포함한다(법 제16조, 규칙제21조).

(3) 서류제출 기간

세관장 등으로부터 요구받은 날로부터 30일 이내에 제출하여야 한다. 부득이한 사유가 있는 때에는 1회에 한하여 30일의 범위 내에서 연장할 수 있다. 연장승인을 받고자 하는 때에는 세관장으로부터 서면조사의 통지를 받은 날로부터 15일 이내에 서류제출기간 연장승인신청서를 세관장에게 제출하여야 한다(규칙 제21조제3항).

3. 의무 불이행자의 제재

앞의 의무를 이행하지 아니하거나 서류를 허위로 제출하는 때에는 2천만원 이하의 벌금 또는 천만원 이하의 과태료를 물게 된다. 다만, 체약상대국의 수출자와 생산자 등은 예외로 한다(법 제44조 제46조).

체약상대국의 수출자와 생산자가 의무를 이행하지 아니하는 때에는 협정관세의 적용을 제한하고 실행세율과의 차액을 추징하게 된다. 또한, 법인이나 사업자의 직원이 업무상으로 위반행위를 한 때에는 행위자뿐만 아니라 법인이나 사업자도 함께 같은 처벌을 받게 된다(법 제45조).

이처럼 계속하여 협정관세 적용에 제한을 받게 되므로 앞의 의무를 이행하지 아니하면 정상적인 무역거래에 큰 지장을 가져오게 될 것이다.

6장

전자통관·임시개청·반입명령

1절 유니패스 전자통관시스템

1. 유니패스와 업무 범위

(1) 유니패스의 개요

세관에서 처리하는 업무를 관리하는 관세청의 전자통관시스템을 유니패스(UNI · PASS)라고 부른다. 유니패스는 관세청의 통관 포털서비스를 나타내는 일종의 상표(BRAND)로서 관세청의 수출통관 시스템, 수입통관 시스템, 관세환급 시스템 등 모든 전자통관시스템을 아우르는 통관 포털서비스의 개념이다.

수출입신고 등 유니패스를 통하여 세관에 신청하는 민원서류는 전자문서로 제출토록 운용되고 있으며, 전자문서로 제출하는 방법에는 인터넷전송방식만 이용하고 있다.

1992년도부터 관세행정 정보화를 추진함에서 처음에는 EDI 방식으로 시작했으나 2004년부터 인터넷방식을 병행해 왔다. 세계 최초로 100% 전자통관체제를 빠른 기간 내에 구축·운영함으로써 성공적으로 평가되고 있어 우리나라의 전자통관시스템이 각국의 벤치마킹 대상으로 급속히 주목받고 있으며, 외국으로 전자통관시스템이 수출되고 있기도 하다. 도미니카, 과테말라, 에콰도르, 카자흐스탄, 몽골, 네팔, 탄자니아에, 카메룬 등 10개국에 약 3억 달러를 수출하였고, 콜롬비아, 코스타리카, 페루 등 여러 나라와도 수출 협상이 진행 중이다

(2) 유니패스 업무 범위

세관에서 처리하는 민원 업무뿐만 아니라 화물진행정보, 관세행정 사전 안내, 외국세관과의 세관정보 교환 등 관세행정 관련 전자적 업무처리 및 정보제공 서비스를 다음과 같이 받을 수 있다. (국가관세종합정보시스템의 이용 및 운영 등에 관한 고시 제3조)

① 수출입신고, 환급신청, 입출항 보고, 적하목록 제출, 화물 반출입 신고 등 관세법에 따른 신고 · 신청 · 보고 · 제출 등
② 관련 법령에 따른 허가 · 승인 또는 그 밖의 조건의 구비가 필요한 물품의 증명 및 확인신청
③ 각종 신고 · 신청 · 증명 등의 처리결과 조회와 전송
④ 세관장의 승인 · 허가 · 수리 등의 교부 · 통지 · 통고 등
⑤ 정부보관금, 각종 세금의 납부고지서 전자송달과 납부
⑥ 신고필증, 수입세금계산서 등 증명서 발급 서비스
⑦ 화물진행정보, 관세행정 사전안내, Open API 등 정보제공 서비스
⑧ 체화물품 전자입찰
⑨ 전자신고 등 및 전자송달을 중계하는 업무

⑩ 전자신고 등 및 전자송달 관련 전자문서표준 관리

⑪ 외국세관과의 세관정보 교환

⑫ 관세행정 관련 전자문서 보관

⑬ 그밖에 관세행정과 관련한 전자적 업무처리 및 정보제공

(3) 모바일 관세청 개통

유니패스 업무 범위 중 제1호부터 제8호까지는 모바일관세청을 통해서도 이용할 수 있다.

2. 유니패스와 전송방식

수출입신고는 수출입업체에서 세관에 직접 할 수도 있고 관세사에게 위임할 수도 있다. 관세사를 이용하지 않고 직접 수출입신고 등을 할 때는 전자문서를 보내는 방법을 선택하여야 한다. 전자문서를 보내는 방법에는 웹화면 입력방식과 일괄전송방식이 있다.

(1) 웹화면 입력방식

통관포탈 시스템(유니패스)을 이용하여 수출입신고 등을 할 때에 유니패스 웹 화면에 신고내용을 직접 입력하는 방식을 말한다.

(2) 일괄 전송방식

국가관세종합정보망(유니패스)을 이용하여 수출입신고 등을 할 때에 신청인의 시스템으로 신고내용을 작성한 후 여러 건을 전송하며, 처리결과도 여러 건씩 전송받는 방식을 말한다. 일괄전송방식을 이용하기 위해서는 신고용 S/W를 개발하거나 구매하여 장착하여야 한다.

3. 유니패스 이용 방법

(1) 세관에 등록하기

유니패스를 이용하기 위해서는 공인인증서를 통관포탈에 등록하고, 동 공인인증서를 통하여 통관포탈에 접속 후 국가관세종합정보망서비스이용(변경)신청서(관세종합정보망운영고시 별지 제1호서식, 이하 "이용신청서"라 한다)를 작성·제출하여 주소지 관할 세관장의 확인을 받아야 한다(국가관세종합정보시스템의 이용 및 운영 등에 관한 고시 제4조).

세관장은 관세사와 보세운송업자 등 신청인의 특별한 자격을 규정한 경우에는 관세행정정보시스템을 통하여 이를 확인하고, 그렇지 아니한 경우에는 신청인, 서비스 종류, 업체유형, 신고자부호 부여, 사용직원내역 등과 법인인 경우 법인등기부등본, 사업자등록증 등을 확인하며 신청서를 접수한 날로부터 3일 이내에 처리하게 된다.

이 경우 세관장은 이용신청서에 기재된 이용할 민원종류와 관련하여 관세법 등 관련 법령에서 정하는 신고자 요건에 부합하지 않거나 이용신청서의 기재 내용이 사실과 다른 경우에는 이용승인을 제한하게 된다.

(2) 이용신청서 작성요령

● 서비스의 종류

국가관세종합정보망에서 수행하고자 하는 서비스항목을 고시 제3조에서 찾아 해당 호수를 다음과 같이 기입한다(둘 이상 기입도 가능함).

① 제1호, ② 제2호, ③ 제3호, ④ 제4호, ⑤ 제5호, ⑥ 제6호

● 업체 유형

신청인에게 해당하는 사용자 구분 정보를 다음과 같이 기입한다(둘 이상 기입도 가능함).

① 수출입신고자
  - 무역업체, 수출입신고자(관세사 등)

② 보세구역
  - 지정장치장, 영업용보세창고, 자가용보세창고, 콘테이너전용보세창고, 수출용보세공장, 내수용보세공장, 수출·내수겸용보세공장, 공항보세판매장, 시내보세판매장, 외교관보세판매장, 지정면세점, 종합보세구역, 보세구역외장치장, 콘테이너전용보세창고(CFS)

③ 보세운송업체
  - 보세운송업자, 일반간이보세운송업자, 특정물품간이보세운송업자, 보세운송화주, 보세운송관세사

④ 운송업체
  - 해상, 항공, 항공사, 선박회사, 화물운송주선업자(해상), 화물운송주선업자(항공)

⑤ 물품 및 용역공급업체
  - 물품 및 용역공급업체

⑥ 기타
  - 개인, 유관협회, 유관기관 등

● 신고자 부호

① 신고자 부호가 있는 경우
  - "기존부호사용" 란에 해당 부호를 기입한다.
  - 기존의 환급신청인부호가 있는데도 입력화면에 안 나타날 경우 "기존부호사용" 란에 해당 부호를 기입한다.

② 신고자부호가 없어 신규 부여가 필요한 경우
  - "신규부호신청" 란에 체크 표시를 한다.

2절 임시개청제도

선적 및 하역이 긴급하게 요청되는 긴급물품과 수출입 통관절차 등의 신속을 도모하기 위하여 세관의 정상적인 근무시간 외에 세관 직원을 근무하게 하여 세관업무를 처리하는 것을 임시개청이라 한다.

1. 임시개청의 업무

임시개청으로 처리할 수 있는 세관의 업무는 다음과 같다. 그러므로 다음의 업무를 세관의 근무시간 외에 처리하고자 하는 때에는 근무시간 중에 세관장에게 임시개청을 미리 통보하여야 한다(법 제321조).

(1) 수출입 통관절차

수출 또는 수입의 통관절차는 임시개청의 대표적인 사례이다. 선적이 시급하게 요청되는 긴급물품과 수출물품의 격증 등에 따른 통관의 신속을 기하기 위해서는 정상적인 근무시간만으로는 이에 대처할 수 없으므로 세관에서는 수출지원의 한 방안으로 수출입 담당 직원으로 구성된 비상 근무반을 편성하여 공휴일 또는 야간에도 수출용 원재료의 수입통관과 제품의 수출통관 업무 등을 수행하고 있다.

> 참고 1. 세관 근무시간 이내에 접수된 신고서를 세관 전산시스템의 장애발생으로 세관 근무시간 이내에 처리할 수 없어 시간외근무를 하면 임시개청을 통보하여야 하는지 여부
> - 화주에게 귀책되는 사유가 아닌 정부에 귀책되는 사유로 시간외근무를 하는 것이므로 별도의 임시개청 통보 없이 세관의 연장근무에 의하여 신고서를 처리하게 된다(수입통관고시 제144조3항).
> 2. 24시간 수출 자동 통관의 임시개청 해당 여부
> - 원산지 통보서 서식과 기재요령 사전(세관 근무시간 내)에 임시개청을 통보하지 않고 야간 또는 공휴일에 전송하는 수출신고서는 임시개청 대상이 아니다. 그러므로 이 경우 수출통관 시스템에서 자동통관대상으로 분류된 경우에는 임시개청을 하지 않고도 즉시 수출통관할 수 있다. 다만, 이 경우 수출통관 시스템에서 서류제출대상 또는 검사대상으로 분류되는 경우에는 임시개청 대상이므로 임시개청을 신청하지 않으면 근무시간 외에 수출통관이 불가능하다.

(2) 보세운송 절차

세관의 근무시간 외에 세관장에게 보세운송의 신고 또는 승인절차를 밟고자 하는 자도 임시개청을 미리 세관장에게 통보하여야 한다.

(3) 입출항 절차

세관의 개청시간 외에 선박이나 항공기의 입출항절차를 밟고자 하는 자는 임시개청을 세관장

에게 미리 통보하여야 한다.

(4) 운송수단의 물품 취급

운송수단의 취급시간 외에 수출입 물품의 취급을 하고자 하는 때에는 임시개청을 세관장에게 미리 통보하여야 한다.

※ 보세구역의 물품취급은 세관의 개청시간 외에 하더라도 임시개청을 할 필요가 없다. 보세 구역의 물품취급은 개청시간을 24시간으로 정하고 있기 때문이다(영 제274조 2호). 이는 거의 모든 보세구역이 업체에서 자율관리하고 있기 때문으로 생각한다.

2. 임시개청의 통보

임시개청을 하고자 하는 자는 부득이한 경우를 제외하고는 임시개청통보서를 세관의 근무시간 내에 세관장에게 제출하여야 한다(영 제275조).

임시개청 통보는 수출입신고인이 통보하는 것이므로 임시개청 통보 서식은 EDI 프로그램서식 으로 마련되어 있으며, 긴급하거나 부득이한 경우에는 전화나 구두로 통보하여도 가능하다.

수출통관을 임시개청하고자 하는 때에는 임시개청 신청(통보)서 (수출및반송통관고시 별지 제16호서식))를 제출하고, 수입통관을 임시개청하고자 하는 때에는 임시개청신청(통보)서(수입통관고시 별지 제28호서식)을 제출하여야 한다.

3. 임시개청의 수수료

임시개청 시에는 수익자부담의 원칙에서 다음의 수수료를 납부하여야 한다.

(1) 수출입 통관·보세운송 및 입출항절차 임시개청 시의 수수료(규칙 제81조)

구 분	수 입	수 출
기 본 요 금	4,000원 (휴일 12,000원)	※수입의 1/4임 1,000원(휴일 3,000원)
가 산 요 금	06 : 00~18 : 00 시간당 3,000원 18 : 00~22 : 00 시간당 4,800원 22 : 00~06 : 00 시간당 7,000원	06 : 00~18 : 00 시간당 750원 18 : 00~22 : 00 시간당 1,200원 22 : 00~06 : 00 시간당 1,750원

① 관세청장이 정하는 물품에 대해서는 여러 건의 수출입 물품을 1건으로 하여 통관·보세운 송 또는 입·출항의 절차를 통보하는 경우에는 이를 1건으로 하여 수수료를 계산한다.

② 가산요금 산출 시 요금이 다른 시간 간에 걸쳐 있을 때는 수수료금액이 많은 것으로 계산

한다.

(2) 물품취급시간 외의 물품취급 임시개청 시의 수수료

구분	수입	수출
기 본 요 금	·2,000원(휴일 6,000원) ·세관공무원이 참여하지 아니하면 가산요금 없음	·500원(휴일 1,500원) ·광석류는 400원(휴일 1,200원) ·세관공무원이 참여하지 아니하면 가산요금 없음
가 산 요 금	·06 :00~18 :00 시간당 1,500원 ·18 :00~22 :00 시간당 2,400원 ·22 :00~06 :00 시간당 3,600원	·06:00~18:00 시간당 375원 　(광석류는 300원) ·18:00~22:00 시간당 600원 　(광석류는 480원) ·22:00~06:00 시간당 900원 　(광석류는 720원)

3절 보세구역반입명령 제도

1. 반입명령의 절차

보세구역반입명령 제도는 수출통관 후 선(기)적하기 전의 물품과 수입 통관하여 보세구역에서
반출된 물품이라 하더라도 신고수리 조건을 이행하지 않거나 국민보건 등을 해칠 우려가 있는
물품으로 파악된 경우에는 당해 물품을 다시 보세구역에 반입도록 관세청장 또는 세관장이 명령
할 수 있는 제도이다(법 제238조 1항).

〈 보세구역반입명령 절차도 〉

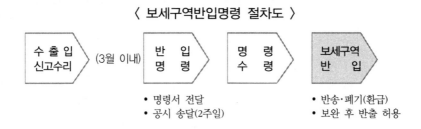

2. 반입명령의 대상

보세구역반입명령 대상은 다음과 같다. 다만, 수출입 통관 후 3월이 지났거나 관련 법령에 의
거 관계 행정기관장의 시정조치가 있는 경우는 제외한다(영 제245조1항, 수입통관고시 제107조).
① 수출입신고 수리시 세관장이 부여한 의무를 이행하지 아니한 경우(예 사료용으로 수입된
곡물을 통관 후 식용으로 사용하는 경우)
② 원산지 표시가 적법하게 표시되지 아니하였거나 수입신고수리 당시와 다르게 표시된 경우
③ 품질 등을 오인할 수 있도록 표시하거나 표지를 붙인 물품으로서 품질 등을 규정한 법령을
위반한 물품
④ 지식재산권(상표권 및 저작권)을 침해한 경우

3. 반입명령의 발동

(1) 반입명령의 기관

반입명령은 관세청장, 통관지세관장, 물품소재지 관할세관장 또는 의무이행 위반사실을 조사한 세관장이 보세구역반입명령을 할 수 있다. (수입통관고시 제108조 및 통칙 제238 - 0-1호)

(2) 반입명령서의 송달

반입명령 제도는 수출입 통관된 물품과 관련된 상거래 질서를 조속히 안정시키기 위해서 반입명령 발동이 가능한 기간을 수출입 통관 후 3월까지로 한정한다. 반입명령은 반입사유, 대상 물품, 반입할 보세구역, 반입기한 등을 기재한 반입명령서를 화주 또는 수출입신고자에게 송달하게 되며, 명령서를 받은 명령수령인은 반입명령서에 기재된 의무위반물품 전부를 지정된 기간 내에 지정된 보세구역에 반입하여야 한다.

(3) 반입기한 연장승인의 신청

보세구역반입명령을 받은 물품을 명령서상에 지정된 기한 내에 반입할 수 없는 때에는 그 사유 및 증빙서류를 첨부하여 "보세구역반입명령 반입기간 연장신청(승인)서(수입통관고시 별지제13호서식)"을 세관장에게 제출하면 최초 정한 반입기간의 범위 내에서 연장승인이 가능하다(영 제245조4항단서, 수입통관고시 제110조제2항).

(4) 시정조치 증명서류 제출

반입명령수령인이 당해 물품에 대하여 관련법령에 의하여 이미 관계 행정기관장의 시정조치가 있는 경우에는 그 사실을 증명하는 서류를 반입명령인에게 제출하여야 한다.

4. 반입물품의 처리

(1) 보완·정정 후 반출

원산지 표시 등 보세구역에 반입된 물품에 보완 또는 정정할 수 있는 물품은 보완 또는 정정 후 반출한다. 이 경우는 반입 시에 제출한 수출입신고필증에 보완 또는 정정된 내용에 따라 수출입신고필증을 정정한 후 되돌려 주게 된다(영 제245조5항, 수입통관고시 제114조).

(2) 반송 또는 폐기

반입된 물품에 명령사항이 이행될 수 없거나, 국민보건을 위해 할 우려가 있는 물품은 세관장이 폐기하거나 반송하도록 명령하게 된다(수입통관고시 제113조제1항).

이 경우는 물품 반입 시에 제출한 수출입신고필증은 취소되며, 수입물품은 납부한 관세는 과오 납환급 된다(수입통관고시 제114조제3항).

(3) 비용부담

보세구역반입명령에 따른 모든 비용(폐기비용 포함)은 수출입신고수리를 받은 자가 부담한다 (법 제238조제3항).

5. 반입명령 불응 등의 조치

보세구역반입명령에 불응하거나 기타 범칙행위가 있다고 인정되는 때에는 관세법 위반 혐의로 조사하게 된다.

7장

HS 품목분류(세번분류)

1절 HS 품목분류의 이해

1. 세번분류

(1) 세번·부호와 HS

관세를 부과하기 위한 관세율표상의 품목분류부호를 세번·부호라 한다. 우리나라 관세율표상의 품목분류는 품목분류에 관한 국제협약인 HS협약에 따르고 있으므로 세번·부호는 HS 부호와 일치한다. 그러므로 수출입신고필증에는 세번·부호로 표시되고, 수출입승인서 및 수출입공고 등에는 HS 부호로 표시되고 있으나 이는 같은 것이다.

(2) 우리나라 관세율표의 세번분류 연혁

국제무역의 원활한 유통을 위하여 관세율표의 품목분류방법을 국제적으로 통일하기 위한 노력이 계속됐는바, 우리나라도 이에 따라 다음과 같이 변경됐다.

〈 대한민국 관세율표 적용 품목분류 방법 〉

기 간	품목분류 방법
• 해방 후~1962년 • 1962~1972년 • 1972~1988년 • 1988~현재	• SITC(표준국제 무역분류표) • BTN(브랏셀 품목분류표) • CCCN(관세협력이사회 품목분류표) • HS(국제통일 상품명 및 부호 체계표)

2. HS 품목분류표

HS는 Harmonized System의 약자로서 국제무역통계·운송·보험 및 관세율분류 등에 따른 품목분류가 다음과 같이 각각 달라 국제무역 절차가 복잡하고 전산화가 불가능하므로 1983년 6월 이를 하나로 통합한 국제협약에서 정한 품목분류표이다.

〈 HS시행 전 적용 품목분류표 〉

사용 목적	품목분류표
관 세 율 적 용	• CCCN(관세협력이사회품목분류표) • TSUSA(미국관세율표) • 카나다수출입통계표 • 라틴아메리카 관세율표

사용 목적	품목분류표
통 계 용	• SITC(표준국제무역분류표) • STCC(표준운송상품분류표) • NIMEX(구주공동체무역통계표)
운 송 요 율 적 용	• WACCC(세계항공화물분류표) • WIFT(서인도·대서양횡단항로운임표) • ICGS(국제표준상품·용역분류표)

(1) 국제무역과 HS

위 표에서 보는 바와 같이 HS는 무역상품이 수출국의 생산자로부터 수입국의 소비자에게 인도되기까지의 수입허가, 통관, 보험, 운송 등 각종의 유통단계에서 이 품목분류표를 참고하여 업무를 처리할 수 있도록 다목적·통일적 상품명칭과 전산처리용 코드로 구성된 품목분류체계이다.

(2) 우리나라의 수출입과 HS

우리나라에서도 관세율표뿐만 아니라 수출입공고, 통합공고, 별도공고 등의 수출입제한 여부를 결정하는 대외무역법령 및 각종 특별법, 관세감면품목, 관세환급제도 품목운용 등에 HS 품목분류번호를 사용하고 있어 관세 및 무역관계 업무수행에 기본 요소가 되고 있으므로 이를 알지 못하면 무역업무를 수행함에 어려움이 따르게 된다.

2절 HS 품목분류표의 구조

1. HS 분류체계

HS 분류는 천연상품(농·수·축산물)에서부터 광물 및 화공약품·경공업 제품·기계류·전자기기·예술품 순으로 가공도가 높아지는 순서로 품목을 배열함을 원칙으로 하고, 품목의 성분, 구성 재료, 용도 및 기능 등에 따른 요소를 추가하여 세분하고 있다.

* HS 분류체계도 참조

2. HS 품목번호 표시방법

(1) 10단위의 아라비아 숫자로 표시

HS 부호는 다음 그림과 같이 10자리 숫자로 표시하고 있다.

〈 인스턴트커피의 HS품목번호 〉

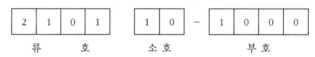

(2) 부·류의 품목 배열

부와 류는 표와 같이 21부 97류로 분류되어 있다. 부·류별 주요품목과 분류상의 주요 요소를 보면 표와 같다. 또한, 품목별로 신속하게 류를 찾기 쉽도록 한 것이 속견 표이다.

(3) 호와 소 호

HS 부호에서 3~4째 단위를 호(HS 4단위로 표시됨)라 하고 5~6째 단위를 소 호(HS 6단위로 표시됨)라 하는바, 품목분류를 위한 HS협약에서는 소 호까지만 규정하고 있다.

(4) 부호

부호는 7~10째 단위 이내에서 각국별로 관세 또는 무역통계목적 등으로 각국의 무역품목에 따라 부여할 수 있도록 HS협약에서 규정하고 있으며, 우리나라에서는 4단위(HS 10단위까지)를 부여하고 있다. 그러므로 정확하게 표현하면 HS 10단위는 우리나라에서 정한 부호까지 합친 것이므로 "HSK"라고 하여야 하나 통상 10단위까지를 "HS" 또는 "HS 10단위"라 부른다.

〈 HS 분류체계도 〉

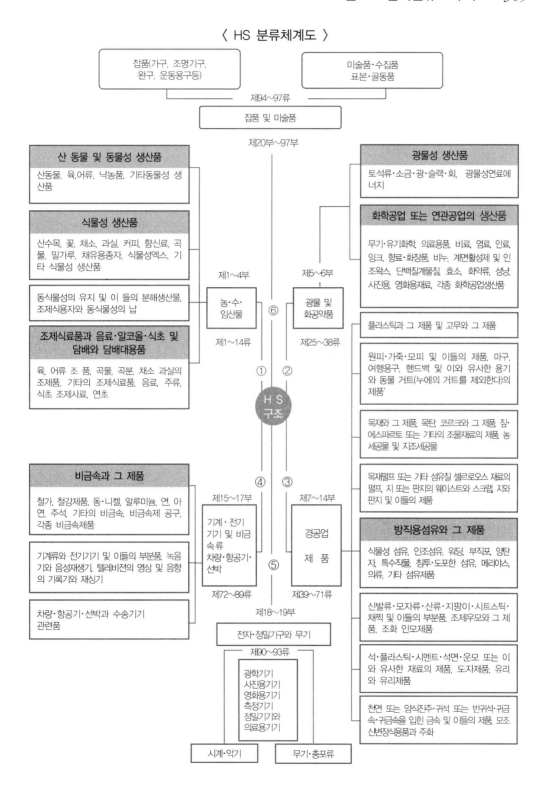

3. HS 품목분류표의 구성

HS협약상 HS 품목분류표는 앞에서 살펴본 부·류·소 호의 범위를 정하는 주(註)를 게기하고 있고, 하나의 품목이 둘 이상의 소 호에 분류될 수 있는 경우, 적용원칙을 정한 분류 통칙이 6가지 정해져 있으며, 품목분류에 관한 이해를 돕기 위하여 해설서와 인덱스(Index)를 발간하고 있다.

(1) 주(註)

부·류 및 소 호의 머리 부분에 표시된 주(註)는 하나의 품목은 하나의 소 호에 분류하여야 한다는 원칙을 실현하기 위한 장치로서 다음 3가지 사항을 제시하고 있다.

- 용어의 정의
- 경합 품목 중 당해 부·류에 포함되는 품목과 제외되는 품목을 열거하고, 제외되는 품목에 대하여는 동 품목이 적용되는 부호
- 품목분류에 관한 지침

(2) 관세율표 해설서

국제관세기구(WCO)[WTO 발족 이전에는 세계관세기구(CCC)] HS 위원회의 공식적인 HS 분류 해석으로서 HS 품목분류에 관한 내용을 설명하고 있으며, 관세청에서는 이를 고시하고 있어 법규로서의 효력을 가지고 있다.

(3) 분류 의견서

각국에서 국제관세기구(WCO)에 질의하여 HS 분류가 결정된 사례로서 관세청에서는 이를 고시하고 있어 법규로서의 효력을 가지고 있다.

(4) HS 인덱스(Index)

품목별 HS 부호를 쉽게 찾을 수 있도록 상품명의 알파벳순으로 배열한 책이다. 영문판(HS 6단위)도 있고, 한글판(HS 10단위)도 있다. 그러므로 품명을 찾으면 바로 HS(6단위)를 알 수 있다.

〈 품목류별 속견표 〉

X\Y	0	1	2	3	4	5	6	7	8	9
0		산동물	동물의 고기	어패류	낙농품	기타 동물성 생산품	산수목 꽃	채소	과실 · 견과류	커피 · 향신료
10	곡물	밀가루 · 전분	채유용 종자 · 인삼	식물성 엑스	기타 식물성 생산품	동식물성 유지	고기· 어류 조제품	당류· 설탕과자	코코아	곡물, 곡분의 조제품
20	채소, 과실의 조제품	기타의 조제 식료품	음료, 주류, 식초	조제 사료	연초	토석류· 소금	광 슬래 그회	광물성 연료 에너지	무기 화합물	유기 화합물
30	의료 용품	비료	염료, 안료, 페인트, 잉크	향료 · 화장품	비누· 계면 활성제· 왁스	카세인 알부민 변성 전분 효소	화약류 · 성냥	필름 인화지 사진용 재료	각종 화학 공업 생산품	플라스틱
40	고무	원피 · 가죽	가죽 제품	모피, 모피 제품	목재 · 목탄	코르크	조물 재료의 제품	펄프	지와 판지	서적 · 신문
50	견	양모 · 수모	면	기타 식물성 섬유	인조 필라 멘트	인조 스테이플 섬유	워딩 · 부직포	양탄자	특수 직물	침투, 도포한 직물
60	편물	의류 (편물제)	의류 (편물제 이외)	기타섬유제 품· 넝마	신발류	모자류	우산 · 지팡이	조제우모 일반제품	석, 시메트, 석면제품	도자 제품
70	유리	귀석 반귀석 귀금속	철강	철강 제품	구리	니켈	알루 미늄	(유보)	납	아연
80	주석	기타의 비금속	비금속 제공구 스푼 포크	각종 비금속 제품	보일러 · 기계류	전기기기 TV VTR	철도 차량	일반 차량	항공기	선박
90	광학·의료 측정검사 정밀기기	시계	악기	무기	가구류 · 조명기구	완구 · 운동용구	잡품	예술품 · 골동품	(유보)	(유보)

4. HS 품목분류 통칙

(1) 통칙 1

이 표의 부·류 및 절의 표제는 오로지 참조의 편의상 설정한 것이며, 품목분류는 "호" 및 부 또는 류의 "주"의 규정에 따라 결정하되, 그러한 호 또는 주에서 따로 규정한 것이 없는 경우에는 다음의 통칙 제2호 또는 제5호에서 규정하는 바에 따라 결정한다.

(2) 통칙 2

이 통칙 제1호에 의하여 품목분류를 결정할 수 없는 것에 대하여는 다음에 정하는 바에 따른다.

① 각 호에 표기된 물품에는 불완전 또는 미완성의 물품이 제시된 상태에서 완전 또는 완성된 물품의 본질적인 특성을 지니고 있으면 그 불완전 또는 미완성의 물품이 포함되는 것으로 보며, 이 경우 미조립 또는 분해된 상태로 제시된 물품이 있는 때에는 완전 또는 완성된 물품(이 통칙에 의하여 완전 또는 완성된 것으로 분류되는 물품을 포함한다.)에 포함되는 것으로 본다.

② 각 호에 표기된 어떤 재료 또는 물질에는 당해 재료 또는 물질과 다른 재료 또는 물질과의 혼합물 또는 복합물이 포함되는 것으로 보고, 특정한 재료 또는 물질로 구성된 물품에는 당해 재료 또는 물질의 전부 또는 일부로 구성된 물질이 포함되는 것으로 보며, 2종 이상의 재료 또는 물질로 구성된 물품의 분류는 이 통칙 제3호에서 규정하는 바에 따른다.

(3) 통칙 3

이 통칙 제2호의 나 또는 다른 이유로 같은 물품이 둘 이상의 호에 분류되는 것으로 볼 수 있는 경우의 품목분류는 다음에 규정하는 바에 따른다.

① 가장 협의로 표현된 호가 일반적으로 표현된 호에 우선한다. 이 경우 둘 이상의 호가 혼합물 또는 복합물에 포함된 재료나 물질의 일부 또는 소매용으로 하기 위하여 세트로 된 물품 일부에 대하여만 각각 규정하는 경우에는 그 중 하나의 호가 다른 호 보다 그 물품에 대하여 더 완전하거나 명확하게 표현하는 때에도 이들 호는 그 물품에 대하여 동등하게 협의로 표현된 것으로 본다.

② 혼합물, 서로 다른 재료로 구성되거나 서로 다른 구성요소로 제조된 복합물과 소매용으로 하기 위하여 세트로 된 물품으로서 ①규정에 따라 분류할 수 없는 것은 가능한 한 이들 물품에 본질적인 특성을 부여하는 재료 또는 구성요소로 구성된 것으로 취급하여 분류한다.

③ ① 또는 ②의 규정에 따라 분류할 수 없는 물품은 동일하게 분류할 수 있는 호 중에서 그 순서상 최종 호에 분류한다.

《 HS 품목분류 원칙 》

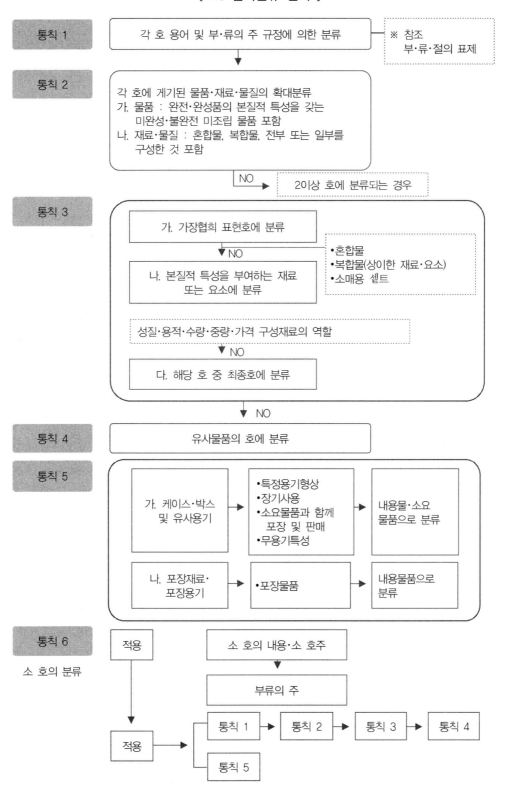

(4) 통칙 4

이 통칙 1 내지 3의 규정에 따라 분류할 수 없는 물품은 당해 물품과 가장 유사한 물품이 해당하는 호에 분류한다.

(5) 통칙 5

다음에 규정된 물품에 대하여는 이 통칙 (1) 내지 (4)의 규정을 적용하는 외에 다음 사항을 적용한다.

① 사진기케이스·악기케이스·총케이스·제도기케이스·목걸이케이스 및 이와 유사한 용기는 특정한 물품 또는 물품의 세트를 수용할 수 있도록 특별한 모양으로 되어 있거나 알맞게 제조되어 있으며 장기간 사용하기에 적합하고 그 내용물과 함께 제시되는 경우에는 그 내용물과 함께 정상적으로 판매되는 종류의 물품에 분류한다. 다만, 용기로서의 본질적인 특성이 있는 것은 그러하지 아니하다.

② ①의 규정에 해당하는 것은 그에 따르고, 내용물과 함께 제시되는 포장재료와 포장용기는 이들이 그러한 물품의 포장용으로 정상적으로 사용되는 종류의 것에 한하여 그 물품과 함께 분류한다. 다만, 그러한 포장재료 또는 포장용기가 명백히 반복적으로 사용하기에 적합한 것이면 그러하지 아니하다.

(6) 통칙 6

법적인 목적상 어느 호 중 소 호의 품목분류는 동일한 수준의 소 호들만을 서로 비교할 수 있다는 점을 조건으로 그 소 호의 용어와 관련 소 호의 「주」에 따라 결정되며 상기 제 통칙을 준용하여 결정한다. 또한, 이 통칙에서 문맥상 달리 규정한 경우를 제외하고 관련 부 및 류의 주도 적용한다.

5. HS 부호를 쉽게 찾는 방법

HS 부호를 쉽게 찾기 위하는 다음의 순서에 따라 확인함이 좋다. 정확한 HS 부호의 결정에는 충분한 상품지식과 HS 분류체계 및 동 해설서의 내용을 숙지하는 것이 지름길이다.

(1) 물품의 특성 파악

HS 부호를 찾고자 하는 물품의 기능, 구성, 성상, 용도 등 특성을 먼저 파악한다.

(2) HS 인덱스 활용

알파벳 인덱스에서 동 품명을 찾아본다. 품명은 제조회사에서 명명한 고유상표명 또는 국제무역에 통용되는 일반화된 상표명도 함께 찾는 것이 좋다.

(3) 다양한 품명 확인

품명이 여러 가지로 불린다면 그 모두를 찾아보아 HS 코드번호를 찾아내고, 이렇게 찾아진 코드번호는 관세율표상의 당해 호의 본문을 확인한다.

(4) 주(註) 규정 또는 분류 통칙 검토

부·류·소 호의 주(註) 규정과 일치하는지를 살펴보며, 분류 통칙의 적용대상인지를 검토한다.

(5) 해설서 및 분류의견서 참조

찾아진 코드번호의 관세율표 해설서와 HS 품목분류의견서 등에 비추어 보면 정확한 HS 품목분류가 확인된다.

3절 품목분류 사전심사 제도

수출입 하고자 하는 물품의 품목분류에 의문이 있는 경우, 수출입신고 전에 관세평가분류원장에게 신청하여 세번·부호를 확인받는제도이다(법 제86조1항).

1. 품목분류 사전심사 신청

(1) 신청시기

수출입신고를 하기 전에 신청하여야 한다(품목분류사전심사고시 제2조 1항). 늦어도 수출입신고를 하기 1개월 전까지는 신청함이 좋다. 품목분류사전심사신청서의 법정 처리기간은 접수일로부터 30일이며, 신속한 품목분류를 요청하여도 15일이며 품목분류에 이견이 있을 수 있는 품목에 대하여는 관계기관의 의견을 수렴하고 관세품목분류위원회의 심의를 거치는 등으로 실질적인 처리기간은 훨씬 장기간이 소요될 수도 있기 때문이다.

(2) 신청인과 신청기관

수출입 화주 또는 관세사가 관세평가분류원장에게 신청하여야 한다(품목분류사전심사고시 제2조). 종전에는 관세율표 81류 이하는 관세중앙분석소장에게, 82류 이상은 관세청장 또는 관세평가분류원장에게 신청하기도 하였으나 지금은 관세평가분류원장으로 일원화되었다.

2. 품목분류 사전심사 신청서류

품목분류 사전심사 신청서(품목분류사전심사고시 별지 제1호서식)에 다음의 서류 등을 첨부하여 제출하여야 하며, 관세청 전자통관시스템(UNI-PASS)를 이용할 수도 있다(품목분류사전심사고시 제2조).

(1) 견본 1개

견본의 제출이 곤란한 물품으로서 견본이 없어도 품목분류 심사에 지장이 없고, 통관 시에 수입신고된 물품과 사전심사 된 물품의 동일성을 세관장이 확인할 수 있으면 견본 제출을 생략할 수 있다.

3절 품목분류 사전심사 제도 *317*

(2) 기타 설명자료

제조회사의 성분표, 제조사양 설명서, 용도설명서 등과 다음의 물품설명서,를 제출하여야 한다. 외국어로 작성된 자료는 한글 번역 자료를 함께 제출하는 것이 업무의 신속처리에 도움이 된다.(품목분류사전심사고시 제2조제2항)

- 농산물, 조제품, 원재료는 구성성분의 역할 등에 대한 설명서
- 기계류 및 기기는 구성기기 명칭과 기능, 작동원리 등에 대한 설명서

(3) 분석수수료 납부

사전심사를 신청한 물품의 품목분류를 심사하기 위하여 당해 물품에 대한 구성재료의 물리적 화학적 분석이 필요한 물품에 대해서는 신청 품목당 3만원의 수수료를 분석이 시작되기 전까지 국고수납은행에 납부하여야 한다(품목분류 사전심사고시 제7조 제2항).

분석이 필요하지 않은 품목에 대해서는 수수료를 납부하지 아니한다. 이는 수입자의 필요에 의하여 품목분류사전심사를 신청하는 것이므로 수익자부담의 원칙에 의거 그 비용을 신청인이 부담하게 된다.

3. 사전심사의 통보

(1) 신청인에게 통보

신청인은 신청일로부터 원칙적으로 30일 이내에 관세평가분류원장이 결정한 품목분류사전심사를 받을 수 있다. 이 처리기간에는 신청서의 보정에 소요되는 기간, 실험, 분석 또는 검사에 소요되는 기간, 세계관세기구 또는 재외 공관에 조회하는 경우 그에 따라 소요되는 기간 등 부득이한 사유로 기간 내에 처리하기 어려운 타당한 이유가 있는 기간은 포함되지 아니한다.

그러나 다음의 사유로 신속처리를 요청하면 15일 이내에 받을 수 있다(품목분류사전심사고시 제8조).

① 해외 관세당국 등의 FTA 원산지 검증확인에 따른 신속한 품목분류를 요청하는 경우
② 신청인이 선적 등의 사유로 수출입신고가 임박하여 신속히 심사해 줄 것을 요청하는 경우
③ 신청인이 품목분류사전심사 처리 지연시 막대한 경제적 불이익이 예상되어 신속히 심사해 줄것을 요청하는 경우
④ 수출물품에 대한 품목번호 6단위 소호의 분류를 요청하는 경우

(2) 고시

관세평가분류원장은 품목분류사전심사 신청물품의 품목번호를 결정하는 경우에는 해당 물품에 적용될 품목분류와 품명, 용도, 규격, 그밖에 필요한 사항을 고시 또는 공표하여야 한다. 이는 결정된 품목분류번호를 널리 알려 동일한 물품의 품목분류에 참고하도록 하기 위함이다. 이 고

318 7장 HS 품목분류(세번분류)

시(공표)는 관세청 인터넷 홈페이지(www.customs.go.kr)에 공개하는 것으로 갈음한다. 다만, 해당 물품에 적용될 품목분류를 고시 또는 공표하는 것이 부적당하다고 인정되는 다음 물품에 대하여는 고시 또는 공표하지 아니할 수 있다. (품목분류사전심사고시 제10조)

① 신청인이 영업비밀 등을 사유로 품목분류고시 대상에서 제외하여 줄 것을 요청하는 물품. 다만 분류위원회에서 결정된 물품은 신청인의 영업비밀에 해당하는 항목을 제외하고 공개할 수 있다.

② 규격표시 곤란 등으로 품목분류고시의 실익이 없다고 인정되는 물품

③ 품목분류고시 중인 물품과 동일한 물품

④ 수출물품에 대한 품목번호 6단위 소호의 분류를 요청하는 경우

(3) 통관예정세관에 통보

관세평가분류원장은 사전심사 결과를 인터넷으로 전국세관장에게 통보하며, 필요한 경우에는 신청인으로부터 제출받은 물품설명 자료를 통관예정지 세관장에게 송부하게 된다.(품목분류사전심사고시 제9조제1항) 이는 사전심사된 당해 물품이 수입되는 경우, 세관장이 동일물품 인지를 확인하고 사전심사된 세 번·부호를 적용하도록 하기 위함이다.

(4) 통관예정세관의 변경

별도의 통관예정세관 변경신고서를 제출하지 않고도 변경할 수 있음이 원칙이다(품목분류사전심사고시 제11조 1항). 다만, 수입물품의 확인과정에서 견본과의 대비가 필수적이면 변경된 통관예정세관장이 해당물품의 설명자료와 견본 등을 당초 통관예정지 세관장이나 관세평가분류원장에게 요청하여 확인한다(품목분류사전심사고시 제11조제2항).

4. 품목분류 재심사 신청

(1) 30일 이내에 재심사 신청

관세평가분류원장의 사전심사 결과에 이견이 있는 경우 통지받은 날부터 30일 이내에 다음의 서류를 갖추어 관세평가분류원장에게 재심사를 1회에 한하여 신청할 수 있다.(품목분류사전심사고시 제3조)

(2) 재심사 신청서류

① 품목분류 재심사신청서(별지 제3호 서식)

② 품목분류 사전심사서 사본

③ 사전심사 신청 시 제출한 견본과 설명자료(성분표, 제조사양 설명서, 용도설명서, 물품설명서 등) 외국어로 작성된 자료는 한글 번역 자료를 함께 제출하는 것이 좋다.

(3) 재심사 결과의 통보

품목분류 사전심사 신청의 경우와 같다. 원칙적으로 신청일로부터 30일 이내에 재심사 결과를 통보받게 된다.

5. 품목분류 사전심사의 효과

(1) 사전심사의 효과

당해 물품에 대한 품목분류번호(세번·부호)가 확정되어 수출입 통관 시에 그대로 적용받게 된다. 이 사전심사의 효과는 시행일로부터 품목분류가 변경되기 전까지 유지된다(법 제86조 제7항 및 품목분류사전심사고시 제10조 제5항).

무역거래과정에서 수출입 물품의 현품을 확인하는 곳이 통관과정이고, 세번부호는 통관과정에서 현품을 보고 확인되는 것이므로 관세청장이 사전심사를 통지 또는 고시한 품목에 대하여는 수출입무역 전 과정을 통하여 적용된다고 할 것이다.

(2) 재심사 결과 품목분류가 변경되는 경우 적용시점

품목분류 재심사 결과 품목분류가 변경되는 경우에는 신청인이 변경 내용을 통지받은 날과 관세청의 고시 또는 공표일 중 빠른 날부터 변경된 품목분류를 적용하되, 다음과 같이 달리 적용할 수 있다(법 제87조제4항).

❶ 변경일부터 30일이 지나기 전에 우리나라에 수출하기 위하여 선적된 물품에 대하여 변경 전의 품목분류를 적용하는 것이 수입신고인에게 유리한 경우
  • 변경 전의 품목분류 적용

❷ 다음의 어느 하나에 해당하는 경우 : 변경일 전에 수출입신고가 수리된 물품에 대해서도 소급하여 변경된 품목분류 적용
  ① 거짓자료 제출 등 신청인에게 책임 있는 사유로 품목분류가 변경된 경우
  ② 다음의 어느 하나에 해당하는 경우로서 수출입신고인에게 유리한 경우
  • 신청인에게 자료제출 미비 등의 책임 있는 사유가 없는 경우
  • 신청인이 아닌 자가 관세청장이 결정하여 고시하거나 공표한 품목분류에 따라 수출입신고를 한 경우

8장

관세감면과 분할납부

1절 관세감면의 이해

물품의 수입 시에 납부하여야 할 관세를 특정한 경우에 전부 또는 일부 면제하는 것을 관세감면이라 한다. 전부 면제하는 것을 면세라 하고, 일부 면제하는 것을 감세 또는 경감이라 한다.

특정한 품목에 대하여 공평하게 관세를 낮게 부과하고자 하는 때에는 관세율을 무세(Free) 또는 저 세율로 책정하는 것이나, 관세감면은 동일한 품목에 대하여도 수입하는 업체에 따라 관세의 납부세액을 달리하는 제도이므로 특혜의 시비가 일어날 수 있는 제도이다. 정부에서는 관세감면제도를 정부가 유도하고자 하는 정책의 지원 수단 등으로 활용하고 있다.

1. 관세감면의 종류

관세감면은 승인 시에 특정한 용도에 사용할 것을 조건으로 부여하는지에 따라 조건부 감면과 무조건 감면으로 분류할 수 있다.
- 조건부 감면 — 감면용도 지정 — 사후관리
- 무조건 감면 — 감면용도 없음

(1) 조건부 감면

일정한 용도에 사용할 것을 조건으로 관세를 감면하는 것으로서, 지정된 용도 외에 사용하게 되면 감면된 관세를 징수하여야 하므로 수입통관 후 용도를 사후관리(확인) 하여야 한다.

(2) 무조건 감면

지정된 용도가 없이 관세를 감면하는 것이므로 수입통관 후 사후관리가 필요 없게 되는 것이다. 무조건 감면은 당연히 관세를 면제하여야 할 때 주로 이용된다.

예를 들면 우리나라에서 수출된 물품의 재수입 시에 적용되는 재수입 면세와 수입신고 후 수입신고수리 전에 손상된 물품에 대한 손상감세 등이다.

2. 관세감면의 근거 법령

(1) 관세법

관세의 감면은 관세법에서 규정함이 원칙이다. 다음 절에서 보는 바와 같이 대부분의 관세감면은 관세법에 근거를 두고 있다.

(2) 특별법

특정한 목적을 띄고 있는 법률에서는 당해 법령에 관세의 감면규정을 두고 있는 경우가 다음과 같이 있다.

- 외자도입법
- 조세특례제한법
- 해저광물자원개발법

(3) 조약·협정

국가 간의 조약 또는 협정에 의해서도 관세의 감면을 규정하고 있는 경우가 있다.

- SOFA 협정 : 주한미군 또는 그 가족들이 수입하는 물품에 대한 관세의 감면을 규정하고 있다.
- 항공협정

3. 관세감면의 신청

관세감면은 납세의무자의 신청이 있는 때에만 승인할 수 있다. 관세감면대상 물품이라 하더라도 수입신고수리 전까지 신청하지 않으면 세관장이 관세감면을 결정할 수 없으며, 수입신고수리 후에는 신청한다 하더라도 접수를 거절하게 된다(통칙 88 · 112…1호, 2001.1.31.).

영 제112조에서 "관세의 감면을 받고자 하는 자는 수입신고수리 전에 신청서를 세관장에게 제출하여야 한다."라고 규정하고 있기 때문이다.

이는 동일한 수입품목에 대하여도 통관 후 수입자(납세의무자)의 용도, 수입신고 시의 물품의 상태, 수입신고 시의 법령 등에 따라 관세의 감면 여부가 달라지며, 세관장의 부과행위는 확정력을 가지고 안정성을 유지하기 위함이다.

▶ 가. 신청방법

(1) 원칙

관세감면 신청의 의사표시는 관세감면신청서의 제출로 하는 것이 원칙이다.

(2) 예외

수입신고가 생략되거나 간이한 신고 절차가 적용되는 물품 중 다음의 물품에 대해서는 수입신고서에 감면부호를 기재하거나 물품의 확인만으로 감면대상 물품임이 확인되는 경우에는 관세감면신청서를 제출하지 않아도 관세감면이 가능하다(수입통관고시 제72조).

- 외교관면세물품(법 제88조)

- 국제평화봉사활동 등 물품(법 제91조 3호)
- 신체장애인 용품(법 제91조 4호)
- 정부 용품 등 면세대상 물품(법 제92조)
- 소액물품 등의 면세(법 제94조)
- 여행자 휴대품, 이사물품 등의 면세(법 제96조)
- 재수입면세대상 물품(법 제99조)

나. 신청서의 제출 시기

(1) 수입신고 시 제출

관세감면신청서는 수입신고 시에 제출함이 좋다. 관세감면 물품에 대하여는 감면물품 여부를 확인하기 위하여 검사를 생략할 수 없는 예도 있고, 납부세액을 조속히 확정하여야 신속통관이 가능해지기 때문이다.

(2) 수입신고수리 전까지 제출 가능

종전 관세법령에서는 관세감면 신청을 수입신고 시에만 제출하도록 제한하고 있었으나, 수입자가 감면신청 의사가 있었음에도 업무착오로 수입신고 시에 신청서의 제출을 누락하는 경우가 가끔 발생하여 납세의무자가 관세 등의 납부세액을 확인할 수 있는 수입신고수리 전까지 관세감면신청서를 제출할 수 있도록 관련 법령을 개정하였다. 그러나 관세의 납부세액이 확정된 후 감면신청서를 제출하게 되면 세관으로서는 확정된 납부세액을 정정해야 하는 번거로움이 따르게 되므로 가능한 한 수입신고 시에 감면신청서를 제출하도록 유의하여야 한다.

(3) 수입신고수리 후 15일 내 제출허용

업무 착오로 감면신청 누락시 사후에 보완할 수 있도록 수입물품이 보세구역에서 반출되지 않은 경우에 수입신고수리 후 15일 내에는 감면신청서를 제출할 수 있다. (영 제112조)

(4) 추가납부 시 수입통관 후 감면신청서 제출허용

수입통관 후에 관세감면대상 물품에 대하여 과세표준과 세율 등의 적용착오로 세관장이 관세를 추징하는 경우에는 당해 납부고지서를 받은 날로부터 5일 이내에 관세감면신청서를 세관장에게 제출할 수 있다.

> **참고** 추가납부로 감면신청 시 감면신청의 범위
> : 일부 과세표준 누락에 따른 추징고지를 받고 당해 수입물품 전체를 대상으로 감면 신청하는 때도 관련 규정에서 별도로 감면승인 대상범위를 제한하고 있지 않으므로 당해 수입물품의 과세가격 전체에 대한 감면신청이 가능하다(관세청 통관기획 47240·974호, 2001.8.25 및 재정경제부 관세 47000·163호, 2001.8.23.).

▶ 다. 신청인의 자격

(1) 당해감면 용도에 직접 사용하는 실수요자 원칙

관세감면의 혜택을 정부가 의도하는 당해 용도에 직접 제공하는 자에게 돌아가야 하므로 실수요자인 수입자가 관세감면을 신청하는 경우에만 한정함이 원칙이다. 이 경우 실수요자는 수입신고서 상의 납세의무자 난에 표기된 업체로 확인한다. 수입자와 실수요자가 다른 경우에는 수입대행계약을 체결하여 수입신고 시에 위탁자가 납세의무자로 신고하여야 관세감면이 가능하다.

> **참고** 재수출면세물품 감면신청인의 범위
> 법 제97조제1항 및 규칙제50조제1항제6호에 따라 박람회·전시회·공진회·품평회 기타 이에 준하는 행사에 출품 또는 사용하기 위하여 수입하는 물품은 해당 행사의 주최자 또는 참가자가 감면신청을 하여야하며, 주최자 또는 참가자 아닌 자가 감면신청을 하는 경우 재수출면세 대상이 아님.(관세청 통관기획과-5720, 2016.10.31)

(2) 예외적으로 시공자도 감면신청이 가능하도록 허용

관세감면을 받을 수 있는 자가 발주한 공사를 시공함에, 공사 발주자가 수입하면 관세감면을 받을 수 있는 물품을 시공자가 수입하는 때도 관세감면이 가능하도록 관세법 제95조 1항 제1호 또는 제3호(환경오염 방지용품) 및 조세특례제한법 제118조 1항 제1호(도시철도 건설 용품)의 경우에만 예외적으로 허용하고 있으며, 이 경우에는 시공자도 관세감면 신청인이 될 수 있다.

관세감면 신청인이 될 수 있는 시공자의 범위는 다음과 같다.
① 실수요자로부터 공사를 일괄 수주한 엔지니어링업체 등 제1차 공사수급인
② 제1차 공사수급인으로부터 전문공사를 도급받아 실제로 시공하는 제2차 수급인(하수급인도 포함)

(3) 리스물품의 대여시설 이용자

리스물품은 시설대여업자가 수입해도 수입물품이 관세감면(분할납부 포함) 대상 물품이면 대여시설이용자의 명의로 수입신고하며 관세감면(분할납부 포함)이 가능하도록 예외규정을 두고 있다(법 105조).

▶ 라. 관세감면의 신청서류

관세감면을 신청코자 하는 때에는 관세감면신청서(수입통관고시 별지 제9호서식)에 구비서류를 첨부하여 세관장에게 제출하여야 한다. 신청서의 양식도 감면대상 물품에 따라 일부 달리하고 있는 예도 있다.

2절 조건부 관세감면

1. 공장자동화기기 감면

생산성이 수반되지 않는 임금의 급격한 상승으로 국내산업의 국제경쟁력이 저하됨에 따라 근로자의 생산성을 향상하기 위한 감면규정이다(관세법 제95조제1항제3호).

(1) 감면대상 물품

① 기획재정부령으로 정하는 공장자동화 기계·기구·설비 및 핵심 부분품이다.
- 항온항습기, 자동열처리로, 자동선반기, 자동포장기 등 79품목이 지정되어 있다(품목명세: 관세법 시행규칙 별표2의 4).

② 수입하는 공장자동화기기를 관세감면대상 물품으로 지정받으려는 자는 다음 각 호의 사항을 적은 신청서에 해당 물품의 상품목록 등 참고자료를 첨부하여 주무부장관을 거쳐 기획재정부장관에게 매년(전년도) 7월 말까지 제출하여야 한다.
- 신청인의 주소·성명 및 상호
- 사업의 종류
- 관세율표 번호·품명·규격·수량·가격·용도 및 구조

> **참고** ☑ **자동화기기의 부분품 면세 운용**
> : 자동화기기로 감면대상 물품으로 지정된 물품의 부분품도 따로 기획재정부령으로 정하는 경우에만 관세감면대상 물품에 해당하는 것임
> ☑ **중고품의 관세감면 해당 여부**
> : 재정경제부의 유권해석에 따르면 중고품도 감면대상 물품에 해당한다면 관세감면이 가능하다. 중고품이라고 관세감면이 안 된다는 근거 규정이 없기 때문임

(2) 감면율

① 중소제조업체가 2026년 12월 31일까지 수입신고 하는 물품 : 50%
② 중견제조업체가 2026년 12월 31일까지 수입신고 하는 물품 : 30%

(3) 감면조건

① 중소기업자와 중견기업자가 수입하는 감면물품
- 수입자의 공장에 설치·사용할 것
- 사후관리기간 : 수입자의 공장에 설치완료(핵심부품은 사용)로 사후관리 종료

② 중소기업과 중견기업이 아닌 기타업체가 수입하는 물품

- 감면대상이 아님

(4) 구비서류

· 관세감면신청서 외 별도의 구비서류 없다.

2. 재수출 감면

국가 간의 무역촉진 등을 위하여 상품 견본 등 단기간 내에 재수출할 것을 조건으로 수입되는 일시 수입물품에 대한 면세지원 및 임대차계약 또는 도급계약의 이행과 관련하여 국내에서 비교적 장기간 사용 후에 재수출할 조건으로 수입되는 임차공사용 기기 등에 대한 감세지원을 위한 감면규정이며, 감면대상 물품, 감면율, 재수출감면기간 및 감면신청 서류 등은 다음과 같다.

(1) 감면근거

- 재수출면세 : 관세법 제97조
- 재수출 감세 : 관세법 제98조

(2) 감면대상 물품

✅ 재수출면세 물품

① 수출입 물품의 포장용기(반복사용되는 것에 한함)
② 박람회·전시회 등에의 전시 물품
③ 주문수집을 위한 물품, 시험용 물품 및 제작용 견품
④ 일시 입국자의 직업용구
⑤ 국내에서 가공·수리를 받기 위한 물품
⑥ 수출입 물품의 검사·시험용 기기
⑦ 국제운송용 차량
⑧ 수출인쇄물 제작 원고용 필름
⑨ 광메모리 제조용으로 정보가 수록된 마그네틱테이프 및 니켈 판
⑩ 수출물품 사양 확인용 물품
⑪ 기타 13품목(규칙 제50조)

✅ 재수출 감면 물품

다음의 3가지 요건을 모두 갖춘 물품에 한하여 재수출 감세가 가능하다(법 제98조 1항 및 규칙 제52조).

① 내용연수가 5년(금형은 2년) 이상인 물품
② 개당 또는 세트당 관세액이 500만원 이상인 물품
③ 국내제작이 곤란한 물품임을 생산주무부 장관(또는 위임기관장)이 확인하고 추천하는 자가 수입하는 물품

(3) 관세 감면율

① 재수출면세 물품 : 100%
② 재수출 감세 물품 : 재수출기간에 따라 다음과 같이 다르다. 다만, 외국과의 조약·협정 등에 의하여 수입되는 때에는 상호조건에 따라 100% 가능하다.

재 수 출 기 간	감 세 율
6월 이내	85%
6월 초과 1년 이내	70%
1년 초과 2년 이내	55%
2년 초과 3년 이내	40%
3년 초과 4년 이내	30%

(4) 재수출 감면 기간

✅ 재수출 면세기간

① 1년의 범위내에서 세관장이 당해 일시수입사유에 따라 지정한 기간이 원칙
② 수송기기의 하자보수용품과 외국인 소유요트는 1년 이상 세관장이 지정하는 기간(규칙 제50조 2항 지정물품)
③ 재수출기간 내에 재수출할 수 없는 부득이한 사유가 있는 때에는 1년의 범위내에서 재수출기간의 연장승인신청이 가능(신청횟수는 제한이 없으나 연장기간은 1년을 초과할 수 없음)하다. 재수출기간연장승인신청서(재수출면세고시 별지 제1호서식)의 제출세관은 재수출면세를 받은 수입지세관에 한정되는 것이 원칙이나 포장용기만은 예외적으로 모든 세관에 제출할 수 있다(영 제114조, 재수출면세고시 제6조의2)

✅ 재수출 감세기간

① 2년의 범위 내에서 세관장이 일시 수입사유에 따라 정하는 기간 원칙
② 기획재정부령으로 정하는 물품(현재 지정물품 없음)에 대하여는 4년의 범위 내에서 세관장이 정하는 기간

(5) 감면조건

✅ 용도 외 사용금지

① 세관장의 승인을 받고 용도 외 사용 시에는 감면된 관세를 징수한다.

② 세관장의 승인을 받지 아니하고 용도 외 사용한 때에는 처벌을 받게 된다.

✅ 기간 내 수출

① 재수출 기간은 수입신고필증의 수입신고수리일로부터 수출신고필증의 수출신고일까지 이다.

② 재수출 기간 내에 재수출을 이행하지 않을 때에는 감면세액(부가가치세 포함)과 감면세액(부가가치세액 포함)의 20%를 가산세로 납부하여야 한다(500만원을 초과할 수 없다).

(6) 구비서류

✅ 재수출감면신청서

✅ 담보물 제공

① 금전, 채권(국채 또는 지방채), 세관장이 인정하는 유가증권, 납세보증 보험증권

② 세관장으로부터 담보제공생략업체로 확인받은 업체에서는 신용을 담보로 하고 담보물을 제공하지 않을 수도 있다.

③ 담보금액 : 감면 세액(부가가치세 등 내국세액 포함)의 120% 이상이어야 한다. 가산세가 부과될 경우를 대비하기 위함이다.

✅ 수입추천확인서

재수출 감세 대상 물품에 대하여는 생산에 관한 사무를 관장하는 주무부 장관이 국내제작이 곤란하여 수입을 추천하는 확인서를 추가로 제출하여야 한다.

(7) 재수출이행 보고

✅ 수출신고 시 수입신고필증 제출

재수출조건부로 관세감면을 받은 물품을 수출하는 때에는 수출신고 시에 당해 물품의 수입신고필증을 제출하여야 한다(영 제116조).

✅ 세관장의 재수출이행 확인

세관장은 수출신고필증에 수입신고번호 몇호의 물품이 재수출 되었음을 수출신고필증에 기재하고, 또한 수입신고필증에도 수출신고번호 몇호로 재수출되었음을 확인하여 기재하게 된다.

✅ 재수출이행 보고 및 담보해제

재수출물품이 선적되고 나면 재수출이행보고서에 수출이행수출신고필증과 수입신고필증을 첨

부하여 통관지세관장에게 제출하여야 한다. 재수출면세에 따른 담보를 제공한 경우에는 담보해
제신청서를 함께 제출하면 담보도 함께 해제할 수 있다.

3. 학술연구용품 감면

국가발전의 원동력인 과학기술의 연구개발을 촉진하고 이의 기초가 되는 교육과 학술을 진흥
시키기 위한 감면규정이며, 감면대상 물품, 감면율 및 감면신청 서류 등은 다음과 같다.

(1) 감면근거

- 관세법 제90조(학술연구용품 감면)

(2) 감면대상 물품

학교(유치원 포함), 공공의료기관, 공공직업훈련원, 과학기술의 연구개발기관 및 산업기술의
연구개발기관(기업부설연구소 포함) 등에서 사용하는 교육용품, 학술연구용품, 실험실습용품 및
과학(산업)기술의 연구개발용품 중 다음 각호의 1에 해당하는 물품

① 외국으로부터 무상으로 기증받는 물품
② 유상으로 수입하는 때에는 국내제작이 곤란한 것으로서 개당(세트당) 과세가격이 100만원
   이상인 기기와 동기기의 부분품·부속품
③ 표본, 참고품, 도서, 음반, 녹음테이프, 녹화된 슬라이드, 촬영된 필름 등
④ 시약, 시험지, 부분품, 원재료 및 견품

(3) 감면율

① 원칙 : 80%
② 예외 : 공공의료기관 또는 학교부설의료기관에서 사용하는 물품 : 50%

(4) 감면조건

① 학교, 과학기술의 연구기관 등에서 학술연구·교육·실험실습 및 과학기술의 연구개발용으
   로만 사용할 것
② 사후관리기간 : 3년 이내

(5) 구비서류

① 외국으로부터 기증되는 물품에는 기증사실증명서류
② 유상으로 수입하는 물품은 국내에서 제작하기 곤란한 것으로 한국기계산업진흥회장의 감
   면추천서

4. 산업기술 연구·개발용품 감면

국가 산업 발전의 원동력인 기업의 기술개발을 촉진하기 위한 감면 규정이며, 감면대상 물품, 감면율 및 감면신청 서류 등은 다음과 같다.

(1) 감면근거

- 관세법 제90조 제1항 제4호

(2) 감면대상자

① 기업부설연구소 또는 연구개발 전담부서를 설치하고 있는 기업(과학기술정보통신부장관 확인)

② 산업기술연구조합(과학기술정보통신부장관 확인)

(3) 감면대상 물품

① 시약, 부분품, 원재료, 견품

② 기획재정부령으로 정한 품목으로 현재 증폭기, 영상분석기 등 257개 품목이 지정되어 있다. (참조 : 관세법시행규칙 별표1의2)

(4) 감면율 : 80%

(5) 감면조건

① 기업부설연구소와 산업기술연구조합에서 산업기술의 연구개발용으로만 사용할 것

② 사후관리기간 : 3년 이내

(6) 구비서류

① 외국으로부터 기증되는 물품에는 기증사실증명서류

② 과학기술정보통신부장관 또는 산업통상자원부장관(위임기관)의 확인서(감면대상자 확인용)

5. 해외진출기업 국내복귀 감면

국내 고용 촉진 등을 위하여 해외로 진출했던 기업이 국내로 복귀하는 경우 공장 신증설을 위하여 수입하는 제조시설에 대한 감면 규정이다.

(1) 감면근거

- 조세특례제한법 제118조의2

(2) 감면대상 물품

다음의 요건을 모두 갖춘 물품

① 국내(비수도권) 복귀 기업으로 산업통상자원부장관의 확인을 받은 자가 수입
② 복귀전 해외사업장과 동일 업종일 것
③ 공장의 신·증설에 직접 필요한 자본재임을 산업통상부장관이 확인
④ 산업통상부장관의 확인을 받은 후 5년(사전승인 6년) 내 수입할 것

(3) 관세 감면율

① 해외사업장 전부 이전기업 : 100%
② 부분 이전기업(국내사업장이 없는 경우) : 50%

(4) 구비서류

- 산업통상자원부장관의 확인서

6. 항공기와 반도체장비제조용품 감면

수입되는 원자재의 세율이 낮고 제품의 세율이 높은 것이 일반적이나 원자재는 관세율이 높고 제품의 관세율이 낮은 일부 품목에 대하여 이러한 세율 불균형을 바로잡기 위하여 세관장의 지정을 받은 공장에서 제조·수리하는 경우에는 관세를 감면하는 감면규정이며, 감면대상 물품, 감면율 및 감면신청 서류 등은 다음과 같다.

(1) 감면근거 : 관세법 제89조

(2) 감면대상 물품

다음의 요건을 모두 갖춘 물품

① 중소기업이 세관장의 지정을 받은 공장에서 제조(수리 포함)할 것

- 법 개정으로 항공기와 동 부분품 제조(수리)업체는 중소기업이 아닌 업체도 2025년까지 감면받을 수 있도록 함. (제6항 신설)

② 항공기와 동 부분품 또는 반도체 제조용 장비와 동 부속기기를 제조(수리 포함)하는데 사용될 부분품과 원재료일 것

- 국내전용의 항공기에 대해서도 항공기보다 부분품의 세율이 높은 세율 불균형이 발생하므로 감면대상에 포함하였음.

③ 기획재정부령으로 정하는 다음의 물품일 것

- 항공기제조(수리)업자가 항공기와 그 부분품의 제조 또는 수리에 사용하기 위하여 수입하는 부분품 및 원재료

  참고 항공기의 부분품을 제조(수리)하기 위하여 원재료를 수입하는 자의 감면대상자 해당 여부: 관세감면대상자에 해당함(재정경제부 관세 47000 - 87호, 2001.4.26. 및 관세청 통관기획 47240-524호, 2001.5.3).

- 장비 제조(수리)업자가 반도체 제조용 장비의 제조 또는 수리에 사용하기 위하여 수입하는 부분품 및 원재료 중 산업통상자원부장관 또는 그가 지정하는 자가 추천하는 물품

(3) 감면율

① 중소기업인 지정공장 반입물품 : 100%

② 중소기업 이외의 지정공장에 반입하는 마라케쉬협정의 항공기(부분품) 제조용품

적용 기간	2022.1.1~ 2024.12.31.	2025. 1.1.~12.31.	2026 1.1.~12.31.	2027. 1.1.~12.31.	2028 1.1.~12.31.
감 면 율	100%	80%	60%	40%	20%

③ 기타 지정공장에 반입하는 항공기(부분품) 제조용품

적용 기간	2021년 1.1.~12.31	2022년 1.1.~12.31	2023년 1.1.~12.31	2024년 1.1.~12.31	2025년 1.1.~12.31
감 면 율	70%	60%	50%	40%	20%

(4) 구비서류

① 제조용 원료품 감면신청서

② 세관장 지정공장 지정승인서 사본

③ 원자재소요량증명서 등

7. 외국인투자 자본재 감면

외국 선진기술의 도입과 국내 부가가치의 증대를 도모하기 위하여 외국인투자를 유치하기 위한 감면규정이며, 감면대상 물품, 감면율 및 감면신청 서류 등은 다음과 같다.

(1) 감면근거

- 조세특례제한법 제121조의3 제1항 및 외국인투자촉진법

(2) 감면대상 물품

국내산업의 국제경쟁력 강화에 긴요한 산업지원서비스업, 고도의 기술을 수반하는 사업, 외국인투자지역 입주기업이 영위하는 사업 및 기타 외국인투자 유치를 위하여 불가피한 사업으로서 대통령령으로 정하는 사업에 직접 사용되는 다음의 자본재

① 외국인투자자기업이 외국투자가로부터 출자받은 돈으로 도입하는 자본재
② 외국투자가가 출자의 목적물로 도입하는 자본재

(3) 관세 감면율 : 100%

(4) 감면조건

① 출자목적물의 납부기간 이내에 수입신고가 되어야 감면할 수 있다.
② 외국인투자자기업에 인가된 목적에 따라 계속 사용하여야 한다.
③ 사후관리기간 : 3년

(5) 구비서류

① 외국인투자자기업 관세면제신청서
② 당해 사업이 감면대상사업(조세특례제한법 제121조의2 제1항)임을 증명하는 서류
③ 자본재도입 물품 허가서 : 당해 자본재가 외국인투자촉진법 제5조 1항의 신고된 내용에 따라 외국인투자자가 출자한 것임을 증명하는 서류(동법 제6조의 규정에 의한 기존주식취득을 위한 외국인투자는 감면대상에 해당하지 아니함)
④ 자본재 등 도입 물품명세서

8. 신·재생에너지용품 감면

석탄, 석유등 화석에너지의 절약을 위하여 태양열과 태양광, 풍력, 수소 또는 연료전지, 바이오를 이용한 신·재생에너지산업을 지원하기 위한 감면규정이며, 감면대상 물품, 감면율 및 감면신청 서류 등은 다음과 같다.

(1) 감면근거
- 조세특례제한법 제118조 제1항 제3호

(2) 감면대상 물품

태양열 에너지 생산 및 이용 기자재는 태양열 흡수판 등 5개 품목, 태양광에너지 생산 및 이용 기자재는 태양전지 실리콘 잉곳절단기 등 28개 품목, 풍력에너지 생산 및 이용 기자재는 제동장치 등 23개 품목, 수소 또는 연료전지 생산 및 이용 기자재는 수소충전기 등 14개 품목이고 폐기물에너지 생산 및 이용 기자재는 재활용 고형연료전용보일러 1개 품목이다. (조세특례법 제118조에 따른 관세경감에 관한 규칙, 기획재정부령 별표13)

(3) 감면율 : 50%

(4) 감면조건
- 신·재생에너지의 생산 및 이용 기기 제조에 한함
- 사후관리기간 : 3년의 범위 내에서 제조 완료 시까지 사후관리(제조완료로 사후관리 종결)

(5) 구비서류

태양에너지 이용기기 등 감면용도 제조용 물품임을 증명하는 산업통상자원부장관(위임기관)의 확인서

9. 특정 행사용품 감면

우리나라에서 개최되는 국제적인 행사를 지원하는 감면 규정이다. 국제적인 행사를 지원하는 감면 규정에는 관세법과 조세특례제한법이 있다. 조세특례제한법은 대회 관련 시설의 제작·건설에 사용하거나 경기운영에 사용하기 위하여 수입하는 물품(참가선수의 과학적 훈련용 기자재를 포함)을 감면대상으로 정하고 있고, 관세법(93조제2호)은 대회에 참가하는 자가 해당 대회와 관련하여 사용할 목적으로 수입하는 물품을 감면 대상으로 정하고 있어 다르다.

(1) 감면근거 : 조세특례제한법 제118조 제1항

(2) 감면대상 물품

다음의 요건을 모두 갖춘 물품

① 국내 제작이 곤란한 것으로서

② 대회조직위원회가 신청하여 기획재정부령으로 정하는 물품

(3) 관세 감면율

대회조직위원회가 신청하여 기획재정부령으로 정하는 감면율

(4) 감면조건

수입신고수리일로부터 3년의 범위에서 관세청장이 정하는 기간 동안 해당 행사용으로만 사용하여야 한다.

(5) 구비서류

① 국내제작 곤란확인서

② 대회조직위원회의 확인서

10. 특정물품 면세

기타 특수한 사항에 대하여 정부가 지원하기 위한 면세 규정이며, 감면대상 물품, 감면율 및 감면신청 서류 등은 다음과 같다.

(1) 감면근거 : 법 제93조

(2) 감면대상 물품

① 동식물의 종자 개량용품(제1호)
- 기획재정부령으로 정하는 물품
- 사료작물 재배용 종자(호밀, 귀리와 수수)(시행규칙 제43조 1항)

② 박람회 등 행사용품(제2호)
- 포뮬러원 국제자동차경주대회용품

③ 핵사고 등의 복구·구호용품(제3호)
- 외국으로부터 기증되는 물품
- 기획재정부령으로 정하는 물품(구체적인 품목은 규칙 제43조 4항 참조)

④ 원양어획물과 그 포장용품(제4호, 제5호, 제6호, 제7호)

- 외국영해채포, 협력채포, 합작채포한 수산물
- 원양어획물을 포장한 골판지 어상자

⑤ 중소기업 시험생산 수출기계·기구 제조용 원재료(제8호)

- 중소기업이 해외 구매자의 주문에 따라 제작한 기계·기구가 요구한 성능에 일치하는지를 확인하기 위하여 외국인이 무상으로 공급하는 시험생산에 소요되는 원재료

⑥ 외국 간에 건설될 교량 등의 건설 용품(제11호)

- 우리나라와 외국 간에 건설될 교량·통신시설·해저통로 기타 이에 따르는 시설의 건설 또는 수리에 소요되는 물품

⑦ 수출물품 첨부용 증표(제12호)

- 우리나라 수출품의 품질 등이 수입국의 권한 있는 기관이 정하는 조건에 적합한 것임을 표시하는 증표로서 미국의 UL 증표 등 9개 증표(구체적인 증표는 규칙 제43조 9항 참조)

⑧ 해외사고 수리부분(제13호)

- 우리나라의 선박 또는 항공기가 해외에서 사고로 말미암아 발생한 피해를 복구하기 위하여 외국의 보험회사 또는 가해자의 부담으로 하는 수리부분에 해당하는 물품

⑨ 하자보증 수리부분(제14호)

- 우리나라의 선박 또는 항공기가 매매계약상의 하자보수 보증 기간에 외국에서 발생한 고장에 대하여 외국 매도인의 부담으로 하는 수리부분에 해당하는 물품

⑩ 올림픽종목 운동용구(제15호)

- 대한체육회에서 수입하는 운동용구
- 국제올림픽 및 아세아운동경기 종목에 해당하는 운동용구

⑪ 보석의 원석과 나석 (제18호)

(3) 관세 감면율 : 100%

(4) 감면조건

❶ 감면받은 용도에만 사용할 것

❷ 사후관리기간

① 당해 행사 종료일(당해 용도 소멸일) : 박람회 등 행사용품

② 3년 이내

- 항공기용품
- 올림픽종목 운동용구

③ 기타 물품은 수입신고수리 즉시 사후관리 종료

(5) 구비서류

① 식물종자 개량용품 및 올림픽종목 운동용구
  • 주무부처(위임기관)의 장의 확인서
② 핵사고 등 복구·구호용품
  • 기증사실 증명서류
  • 기증목적에 관한 과학기술부 장관의 확인서
③ 수출물품 첨부용 증표
  • 당해 증표 공급국의 권한 있는 기관과의 공급 및 관리에 관한 계약서
④ 해외사고 수리부분 및 하자보증 수리부분
  • 당해 수리가 외국의 보험회사·가해자 또는 매도인의 부담으로 하는 것임을 증명하는 서류
  • 수리인이 발급한 수리사실을 증명하는 서류

11. 종교용품·자선용품·장애인용품 등의 면세

사회복지정책의 필요에 의하여 지원하기 위한 면세 규정이며, 감면대상 물품, 감면율 및 감면 신청 서류 등은 다음과 같다.

(1) 감면근거 : 법 제91조

(2) 감면대상 물품

❶ 종교단체의 예배 용품 및 식전 용품
  • 외국으로부터 기증되는 물품
  • 기획재정부령으로 정하는 물품은 감면대상에서 제외함(피아노 등 악기류 등)

❷ 자선·구호용품
  • 외국으로부터 기증되는 물품
  • 자선·구호용에 직접 사용되는 물품
  • 기획재정부령으로 정하는 물품은 제외(자동차 등)

❸ 국제평화·봉사활동 물품
  • 외국의 적십자기구 등으로부터 기증되는 물품
  • 국제평화봉사활동 및 국제친선 활동 용품

❹ 심신장애자 용품
- 심신장애인용으로 특수하게 제조된 물품 중 기획재정부령으로 정하는 물품
- 시각장애인 용품 33개 품목(구체적인 품목은 규칙 제39조 4항 참조)
- 청각 및 언어장애자 용품 23개 품목(구체적인 품목은 규칙 제39조 4항 참조)
- 지체장애인 용품 23개 품목(구체적인 품목은 규칙 제39조 4항 참조)
- 만성 신부전증 환자 등 희귀병 치료용품 13개 품목(구체적인 품목은 규칙 제39조 4항 참조)
- 기타 장애인 운동용구와 교육용품(구체적인 품목은 규칙 제39조 4항 참조)

❺ 장애인 치료용 의료용구
장애인 복지시설 및 재활 병·의원에서 장애인의 진단 및 치료를 위하여 사용하는 의료용구

(3) 관세 감면율 : 100%

(4) 감면조건

❶ 감면받은 용도에만 사용할 것

❷ 사후관리기간
① 수입신고수리 즉시 사후관리 종료
- 국제평화·봉사활동 용품
- 심신장애자 용품
- 장애인 치료용 의료용구
② 기타 물품 : 3년 이내

(5) 구비서류

❶ 종교단체 예배 용품
- 기증사실 증명서류
- 기증목적에 관한 문화관광부장관의 확인서

❷ 자선·구호용품
- 기증사실 증명서류
- 당해 시설과 사업에 관한 보건복지부장관 또는 시장·군수의 증명서(사본)

❸ 국제평화·봉사활동 용품
- 기증사실 증명서류
- 기증목적에 관한 외교통상부장관의 확인서

❹ 심신장애자 용품 : 구비서류 없음

❺ 장애인 치료용 의료용구 : 구비서류 없음

12. 기타 조건부 감면세

기타 감면 및 면세 규정은 다음과 같다.

- 외교관 용품 등의 면세(준외교관 포함)
- SOFA 협정 면세
- 기타협정에 의한 면세
- 해저광물자원법에 의한 면세

3절 무조건 관세감면

1. 재수입 면세

우리나라에서 수출된 물품이 다시 수입되는 때에 부과되는 관세를 면제하기 위한 감면규정이며, 감면대상 물품, 감면조건, 감면율 및 감면신청 서류 등은 다음과 같다.

(1) 감면근거 : 관세법 제99조

(2) 감면대상 물품

❶ 우리나라에서 수출된 물품으로써 사용되지 않고 수출 신고수리일로부터 2년 이내에 다시 수입되는 물품(전시는 사용으로 보지 아니한다)

다만, 원자재 또는 당해 물품에 대하여 관세감면을 받거나 환급특례법에 의한 환급을 받은 물품 및 관세가 부과되지 아니한 물품은 제외한다고 규정하고 있다(법 제99조 1호 단서).

> 참고 ① 수출자와 수입자가 다른 경우 재수입면세 가능 여부
> : 동 물품의 수출로 환급을 받을 수 있는 자가 환급받을 권리를 포기하였음을 증명하는 서류를 재수입하는 자가 세관장에게 제출하면 가능하다(법 제99조 1의다).
> ② 관세감면 물품의 재수입면세 가능 여부
> : 법 제99조 1호 단서규정에서의 관세는 '그 관세' 또는 '당해 관세'의 의미로 동 호 각목의 감면을 받은 해당 관세를 의미하므로 당해 관세를 제외한 부분에 대하여는 재수입면세가 가능함(재정경제부 관세 47000·84호, 2001.4.24 및 관세청 통관기획 47240·523호, 2001.5.(3)

❷ 수출물품의 용기로서 다시 수입되는 물품
  • 수출 후 포장용기를 재수입하는 경우, 포장용기의 수출을 증명하는 방법
  • 신용장에 "Returnable"이라고 표시

❸ 해외시험 및 연구목적으로 수출된 후 다시 수입되는 물품

(3) 관세 감면율 : 100%

(4) 감면조건
  • 없음(무조건면세이므로 사후관리대상에 해당하지 아니함)

(5) 감면신청 서류
  • 재수입물품 관세감면신청서
  • 수출신고필증 또는 이에 갈음하는 서류

2. 해외임가공물품 감세

우리나라에서 수출된 물품으로 제조·가공된 물품이 다시 수입되는 때에 부과되는 관세를 면제하기 위한 감면규정이며, 감면대상 물품, 감면조건, 감면율 및 감면신청 서류 등은 다음과 같다.

(1) 감면근거 : 관세법 제101조

(2) 감면대상 물품

가) 원재료 또는 부분품을 수출하여 제조·가공 후 수입되는 전자기기류와 사진기

- (관세율표 제85류와 제9006호 해당 물품)

> 참고 전자기기를 외국에서 임가공 하여 수입하는 경우, 이제까지는 소요자재 전부를 우리나라에서 수출하였으나, 일부 자재를 외국에서 현지 구매해도 관세감면이 가능한지 여부
> : 전부 임가공한 경우 뿐만 아니라 일부 임가공한 경우에도 관세감면이 가능하나, 다만, 현지 구매량에 따라 관세 감면액이 작아질 뿐이다. 관세 감면액은 수출금액에 수입물품의 관세율을 곱한 금액이기 때문이다.

나) 가공·수리를 목적으로 수출한 후 다시 수입되는 물품으로서 HS 10단위가 일치하는 물품

용융과정을 거쳐 재생한 물품과 우리나라에서 수출된 물품이 재수입된 것임을 세관장이 확인할 수 있는 물품인 경우를 포함한다.

❶ 가공의 범위

다음 중 하나에 해당하는 경우로서 그 동일성이 인정되는 경우에 한한다(관세청 통관기획 47240 - 984호, 2000.11.7.).

① 완전 또는 완성품의 주요한 특성이 있는 물품이 우리나라로부터 수출된 후 조립, 재생, 개조 등의 가공과정('제조'를 제외한다)을 거쳐 재수입되는 경우

> 참고 1. 직물원단(HSK 5208.51 - 0000)을 수출한 후 해외에서 의류(HSK 6203.22 - 1000)를 생산하여 수입하는 경우는 임가공감세 대상이 아님('가공'이 아닌 '제조'에 해당하는 물품으로 동일성 인정 곤란)
> 2. 소재상태의 Coil(단순 절단된 Coil의 경우도 같음), Bobin, Core (각각 특게세번에 분류) 및 소재상태의 Ink, Flux, Solder 등(각각 특게 세번에 분류)을 Knocked - down 형태로 수출하여 해외에서 조립 등의 가공을 거쳐 재수입되는 물품(HSK 8504. 31 - 90(10)은 법 제101조 1항 제2호의 재외임가공물품 감세 대상 아님(법 제101조 1항 제1호 대상에는 해당) ['가공'이 아닌 '제조'에 해당하는 물품으로 동일성 인정 곤란]
> 3. 화학반응용 폐촉매(액상)를 수출한 후 폐촉매에 용해된 백금(HS 71(10)을 추출하여 수입하는 경우는 해외 임가공물품 감세 대상이 아님(수출된 물품과 수입된 물품의 HS 10단위가 상이하고, 가공의 범위에 해당하지 아니하며, 그 동일성을 인정키도 곤란)
> 4. 일회용 향수 용기(HSK 7010.94 - 0000)를 수출한 후 향수(HSK 3303.00 - 1000)를 담아 재수입하는 경우는 해외 임가공물품 감세 대상이 아님 [가공 또는 수리할 목적으로 수출된 물품이 아닐 뿐만 아니

라 법 제99조의 규정에 의하여 면세대상이 되는 '용기'는 '수출물품의 용기로서 다시 수입하는 물품'만
이 해당됨(법 제99조 2호)〕

5. 작업용 장갑을 수출하여 미끄럼 방지를 위한 플라스틱 코팅작업을 하여 재수입하는 경우 해외임가공물
품 감세대상임. 이는 코팅작업 전후의 HSK 10단위는 일치하지 아니하나, 플라스틱 코팅작업 후 작업용
장갑의 형상을 유지하는 등 플라스틱 코팅작업이 단순가공에 해당하기 때문임.

② 독립적인 기능이 있어 관세율표상 특게세번에 분류되는 물품(타이어, 금형 등)이 우리나
라로부터 수출된 후 당해 수입 기기와 연결·분리할 수 있도록 볼트 등으로 장착되어 재
수입되는 경우

❷ 감면대상 물품

다음 각 호의 1에 해당하는 경우로서 수출물품과 수입물품의 동일성이 인정되는 경우에 한한
다(관세청 통관기획 47240 - 984호, 2000.11.7.).

① 가공 또는 수리할 목적으로 수출된 물품과 가공 또는 수리 후 수입된 물품의 HS 10단위
의 품목번호가 일치하는 물품

> 참고 1. 재단된 직물(HSK 6201.92 - 0000)이 수출되어 해외에서 재봉 가공 등을 거쳐 재수입되는 물품
> (HSK 62 01.92 - 0000)임이 확인 가능한 경우
> 2. 완성품의 규격에 맞게 권선된 Coil, Bobin, Core (HSK 8504.31 - 90(10) 및 소재상태의 Ink, Flux, Solder
> 등(각각 특게세번에 분류)을 Knocked - down 형태로 수출하여 해외에서 조립 등의 가공을 거쳐 재수
> 입되는 물품(HSK 8504.31 - 90(10)임이 확인 가능한 경우(단, 수출된 주요물품과 수입된 물품의 HS
> 10단위가 일치하는 경우에 한하며, 소재상태의 Ink, Flux, Solder 등은 소요량 범위내에서 인정)
> 3. 동시에 제시될 경우 완성품 세번에 분류되는 물품을 자재수급 등 사정에 의하여 분할수출(이 경우
> 각각의 수출물품은 완성품 세번이 아닌 각각 특게세번에 분류됨)하여 해외에서 완성품으로 가공되어
> 재수입되는 물품임이 확인 가능한 경우(우리나라로부터 수출된 물품이 동시에 제시되는 경우 완성품
> 세번에 분류될 수 있는 경우에 한함)

② 수율 또는 성능이 저하되어 폐기한 물품을 수출하여 용융과정 등을 거쳐 재생한 후 다시
수입하는 물품

> 참고 수율 또는 성능이 저하된 백금 촉매망(HSK 7112.20 - 9000)을 해외로 수출한 후 용융과정 등을
> 거쳐 재생(HSK 7115.10 - 0000)하여 재수입하는 경우

③ 제품의 제작일련번호, 제조국가 및 제조일자, 부품번호 또는 기타의 방법에 의하여 국내
에서 수출된 물품이 재수입되는 물품의 가공 또는 수리에 소요된 것이 확인되는 물품

(3) 감면제외 물품

위 감면대상에 해당하는 물품이라도 당해 물품 또는 원자재에 대하여 관세감면을 받았거나 환
급특례법에 의한 환급을 받은 물품 및 보세가공 등으로 관세가 부과되지 아니한 물품은 감면대
상 물품에 해당하지 아니한다.

이는 해외 임가공물품의 재수입에 대한 면세규정이기 때문이다.

(4) 관세 감면액

✅ 제조·가공 후 수입되는 전자기기와 사진기

제조에 소요된 원재료의 수출신고가격에 수입물품의 관세율을 곱한 금액

✅ 가공·수리 후 다시 수입되는 물품

가공·수리물품의 수출신고가격에 수입물품의 관세율을 곱한 금액. 다만, 수입물품이 매매계약 상의 하자보수보증(수입신고수리 후 1년 이내에 한한다.) 중에 하자가 발견되거나 고장이 발생하여 외국의 매도인 부담으로 가공 또는 수리하기 위하여 수출된 물품에 대하여는 수출신고가격, 수출물품의 양륙항까지의 운임·보험료, 가공 또는 수리 후 물품의 선적항에서 국내 수입항까지의 운임·보험료와 가공 또는 수리비용을 합한 금액에 당해 수입물품에 적용되는 관세율을 곱한 금액(영 제119조)

(5) 감면조건 : 없음(무조건면세이므로 사후관리대상에 해당하지 아니함)

(6) 감면신청 서류

① 관세감면신청서

② 수출신고필증 또는 이에 갈음하는 서류

③ 다음 각 호의 사항이 기재된 가공인 또는 수리인이 발급한 가공 또는 수리사실을 증명하는 서류

   1. 우리나라로부터 수출된 물품의 품명·규격·수량 및 가격

   2. 가공 또는 수리에 의하여 부가 또는 환치된 물품의 품명·규격·수량 및 가격

   3. 가공 또는 수리에 소요된 비용

   4. 가공 또는 수리의 명세

   5. 감면받고자 하는 금액과 그 산출기초

   6. 기타 수입물품이 국내에서 수출한 물품으로 가공 또는 수리된 것임을 확인할 수 있는 자료

> **참고** **해외 임가공물품에 대한 감면과 환급**
> ① 우리나라에서 부품이나 원자재를 수출하여 외국에서 임가공한 후 수입하는 물품에 대한 관세감면이나 관세환급방법은 다음 순서에 의하는 것이 혜택을 크게 할 수 있다.
> 1. 수출물품과 수입물품의 HS 10단위가 일치하는 물품은 제품의 수입 시에 관세감면을 받는다. 다만, 임가공으로 가치가 증가한 부분에 대하여 관세를 납부한다.
> 2. 임가공하여 수입하는 제품이 전자제품(관세율표 제85류 해당물품)인 경우에는 임가공으로 제공한 원·부자재의 금액에 해당하는 관세액을 감면을 받는다.
> 3. 위의 두 사례에 해당하지 않는 대부분의 경우에는 관세감면 대상이 되지 아니하므로 환급특례법의

규정에 의한 관세환급을 받아야 한다.
 즉, 임가공을 위한 원재료의 수출 후 관세환급을 받고, 임가공한 제품의 수입시에 관세를 납부하여야 한다.
② 외국에 임가공한 제품을 수입하지 아니하고 제품을 바로 수출한 경우의 관세감면이나 관세환급 방법
 이 경우는 임가공한 제품을 수입하지 아니하므로 관세감면에 해당할 수 없고, 관세환급에 해당한다.
 즉 위 참고1의 3과 같이 임가공을 위하여 무상으로 수출한 원·부자재에 대하여 환급특례법에 의거 관세환급을 받을 수 있다.

3. 상업용 견본 면세

 국가 간의 무역을 촉진하기 위하여 상업용 견본 등에 대한 면세 규정이며, 감면대상 물품 등은 다음과 같다.

 (1) 감면근거 : 관세법 제94조 3호

 (2) 감면대상 물품

   ① 판매할 수 없는 상태(천공 또는 절단 등)로 처리된 물품
   ② 과세가격이 미화 250달러 이하의 물품으로서 견품으로 사용될 것이 인정되는 물품
   ③ 물품의 형상, 성질 및 성능으로 보아 견품으로 사용될 것으로 인정되는 물품

 (3) 감면율 : 100%

 (4) 감면조건 : 없음

 (5) 구비서류 : 없음

4. 손상 감면

 수입된 물품이 수입신고 후부터 수입신고수리 전에 변질 또는 손상된 부분 및 관세감면 물품에 대하여 관세를 추징하는 경우에 사용으로 가치가 감소한 부분에 대하여 관세를 감면하는 제도이다.
 수입신고 전에 변질 또는 손상된 부분에 대하여는 과세가격 결정 시에 손상 또는 변질한 부분의 금액을 공제한다. 감면율 및 감면신청 서류 등은 다음과 같다.

 (1) 감면근거 : 관세법 제100조

(2) 감면대상 물품

① 수입신고 후 수입신고수리 전에 변질 또는 손상된 물품

② 관세감면을 받아 수입한 물품에 대하여 일정 기간 사용 후 감면된 관세를 추징하는 물품

> **참고** 조건부 관세감면 물품이 당해 용도에 사용되지 아니하고 손상변질되어 용도 외 사용 등으로 관세를 추징하는 경우, 손상감세 대상 여부
> : 구 관세법 제33조 2항에 의한 손상감세는 관세법 등에 의하여 감면받은 물품에 대하여 관세를 추징하는 경우에 변질 또는 손상의 원인에 대한 특별한 제한 없이 가치감소 분에 대하여 관세를 경감하는 것이므로 감면대상에 해당함(재정경제부 관세 47000 - 187호, 2000.10.6.)

(3) 관세 감면율

다음 두 가지 방법 중 감면액이 많은 것으로 한다.

① 변질, 손상 또는 사용으로 가치의 감소에 따르는 가격의 저하 분에 상응하는 관세액

② 수입물품의 관세액에서 변질·손상·사용으로 말미암은 가치의 감소 후의 성질 및 수량에 의하여 산출한 관세액을 공제한 차액

(4) 감면조건 : 없음

(5) 구비서류

① 손상감면신청서

② 변질·손상·사용으로 말미암은 가치의 감소액 또는 변질·손상·사용 후의 물품의 가격을 알 수 있는 자료[관세청장이 손상 등의 산정기준을 정한 물품(기계류, 승용자동차 등)은 제외한다]

5. 소액물품 면세

우리나라의 거주자가 수취하는 소액물품에 대한 면세 규정이며, 감면대상 물품 등은 다음과 같다. 종전에는 우리나라 거주자에게 기증되는 경우에만 면세할 수 있었던 것을 전자상거래 등으로 물품대금을 지급하고 수입하는 때도 감면적용이 가능하도록 관세법이 개정되었다(구 관세법 제30조 16호. 2000.1.1 개정).

(1) 감면근거

- 관세법 제94조 4호 및 규칙 제45조 2항 제1호

(2) 감면대상 물품

① 당해 물품의 총 과세가격이 미화 150달러 상당액 이하의 물품으로써 자가사용 인정기준 내의 물품. 다만, 반복·분할 수입되는 다음 각 호의 1에 해당하는 물품에 대해서는 합산하여 미화 150달러를 초과하는 때에는 감면대상에서 제외하여 과세한다(규칙 제45조 2항 제1호, 수입통관고시 제68조).

  1. 하나의 선하증권(B/L)이나 항공화물운송장(AWB)으로 반입된 과세대상물품을 면세범위 내로 분할하여 수입통관하는 경우

  2. 같은 해외공급자로부터 같은 날짜에 구매한 과세대상물품을 면세범위내로 분할 반입하여 수입통관하는 경우

② 박람회 등에 참가하는 자가 회장 안에서 관람자에게 무상으로 제공할 목적으로 수입하는 관람자 1인당 미화 5달러 상당액 이하의 물품

(3) 관세 감면율 : 100%

(4) 감면조건 : 없음

(5) 구비서류

❶ 우편물품 등 : 별도의 구비서류가 없음(감면신청서도 제출하지 아니함).

❷ 박람회 등에서 무상으로 제공하는 물품
- 감면신청서
- 박람회 등 참가확인서 등 입증자료

(수입통관고시 별표11)

〈 우편물·탁송품의 소액면세 자가사용 인정기준 〉

종류	품명		자가사용인정기준 (면세통관범위)	비고
농림수 축산물	참기름, 참깨, 꿀, 고사리, 버섯, 더덕 호두 잣 소, 돼지고기 육포 수산물 기타		각 5kg 5kg 1kg 10kg 5kg 각 5kg 각 5kg	○면세통관 범위 초과의 경우에는 요건확인 대상 (식물방역법, 가축전염병예방법, 수산동물질병관리법 대 상은 면세통관범위 이내의 물품도 반드시 요건확인을 받 아야 함)
한약재	인삼(수삼,백삼,홍삼 등) 상황버섯 녹용 기타 한약재		합 300g 300g 검역후 150g 각 3kg	○녹용은 검역 후 500g(면세범위 포함)까지 과세통관 ○면세통관 범위 초과의 경우에는 요건확인 대상
VIAGRA 등 오·남용우려의약품				○처방전에 정해진 수량만 통관
건강기능식품			총 6병	○면세통관 범위인 경우 요건확인 면제. 다만, 다음과 물품 은 요건확인 대상 - CITES규제물품(예:사향 등) 성분이 함유된 물품 - 식품의약품안전청장의 수입불허 또는 유해의약품 통보 를 받은 품목이거나 외포장상 성분표시가 불명확한 물 품 - 에페드린, 놀에페드린, 슈도에페드린, 에르고타민, 에르 고메트린 함유 단일완제의약품 ○면세통관 범위를 초과한 경우에는 요건확인대상. 다만, 환자가 질병치료를 위해 수입하는 건강기능식품은 의사 의 소견서 등에 의거 타당한 범위내에서 요건확인 면제
의약품			총 6병(6병 초과의 경우 의약품 용법 상 3개월 복용량)	
생약(한약) 제제	모발재생제 제조환 다편환, 인삼봉황 소염제 구심환 소갈환 활락환, 삼편환 백봉환, 우황청심환		100ml×2병 8g入×20병 10T×3갑 50T×3병 400T×3병 30T×3병 10알 30알	
기호물품	주류		1병(1ℓ 이하)	○물품가격 미화 150달러 초과의 경우에는 과세대상 ○주류는 주세 및 교육세 과세
	담배	궐련	200개비	○담배는 개별소비세 및 담배소비세 과세 ○2종류 이상의 담배를 함께수입하는 경우 한 종류에만 면 세통관 범위 적용
		엽권련	50개비	
		전자담배 니코틴 용액	20㎖	
		권련형 전자담배	200개비	
		기타유형 전자담 배	110g	
		기타담배	250g	
	향수		60㎖	○향수의 부피 또는 중량 표시단위가 다른경우(예:60g, 2oz 등) ㎖로 환산한 용량이 60㎖ 이하면 자가사용 인정
기타	○기타 자가사용물품의 인정은 세관장이 판단히여 통관허용 ○개별 법령에 따라 수입이 제한되는 물품은 면세통관 범위 이내이더라도 수입이 제한될 수 있음 - (예시) 야생동물 관련 제품(CITES 규제대상), 마약류(마약류 관리에 관한 법률 대상) 등			

6. 이사물품 면세

거주이전을 목적으로 입국하는 자의 이사물품에 대한 면세규정이며, 감면대상 요건 중 거주이전의 인정기준, 이사물품의 범위 및 감면신청 서류 등은 다음과 같다.

(1) 감면근거 : 관세법 제96조 2호

(2) 감면대상 물품

우리나라로 거주를 이전하기 위하여 입국하는 자가 입국할 때에 수입하는 이사물품으로서 거주이전의 사유, 거주기간, 직업, 가족 수 및 기타의 사정을 고려하여 세관장이 타당하다고 인정하는 물품(따로 보낸 물품은 입국 후 6월 이내에 도착하여야 함)

❶ 거주이전의 인정 기준

① 해외 거주기간이 1년(가족동반은 6월) 이상인 우리나라 국민(재외영주권자 제외)이 국내로 주거를 이전하는 경우

② 외국인이 1년(가족동반은 6월) 이상 우리나라에 주거할 목적으로 입국하는 경우(출입국사무소장이 발급한 외국인등록증 등에 의거 판단한다.)

③ 재외 영주권자가 영주 귀국하거나 1년(가족동반은 6월) 이상 우리나라에 주거할 목적으로 입국하는 경우

❷ 이사물품의 범위

거주이전의 사유, 거주자의 직업, 가족의 구성, 생활양식 등을 고려하여 판단하되, 원칙적으로 전 거주지에서 이미 사용하던 물품에 한한다.

❸ 감면대상 제외물품

다음 물품은 이사물품에 해당한다 하더라도 관세를 납부하게 된다.

① 자동차(자동삼륜차와 자동이륜차를 포함하며, 우리나라에서 수출된 자동차로서 전 거주지에서 등록한 것은 제외)

② 선박

③ 항공기

④ 개당 과세가격 500만원 이상의 보석류

(3) 관세 감면율 : 100%

(4) 감면조건 : 없음

(5) 구비서류

① 여행자 휴대품 신고서(주요물품 통관내역서)

② 선하증권(B/L 또는 AWB) 등

③ 여권(여권 반납 시에는 출입국사실증명서)

④ 포장명세서(화주 또는 포장회사 작성)

7. 여행자와 승무원 휴대품 감면

여행자와 승무원의 휴대품에 대한 면세 규정이며, 감면대상 물품 및 감면율 등은 다음과 같다.

(1) 감면근거 : 관세법 제96조 제1항1호3호 및 제2항

(2) 감면대상 물품

❶ 여행자 휴대품 면세

여행자의 신변용품, 면세직업용구, 휴대품 또는 별송품으로서 여행자의 입국사유, 체재기간, 직업 기타의 사정을 고려하여 세관장이 타당하다고 인정하는 물품

① 여행자의 신변용품, 신변장식용품

② 직업용구

③ 세관장의 반출확인을 받은 재반입물품

④ 기타 해외취득 총금액이 미화 800불 이하의 물품

❷ 승무원 휴대품 면세

외국무역선 또는 외국무역기의 승무원이 휴대하여 수입하는 물품으로서 항행일수·체재기간 기타의 사정을 고려하여 세관장이 타당하다고 인정하는 물품(외국무역기 승무원은 미화 150달러, 외국무역선 승무원은 1회 항행기간에 따라 1개월 이내 90달러, 3개월 미만 180달러, 3개월 이상 270달러 이하의 물품에 한하며, 기획재정부령으로 정하는 물품은 제외).

❸ 여행자 휴대품 자진신고 감세

여행자 휴대품 및 별송품(別送品)의 면세한도를 초과하여 자진 신고하는 경우(15만원 이내 30% 경감).

(3) 관세 감면율 : 100% (제3호는 30%)

(4) 감면조건 : 없음

(5) 구비서류 : 없음

검사대 위에 짐을 올려놓음으로써 수입신고와 관세감면신청서의 제출로 본다.

4절 ATA 까르네 재수출면세 통관

1. ATA 까르네 개요와 발급

(1) ATA 까르네의 개요

ATA 까르네(Carnet)란 상품의 소개 등으로 일시 수출입하는 물품에 대한 통관절차를 간소화하기 위하여 수출입신고서 및 면세신청서 서식을 국제적으로 통일하고 재수출 조건부 면세에 따르는 담보제공을 국제적인 보증조직을 이용하여 면제하는 통관증서를 말한다.

ATA는 일시수입이라는 뜻의 불어 "Admission Temporarie"와 영어 "Temporary Admission"의 머리글자를 딴 것이고 Carnet는 불어로 증서를 말한다.

(2) ATA 까르네의 구성

ATA 까르네는 수출입신고서의 양식(면세신청서양식 포함)으로서 일시 수출입하는 물품이 수출국에서 수입국에 갔다가 되돌아오는 과정에서 필요한 수출입신고서를 다음과 같이 모두 포함하고 있다.

① 총괄목록 : 일시 수출입하는 물품의 목록으로서 수출입신고서에는 품명·규격을 쓰는 대신 총괄목록의 품목번호를 기재한다.
② 수출신고서 : 수출국에서 일시 수입국으로 수출할 때 이용.
③ 수입신고서 : 일시 수입국에 수입신고 시 이용(재수출 조건부 면세통관)
④ 재수출신고서 : 일시 수입국에서 재수출신고 시 이용
⑤ 재수입신고서 : 수출국에 재수입신고 시 이용
⑥ 보세운송신고서 : 수출국 또는 일시수입국에서 보세운송시 이용

(3) ATA 까르네 발급기관

ATA 까르네는 재수출 조건부 면세담보의 국제보증조직인 국제상업회의소(우리나라는 대한상공회의소)에서 발급한다. 한 번의 ATA 까르네 발급으로 2개국 이상 순회하고자 하는 때에는 수출입신고서류(총괄목록은 제외)를 필요한 만큼 더 발급받으면 가능하다.

2. ATA 까르네 이용의 편리한 점

ATA 까르네를 이용하게 되면 수출입신고서를 작성하지 아니하고도 까르네로 수출입 통관이 가능하여 외국에서의 수출입신고서 서식을 알지 못하는 데서 오는 어려움을 피할 수 있고 재수출면세에 따른 담보제공과 해제에 따른 불편함이 제거되므로 상품 견본 등 일시 수출입하는 물품에 적용하면 편리하다.

예를 들어 우리나라 수출품의 해외판매 직원이 외국에 가서 제품의 우수성을 전시·시험·작동해 보이고 돌아오는 과정을 ATA 까르네를 이용하지 않을 경우와 비교하면 다음 그림과 같다.

한 번의 ATA 까르네 발급으로 여러 나라를 순방하면 더욱 편리하다.

〈 일반통관과 ATA 까르네 통관의 비교 〉

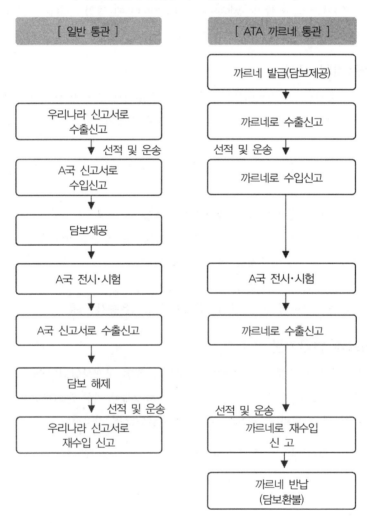

3. ATA 까르네 이용 가능 물품과 국가

ATA 까르네 협약에 가입한 국가에 한하여 이용할 수 있고, 동 국가에 대하여도 일시수출입협약에 가입한 물품에 한하여 이용할 수 있음이 원칙이다. 다만, 일시수입국의 국내법령에 따라 재수출면세가 허용되는 물품에 대하여는 협약에 가입한 물품이 아니라 하더라도 세관에서 허용하면 ATA 까르네를 이용할 수 있다.

(1) ATA 까르네 협약 적용 물품

ATA 까르네를 적용하여 일시 면세 수입할 수 있는 물품을 정한 국제협약에는 과학용기협약, 자동차협약, 관광여행협약 등 12개의 협약이 있으나 우리나라에서 적용할 수 있는 협약 적용물품은 다음의 7개 협약에 한한다.

① 상품견본 및 광고용 물품의 수입 편의를 위한 국제협약
② 직업용구의 일시수입 관세협약
③ 전람회와 박람회 등 전시물품의 편의에 관한 관세협약
④ 수출입 물품의 포장용품 일시수입 관세협약
⑤ 선원 후생용품 관세협약
⑥ 과학장비 일시수입 협약
⑦ 교육용구 일시수입 협약

(2) ATA 까르네 협약국 현황

(ATA 까르네에 의한 일시 수출입 통관에 관한 고시)

❶ 유럽연합 27개국
• 오스트리아, 독일, 폴란드, 벨기에, 그리스, 포르투갈, 불가리아, 헝가리, 루마니아, 크로아티아, 아일랜드, 슬로바키아, 사이프러스, 이탈리아, 슬로베니아, 체크공화국, 라트비아, 스페인, 덴마크, 리투아니아, 스웨덴, 에스토니아, 영국, 핀란드, 말타, 프랑스, 네덜란드

❷ 기타유럽 15개국
• 알바니아, 아이슬란드, 러시아, 안도라, 마케도니아, 세르비아, 벨라루스, 몰도바, 스위스, 보스니아헤르체고비나, 몬테네그로, 터키, 지프롤터, 노르웨이, 우크라이나

❸ 아프리카, 중동 13개국
• 알제리, 레바논, 세네갈, 코트디브와르, 마다가스카르, 남아프리카공화국, 이란, 모리셔스, 튀니지, 이스라엘, 모로코, 아랍에미레이트, 바레인

❹ 미주 4개국 : 캐나다, 칠레 멕시코, 미국

❺ 아시아, 태평양 16개국

- 호주, 일본, 뉴질랜드, 중국, 한국, 파키스탄, 대만, 마카오, 싱가폴, 홍콩, 인도, 몽고, 태국, 스리랑카, 말레이시아, 인도네시아

4. 재수출면세 기간

(1) 수입국의 세관장이 지정

재수출면세승인 시 재수출 기간은 구체적인 수입사유에 따라 다음의 기간 내에서 수입국의 세관장이 정하게 된다.

재수출면세 물품	재수출면세 최장 허용 기간
상품견본	12월 이내
전시회·박람회 등에 전시용품	6월 이내
직업용구	6월 이내

(2) 재수출면세 기간의 연장

재수출면세 기간은 세관에서 허용하면 우리나라 관세법의 허용범위 내에서 연장(ATA 까르네고시 별지 제1호서식)할 수 있다.

우리나라 관세법의 재수출면세 기간은 1년 이내이고 부득이한 사유가 있는 때에는 1년의 범위 내에서 재수출기간을 연장할 수 있다. 다만, 까르네의 유효기간을 초과할 수 없다(까르네고시 제12조).

(3) 까르네 유효기간 초과

재수출면세기간은 어떤 경우에도 당해 ATA 까르네의 유효기간을 초과하지 못한다.

ATA 까르네의 유효기간은 발급일로부터 1년이고 연장할 수 있다.

5. 재수출 불이행 시 조치

(1) 재수출 불이행 사실의 확인

수입국의 세관으로부터 재수출 불이행 통보를 받은 수입국의 보증단체(수입국의 국제상업회의소 회원, 우리나라는 대한상공회의소)에서는 발급국의 보증단체에 재수출 여부를 확인한다. 재수출이행 시에는 재수출증거서류를 제출케 한다.

(2) 면제된 관세 등의 담보제공

수입국의 세관에서는 재수출증거서류를 제출토록 요청한 날로부터 6월 이내에 이를 제출할 수

없는 때에는 면제된 관세 등(가산세 포함)에 상당한 금액을 담보로 제공하도록 수입국의 보증단체에 요청한다. 이러한 요청은 재수출증거서류의 제출 요청과 동시에 이루어진다.

(3) 면제된 관세 등의 징수

수입국의 보증단체에서 담보를 제공한 후 3월이 지나도록 재수출증거서류가 제출되지 않으면 수입국 세관에서는 면제된 관세 등을 징수하게 된다.

수입국의 보증단체에서 납부한 관세 등은 그림에서 보는 바와 같이 ATA 까르네 발급국의 보증단체를 거쳐 결국은 재수출 불이행자가 납부하게 된다.

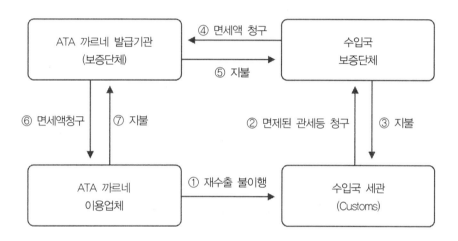

6. ATA 까르네 이용방법

(1) 우리나라 생산품을 외국에 소개하고자 할 때

① 대한상공회의소에 가서 ATA 까르네를 발급받아 이용한다.

② 해외판매직원이 전시품 등을 휴대하여 출국하는 경우에는 까르네의 수출입신고서 양식 B. 사용인(Represented by) 난에 해외판매직원의 이름을 기재하고, 해외대리점에 전시품을 탁송하는 경우에는 대리점의 이름을 동 난에 기재한다. 이 경우 위임장을 작성하여 송부함이 좋다(이를 요구하는 국가가 일부 있음).

③ 해외전시 중 구매희망자가 있을 경우, 세관장의 면세물품용도 외 사용 승인을 받을 수 있다면 판매할 수 있다.

(2) 외국 생산품을 우리나라에 소개하고자 할 때

● 외국에서 발급된 ATA 까르네를 받아야 한다.

외국인이 오는 경우는 까르네의 수출입신고서 B.사용인 난에 외국인이 기재될 수 있으나, 외국

356 8장 관세감면과 분할납부

인이 오지 않는 경우는 이용업체(국내업체)의 이름이 기재되어야 한다(이 경우 B/L의 수하인도 이용업체가 되며, 위임장 등 정당하게 권한을 부여받았음을 증명하여야 한다.).

⚫ 까르네로 면세 수입된 물품을 국내에서 판매하고자 하는 경우

당해 물품의 소재지를 관할하는 세관장 또는 수입통관세관장에게 감면물품 용도 외 사용 승인 신청서(ATA 까르네고시 별지 제2호서식)를 제출하여 승인을 받으면 국내판매가 가능하다(영 제 109조 1항).

용도 외 사용 승인신청서의 첨부서류는 관세법 제226조의 규정에 의한 세관장 확인서류이다.

재수출 조건부 수입은 일정 기간 후 재수출할 것을 조건으로 일시적으로 내국물품화 시킨 것 이며, 용도 외 사용 승인으로 이제 사실상 동 물품이 수입되는 것이기 때문이다.

⚫ 용도 외 사용

세관장으로부터 용도 외 사용 승인을 받지 않고 당해 물품을 국내에서 본래의 용도로 사용하 거나 판매한 때에는 처벌을 받게 된다(법 제276조 2항 제3호).

또한, 전시용 등으로 일시 수입된 물품을 세관장의 승인을 받지 않고 생산, 가공, 수리, 임대, 판매 또는 소비용으로 사용하는 때도 처벌을 받게 된다(ATA 까르네고시 제29조).

7. ATA 까르네 이용의 유의사항

(1) 사용 등 불가

- 생산(가공, 수리)용에 사용하거나 임대해서는 안 된다.

ATA 까르네로 수출입하는 물품은 일시수입물품에 한하는 것이므로 일시수출입협약에서 정한 용도를 벗어나서 동 물품을 이용하여 우리나라 또는 외국에서 생산, 가공, 수리용에 사용하거나 임대, 판매 또는 소비해서는 안 된다.

이는 목적을 벗어난 행위이므로 면제된 관세를 추징하는 사유에 해당한다. 다만, 협약에서 허 용하고 있는 성능시험을 위한 범위 내에서의 생산이나 가공은 가능하다.

(2) 수입 금지품 이용 불가

- 반입국가 수입금지품목은 이용 불가

5절 관세의 분할납부

1. 관세의 분할납부 제도

관세의 분할납부 제도는 납부할 관세 전액을 일시에 징수하지 아니하고 일정 기간 분할하여 납부하게 하는 제도이다.

분할납부 제도는 산업시설에 소요되는 자금부담을 분산하여 완화함으로써 중요 산업 건설을 지원하고 정부·지방자치단체·학교·직장훈련원·비영리법인 등이 예산사정 등으로 말미암은 일시적 자금부담을 완화하는데 그 목적이 있는 일반분할납부 제도(관세법 제107조 2항)와 천재·지변 등 어쩔 수 없는 비상사태를 당하여 일시적으로 어려운 기업을 지원하는 데 목적이 있는 특별분할납부 제도(법 107조 1항)가 있다.

(1) 일반관세의 분할납부

일반분할납부의 관세 분할납부는 수입물품의 수입신고수리 전에 납세의무자의 신청이 있는 때에만 승인함은 관세감면의 경우와 같다.

(2) 특별관세의 분할납부

천재·지변 등 어쩔 수 없는 비상사태를 당하여 일시적으로 어려움에 부닥친 업체에서는 납부기한 내에 분할납부신청서와 당해 사유를 증명하는 서류를 작성하여 세관장에게 제출하면 1년의 범위 이내에서 납부할 세액을 분할하여 납부할 수 있다.

(3) 내국세의 분할납부

관세를 분할해서 낼 때에도 부가가치세 등 내국세는 분할해서 납부할 수가 없으며, 수입신고 수리일로부터 15일 이내에 전부납부하여야 한다.

내국세는 관세법의 부과·환급에 관한 규정을 준용하는 것이나 관세 분할납부 승인 물품의 내국세 분할납부에 관하여는 관세법에 준용 규정이 없으므로 당해 내국세에 분할납부 제도가 없는 한 관세에 준하여 분할납부할 수 없기 때문이다.

2. 일반관세의 분할납부

▶ 가. 분할납부의 신청

(1) 신청시기

관세의 분할납부신청서도 수입신고 시에 제출함을 원칙으로 하고, 부득이한 경우 수입신고수리 전까지 제출할 수 있음도 관세감면신청의 경우와 같다.

영 제126조의 규정에 의하면 관세의 분할납부 승인을 얻고자 하는 자는 당해 물품의 수입신고 시부터 수입신고수리 전까지 신청서를 세관장에게 제출하여야 한다고 규정하고 있기 때문이다.

수입신고수리 후에는 소급하여 분할납부승인신청을 할 수 없음도 관세감면의 경우와 동일하다.

(2) 신청인

관세 분할납부 승인의 신청인은 관세감면의 신청인과 같이 당해 용도에 직접 사용하는 실수요자가 된다(관세감면 신청인의 범위 참조).

(3) 신청서류

관세의 분할납부를 신청하고자 하는 때에는 관세 분할납부승인신청서를 작성하여 제출하여야 한다. 관세감면과는 달리 별도의 구비서류는 없다.

▶ 나. 분할납부 대상 물품 (법 제107조 2항)

(1) 시설기계류

시설기계류(기초설 비품 포함) 중 기획재정부 장관이 고시하는 물품

① 기계프레스, 용접기, 만능측정기 등 290개 품목이 고시되어 있음

② 해외건설 철수업체가 수입하는 15종의 건설공사 기기(권양용, 굴착용, 천공용, 채굴용 기기 등)

③ 화물운송 사업용 선박

④ 다음 물품은 관세 분할납부 대상 물품에서 제외한다(규칙 제59조 1항).

  1. 관세율표에서 부분품으로 분류되는 물품

  2. 관세감면을 받은 물품

  3. 당해 납부 관세액이 500만원 미만의 물품(다만, 중소기업이 수입하는 경우에는 100만원 미만인 물품)

  4. 탄력관세 적용물품(법 제51조 또는 제72조)

(2) 정부 수입물품

정부(지방자치단체 포함)가 직접 수입하는 물품 중 기획재정부령으로 정하는 물품이다.

    ① 소방차

    ② 교육용 기자재

    ③ 상수도 및 하수처리장 건설 용품

    ④ 종합운동경기장 건설용품

    ⑤ 경찰 장비 등

(3) 방송용 기기

한국방송공사 등이 수입하는 방송용기기 물품 등이다.

(4) 의료기기

의료기관 등에서 수입하는 의료기기 중 기획재정부 장관이 고시하는 물품

  : 인공호흡기, X선기기 등 25개 품목이 고시되어 있음.

(5) 기술개발 연구용품

기업부설연구소와 연구기관에서 수입하는 기술개발 연구용품 중 기획재정부 장관이 고시하는 물품

(6) 중소기업 시설재

중소기업기본법상의 중소기업) 중 제조업체에서 직접 사용하기 위하여 수입하는 시설재 및 기기(관세율표 84류·85류·90류 해당 물품)로서 다음의 요건을 갖춘 물품(규칙 제59조 4항)

    ① 관세감면 물품이 아닐 것

    ② 분할납부 할 관세액이 100만원 이상일 것

    ③ 탄력관세 적용물품이 아닐 것(법 제63조 또는 제72조)

    ④ 국내에서 제작이 곤란한 물품일 것

> **참고** 중소제조업체 확인방법
> : 수입업체가 중소제조업체 해당 여부의 확인방법은 중소기업협동조합중앙회장 등이 발급한 중소제조업체 확인서에 의한다, 이 확인서의 유효기간은 1년으로 하고, 분할납부 등의 신청 시에는 원본과 사본을 동시에 제출하여 원본은 되돌려받아 다음에 또 사용할 수 있다(관세청 통관기획 47240 · 729호, 2001.6.2(6)

(7) 기업부설 직업훈련원 훈련용품

기업부설 직업훈련원에서 수입하는 훈련용품 중 기획재정경제부 장관이 고시하는 물품

▶ 다. 분할납부 방법 (규칙 제60조)

(1) 시설기계류 및 중소기업 시설재

❶ 분할납부 기간

구 분 ＼ 기 간	2년6월	3년6월	4년6월
대 기 업	1억원 미만	5억원 미만	5억원 이상
중 소 기 업	2천만원 미만	5천만원 미만	5천만원 이상

※ 금액은 분할납부승인 관세금액임

❷ 분할납부 방법

- 분할납부횟수는 분할납부기간을 6개월로 나누어서 정한다.
- 분할납부방법은 분할납부 승인한 관세액을 분할납부 횟수로 등분하여 6월마다 납부하되 1차분은 수입신고수리일로부터 15일 이내에 납부하여야 한다.

(2) 정부수입물품과 방송용기기

❶ 분할납부 기간 : 2년

❷ 분할납부 방법

분할납부 금액을 2등분하여 다음과 같이 납부한다.
- 1차 : 승인일로부터 12월 이내
- 2차 : 승인일로부터 24월 이내

(3) 의료용기기

❶ 분할납부 기간

- 의료취약지구 병원용품은 4년 6월
- 기타 병원용품은 1년 6월

❷ 분할납부 방법

- 분할납부횟수는 분할납부기간을 6개월로 나누어서 정한다.
- 분할납부방법은 분할납부 승인한 관세액을 분할납부횟수로 등분하여 납부하되 제1차분은 수입신고수리일로부터 15일 이내에 납부하여야 한다.

(4) 중소제조업체 수입물품

❶ 분할납부 기간

승인액	2천만원 미만	2천만원 이상 5천만원 미만	5천만원 이상
기간	2년 6월	3년 6월	4년 6월

❷ 분할납부 방법

분할납부 승인액을 수입신고 수리일부터 6월마다 균등하게 분할하여 납부하여야 한다. 다만, 제1차분은 수입신고 수리일부터 15일 이내에 납부하여야 한다.

라. 분할납부의 조건

(1) 분할납부 조건 (법 제107조 제3항 제4항)

분할납부 승인받은 실수요자가 분할납부 기간에 분할납부 승인받은 용도에 계속하여 사용하여야 한다.

분할납부를 승인받은 물품을 용도 변경하거나 그 물품을 양도하고자 할 때에는 세관장의 사전 승인을 얻어야 한다(세관장의 사전승인을 받고자 할 때 관세 분할납부 물품 용도 외 사용 승인신청서에 당해 물품의 양도·양수에 관한 계약서와 사본을 첨부하여 그 물품의 관할 세관장에게 제출하여야 한다.).

분할납부 승인을 얻은 법인이 합병 또는 해산하거나 파산선고를 받은 때 또는 관세의 분할납부승인을 얻은 자가 사망하거나 파산선고를 받은 때에는 납부의무를 승계받은 자가 지체없이 그 사유를 세관장에게 신고하여야 한다.

(2) 분할납부의 승계

다음은 세관장의 승인을 얻어 관세의 분할납부를 승계할 수 있다.

① 관세의 분할납부승인을 받은 물품을 동일한 용도에 사용할 자에게 양도한 때에는 그 양수인이 승계할 수 있다.
② 분할납부 승인을 받은 법인이 합병된 때에는 합병으로 인하여 설립되는 법인 또는 합병 후 존속하는 법인이 승계할 수 있다.
③ 분할납부 승인을 받은 자가 사망하였을 때에는 그 상속인이 승계할 수 있다.

(3) 분할납부 승인된 관세의 즉시 징수(법 제107조 9항)

다음에 해당하는 경우에는 납부하지 않은 관세의 전액을 즉시 징수하며, 관세를 징수하는 때에는 15일 이내의 납부기간을 정하여 납세고지를 한다.

① 관세의 분할납부 승인을 얻은 물품을 분할납부 기간 내에 용도 외에 사용하거나 용도 외에 사용할 자에게 양도한 때에는 그 양도인으로부터 징수하며, 양도인으로부터 징수할 수 없을 때에는 양수인으로부터 징수한다.

② 관세를 지정된 기한까지 납부하지 아니한 때. 단, 관세청장이 부득이한 사유가 있다고 인정하는 경우는 제외된다.

③ 파산선고를 받은 때에는 파산관재인으로부터 징수한다.

④ 법인이 해산된 때에는 그 청산인으로부터 징수한다.

(4) 잔여관세 일시징수의 유예

분할납부 승인된 관세를 지정된 기한까지 납부하지 아니한 때에는 분할납부 중에 있어 아직 납기가 도래하지 아니한 관세도 일시에 납세고지하게 되는바, 이 경우, 일시징수를 유예할 수 있도록 관세청장이 정한 경우는 다음과 같다(관세청 수입 1242 - 323호, 1979.9.14.).

❶ 납기가 도래하기 전에 세관장에게 신청하여야 하는 경우

① 납세자가 재해 또는 도난으로 심한 손실을 받은 때

② 사업에 현저한 손실을 입은 때

③ 납세자가 질병 또는 중상으로 장기치료를 요하는 때

④ 기타 ①~③호에 준하는 사유가 있다고 세관장이 인정하는 때

❷ 납기경과 후 신청할 수 있는 경우

행정착오 또는 회사의 형편 등으로 불가피하게 납기를 경과하였으나 7일 내에 가산금과 함께 동 세액을 납부함으로써 고의로 납기를 지연시키려 한 것이 아님이 인정되는 경우

❸ 일시징수의 유예방법

① 잔여분 분할납부 횟수가 3회 미만이면 분할납부승인 건당 1회에 한하여 일시징수를 유예할 수 있다.

② 잔여분 분할납부 횟수가 3회 이상이면 분할납부승인 건당 2회에 한하여 일시징수를 유예할 수 있다.

3. 특별관세 분할납부

천재·지변 등 불가항력적인 사유에 의하여 일시적으로 관세를 정해진 납부기한까지 납부할 수 없다고 세관장이 인정하는 때에 납세자를 지원하기 위한 제도로서 1년 이내의 기간을 정하여 관세를 분할하여 (법 제107조 1항) 내게 하거나 납기를 연장(법 제10조)해 주는 제도이다.

▶ 가. 분할납부 및 납기연장의 요건

천재·지변 등 이에 따르는 다음 중 어느 하나에 해당하는 사유가 있는 때(영 제2조 1항)에 한하여 특별관세 분할 납부를 받거나 납기를 연장받을 수 있다. 이러한 요건의 해당 여부는 세관장이 판단하게 된다.

① 천재·지변으로 인하여 관세를 지정된 기한 내에 납부할 수 없을 때
② 전쟁·화재 등 재해나 도난으로 인하여 재산에 심한 손실을 입은 경우
③ 사업에 현저한 손실을 입은 경우
④ 사업이 중대한 위기에 처한 경우
⑤ 기타 세관장이 제2호 또는 제4호에 준하는 사유가 있다고 인정하는 경우

▶ 나. 분할납부 및 납기연장의 신청

(1) 신청시기

분할납부 및 납기연장 모두 납부기한 내에 납부하여야 할 세관장에게 신청하여야 한다.

(2) 신청서류

관세 분할납부신청서(영 제125조 1항) 또는 납기연장신청서(영 제2조 3항)에 요건을 증명하는 서류를 첨부하여야 한다. 세관장이 관세채권의 확보를 위하여 담보를 요구하는 때에는 담보물도 제공하여야 한다.

▶ 다. 분할납부 및 납기연장의 기간

① 요건 1호와 2호의 경우에는 1년의 범위 내에서 납기를 연장하거나 1년의 범위 내에서 6회까지 분할 납부하게 할 수 있다.
② 요건 3호와 4호의 경우에는 9월의 범위 내에서 납기를 연장하거나 9월의 범위 내에서 4회까지 분할 납부하게 할 수 있다.
③ 요건 5호의 경우에는 6월의 범위 내에서 납기를 연장하거나 6월의 범위 내에서 3회까지 분할 납부하게 할 수 있다.
④ 세관장은 제1호 또는 제3호의 규정에 따라 납부기한의 연장 또는 분할 납부를 승인한 후 당초 납부기한의 연장 또는 분할납부의 사유가 해소되지 않아 사업상의 손실 또는 위기가 계속되는 경우에는 관세청장의 승인을 받아 당초 납부기한 연장기간을 포함하여 1년을 초과하지 않는 기간 내에서 납부기한을 재연장 할 수 있다.

6절 사후관리제도

특정 용도에 사용 또는 특정행위를 할 것을 조건으로 관세를 감면 또는 분할납부 승인을 한 경우에는 이러한 조건을 이행하여야 감면 또는 분할납부 승인의 목적을 달성할 수 있기 때문에 그 조건을 이행하는지 여부를 수입통관 이후에도 확인하고 관리할 필요가 있다.

이것을 일반적으로 사후관리라고 하며, 사후관리는 이와 같은 특성으로 인하여 특정 용도에 사용할 조건부로 관세를 감면한 물품과 분할납부 승인을 받은 물품 및 특정용도에 사용할 것을 조건으로 낮은 세율을 적용한 물품에 대하여 실시하고 있다.

즉, 사후관리는 조건부 관세감면 물품, 분할납부 승인 물품과 용도세율 적용 물품에 대하여 수입통관 후 용도 확인을 효율적으로 실시함으로써 용도 외 사용을 방지하고 적기에 관세를 징수함을 목적으로 하고 있다.

1. 사후관리의 대상

사후관리의 대상 물품은 조건부 관세감면 물품, 분할납부 승인 물품, 용도세율 적용 물품으로서 근거 법 조항별로 구체적으로 살펴보면 다음과 같다(사후관리고시 제3조).

▶ 가. 전부 사후관리 물품

(1) 용도세율 적용 물품

용도세율의 적용승인을 받은 물품(법 제83조) 중 관세청장이 정하는 물품(사후관리고시 별표1의 가)

(2) 관세감면 물품

① 세율 불균형 물품의 감면세 적용 물품(법 제89조 1항 제2호의 규정)
② 학술연구용품(법 제90조의 규정)
③ 종교용품과 자선구호용품(법 제91조 1항 제1호와 2호의 규정)
④ 박람회 등 행사용품과 올림픽경기 운동 용구 (법 제93조 제2호 제15호)
⑤ 공장자동화 물품 (법 제95조 제1항)
⑥ 조세특례제한법의 규정에 따라 관세의 감면을 받은 물품

(3) 관세 분할납부 승인 물품

법 제107조 2항의 규정에 따라 관세의 분할납부 승인을 받은 물품

(4) 부가가치세 면세 물품

관세감면규정에 해당하는 물품 중 실행관세율이 무세인 물품으로서 부가가치세를 감면받은 물품

✦ 나. 일부 사후관리 물품

다음에 해당하는 물품에 대하여는 사후관리내용 중 용도 외 사용 승인, 양도승인, 임대승인, 폐기승인, 멸각승인, 멸실승인 및 추징에 관한 사항에 한하여만 사후관리를 계속하며, 반입확인 등 기타 사항에 대하여는 사후관리를 생략하고 있다.

① 법 제88조(외교관면세) 제2항 외교관·준외교관 면세물품 중 양수제한물품 및 조약·협약 등에 의한 관세감면 물품(SOFA 협정 및 까르네 협약 등)
② 법 제97조 및 제98조의 규정에 의하여 재수출면세 및 재수출 감세를 받은 물품

2. 사후관리의 기간

(1) 사후관리기간

사후관리기간은 감면물품 등을 감면한 용도 등에 계속하여 사용하는지를 정부(세관장)가 점검하는 기간이다. 이를 관세감면 등을 받은 자의 입장에서 보면 관세감면 물품 등의 용도외 사용 및 양도 금지기간이라 할 수 있다.

사후관리기간은 감면물품의 용도, 성질, 내용연수 등을 감안하여 3년의 범위 이내에서 관세청장이 정하는 기간으로 한다(용도 외 사용 금지기간 참조).

관세 분할납부 물품에 대한 사후관리기간은 관세 분할납부 기간과 같다.

(2) 용도 외 사용 및 양도 금지 기간

감면받은 물품의 구체적인 용도 외 사용 및 양도 금지 기간은 세관에서 수입신고필증에 표시하게 된다. 이 기간에는 감면물품 등을 감면받은 용도 외에 사용하거나 양도하고자 할 때에는 미리 세관장의 승인을 받아야 하며, 세관장의 승인을 받지 않고 용도 외에 사용하거나 처분하는 때에는 처벌을 받게 된다. 그러나 사후관리기간이 경과한 물품은 임의로 처분하거나 용도 외에 사용하여도 무방하다.

《 사후관리 물품 용도 외 사용(양도) 금지기간 등 》

일련 번호	품 명	용도외 사용 금지기간 및 양도 금지기간
1	관세법 제83조제1항 해당물품(용도세율) 가. 부분품 및 원재료 나. 기계·기구·시설용품 　(1) 내용연수 5년 이상 　(2) 내용연수 4년 　(3) 내용연수 3년 이하 다. 상기 가, 나 이외의 물품 ※ 사후관리 생략 : ① 제84류 내지 제97류에 해당하는 물품 중 수입신고수리시 품목당 과세가격 1,000만원 미만인 것, ② 고시 제10조에 해당하는 전용(승인)물품 ③ 사후관리에관한고시 별표 1의 나 물품	3월 다만, ①특정용도 사용 후 사실상 소모되는 물품은 반입사실 확인일, ②3월이상 해당 용도 불사용시는 전부사용일 3년 2년 1년 1년
2	관세법 제88조제2항 해당물품(외교관용물품중 양수제한물품)	3년
3	관세법 제89조제1항제2호 해당물품 (반도체제조용장비 제조 또는 수리용 원재료 및 부분품) ※ 사후관리 생략 : 제84류 내지 제97류에 해당하는 물품 중 수입신고수리시 품목당 과세가격 1,000만원 미만인 원재료, 부분품 및 견본품 ※ 사후관리 면제대상 : 법 제89조제1항제1호의 물품	3월 다만, ①특정용도 사용 후 사실상 소모되는 물품은 반입사실 확인일, ②3월이상 해당 용도 불사용시는 전부사용일
4	관세법 제90조제1항 해당물품(학술연구용품) 가. 부분품, 원재료 및 견본품 ※ (1)사후관리 생략 : ①제84류 내지 제97류에 해당하는 물품 중 수입신고수리시 품목당 과세가격 1,000만원 미만인 원재료, 부분품 및 견본품 (2)사후관리 생략 신청 가능 ①제1류 내지 제83류에 해당하는 물품 중 수입신고수리시 품목당 과세가격 2,000만원 미만인 원재료, 부분품 및 견본품 또는 제84류 내지 제97류에 해당하는 물품 중 수입신고수리시 품목당 과세가격 1,000만원 이상 2,000만원 미만인 원재료, 부분품 및 견본품으로서 3월 이내 사용될 것으로 인정되는 경우 나. 제2호 해당물품(시약류 제외) 다. 제3호 및 제4호 해당물품 　(1) 내용연수 4년 이상 　(2) 내용연수 3년 이하 ※ 사후관리 생략 : 법 제90조제1항제1호의 물품	3월 다만, ①특정용도 사용 후 사실상 소모되는 물품은 반입사실 확인일, ②3월이상 해당 용도 불사용시는 전부사용일 1년 2년 1년 또는 설치완료 확인일
5	관세법 제91조 해당물품(종교·자선·장애인용품) 가. 제1호 및 제2호 해당물품 　(1) 내용연수 5년 이상 　(2) 내용연수 4년 　(3) 내용연수 3년 이하 ※ 사후관리 생략 : 법 제91조제3호 내지 제5호의 물품	3년 2년 1년 또는 설치완료 확인일
6	관세법 제93조 해당물품(특정물품) 가. 제2호 해당물품 나. 제15호의 기계기구 등 　(1) 내용연수 5년 이상 　(2) 내용연수 4년 　(3) 내용연수 3년 이하 　(4) 부분품 다. 제18호 해당물품 ※ 사후관리 생략 : 법 제93조제1호, 제3호부터 제14호 및 제16호부터 제18호	행사종료일 3년 2년 1년 또는 설치완료 확인일 3월 다만, ①특정용도 사용 후 사실상 소모되는 물품은 반입사실 확인일, ②3월이상 해당 용도 불사용시는 전부사용일 수입신고수리일
7	관세법 제95조제1항 해당물품(환경오염방지 물품 등) 가. 제1호 및 제2호 해당물품 나. 제3호 해당물품	1년 6개월

일련 번호	품 명	용도외 사용 금지기간 및 양도 금지기간
	※ 사후관리 면제대상 : 법 제95조제1항제1호의 물품 중 자동차의 부분품	
8	관세법 제107조제2항 해당물품(분할납부물품)	분할납부 최종납부일
9	조세특례제한법 제118조제1항 해당물품 　가. 제3호, 제14호, 제17호, 제19호, 제20호, 제21호 및 제22호 해당물품 　　(1) 제3호의 물품 중 부분품 및 부속품 등 소모성 기자재 　　(2) 상기 (1)이외의 물품	3월 다만, ①특정용도 사용 후 사실상 소모되 는 물품은 반입사실 확인일, ②3월이상 해당 용 도 불사용시는 전부사용일 3년
10	조세특례제한법 제118조의2제1항 해당물품	3년
11	1. 조세특례제한법 제121조의3제1항 해당물품 　가. 제1호 해당물품 　나. 제2호 해당물품 2. 조세특례제한법 제121조의3제2항 해당물품	3년 3년 3년
12	조세특례제한법 제121조의10 제1항 해당물품	3년
13	조세특례제한법 제121조의11 제1항 해당물품	3년
14	조세특례제한법 제140조	3년
15	1. 관세법 제97조 재수출면세물품(다만, 사후관리자료는 인계·인수하지 않음) 2. 관세법 제98조 재수출감면세 물품	재수출이행기간지정일 재수출이행기간지정일
16	자유무역지역의 지정 및 운영에 관한 법률 제46조제1항 해당물품	자유무역예정지역 반입사실 확인일
17	기타 관세법 제109조의 규정에 의하여 용도외 사용등의 경우 세관장 확인이 필요한 물품	3년

※ 사후관리 생략 물품의 사후관리기간은 관세법 시행령 제110조에 따름.

(3) 사후관리기간의 계산

사후관리기간의 계산은 수입신고수리일로부터 기산한다. 다만, 수입신고수리 전 반출승인을 받은 경우에는 그 승인일, 수입신고수리일로부터 30일 이상 경과하여 보세구역 등으로부터 반출하는 경우에는 설치완료일 또는 반입확인일로부터 기산한다.

(4) 해외에서 가공·수리한 기간

사후관리 물품을 일시 수출한 후 다시 수입하여 재수입면세를 받은 경우 해외에서의 가공·수리한 기간은 사후관리기간으로 본다. (사후관리고시 제6조)

(5) 사후관리기간의 단축

사후관리 물품의 성질·성상, 수입자 등을 고려하여 용도 외 사용 등의 우려가 없다고 인정되는 경우와 사후관리 물품을 해당 용도에 사용함으로써 사실상 소모되거나 용도 외로 사용할 수 없다고 인정되는 경우에는 세관장은 위 용도 외 사용금지기간 및 양도·양수 등 금지기간을 단축할 수 있다. (사후관리고시 제7조)

3. 사후관리 기관

(1) 감면물품의 사후관리 기관

사후관리는 당해 물품의 설치 또는 사용장소를 관할하는 세관에서 실시한다.

(2) 재수출감면세 물품 사후관리 기관

재수출감면세 물품에 대한 사후관리는 수입 통관지 세관에서 실시한다. 이는 수입통관 시에 관세 담보를 받고 재수출이행 여부를 관리하기 때문이다. (사후관리고시 제4조)

4. 사후관리의 방법

사후관리 방법은 다음과 같이 현지 확인, 서면 확인, 자율 관리와 위탁관리의 네 가지가 있다. 이는 세관 업무량의 증대에 세관 인력의 증원이 따르지 못하는 사정을 감안하여 효율적인 사후 관리 방법을 모색한 것이라 하겠다.

가. 현지확인

현지 확인이 필요하다고 세관 당국에서 판단하는 다음은 세관 직원이 사후관리업체에 방문하여 사후관리의 적정 여부를 점검·확인한다. (사후관리고시 제22조)
① 관세청 전산시스템(사후관리시스템)에서 현지 확인 대상으로 선별된 경우
② 서면확인 요청에 불응하거나 제출받은 사후관리 확인결과 보고서를 검토한 결과 당해 물품 또는 현지 비치장부 등 확인이 필요하다고 인정하는 경우
③ 동일한 업체의 사후관리 물품이 서면 및 현지 확인 대상으로 동시에 전산 선별된 경우에 세관장이 일괄하여 현지 확인함이 합리적이라고 인정하는 경우
④ 기타 세관장이 용도 외 사용, 무단 양수도 여부 등을 확인하기 위하여 현지 확인이 필요하다고 인정하는 경우

나. 서면확인

서류에 의하여 사후관리의 적정 여부 확인이 가능하다고 세관 당국에서 판단하는 다음은 확인 요청사항과 제출할 증빙서류 등을 기재한 사후관리 물품 서면확인요청서를 사후관리업체에 송부하여 확인을 요청한다. (사후관리고시 제21조)
① 관세청의 전산시스템(사후관리시스템)에서 서면확인대상으로 선별된 경우
② 동일한 업체의 사후관리 물품이 서면 및 현지 확인 대상으로 동시에 전산 선별된 경우에

세관장이 일괄하여 서면 확인함이 합리적이라고 인정하는 경우

③ 기타 세관장이 용도 외 사용, 무단 양수도 여부 등을 서면에 의하여 확인할 수 있다고 인정하는 경우

다. 자율관리

세관 당국으로부터 종합인증 우수업체(AEO업체)로 인증받은 업체는 자율 사후관리업체가 되어 업체 스스로 사후관리하게 된다. 종합인증 우수업체(AEO업체)는 3년마다 갱신하게 되는데 그때 3년 동안의 사후관리실태를 세관 당국에서 점검하게 된다. (사후관리고시 제24조)

라. 위탁관리

(1) 위탁관리 대상 기관 및 물품

위탁관리는 세관에서 관리하는 것보다 더 효율적이라고 판단되는 다음의 경우에 한하여 시행하고 있다(사후관리고시 제25조).

① 과학기술정보통신부와 산하기관에서 사용하는 학술연구 및 과학기술연구용품의 과학기술정보통신부 위탁관리

② 고용노동부와 산하기관에서 사용하는 학술연구용품의 고용노동부 위탁관리

③ 대한체육회 등에서 사용하는 운동용구의 문화체육관광부 위탁관리

④ 사료 제조용 원료품의 농림축산식품부 위탁관리

(2) 사후관리 업무의 위탁 범위

위탁기관에 위탁하는 업무는 다음과 같다(사후관리고시 제26조).

① 사후관리 물품에 대한 서면 또는 현지확인 업무

② 사후관리 물품을 용도 외 사용·양도·양수·임대 또는 수출한 경우에 세관장의 승인을 받았는지의 확인 업무

③ 용도세율 물품에 대한 동일용도 사용을 위한 양도·양수 신청에 대한 승인 업무

④ 사후관리 물품 설치(사용)장소 변경신고, 일시반출신고(기간연장 포함), 합병 등의 사실 신고수리 업무 및 그 사실이 발생하였는지의 확인 업무

⑤ 수입신고수리일(설치·사용장소 변경신고일)부터 1개월 이내에 변경된 설치·사용장소에 반입하였는지 및 일시반출신고 기간 내에 당초 설치·사용장소에 반입하였는지 등 확인 업무

⑥ 사후관리 물품 관리대장을 비치하고 적정하게 기록을 유지하였는지의 확인 업무

⑦ 통관표지 부착 대상물품에 대하여 통관표지를 부착하였는지의 확인 및 통관표지 부착대상 물품 지정 업무

(3) 사후관리 위탁물품에 대한 세관 관리

수탁기관에서는 사후관리 결과 이상이 있는 때에는 관할 세관장에게 통보하게 된다. 또한, 관할지세관장은 사후관리 위탁업무의 이행 여부 또는 현장확인 등의 필요성이 있다고 판단하는 경우에는 수탁기관에 동 사실을 통보한 후 직접 이를 확인하기도 한다(사후관리고시 제28조).

그리하여 관할지세관장은 위법사실이나 추징사유를 확인하거나 수탁기관으로부터 통보를 받으면 관계법규에 의거 조치를 하게 된다.

5. 사후관리의 종결

사후관리 대상물품은 사후관리업체의 신청에 의거 세관장이 종결하거나 세관장이 직접 확인하여 종결하는 경우로 나누어진다.

(1) 사후관리 업체의 종결 신청

다음과 같은 사실이 있는 경우에는 사후관리종결신청서(사후관리고시 별지 제14호서식)에 제조완료보고서, 원자재소요량증명서, 사용(소비)사실확인서, 사진 등 해당용도 사용을 증명하는 서류를 첨부하여 세관장에게 분기 단위로 일괄하여 사후관리 종결을 신청할 수 있다(고시제31조).

① 부분품, 원재료 등이나 그밖에 사후관리기간이 3개월 이내인 물품이 사후관리기간 만료일 이전에 해당 용도에 사용된 경우
② 사후관리기간이 재수출이행기간지정일 등 불특정기간인 물품이 당초 정해진 기간 이전에 용도 소멸 등이 된 경우
③ 그밖에 사후관리 물품이 해당 용도에 사용됨으로써 사실상 소모되거나 다음 각 목의 어느 하나와 같이 다른 용도에 사용될 우려가 없다고 인정되는 경우
  • 기계·기구의 부분품·부속품 등이 산업시설에 고정·설치되었거나 지하·수중 등 밀폐된 장소에 매몰·매설·설치되어 다른 용도에 사용될 우려가 없는 경우
  • 소모성 물품 등 내구성이 없는 물품·사후보증수리용 물품이 해당 용도에 사용(소비)되어 다른 용도에 사용할 수 없는 경우

(2) 세관장의 사후관리 종결

다음과 같이 사후관리가 사실상 종결된 때에는 세관장이 직접 확인하여 종결한다(고시제32조).
① 사후관리기간이 만료된 때.
② 부분품 등 사후관리기간이 3개월 이내인 물품 등이 해당 용도에 사용되어 사실상 소모되거나 용도 외로 사용할 수 없다고 인정되는 때
③ 용도 외 사용 승인 또는 양도·양수 승인된 때

④ 폐기승인 되었거나 재해 등으로 멸실된 때

⑤ 세관장의 승인을 받아 수출한 때. 다만, 재수입된 경우에는 사후관리를 계속한다.

⑥ 전용물품을 확인한 때 등

6. 감면수입자 등의 의무사항

관세감면 물품 등의 사후관리를 위하여 감면 또는 분할납부 승인을 받은 자에게 다음과 같은 의무를 부여하고 있으며, 이를 지키지 않을 때 사후관리가 불가능하므로 처벌을 하고 있다.

가. 사용장소 반입의무

사후관리 대상 물품을 수입하였을 때에는 당해 물품의 수입신고수리일로부터 1개월 이내에 관세감면신청서 등에 설치 또는 사용 장소로 신고한 장소에 반입하여야 한다(사후관리고시 제18조). 이 경우 '96 관세법령 개정 이전에는 관할 세관장에게 반입신고를 하여야 했으나 반입신고제도는 폐지되었다. 그러나 세관에서 반입 여부를 실제조사 등에 의하여 확인하는 것이므로 반드시 기한 내에 반입하여야 한다.

부득이한 사정이 있어 기한 내에 반입할 수 없을 때는 관할지세관장에게 반입기한 연장승인을 신청하면 2월 이내 연장을 받을 수 있다.

나. 세관장 신고사항

(1) 설치장소 변경신고

사후관리 대상 물품을 수입신고수리일로부터 사후관리기간 내에 그 설치(사용)장소를 변경하고자 할 때에는 변경 전의 소재지를 관할하는 세관장에게 설치장소변경신고서(사후관리고시 별지 제3호서식)를 제출하고 1개월 내에 변경장소에 당해 물품을 반입하여야 한다.

동일한 관할세관 구역 내의 설치장소 변경 시에도 변경신고는 해야 하며, 변경장소에 반입하여야 한다(사후관리고시 제12조). 다만, 재해 또는 노사분규 등의 긴급한 사유로 변경 시에는 구두로 변경 신고할 수 있으며, 반입 후 1개월 이내에 변경신고서를 제출하여야 한다(사후관리고시 제12조).

(2) 일시반출 신고

사후관리 대상 물품을 수리, 성능심사, 시험, 연구 등을 위하여 단기간(3월 이내) 국내의 다른 장소로 반출할 때는 관할지세관장에게 일시반출신고서를 제출하여야 한다(사후관리고시 제12조).

사후관리 대상 물품의 반입반출 시에는 동 사실을 사후관리 대장 비고란에 기재하여야 한다.

(3) 법인 등의 변동사항 신고

관세를 감면받았거나 관세를 분할 납부하는 자가 다음에 해당하는 사유가 발생한 때에는 다음에 정한 자가 지체없이 그 사유를 세관장에게 신고하여야 한다(사후관리고시 제15조).

① 법인이 합병·분할·분할합병되는 경우에는 합병 등으로 존속하거나 설립된 법인
② 법인이 해산한 때에는 그 청산인
③ 본인이 사망한 때에는 그 상속인
④ 파산선고를 받은 때에는 파산관재인
⑤ 상호 또는 대표자가 변경되었을 때에는 당해 법인 또는 개인

(4) 멸실 신고

관리하고 있는 물품이 재해 기타 부득이한 사유로 멸실된 때에는 지체없이 사후관리 물품 멸실신고서에 해당 사실을 입증하는 서류를 첨부하여 관할 세관장에게 신고하여 확인을 받아야 한다(사후관리고시 제13조).

▶ 다. 세관장 사전승인 사항

(1) 용도 외 사용 승인

관리하고 있는 물품을 감면받은 용도 외 사용하거나 용도 외 사용할 자에게 양도하고자 하는 때에는 사용 전에 관할지세관장에게 용도 외 사용(양수도·임대)승인신청서(사후관리고시 별지 제2호서식)를 제출하여 승인을 받아야 한다.

다만, 사후관리를 위탁한 용도물품에 대하여는 위탁기관에 신청하여야 하고 재수출면세 물품에 대하여는 수입통관세관에 신청할 수도 있다(사후관리고시 제26조).

(2) 양도 승인

사후관리 중인 물품을 감면받은 용도와 동일한 용도에 사용할 자에게 양도하는 때에도 양도 전에 세관장에게 용도 외 사용(양수도·임대)승인신청서(사후관리고시 별지 제2호서식)를 제출하여 승인을 받아야 한다(사후관리고시 제11조).

(3) 임대 승인

사후관리 중인 물품을 임대하고자 하면 미리 세관장에게 용도 외 사용(양수도·임대)승인신청서(사후관리고시 별지 제2호서식)를 제출하여 승인을 받아야 한다(사후관리고시 제11조).

(4) 수출승인

사후관리 중인 물품을 수출하고자 할 때에는 미리 세관장의 승인(사후관리고시 별지 제7호서식)을 얻어야 한다(사후관리고시 제14조). 다만, 공휴일에 긴급한 사유로 수출하는 경우에는 공휴일 다음 날에 승인을 받을 수 있다.

(5) 멸각·폐기 승인 및 멸실 확인

사후관리 중인 물품을 멸각 또는 폐기하고자 하는 때에도 멸각(폐기) 전에 세관장의 승인을 받아야 한다(사후관리고시 제14조). 재해 또는 부득이한 사유로 멸실된 경우에도 세관장에게 멸실신고를 하여야 한다(사후관리고시 제13조)

라. 자체 준비 사항

(1) 사후관리 대장의 비치

사후관리 대상 물품의 설치 및 사용 장소에는 사후관리대장을 비치하여 사후관리 물품의 반입일자, 일시반출입 수출입사항, 설치완료사항, 사용내용 등을 기록·유지하여야 한다(사후관리고시 제19조).

(2) 통관표지의 부착

사후관리 대상 물품 중 다음 물품에 대해서는 통관표지를 앞면에서 잘 보이는 곳에 부착하여야 한다. 다만, 외관상 필요한 경우에는 옆면에 부착할 수 있다.(사후관리고시 제18조제4항)
① 모델·규격 등 동종 동일물품으로 제조번호 등이 없어 사후관리 물품임을 구분하여 확인하기 곤란한 경우
② 사후관리 물품의 모델·규격 등을 확인하기 곤란하여 세관 공무원이 통관표지 부착 대상으로 지정하는 경우

7. 용도 외 사용

관세의 감면 또는 분할납부 승인을 받은 물품을 감면받은 용도 외 사용하거나 다른 업체에 양도하고자 하는 때에는 미리 당해 물품의 소재지를 관할하는 세관장의 승인을 받아야 한다. 다만, 재수출면세 물품의 용도 외 사용 승인신청 시에는 최초로 수입 통관한 세관장에게도 신청이 가능하다(영 제109조).

◖ 가. 양도승인

(1) 양도승인의 신청

관세감면(분할납부) 받은 물품의 감면(분할납부) 용도와 동일한 용도에 사용할 자에게 양도하고자 하는 경우에 감면 물품의 관할지세관장에게 양도승인을 신청하게 된다. (사후관리고시 제11조)

감면받은 용도 외 사용 할 자에게 양도하는 경우는 "용도 외 사용"으로 분류하고, 양도승인과 구분함은 동일한 용도에 사용할 자에게 양도하는 경우는 정부의 감면 목적과 부합하여 감면된 관세를 징수하지 않기 때문이다.

관세감면 물품을 임대하는 경우도 양도의 경우와 동일하다. 양도승인신청 시의 구비서류, 양도승인요건 및 양도승인 시의 효과는 다음과 같다.

(2) 양도승인의 신청서류

- 관세감면(분할납부) 물품양도승인신청서
- 양수도계약서(양도자와 양수자의 인감증명서 첨부)
- 양수자의 사업자등록증 또는 세무서장이 발급한 업종확인서

(3) 양도승인의 요건

양수도계약서와 인감증명이 일치하여 양수도 사실이 확인되어야 하며, 양수자의 업종이 감면물품의 감면용도와 동일하여 동일용도에 사용될 것이 확인되어야 한다.

(4) 양도승인의 효과

감면용도와 동일한 용도에 계속하여 사용하는 것이므로 감면된 관세의 추징대상이 되지 아니하며, 사후관리기간은 최초 수입신고수리일로부터 기산한다.

◖ 나. 용도 외 사용승인 (재수출면세물품 제외)

관세감면 물품을 수입자가 감면받은 용도와 다른 용도에 사용하거나 또는 다른 용도에 사용할 자에게 양도하고자 하는 경우에는 용도 외 사용 또는 양도하기 전에 감면물품의 관할지세관장에게 용도 외 사용 승인을 신청하여야 한다(사후관리고시 제11조).

감면물품을 임대하는 경우도 이와 동일하다. 용도 외 사용 승인신청 시의 구비서류, 용도 외 사용 승인 요건 및 용도 외 사용 승인시의 효과는 다음과 같다.

(1) 용도 외 사용 승인의 신청서류

- 감면물품 용도 외 사용 승인신청서

(2) 용도 외 사용 승인의 요건

- 감면된 관세를 납부하였음이 확인될 것

> **참고** 감면된 관세의 추징시 가산세 부과 여부
>
> : 가산세를 부과하기 위해서는 관세법 제42조 1항의 규정에 의거 신고납부 한 세액의 부족이 있어야 하며, 요건 불이행으로 말미암은 용도 외 사용 시의 추징에는 가산세가 부과되지 아니한다(관세청 심사 정책 47400 · 800호, 2000.8.16.).

(3) 용도 외 사용 승인의 효과

- 감면물품의 사후관리 대상에서 제외된다.
- 임의로 처분하거나 감면받은 용도 외 사용이 가능하다.

▶ 다. 관세감면의 승계

(1) 감면 용도에 사용할 때 감면의 승계

관세감면 물품을 감면받은 용도 외 사용하거나 다른 용도에 사용할 자에게 양도하는 경우, 새로운 용도에 사용하기 위하여 양도 물품(감면물품)을 수입하는 때에 관세감면을 받을 수 있는 때에는 감면된 관세를 징수하지 아니하고 관세감면을 승계해 주는제도이다(법 제103조1항).

다만, 관세법 외의 법령이나 협정 등에 의거 관세를 추징하는 감면물품에는 적용되지 아니된다(법 제103조 제1항단서) 그러나 대부분의 법령이나 협정등의 관세감면 물품은 관세법에 의거 관세를 추징하고 있다.

감면물품의 용도 외 사용 시 새로운 용도도 관세감면대상에 해당하는 경우에는 관세감면을 계속지원하기 위함이다. 다만, 새로운 감면용도의 감면세액이 최초 감면용도의 감면세액보다 적은 경우에는 그 차액을 납부하여야 한다(영 제120조 2항). 감면이 승계되는 새로운 용도에의 사용형태, 감면승계 신청 시의 구비서류 및 감면승계 승인 시의 효과는 다음과 같다.

❶ 새로운 용도의 사용 형태

관세감면 물품을 감면받을 수 있는 새로운 용도에 사용하는 형태는 관세감면수입자가 감면받을 수 있는 새로운 용도에 사용하는 경우와 감면받을 수 있는 새로운 용도에 사용할 자에게 양도하는 경우로 구분할 수 있다.

❷ 감면의 승계 신청 시 구비서류

① 감면물품 용도 외 사용 승인신청서
② 양수도계약서(양도하는 경우에 한하며, 양도자와 양수자의 인감증명서 첨부)
③ 양수자(용도 외 사용자)의 감면신청서
④ 양수자(용도 외 사용자)의 감면요건 구비서류

❸ 감면 승계의 효과

양수자(용도 외 사용자)에게 관세감면이 승계된다. 다만, 관세법 이외의 법령 등에 의하여 관세를 징수하는 때에는 감면이 승계되지 아니한다. 그러나 관세법 이외의 법령에 의거 관세를 감면한 물품에 대해서도 감면된 관세의 추징은 대부분 관세법에 의거하고 있다.

• 사후관리기간은 최초 감면수입 시의 수입신고수리일로부터 기산 한다.

(2) 계열 중소기업에 양도 시 감면 승계

관세감면 물품을 당초 감면받은 자가 계열화 중소기업(대·중소기업 상생협력 촉진에 관한 법률 제2조 4호의 규정에 의한 계열화 기업에 한한다.)에 양도하는 경우에는 양도받은 자가 감면대상이 아니어도 감면의 승계를 허용하여 중소기업을 지원하는 제도이다(법 제103조 2항).

❶ 감면이 승계되는 물품

다음의 물품에 한하여 감면의 승계가 가능하다(법 제103조 2항).

① 학술연구용품 (관세법 제90조에 의하여 관세를 감면받은 물품)

② 특정물품(관세법 제93조에 의하여 관세를 감면받은 물품)

③ 환경오염방지 물품(관세법 제95조에 의하여 관세를 감면받은 물품)

④ 재수출 감세물품(관세법 제98조에 의하여 관세를 감면받은 물품)

❷ 감면 승계 신청서류

① 감면물품 양도승인신청서

② 양수도계약서(양도하는 경우에 한하며, 양도자·양수자의 인감증명서 첨부)

③ 계열화 중소기업임을 증명하는 서류

❸ 감면 승계의 효과

감면받은 용도와 동일한 용도에 사용할 자에게 양도하는 때의 감면승계 효과와 동일하다.

▶ 라. 재수출면세 물품의 용도 외 사용 승인

(1) 신청 세관

용도 외 사용 전에 미리 당해 물품의 소재지를 관할하는 세관장 또는 수입통관 세관장의 승인을 받아야 한다(영 제109조).

(2) 재수출면세 물품의 용도 외 사용 승인의 특징

❶ 수출입공고 등 적용배제

재수출면세 물품 대부분을 차지하는 것은 상품의 판매를 촉진하기 위한 전시용품 등으로 일시 수입하는 것이므로 감면 수입 시 대외무역법상의 수출입공고 등의 적용을 배제하고 있다. 그리하여 내수용으로는 수입이 제한되는 품목이라도 재수출 조건부 면세 물품에 대해 수입요건구비 여부를 묻지 않고 수입을 허용하고 있다.

❷ 수입요건 구비서류 등 제출

재수출면세 물품을 재수출하지 아니하고, 용도 외 사용을 승인받는 것은 사실상 수입하는 것이므로 용도 외 사용 승인 신청 시에 수입신고 시의 구비서류(법 제226조의 규정에 의한 세관장 확인사항을 포함한 수입요건 구비서류)를 갖추어 수입신고수리 요건이 갖추어진 때에만 용도 외 사용을 승인받을 수 있다.

❸ 외국인과 매매계약체결

재수출면세 물품의 소유주(화주)는 외국인이므로 용도 외 사용 승인을 신청하기 위해서는 외국인 화주와의 매매계약서류 또는 외국인으로부터 위임받은 국내대리인과 매매계약이 체결되어야 한다.

❹ 관세감면의 승계가 많이 발생

재수출면세 물품의 감면용도는 재수출 조건부이므로 동일용도에 양도하는 경우는 없고, 용도 외 사용 승인신청은 새로운 수입이므로 사실상 관세감면을 받을 수 있는 자(학교 등에서 양수받는 학술연구용품 등)가 양수받을 때에는 감면의 승계가 발생한다.

❺ ATA 까르네 수입물품의 용도 외 사용

ATA 까르네는 재수출 조건부 면세물품의 수입신고서류를 국제적으로 통일한 서류이고, 담보제공을 국제적인 보증조직을 통하여 생략한 것이므로 ATA 까르네 물품도 재수출 조건부 면세물품이기 때문이다. 재수출면세 물품의 용도 외 사용 승인신청 시 구비서류 및 용도 외 사용 승인 시의 효과는 다음과 같다.

(3) 용도 외 사용 승인 신청서류

① 감면물품 용도 외 사용 승인신청서

② 수입승인서(수입제한 물품에 한함)

③ 매매계약서류(외국 소유주로부터 위임받은 국내 대리인과 계약을 체결한 경우에는 위임장을 첨부)

④ 수입요건 구비서류(관세법 제226조의 규정에 의한 세관장 확인사항 등 해당 물품에 한함)

⑤ 관세감면신청서(감면승계 신청 시에 한함)

⑥ 관세감면요건 구비서류(감면승계 신청 시에 한함)

(4) 재수출감면 물품의 용도 외 사용 승인 효과

① 재수출 조건이 해제된다. 재수출 조건부 면세 물품의 재수출 불이행 시 적용되는 가산세(감면세액의 20%) 적용대상에서 제외된다.

② 감면의 승계시 사후관리기간은 최초 수입신고수리일(재수출 조건부)로부터 기산한다.

9장

보세제도와 보세운송제도

1절 보세제도의 이해

1. 보세제도의 구분

'보세'라 함은 일반적으로 '관세 유보' 또는 '관세 미납'의 의미로 인식될 수 있으나 관세의 부과 대상이 아닌 무관세 물품인 경우에도 수입통관 이전에는 보세화물로 불리고 있으므로 수입신고 수리 미필 상태의 물품의 상태를 말한다.

보세제도는 크게 보세구역제도와 보세운송제도로 구분할 수 있다. 보세구역이란 정적 보세제 도로서 보세화물을 반입·장치·가공·건설·전시 또는 판매하는 구역을 말하며, 보세운송이란 동적 보세제도로서 보세화물을 국내의 보세구역 간에 이동하는 것을 말한다.

- 보세구역제도
- 보세운송제도

(1) 보세구역

보세구역은 지정 방법에 따라 세관장이 일방적으로 지정하는 지정보세구역과 보세구역 운영인 의 신청에 따라 세관장이 특허하는 특허보세구역 및 둘 이상의 특허보세구역 기능을 함께 수행 할 수 있는 종합보세구역으로 구분하고, 지정보세구역은 지정장치장 및 세관검사장으로, 특허 보 세구역은 보세창고, 보세공장, 보세전시장, 보세건설장 및 보세판매장으로 구분된다.

- 특허보세구역
- 종합보세구역
- 지정보세구역

(2) 보세운송

보세운송은 세관장에게 보세운송의 신고를 하고 신고수리를 받은 자가 외국물품을 국제항, 보 세구역, 보세구역 외 장치 허가 장소, 세관 관서, 통관역, 통관장 간에 한하여 외국물품상태 그대 로 운송하는 것을 말한다.

- 국제항
- 보세구역
- 보세구역 외 장치 허가 장소
- 세관 관서
- 통관역
- 통관장

2. 자유무역지역과 보세구역

보세구역과 유사한 제도로서 자유무역지역(Free Trade Zone), 자유항(Free Port), 그리고 수출자유지역(Export Free Zone) 등과 같은 자유지역 제도가 있다.

- 자유무역지역(Free Trade Zone)
- 자유항(Free Port)
- 수출자유지역(Export Free Zone)

보세구역과 자유지역은 외국물품이 보세상태로 그 역내에 반입될 수 있다는 점에서는 같다.

보세구역 내에서는 장치되는 화물이 세관의 엄격한 통제 아래 있으며, 수출입 통관을 할 물품의 장치, 수출물품의 가공, 제조시설 등의 건설, 외국물품의 전시, 판매 등 그 설치 목적이 다양하다.

자유지역은 비관세지역으로서 관세법 적용이 원칙적으로 배제되고 세관의 통제는 외곽관리와 물품의 역외로의 반출만을 감시하는 데 그치며 역내에는 원재료뿐만 아니라 시설재도 외국물품 상태로 반입되며, 그 설치 목적은 주로 수출물품의 가공이나 중계무역 상품의 장치 등에 있다.

그러나 자유무역지역의 설치 근거 법률인 자유무역지역의 지정 및 운영에 관한 법률에서 자유무역지역의 물품 반출입 관리를 관세청장에게 위임하고 있어 관세청에서는 자유무역지역 반·출입물품의 관리에 관한 고시를 제정하여 관세는 징수하지 않지만, 화물 반·출입 신고, 외국물품 사용 소비 신고, 공장 임대 허가, 물품 재고관리를 연 1회 이상 실시하는 등 물품관리를 철저히 하고 있다.

3. 보세제도의 기능

보세제도는 수입신고수리 미필 상태의 외국물품을 집중시켜 세관장의 관리하에 둠으로써 관세징수권의 확보는 물론 수입통관을 적법하고 신속하게 하며 세관의 감시와 관리를 효과적으로 수행할 수 있게 하는 외에도 관세 부담 없이 외국물품을 반입, 장치하였다가 국내외 시장수요에 따라 적시에 반출할 수 있다는 이점이 있다.

그뿐만 아니라 수출입 절차나 관세 등 수입에 따른 세금의 부담 없이 보세 상태로 외국물품인 원재료를 제조, 가공에 사용할 수 있는 보세공장은 원재료를 대부분 외국에 의존하는 우리나라에서는 수출지원의 기능도 갖고 있다는 점에서 보세제도의 의의가 있다.

보세제도의 기능을 요약하면 다음과 같다.

① 관세징수권의 확보
② 통관 질서의 확립
③ 통관 업무의 효율화
④ 수출지원(보세공장)

2절 보세구역제도

1. 보세구역의 종류

보세구역은 외국물품이 수입신고수리 미필상태로 반입, 장치, 가공, 건설, 전시, 판매되는 일정한 구역을 말하는데 다음과 같이 구분된다.

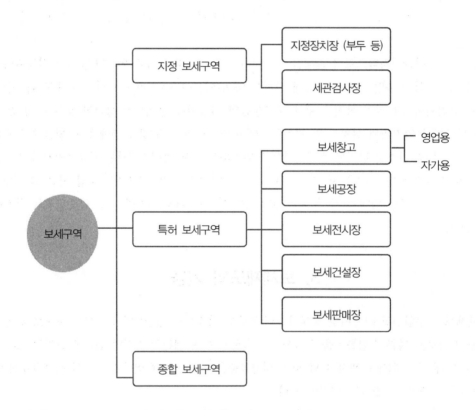

2. 보세구역의 관리

(1) 물품의 장치

수출품과 보세구역 외 장치허가물품을 제외한 외국물품은 보세구역에 장치하여야 한다(법 제155조 1항). 이처럼 외국물품 등을 보세구역에 장치하도록 한 것은 앞에서 살펴본 바와 같이 관세징수권의 확보, 통관질서의 확립 및 세관 업무의 효율화 등에 그 목적이 있다.

보세구역에는 원칙적으로 내국물품도 반입 또는 장치가 가능하다. 다만, 보세구역이란 특수성 때문에 세관 업무에 대한 장애를 방지하기 위하여 보세구역에의 반입, 반출 시에는 따로 규정하는 경우를 제외하고는 세관장에게 신고하여야 한다(법 제155조 내지 제157조).

보세화물을 효율적으로 관리하기 위하여 보세창고(지정장치장 포함) 장치물품에는 장치기간을 원칙적으로 6개월(부산항·인천항·인천공항·김해공항 항역내 창고는 2개월)로 제한하고 있으며, 이를 연장하고자 하는 때에는 보세구역물품 장치기간 연장승인신청서(보세화물장치기간 및 체화관리에 관한 고시 별지 제1호서식)를 세관장에게 제출하여 승인을 받아야 한다.

(2) 보수작업

관세법 제158조에서는 보세구역에 장치 중인 물품에 대하여 그 현상을 유지하기 위하거나 그 성질을 변하지 아니하는 범위 내에서 개장·구분·분할·합병 기타 유사한 보수작업을 허용하고 있다.

⚫ 보수작업의 승인

보수작업을 하고자 하는 자는 보수작업신청서(보세화물관리고시 별지 제20호서식)를 세관장에게 제출하여 승인을 받아야 하며, 승인할 수 있는 사유는 다음과 같다. (보세화물고시 제20조)

① 운송 도중에 파손 또는 변질하여 시급히 보수하여야 할 필요가 있는 경우

② 통관하기 위하여 개장, 분할구분, 합병, 원산지 표시, 기타 이와 유사한 작업을 하고자 하는 경우

③ 중계무역물품으로서 수출하거나 보세판매장에서 판매할 물품을 공급하기 위하여 제품검사·선별·기능보완 등 이와 유사한 작업이 필요한 경우

⚫ 보수작업의 한계

보수작업은 그 한계가 모호한바, 구체적으로 살펴보면 다음과 같다(보세화물고시 제22조).

❶ 보수작업으로 인정할 수 있는 범위

① 물품의 보존을 위해 필요한 작업(부패·손상방지 등)

② 물품의 상품성 향상을 위한 개수작업(포장개선·라벨표시·단순절단 등)

③ 선적을 위한 준비작업(선별·분류·용기변경 등)

④ 단순한 조립작업(간단한 세팅·완제품의 특성이 있는 구성요소의 조립 등)

⑤ 위와 유사한 작업

❷ 보수작업으로 인정할 수 없는 범위

① 세번·부호(HS 부호)의 변경을 가져오는 작업

② 수출입승인규격과 세번·부호를 합치시키기 위한 작업

(3) 해체·절단 등의 작업

수입물품이 수입신고된 물품 이외의 다른 용도로 사용될 수 있는 경우(⚫ 고철로 수입신고된

중고 자동차 부품)에는 수입신고된 물품 이외의 용도로는 사용할 수 없도록 물품의 원형을 변경하거나, 해체, 절단 등의 작업을 할 경우가 있다. 이와 같은 작업을 보세구역 내에서 하려면 세관장의 허가를 받아야 하며, 세관장이 필요하다고 인정할 때에는 화주 또는 그 위임을 받은 자에게 그 작업을 명할 수도 있다(법 제159조).

관세청장이 정한 해체, 절단작업을 할 수 있는 물품은 다음과 같다(수입통관고시 제77조).

① 해체용 선박

② 각종 설(Scrap) 중 세관장이 원형변경, 해체, 절단 등의 작업이 필요하다고 인정하는 물품

③ 세관장이 견품 진정화 작업이 필요하다고 인정하는 물품.

(4) 보관물품의 폐기

보세구역에 장치된 물품을 부패, 손상, 기타의 사유(보세화물고시 제25조)로 폐기하고자 하는 경우에는 세관장의 승인을 받아야 한다. 외국물품인 경우, 미리 세관장의 승인을 얻어 폐기하는 때에는 그 물품에 대한 관세는 징수하지 아니하나 승인 없이 폐기하면 보세구역 운영인 또는 보관인으로부터 그 물품에 대한 관세를 징수한다(법 제160조).

미리 세관 상의 승인을 받고 폐기하는 때에도 폐기 후 잔존물(예 기계 폐기시 고철)의 성질과 수량에 따라 관세를 징수하게 된다. 또한, 보세구역에 장치된 외국물품이 멸실된 때에는 세관장에게 신고하여 확인을 받아야 하며, 재해 기타 부득이한 사유로 멸실된 때에는 그 물품에 대한 관세를 징수하지 아니한다.

보세구역에 장치된 물품이 도난 또는 분실된 때에는 보세구역의 운영인 또는 보관인이 세관장에게 신고하여야 하며, 외국물품이 도난 또는 분실된 때에는 운영인 또는 보관인으로부터 관세를 즉시 징수한다.

(5) 견품의 반출

보세구역에 장치된 외국물품의 전부 또는 일부를 견품으로 반출코자 하는 경우에는 견품반출허가신청서(보세화물고시 별지 제28호서식)를 세관장에게 제출하여 세관장의 허가를 받아야 한다(법 제161조 1항 및 영 제183조).

반출된 견품은 다시 보세구역에 반입되어야 한다. 변질, 손상, 가치감손 등으로 관세채권 확보에 어려움이 있다고 판단되면 세관장은 허가하지 않으며, 수량은 견품으로 적합한 최소한의 것이어야 한다(보세화물관리고시 제30조).

이 외에도 보세화물의 안전관리와 보세구역의 질서를 유지하기 위하여 보세화물 취급자 및 보세구역에 출입하는 자는 세관장의 명령과 세관 공무원의 지휘를 받아야 하며, 필요시에는 보세구역에 세관 공무원을 파견하여 세관사무 일부를 처리할 수 있도록 하고 있다.

3. 보세구역의 종류별 내용

종 류		설치목적	특허기간	장치기간	비고
지정보세구역	지정장치장	통관하고자 하는 물품을 일시 장치하기 위한 장소로서 세관장이 지정한 구역		6월(부산항, 인천항, 인천공항과 김해공항 항역내의 지정장치장은 2월)	보세화물장치기간고시 제4조
	세관검사장	통관하고자 하는 물품의 검사를 위한 장소로서 세관장이 지정한 구역			·일정 요건을 갖춘자가 반입물품을 채취 또는 운반함 ·채취운반의 비용은 화주 부담
특허보세구역	보세창고	통관하고자 하는 물품이나 외국물품을 장치하기 위한 구역으로 세관장의 특허를 받은 곳	10년 이내 (갱신가능)	·6월원칙 6월 내 연장가능 ·장치 비축용품 (수출품 사후보수용품 등) 예외	
	보세공장	외국물품 또는 내·외국물품을 원재료로 하여 제조·가공작업을 하기 위한 장소로서 세관장의 특허를 받은 곳	10년 이내 (갱신가능)	특허기간과 동일	·세관장의 허가를 받아 내국물품만을 원재료로 하여 작업할 수도 있음.
	보세전시장	박람회 등의 운영을 위하여 외국물품을 장치·전시 또는 사용하는 구역으로서 세관장의 허가를 받은 곳	박람회 기간 등을 고려하여 세관장이 정함	특허기간과 동일	·외국물품반입 즉시 세관검사를 받아야 함 ·특허소멸 후 외국물품은 운영인이 타보세구역에 반출
	보세건설장	산업시설의 건설에 소요될 외국물품인 기계류·설비품·공사용장비를 장치·사용하여 건설공사를 하는 구역으로서 세관장의 특허를 받은 곳	당해 건설공사기간을 고려하여 세관장이 정함	특허기간과 동일	반입외국물품은 사용 전에 수입신고를 하고 검사를 받아야 함
	보세판매장	외국으로 반출하거나 외교관이 사용할 물품을 판매하는 구역으로서 세관장의 특허를 받은 곳	10년 이내 (갱신가능)	특허기간과 동일	세관장은 판매할 수 있는 물품의 종류·수량·장치장소등을 제한할 수 있음

지정보세구역은 세관장이 지정하는 곳이고, 특허보세구역은 설치운영하고자 하는 자가 특허보세구역운영에 관한 고시에서 정한 요건을 갖추어 세관장에게 특허보세구역 설치·운영 특허신청서(동고시 별지 제1호 서식)를 제출하여 특허를 받아야 한다.

4. 종합보세구역

(1) 종합보세구역 개요

종합보세구역은 특허보세구역의 5가지 기능(보관, 제조, 판매, 건설, 전시) 중 둘 이상의 기능을 종합적으로 수행할 수 있는 일정한 지역을 말한다. 종합보세구역은 지방자치단체의 장이나 중앙부처의 장 또는 종합보세구역을 운영하고자 하는 자가 외국인 투자촉진, 수출증대 또는 물류촉진 등을 위하여 외국인 투자지역, 산업단지, 유통단지 등을 종합보세구역으로 지정해 주도록 관세청장에게 신청하여 관세청장이 지정하거나 또는 관세청장이 직권으로 지정하는 지역이다(법 제197조 내지 제205조).

(2) 종합보세구역 입주의 장점

종합보세구역으로 지정된 지역에 입주하게 되면 보세구역을 세관장으로부터 특허받는 것보다 다음과 같은 점에서 유리하도록 제도가 마련되어 있다.

❶ 종합보세사업장의 설치신고에 제한이 없다.

특허보세구역에서는 보세구역을 특허받고자 하는 때에는 보세구역마다 특허를 받아야 하고 설영특허 시에는 개별 보세구역별로 자본금(5억 원 이상)과 면적에 따른 제한이 있으나 종합보세구역에서는 이러한 제한이 없이 세관장에게 신고만으로 종합보세사업장의 설치가 가능하다.

❷ 화물의 장치기간에 제한이 없다.

특허보세구역에서는 화물의 장치기간이 1년 또는 특허기간으로 제한이 있으나 종합보세구역에서는 장치기간이 제한되어 있지 않다.

❸ 보수작업 시 세관에 신고만으로 가능하다.

특허보세구역에서는 세관장의 승인을 받아야 보수작업이나 역외보수작업이 가능한 것이나 종합보세구역에서는 세관장에게 신고만 하면 가능하다.

❹ 기능간 물품 이동 시 세관에 신고할 필요가 없다.

동일 사업자의 보세구역이라도 특허보세구역에서는 보세구역 상호 간 물품 이동 시에는 세관에 신고하여야 하나 종합보세구역에서는 특허보세기능을 종합적으로 수행하는 지역이므로 이를 신고할 필요가 없다.

❺ 특허·설영 수수료를 납부하지 아니한다.

특허보세구역에서는 보세구역 설영특허 시에 45,000원의 신청수수료와 매 분기 별로 설영수수료를 보세구역 면적에 따라 납부하여야 하나 종합보세구역에서는 수수료를 납부하지 아니하도록 법률로 규정하고 있다.

❻ 물류비용을 절감할 수 있다.

공장기계 등을 외국으로부터 수입하는 경우 세관의 화물관리를 위하여 보세창고에 수입물품을 반입하여 반입신고를 하고 생산현장에 투입하여야 하는 것에 비하여 종합보세구역으로 지정을 받으면 수입물품을 보세창고에 반입하지 아니하고 생산현장으로 바로 투입함으로써 보세창고에 반입하는 절차에 소요되는 비용만큼 물류비용이 절감될 수 있다. 수입물품이 거대·중량품일수록 물류비용의 절감액이 커질 수 있다.

(3) 종합보세구역 지정 현황

종합보세구역 지정 현황은 다음과 같다.

구분	종합보세구역 명	지정 일자	지역	업종
지역 (10)	감천항 국제 수산물 센터	'99.12.01	부산	냉동·냉장 수산물
	울산 현대 종합보세구역	'01.05.07	울산	조선·모터·건설기계
	대한항공 우주사업본부 종합보세구역	'01.11.15	경남 김해	항공기 부품
	군산2국가 산업단지	'12.03.05	전북 군산	조선부품·금속가공
	익산 제3일반 산업단지	'12.06.18	전북 익산	부품소재·금속가공
	대덕테크노밸리	'04.06.14	대전	정밀화학
	구미국가산업단지	'10.08.09	경북 구미	반도체제조·금속가공
	새만금산업단지	'14.06.19	전북 군산	반도체 소재
	속초해양산업단지	'15.08.01	강원 속초	냉동·냉장 수산물
	인천항 아암물류2단지	'23.07.12	인천	전자상거래
개별업체 (27)	(주)영진공사	'09.10.19	인천	LME
	한일탱크터미널(주) 평택사업소	'13.12.16	경기 평택	탱크터미널
	서평택 탱크터미널	'13.12.24		
	㈜신양 종합보세구역	'14.11.14		
	㈜세동에너탱크	'18.08.29		
	대아탱크터미널(주)	'19.04.06		
	석유공사 서산지사	'07.10.30	충남 서산	탱크터미널
	(주)수성군산탱크터미널	'19.06.04	전북 군산	탱크터미널
	남해화학(주)	'11.05.11	전남 여수	탱크터미널
	오일허브코리아여수(주)	'13.02.26		
	에스와이탱크터미날(주)	'14.07.02		
	(주)여수탱크터미널	'10.02.08		
	태남신항만물류센터	'06.04.11	부산	LME
	은산컨테이너터미널(주) 녹산	'09.07.22		
	은산컨테이너(주)신항만 화전	'11.12.06		
	부산탱크터미널 주식회사	'13.07.24		탱크터미널
	주식회사 모든	'13.07.24		
	오드펠터미널(주)	'05.05.03	울산	탱크터미널
	정일스톨트헤븐	'08.01.08		
	현대오일터미널	'12.12.26		

구분	종합보세구역 명	지정 일자	지역	업종
	온산탱크터미널(주)	'13.05.27		
	(주)성운탱크터미널	'15.03.10		
	(주)한국보파터미널	'09.01.30		
	유나이티드터미널코리아(주)	'09.02.04		
	케이디탱크터미널(주)	'21.02.01		
	효성화학(주)탱크터미널	'22.08.16		
	IMC아시아물류센터	'17.12.01	대구	복합물류센터

3절 자유무역지역 제도

1. 관세법 적용 제외 지역

"자유무역지역"은 관세법·대외무역법 등 관계 법률에 대한 특례와 지원을 통하여 자유로운 제조·물류·유통 및 무역활동 등을 보장하기 위한 지역으로서 외국인투자의 유치, 무역의 진흥, 국제물류의 원활화 및 지역개발 등을 촉진하기 위한 제도이다(자유무역법 제1조, 제2조1호).

자유무역지역에 대해서는 입법 취지상 관세법의 적용이 배제되는 지역이다(자유무역법 제3조1항). 그러나 관세선 밖에 위치한다고 볼 수 있기는 하지만 관세법 외 따로 정한 것을 제외하고는 대부분 관세법과 관련 규정의 흐름을 이어가고 있다.

그러므로 관세법의 보세구역과는 유사하나 다음과 같이 비교된다.

(1) 동일한 점

관세가 유보된 상태라는 점에서 자유무역지역은 관세법상의 보세구역과 거의 동일하다. 자유무역지역에 입주한 제조업체는 보세공장과 비슷한 흐름을 보이고 있고, 자유무역지역에 입주한 복합물류업체는 보세창고와 유사한 기능을 하고 있다.

(2) 다른 점

자유무역지역은 외국인투자유치 등을 위하여 각종 특례가 관련법령에 의거 지원된다는 점에서 관세법상의 보세구역과 다르고, 사용소비신고를 함으로써 외국물품을 분할·합병할 수 있다는 점이 관세법상의 보세창고와 다르다. 이 분할·합병의 기능은 자유무역지역을 아시아의 허브로 활용할 가능성을 키워주고 있다.

2. 물품의 반출입

(1) 반입신고

● 외국물품

외국으로부터 도착한 물품을 자유무역지역에 반입하고자 하는 때에는 반입신고를 하여야 한다. 이는 보세화물 관리차원에서 이루어지는 것으로서 선하증권(B/L)번호 등의 화물관리번호로 관리된다.

✅ 내국물품

자유무역지역 입주기업체가 사용소비하고자 반입하는 내국물품 중 환급특례법상 관세환급 대상이 되는 물품은 반입신고를 하여야 한다. 대상 물품은 시설기계류와 제조용 원재료 등이다. 이 경우 공급자는 환급대상 수출물품 반입 확인서를 발급받아 관세환급을 신청할 수 있다.

(2) 사용소비 신고

자유무역지역에 입주한 업체에서 외국으로부터 도착한 물품(반입신고 물품)을 사용하고자 하는 때에는 사용소비신고를 하여야 한다. 이는 보세공장에서 수입된 물품을 사용하고자 할 때에 사용신고를 하는 것과 동일한 성격이다. 또한, 전산시스템으로 화물관리가 가능하다고 세관장이 인정한 복합물류업체(입주기업체)에서는 반입신고 후 창고에 보관 중인 상태에서 사용소비신고를 하면 B/L분할·합병신고 없이 수입화물을 분할 또는 합병할 수 있다. (자유무역지역고시 제7조의2)

(3) 수입신고

자유무역지역에 반입 신고한 물품 또는 복합물류업체에서 사용소비 신고한 물품을 관세지역 안으로 반출하고자 하는 때에는 수입신고를 하여야 한다. (자유무역지역고시 제10조)

(4) 내국물품 반출입

관세환급대상이 아닌 내국물품을 자유무역지역에 반입할 때에는 세관장으로부터 반입확인을 받아야 한다. 이는 반입된 내국물품을 다시 관세지역으로 반출할 때에 수입통관을 하지 않고 반출할 수 있는 근거서류가 된다.

(5) 국외반출 신고

자유무역지역에 있는 외국물품을 외국으로 반출하고자 하는 때에는 국외반출신고를 하여야 한다. 이 경우 구비서류에 대해서는 당해 물품의 성격에 따라 당해 관련규정을 준용한다. 즉 자유무역지역 등에서 제조·가공한 물품 및 사용소비 신고한 물품에 대해서는 수출및반송통관고시를 준용하고, 단순반송하거나 통관 보류되어 국외 반출하고자 하는 물품 등에 대하여는 반송절차고시의 규정을 준용하며, 다른 운송수단으로 환적 하는 화물에 대하여는 환적화물 고시의 규정을 준용한다. (자유무역지역고시 제11조)

(6) 수출신고

자유무역지역에 반입된 내국물품(관세환급을 받은 물품은 제외)을 외국으로 반출하고자 하는 때에는 수출신고를 하여야 한다. 수출절차와 관세환급의 적용에 대해서는 관세지역의 수출과 동일하다. (자유무역지역고시 제12조)

(7) 내국물품 반출

자유무역지역에 반입된 내국물품을 다시 관세지역으로 반출하고자 하는 때에는 내국물품확인서 등 내국물품으로 반입된 사실을 입증할 수 있는 서류를 세관장에게 제출하여야 한다. (자유무역지역고시 제13조)

3. 역외작업

(1) 역외작업의 신고

자유무역지역 입주기업체는 관세지역에 있는 제조업체에도 제조공정의 일부를 위탁할 수 있다. 이를 역외작업이라 한다. 이를 신청하려는 자는 다음의 서류를 갖추어 역외작업 전후 물품의 품명, 규격, 수량 및 중량과 작업의 종류, 기간, 장소 및 작업 사유를 정하여 세관장에게 신고하여야 한다.(자유무역지역고시 제15조)

① 역외작업 수탁 업체의 사업자등록증, 소재지 약도 및 시설 배치도
② 역외작업 계약서, 부산물 및 폐품의 내용
③ 전년도 수출실적증명서류와 수출주문서·신용장 등

(2) 세관장의 역외작업 수리

세관장은 역외작업신고를 수리할 때 반출되는 물품이 시설재인 경우에는 해당 시설재가 해당 역외작업에 전용되는 것에 한하여 수리하며, 국내외 가격차에 상당하는 율로 양허한 농림축산물에 해당하는 원재료 및 그 원재료로 제조·가공한 물품은 신고수리를 하지 않는다.

역외작업은 관세를 납부하지 아니한 원재료를 관세지역에 보내서 가공작업을 하는 것이므로 세관에서는 보세공장에 준하여 엄격한 관리를 하게 된다.

(3) 역외작업 완료보고

역외작업신고를 한 자는 역외작업이 완료된 때에는 세관장에게 보고(자유무역지역고시 별지 제9호서식)하고, 역외작업기간이 만료되기 전에 가공된 물품, 사용하지 않은 원재료 및 폐품(부산물을 포함한다)을 자유무역지역으로 다시 반입하여야 한다. 다만, 미리 세관장에게 신고한 다음 물품은 제외된다.

① 가공된 물품을 역외작업장소에서 직접 수출하거나 국내에 판매하기 위하여 세관장에게 국외반출신고 또는 수입신고 한 물품
② 역외작업공정에서 생긴 폐품(부산물)으로서 세관장에게 처분신고를 한 물품.

4절 보세운송제도

1. 보세운송의 이해

보세운송은 외국물품을 보세상태로 국내의 보세구역 간에 운송하는 제도를 말한다. 외국물품을 국내에서 운송하면서 관세징수권의 확보, 무단유출의 방지를 위해서 보세운송의 발송지와 도착지를 한정하여 국제항·보세구역·허가된 보세구역외장치장·세관 관서·통관우체국·통관장 간에만 보세운송할 수 있게 하고 있으며(법 제213조), 필요시에는 담보를 제공토록 하고 있다. 자유무역지역도 법 제213조에서 정하는 지역에 포함된다(보세운송고시 제3조).

(1) 보세운송의 효과

보세운송제도가 없으면 입항지 세관에서 수입통관 할 수밖에 없으나 보세운송제도를 이용하여 내륙지에 있는 업체에서 수입물품을 공장으로 보세운송을 해서 수입통관하게 되면 다음과 같은 유리한 점이 있다.

✅ 통관부대비용의 절감

수입화물을 자가용 보세창고 또는 세관장으로부터 허가받은 보세구역외장치장에 장치하는 경우에는 입항 지의 영업용 보세창고 등에 장치할 때의 보관료뿐만 아니라 보세창고에 수입화물을 운송함에 따른 운송료와 상·하차 비용 등이 절감된다.

✅ 통관절차의 간소화

수입통관에 따른 구비서류 및 세금의 신속한 전달이 가능하고 세관에서 수입업체의 내용을 잘 알 수 있어 성실업체로의 지정이 쉬우며, 성실업체로 지정되는 경우, 수입물품의 검사생략, 담보 제공 등의 면제로 수입통관 절차가 간소화될 수 있다.

(2) 보세운송의 종류

보세운송은 수입물품에 대한 보세운송과 반송물품을 포함한 수출물품에 대한 보세운송으로 분류할 수 있다. 이는 보세운송에 따른 위험발생 가능성의 크기가 다르므로 보세운송의 절차 등이 달라질 수 있기 때문에 구분의 실익이 있다.

2. 보세운송 대상 수입물품

▶ 가. 보세운송 수입물품

(1) 보세운송 대상 물품

수입물품에 대한 보세운송은 다음의 제한 물품을 제외한 모든 수입물품에 대하여 가능하다. 다만, 우편관서나 검역 관서의 관리하에 운송되는 우편물품 및 검역대상물품, 국가기관에 의하여 운송되는 압수물품 등은 보세운송 절차를 밟지 않고 보세운송 할 수 있다.

(2) 보세운송 제한 물품

다음의 물품에 대해서는 보세운송을 제한하고 있다(보세운송고시 제31조2항).

① 수출입 금지품

② 검역법, 식물방역법, 가축전염병예방법 등의 규정에 따라 검역을 요하는 물품으로서 소정의 조치를 필하지 않았거나 지정받은 검역시행장 이외의 장소로 운송되는 물품

③ 위험물품과 유해화학물질(단, 도착지가 관련법령에 따라 해당 물품을 취급할 수 있는 경우는 예외)

④ 비금속설(단, 시설 및 운송방법 등에 있어서 보세운송고시 제31조 1항 제4호에서 규정하는 소정의 요건을 갖추었을 경우는 예외)

⑤ 귀석, 반귀석, 귀금속, 한약재, 의약품, 향료 등과 같이 부피가 작고 고가인 물품(단, 수출물품제조용 원자재와 세관장이 지정한 장치장으로 운송하는 물품은 보세운송 가능)

⑥ 세관장이 관리대상화물로 선별한 물품(다만, 운송목적지가 세관장이 지정한 장치장인 때에는 가능)

⑦ 보세구역에 반입된 날로부터 30일이 경과한 물품. 다만, 수입통관지 제한물품으로서 통관지세관 관할구역 내 보세구역으로 운송하는 물품과 보세공장, 보세건설장 등 특수 보세구역으로 반입하는 물품 및 세관장이 보세운송이 부득이하다고 인정하는 물품은 보세운송이 가능하다.

⑧ 통관불허 물품. 다만, 반송을 위하여 선적지 보세구역으로의 보세운송은 가능하다.

⑨ 보세운송된 물품을 다른 보세구역으로 재보세 운송하고자 하는 물품. 다만, 보세공장, 보세전시장 등 특수보세구역에 반입하여야 할 때 등 세관장이 부득이하다고 인정하는 경우는 가능하다.

⑩ 통관지가 제한되는 물품. 다만, 통관지세관으로 보세운송하는 경우는 가능하다.

(3) 보세운송신고 대상 물품

수입물품에 대하여 보세운송의 허가를 받는 방법에는 신고제도와 승인제도가 있다. 보세운송 신고제도는 보세운송에 의한 위험발생 가능성이 상대적으로 적은 물품이거나 재력과 신용이 있

는 보세운송인이 책임을 지게 되어 위험발생의 우려가 상대적으로 적은 물품의 보세운송에 대하여 절차를 간소화한제도이다.

보세운송 신고대상 물품은 다음의 요건을 갖춘 물품이다(보세운송고시 제24조).

① 보세운송 승인대상 물품이 아닌 물품.

② 특정물품 간이보세운송업자가 관리대상화물을 하선(기)장소에서 최초 보세운송 하고자 하는 물품

③ 항공사가 국제공항 간 입항 적하목록 단위로 일괄하여 항공으로 보세운송 하고자 하는 물품

④ 간이보세운송업자가 다음의 물품을 운송하는 경우로서 별도의 서류제출이 필요 없다고 인정되는 경우

   1. 재보세 운송하고자 하는 물품

   2. 검역물품

   3. 위험물품과 유해화학물품

   4. 보세구역 반입 후 30일이 경과한 물품

   5. 비금속설

   6. 보세구역외장치장으로 운송하는 물품

   7. 분할 보세운송물품

⑤ 담보제공생략자 또는 포괄담보제공업체인 화주가 자기 명의로 보세운송 신고하는 물품

◆ 나. 보세운송 승인대상 물품

보세운송승인제도는 보세운송신고제도보다 보세운송하는 물품에 대하여 위험발생의 우려가 상대적으로 큰 물품이어서 보세운송물품에 대하여 검사의 비율이 높고 담보를 제공해야 하는 경우가 많으며, 세관장이 심사결과 보세운송 승인요건에 위배되거나 감시단속상 보세운송을 제한할 필요가 있다고 판단하는 때에는 보세운송의 승인을 거부할 수도 있는 점이 다르다.

다음의 물품을 보세운송 하고자 하는 때에는 관세청장이 정하는 기준(보세운송고시 제31조 1항)에 적합하여 세관장의 승인을 받아야 한다(영 제226조3항).

① 재보세운송하고자 하는 물품은 보세공장, 보세전시장, 보세건설장, 보세판매장, 자가용보세창고에 반입하여야 할 경우 등 세관장이 부득이 하다고 인정하는 경우.

② 검역물품은 검역을 마쳤거나 보세구역인 검역시행장으로 운송하는 경우.

③ 위험물과 유해화학물질은 도착지가 관계 법령에 따라 해당 물품을 취급할 수 있는 경우.

④ 비금속설은 다음에 해당하는 경우에만 보세운송 할 수 있다.

   1. 도착지가 비금속설만을 전용으로 장치하는 영업용 보세창고로서 간이보세운송업자가 승인신청하는 경우

   2. 도착지가 실화주의 자가용 보세창고로서 용광로(압연시설)을 갖추고 있고 간이보세운송

업자가 보세운송 승인신청을 하는 경우

   3. 도착지가 비금속설을 장치할 수 있도록 보세구역외장치허가를 받은 장소로서 간이보세
     운송업자가 승인신청하는 경우

   4. 컨테이너로 운송하는 경우로서 보세화물 관리상 문제가 없다고 세관장이 인정하는 경
     우

⑤ 보세구역에 반입된 후 30일이 경과한 물품은 다음에 해당하는 경우에만 보세운송 할 수 있
  다.

   1. 통관지가 제한되는 물품으로서 통관지세관 관할구역 내 보세구역으로 운송하는 물품

   2. 보세공장, 보세건설장, 보세전시장 등 특수보세구역으로 반입하여야 할 필요가 있는 물
     품

   3. 그밖에 세관장이 보세운송이 부득이 하다고 인정하는 물품

⑥ 통관이 보류되거나 수입신고수리를 할 수 없는 물품은 반송을 위하여 선적지 하선장소로
  보세운송하는 경우.

⑦ 통관지가 제한되는 물품은 통관지 세관으로 보세운송하는 경우.

⑧ 귀석·반귀석·귀금속·한약재·의약품·향료 등 부피가 작고 고가인 물품은 수출용원재료 또
  는 세관장이 지정한 보세구역으로 운송하는 물품으로서 특정물품간이보세운송업자, 종합인
  증우수업체 또는 일반간이보세운송업자가 운송하고 금고 등 안전시설을 갖춘 유개(有蓋)차
  량에 운전자 이외의 안전요원이 탑승하여야 하며, 내국물품과 혼적이 안된 경우.

⑨ 불법 수출입의 방지 등을 위하여 세관장이 검사대상 화물로 선별한 물품 중 검사하지 아니
  한 물품은 운송목적지가 세관장이 지정한 보세구역인 경우.

▪ 다. 집단화 지역에서 보세운송의 특례

세관장이 관할 내 보세구역 중 동일사업장 또는 내륙컨테이너기지 등 집단화 지역을 보세운송
특례보세구역으로 지정한 경우에는 집단화 지역 내에서의 보세운송물품에 대하여는 보세운송신
고(승인)절차를 생략하고 보세구역 운영인의 화물반출입신고로 갈음하게 할 수 있다(보세운송고시
제44조).

3. 보세운송 대상 수출물품

▪ 가. 보세운송 수출물품의 특징

일반수출물품은 보세운송대상에서 제외하고 있는 것이 특징이다. 보세운송은 외국물품을 보
세구역 간에 운송하는 것이므로 수출신고가 수리된 물품도 외국물품으로서 선(기)적지로 운
송하면 보세운송 함이 법 이론상 타당하다.

그러나 보세운송을 하는 경우 일반운송보다 운송비의 증가로 물류비용이 증가하게 되어 우리나라 수출품의 국제경쟁력을 저해하게 되므로 관세법으로 수출품은 보세운송대상에서 제외토록 규정하고 있다. 법 제213조 4항에서 "수출신고가 수리된 물품에 대하여 관세청장이 따로 정하는 경우를 제외하고는 보세운송절차를 생략한다."라고 규정하고 있다.

▶ 나. 보세운송 대상 물품

수출물품 중 관세청장이 보세운송 대상 물품으로 따로 정한 물품은 다음과 같다(보세운송고시 제46조).

(1) 반송신고가 수리된 물품

① 보세창고에 장치 후 수입통관을 하지 않고 반송되는 물품
② 보세전시장에서 전시 후 반송되는 물품
③ 보세판매장에서 판매 후 반송되는 물품
④ 여행자 휴대품 중 반송되는 물품
⑤ 수출조건으로 판매된 몰수품 또는 국고귀속물품
⑥ 국제항 안에서 보세운송하려는 수출신고 수리물품

(2) 보세공장과 자유무역지역에서 제조·가공하여 수출하는 물품

원재료수입 시에 관세 등을 납부하지 아니한 보세공장 및 자유무역지역의 수출물품(이하 '보세공장 등 수출물품')에 대하여는 모두 보세운송절차를 이행하여야 한다.

▶ 다. 보세운송 절차 관련 고시 등

수출물품 중 일반수출물품을 제외하면 모두 반송물품에 대하여만 보세운송 절차를 이행하는 것이고, 같은 반송 물품이라 하더라도 그 형태가 각양각색이어서 보세운송의 위험도가 각각 달라 보세운송 절차가 각각 다를 수밖에 없으므로 이를 규정하는 관련 규정(관세청고시)도 다음과 같이 각각 다르다.

✅ 「나(1) 반송신고가 수리된 물품」에서
① ② ⑥의 물품은 수출 및 반송통관에 관한 고시
③은 보세판매장 운영에 관한 고시
④는 여행자 휴대품 통관에 관한 고시
⑤는 몰수품 및 국고귀속물품 관리에 관한 시행세칙

✅ 「나(2) 보세공장운영고시와 자유무역지역고시」에 대해

위 나(1) 중 ①과 ②의 물품(이하 '반송물품')과 (2) 보세공장 및 수출자유지역 등 수출물품의 보세운송 절차에 대하여 알아보자.

4. 보세운송의 신고

▶ 가. 보세운송 신고인

보세운송은 보세운송신고인에 따라 다음과 같이 보세운송수단이 달라지고 보세운송절차가 간소화되는 것이므로 이를 감안하여 보세운송신고인을 결정하여야 한다. 보세운송을 신고할 수 있는 자는 다음과 같다(법 제214조 및 보세운송고시 제2조1항).

① 화주, 다만 환적화물이면 그 화물에 대하여 권리를 가진 자
② 관세사 등
③ 보세운송업자
④ 국제항 안에서 국제무역선을 이용하여 보세운송을 할 수 있는 회사

▶ 나. 보세운송업자

(1) 일반 간이보세운송업자

일반 보세운송업자 중 다음 각호의 요건을 모두 갖추어 세관장으로부터 보세운송물품의 검사생략 및 담보제공의 면제를 받을 수 있는 자로 지정받은 자이다. (보세운송고시 제13조)

① 자본금이 1억원 이상인 법인
② 5천만원 이상의 보증보험에 가입한 자이거나, 5천만원 이상의 담보를 제공한 자. 다만, 일반간이보세운송업자 2인 이상의 연대보증으로 담보를 갈음할 수 있다.
③ 종합인증우수업체(AEO) 또는 직전 법규수행능력평가 B등급 이상인 법인.

(2) 특정물품 간이보세운송업자

유개화물자동차 10대 이상과 트랙터를 10대 이상 소유하고 자본금이 3억 원 이상인 법인으로서 세관장에게 2억 원 이상의 담보를 제공하며 임원 중 관세사 1인을 채용하여 보세운송업자로 등록한 자로서 세관장이 관리대상화물로 지정한 물품 등 보세운송 중 범법의 위험이 큰 특정물품을 보세운송 할 수 있는 자이다. (보세운송고시 제18조)

▶ 다. 보세운송신고(승인신청) 세관

수입화물이 장치되어 있거나 입항예정인 보세구역을 관할하는 세관(발송지세관) 또는 보세운

송물품의 도착지보세구역을 관할하는 세관(도착지세관)의 장에게 할 수 있다(보세운송고시 제2조2항).

종전에는 입항지 세관에 한정하였으나 최근에 수입화주의 보세운송신고를 편리하게 하여 물류비용을 절감할 수 있도록 도착지세관에도 보세운송의 신고(승인신청)를 할 수 있도록 허용하고 있다. 그러나 정책의도와는 달리 도착지세관에 보세운송을 신고(승인신청)하는 실적이 저조하다.

이는 하역절차의 복잡으로 화주(화주용 차)차량이 기존의 보세운송차량보다 쉽게 접근할 수 없고 보세운송업체에서도 화주의 위임만 있으면 직접 보세운송신고가 가능하여 화주로서는 보세운송업체에 신고와 운송을 일괄하여 맡기는 것이 편리하므로 굳이 도착지세관에 신고를 고집할 이유가 없기 때문이다.

▶ 라. 보세운송의 신고 시기

(1) 보세운송신고 물품의 신고 시기

보세운송신고는 적하목록이 정확하게 작성되어 화물관리번호가 부여된 이후에 할 수 있다(보세운송고시 제25조). 이는 화물을 관리하는 체계를 갖추지 아니한 물품을 보세운송 하게 해서는 화물관리가 곤란하기 때문이다.

(2) 보세운송 승인 물품의 신청시기

보세운송 승인신청은 수입물품이 하선(기)장소에 반입된 후에 할 수 있다. 다만, 양륙과 동시에 차상 반출할 물품은 입항후에 하선(기)장소 반입 전에라도 할 수 있다(보세운송고시 제32조3항).

▶ 마. 보세운송 신고서류

화주 이외의 자가 보세운송을 신고하는 경우, 화주의 위임장이 없이도 전자문서로 작성한 보세운송신고서를 세관 화물정보시스템에 전송하면 보세운송신고가 가능하다. 이는, 보세운송이 보세구역 간의 운송이고, 세관의 관리하에 있으므로 절차를 간소화하기 위함이다.

(1) 수입물품의 보세운송 신고서류

✔ 보세운송 신고물품의 신고서류

보세운송신고인은 전자문서로 작성한 보세운송신고서(보세운송고시 별지 제9호서식)를 세관 화물정보시스템에 전송하여야 한다. 다만, 항공사가 국내 개항 간에 항공기에 의하여 보세운송하고자 하는 때에는 발송지세관에 전자문서로 출항 적하목록을 제출하는 것으로 보세운송신고에 갈음할 수 있다(보세운송고시 제26조 1항, 5항).

보세운송 승인물품의 신청서류

보세운송 승인을 받고자 하는 자는 전자문서로 작성한 보세운송 승인신청서(보세운송고시 별지 제12호서식)와 다음의 서류를 세관 화물정보시스템에 전송하여야 한다. (보세운송고시 제32조)

① 송품장(담보제공이 생략되는 경우는 제외한다.)
② 담보제공서류(담보제공대상 물품에 한함)
③ 검역증(검역대상물품에 한함)
④ 보세운송도착지를 심사할 수 있는 서류
⑤ 기타 세관장이 보세운송승인을 위하여 필요한 서류

(2) 수출물품의 보세운송 신고서류

보세공장 제조 수출물품 보세운송 신고서류

수출신고로 보세운송신고를 갈음한다. 즉 수출신고서의 (53)보세운송신고인 난과 (54)보세운송기간 란을 기재하여 신고함으로써 보세운송신고를 수출신고와 함께 신고한다. (보세공장고시 제38조2항)

반송물품 보세운송 신고서류

보세운송신고서를 사용한다. 수입물품의 보세운송 규정을 준용하도록 규정하고 있다(수출및반송통관고사 제52조 제2항).

바. 보세운송 신고 단위

(1) 수입물품의 보세운송 신고 단위

House B/L 단위 신고 원칙

보세운송신고는 입항선박 또는 항공기별 House B/L 단위로 신고하여야 한다(보세운송고시 제26조6항).

Master B/L 예외

다음의 물품에 대하여는 Master B/L 단위로 신고할 수 있다(보세운송고시 제26조6항).

① 단일 화주의 FCL물품
② LCL화물 중 컨테이너에서 끄집어내지 아니한 상태로 보세운송하는 경우

동일한 도착지 물품 예외

부산항과 인천항 및 마산항으로 입항한 해상화물 중 하선장소에서 인근 지역의 영업용 보세구역으로 보세운송하는 경우에는 모선단위 1건으로 일괄하여 신고할 수 있다(보세운송고시 제26조 제6항).

(2) 수출물품의 보세운송 신고 단위

수출물품에 대한 보세운송신고는 수출신고 또는 반송신고 건별로 신고하게 된다. 이는 수출신고 및 반송신고와 동시에 보세운송신고가 이루어지고, 수출물품의 선(기)적 관리도 수출신고 건별로 이루어지기 때문이다.

▶ 사. 보세운송 관리

(1) 보세운송 수단

보세운송업자가 수입화물을 보세운송하는 때에 이용하는 운송수단은 자기 소유의 운송수단 또는 등록된 다른 보세운송업자의 운송수단이어야 한다. 다만, 세관장의 승인을 받으면 일반업체의 운송수단을 임차하여 운송할 수 있다(보세운송고시 제37조).

(2) 보세운송 경유지 신고

보세운송 도중 운송수단을 변경하기 위하여 경유지를 거치고자 하는 때에는 세관장의 승인을 받아야 한다(보세운송고시 제38조).

(3) 보세운송 목적지

보세운송목적지는 개항, 보세구역, 보세구역외장치허가를 받은 장소, 자유무역지역 중 당해 물품을 장치할 수 있고 수입한 화주와 관계가 있는 장소이어야 한다(보세운송고시 제3조).

부득이한 사유로 보세운송신고(승인)된 목적지를 변경하고자 하는 때에는 목적지 변경사유서를 발송지 또는 도착지 세관장에게 제출하여 승인을 받아야 한다(보세운송고시 제38조).

(4) 운송수단 등의 정정신고

보세운송신고서에 신고한 운송수단. 경유지 등이 부득이한 사정으로 변경되는 경우에는 발송지 또는 도착지세관장에게 변경 신고하여야 한다. 이를 어길 때 벌금(고의 시에는 1,000만원 이하, 과실 시에는 200만원 이하)을 물게 된다. (법 제276조 제4항)

5. 보세운송의 절차

▶ 가. 수입물품 보세운송 절차

〈 수입물품 보세운송 절차 〉

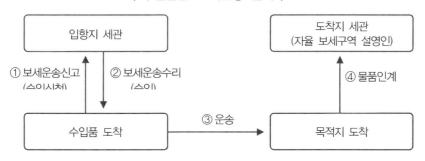

(1) 보세운송신고 및 승인신청

수입물품을 보세운송 하는 자는 신고대상 물품에 대하여는 전자문서로 작성한 보세운송신고서를 세관 화물정보시스템에 전송하여야 하며, 승인대상 물품에 대해서는 전자문서로 작성한 보세운송 승인신청서를 세관 화물정보시스템에 전송하여야 한다(보세운송고시 제26조 및 제32조 1항).

(2) 보세운송신고 물품의 검사

보세운송 신고(승인신청)한 물품에 대하여는 절차간소화를 위하여 검사를 생략한다. 다만, 우범성이 있을 것으로 예상하는 물품에 대하여는 세관검사를 하게 된다(보세운송고시 제28조 및 제35조). 이는 수출입 화물의 신속한 유통을 저해하고 물류비용을 증대시킴과 동시에 이를 악용하는 것을 예방하기 위함이다. 검사방법은 검색기검사(X-ray 투시기), 세관 봉인부착, 개장검사 등이 있다.

(3) 담보제공

관세채권 확보를 위하여 보세운송승인 신청 시에는 보세운송물품에 대한 관세 및 내국세 상당액을 담보로 제공하여야 한다. 다만, 다음 각 호의 경우는 그러하지 아니하다(보세운송고시 제34조).

이는 보세운송업자는 보세운송 중 사고를 대비하여 세관장에게 담보를 제공한 업체이고, 보세운송하는 화주는 담보제공이 생략되거나 생략자로서 세관장이 인정된 업체이며, 자율관리보세공장은 신용을 담보로 하고 있기 때문이다.

① 무세 또는 관세가 면제될 것이 확실하다고 인정되는 수입물품

② 자율관리 보세구역으로 지정된 보세공장에 반입하는 물품

③ 보세운송 승인 신청하는 화주가 담보제공생략자 또는 포괄담보제공업체로서 담보한도액 범위인 경우이거나 당해 물품에 대하여 이미 담보를 제공한 물품

④ 간이보세운송업자가 보세운송 승인 신청한 물품

(4) 보세운송 신고의 수리(승인)

세관장은 보세운송 신고한 사항에 대하여 심사결과 타당한 경우에는 세관 화물정보시스템에 수리등록을 하고 신고자, 발송지세관장 또는 도착지세관장, 발송지 및 도착지 보세구역 운영인에게 수리사실을 통보하게 된다. 또한, 보세운송 승인한 때에는 즉시 세관 화물정보시스템에 등록한 후 신청인에게 보세운송승인서(신청인용, 반입신고용) 2부를 교부하고 발송지세관장 또는 도착지세관장, 발송지 및 도착지 보세구역 운영인에게 승인내역을 통보하게 된다(보세운송고시 제29조 및 제36조).

(5) 보세운송물품의 반출

입항 전 또는 하선(기)장소 반입 전에 보세운송신고(승인신청)가 수리(승인)된 때에는 보세구역에 장치하지 않고 양륙과 동시에 차상 반출이 가능하도록 선박회사(항공사)에 요청할 수 있으며, 선박회사 등이 이에 응하지 아니할 때에는 세관장에게 요청할 수 있다.

(6) 물품인계

보세운송인이 수입화물을 보세운송 도착지에 도착시킨 때에는 지체없이 보세운송신고필증(승인서) 2부를 보세구역 운영인 등에게 제시하고 물품을 인계하여야 한다(보세운송고시 제41조 2항).

(7) 담보 해제

보세운송이 완료된 때에는 담보해제신청서를 세관장에게 제출하면 전산에 의거 도착을 확인한 후 담보가 해제된다(보세운송고시 제43조).

▶ 나. 수출물품 보세운송 절차

(1) 보세공장 등 수출물품에 대한 보세운송 절차

〈 수출물품 보세운송 절차 〉

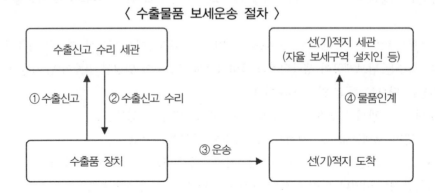

❶ 보세운송신고

보세공장과 자유무역지역에서 제조하여 수출하는 물품에 대한 보세운송신고는 수출신고서 (53) 운송신고인 난과 (54) 보세운송기간란에 기재함으로써 갈음한다. 이 운송신고인 난은 보세운송신고인(2의 가 참조) 중 실제 운송하는 자를 신고인으로 기재하여야 하며, 보세운송기간은 수출신고수리일로부터 30일이다. 보세운송기간의 연장은 선(기)적기간의 연장으로 갈음한다. (보세공장고시 제38조2항).

❷ 보세운송 목적지

수출물품의 보세운송목적지는 수출신고서 ⑭적재항 란에 기재된 선(기)적 예정 항으로 한다. 부득이한 사유로 목적지(적재항)를 변경하고자 하는 때에는 보세운송신고인이 발송지세관장 또는 실제 도착지세관장에게 변경 신고하여야 한다. 도착지세관장에게 변경 신고하는 경우 도착지세관에서는 도착보고용 보세운송신고서의 세관기재란에 도착지변경사항을 표시하고 수출신고세관으로 통보하게 된다.

❸ 보세운송 신고수리

수출신고 수리로서 보세운송 신고수리를 겸하게 되며, 수출신고필증과 보세운송 도착보고용 수출신고서를 세관장이 신고인에게 교부한다.

❹ 보세운송물품의 반출

수출신고 물품은 수입물품에 따라 관리하여야 하며, 세관장의 정당한 허가 또는 승인 없이는 반출을 허용해서는 안 된다(보세공장고시 제38조 4항).

❺ 물품인계

보세운송물품이 기간 내에 도착한 때에는 지체없이 보세구역 운영인 등에게 도착보고용수출신고 필증을 제출하여 이상 유무를 확인한 후 인계하여야 한다(보세공장고시 제38조 3항).

(2) 반송물품 보세운송 절차

〈 반송물품 보세운송 절차 〉

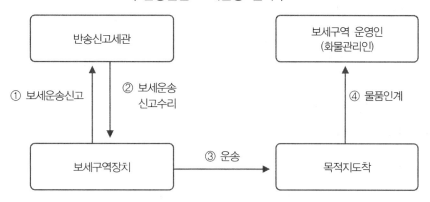

❶ 보세운송신고

반송물품에 대한 보세운송신고는 반송신고와는 별도로 반송신고수리 후 보세운송신고를 하여야 한다(수출및반송통관고사 제10조 2항). 반송물품에 대한 보세운송신고는 보세운송업자의 명의로 하도록 제한하고 있다(수출및반송통관고사 제10조 1항). 이는 반송물품은 일반 수출물품과는 달리 우범성의 위험도가 높아서 보세운송을 강화하기 위함이다. 반송물품에 대한 보세운송신고인을 보세운송업자로 한정하고 있어 보세운송에 따른 담보제공과 해제절차가 생략된다. 보세운송업자는 세관에 담보를 제공하고 있기 때문이다.

❷ 화물관리번호

반송물품은 수입화물시스템에 의하여 계속 관리되므로 수입화물 전량을 그대로 반송하는 때에는 문제가 없으나 수입물품 중 일부는 수입통관하고 나머지 일부만 반송신고하는 경우에는 선하증권(B/L)을 분할하여 반송신고 시에 별도의 화물관리번호를 부여받은 후 보세운송을 신고하여야 한다.

❸ 보세운송물품의 검사

반송물품은 반송신고 시에 물품검사를 하게 되므로 보세운송에 따른 물품검사는 필요하지 아니하다.

❹ 반송물품 보세운송 절차

다음 절차는 수입화물 보세운송절차와 동일하다. 반송물품은 수입화물시스템에 의하여 계속 관리되기 때문이다.

6. 보세운송의 기간과 도착 확인

가. 보세운송기간

(1) 수입물품의 보세운송기간

수입물품에 대한 보세운송기간은 다음과 같다. 다만, 선박 또는 항공기가 입항 전에 보세운송신고를 하는 때에는 입항예정일 및 하선(기)장소반입기간을 감안하여 5일 이내의 기간을 추가할 수 있다(보세운송고시 제6조).
- 해상화물 : 보세운송 신고수리일로부터 10일
- 항공화물 : 보세운송 신고수리일로부터 5일

(2) 수출물품의 보세운송기간
- 보세공장 등 수출물품 : 30일 (보세공장고시 제38조2항)

- 반송물품 : 7일(수출및반송통관고시 제52조3항)

(3) 보세운송기간의 연장

🔘 연장사유

재해·차량사고·도착지 창고 사정 등 기타 부득이한 사유로 말미암아 보세운송기간을 연장할 필요가 있을 때는 발송지 또는 도착지 세관장의 승인을 받으면 연장할 수 있다.

🔘 신청서류

연장승인 신청 시 구비서류는 다음과 같다. (보세운송고시 제39조)
- 보세운송신고(승인신청) 항목변경신청서(보세운송고시 별지 제18호서식)
- 신청사유서와 그 입증서류

🔘 신청세관

보세운송을 신고한 세관장뿐만 아니라 도착지세관장에게도 신청할 수 있다. 도착지세관장이 승인하는 경우에는 신고한 세관장에게 통보하게 된다.

▶ 나. 보세운송물품의 도착 확인

(1) 보세구역 운영인 등에게 물품인계

보세 운송인이 수입화물을 보세운송 도착지에 도착시킨 때에는 지체없이 보세운송신고필증(승인서) 2부를 보세구역 운영인(보세구역외장치허가를 받은 자를 포함하며, 이하 같다) 또는 화물관리인에게 제시하고 물품을 인계하여야 한다(보세운송고시 제41조2항).

(2) 보세구역 운영인 등의 물품인수

보세구역 운영인 등은 보세운송신고지 세관장으로부터 통보받은 보세운송 반입예정 정보와 보세운송신고필증(승인서)의 일치 여부를 확인하고 현품과 대조·확인한 후 이상이 없는 때에는, 보세운송신고필증(승인서)에 도착일시와 인수자를 기명·날인한 후 신고인용 1부는 보세운송인에게 되돌려주고 반입신고용 1부는 2년간 보관하여야 한다(보세운송고시 제41조3항).

(3) 보세구역 운영인 등의 반입신고

보세구역 운영인(자율관리 보세구역이면 보세사) 등이 보세운송된 물품을 인수하였을 때에는 즉시 세관 화물정보시스템에 반입신고를 하여야 한다. 보세운송과 동시에 수입신고가 수리된 물품은 보세구역에 입고시키지 않은 상태에서 물품을 화주에게 즉시 인도하고 반출입신고를 동시에 하여야 한다(보세운송고시 제41조 4항).

이 반입신고로 보세운송물품 도착보고를 갈음한다(보세운송고시 제41조7항).

(4) 보세운송물품 도착보고

보세운송물품 도착 보고는 절차 간소화를 위하여 보세운송도착지 보세구역 운영인의 반입신고로 갈음한다. 다만, 세관검사대상으로 지정된 물품은 보세운송신고인 또는 보세운송 승인신청인이 도착 즉시 운영인에게 도착물품의 이상 여부를 확인받은 후 그 결과를 직접 세관화물정보시스템에 전송하여야 한다. (보세운송고시 제41조7항)

(5) 보세운송물품의 이상 보고

보세구역 운영인 등은 도착한 보세운송물품에 과부족이 있거나 컨테이너 또는 유개차의 봉인파손, 포장파손 등 이상이 발견된 경우에는 지체없이 세관장에게 보고하여야 한다(보세운송고시 제41조5항).

❖ 다. 보세운송기간 경과물품에 대한 조치

보세운송은 세관장이 정한 기간 내에 종료하여야 한다. 정해진 보세운송기간(연장의 경우에는 연장승인된 기간) 내에 보세운송을 완료하지 아니한 때에는 다음의 제재를 받게 된다.

(1) 수입물품에 대한 관세징수

보세 운송된 물품이 지정된 기간 내에 목적지에 도착하지 아니한 때에 당해 물품에 대한 관세를 납부하게 된다. 다만, 미발송 상태에 있는 보세운송물품에 대하여는 보세구역에 장치되어 있는 한 그 관세를 징수하지 아니한다. 이는 당해 물품으로 관세채권이 확보되어 있기 때문이다. (관세법 제217조)

(2) 과태료 부과

200만원 이하의 벌금을 납부하게 한다. (법 제277조 1항2호)

10장

행정구제제도

1절 잘못된 행정처분의 구제제도

1. 행정구제의 절차

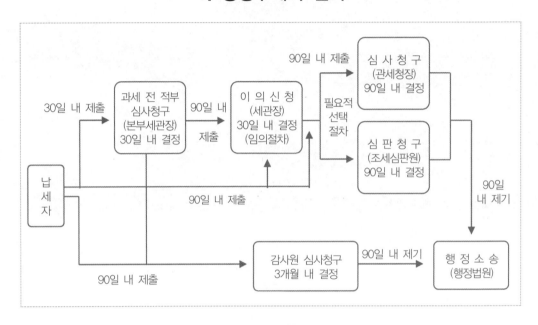

2. 행정과 사법 구제제도

세관장의 행정처분에 대한 구제제도는 크게 법원에의 행정소송에 의한 사법구제제도와 행정심판기관에 의한 행정구제제도로 구분할 수 있다.

일반적으로 사법구제제도는 변호사 수임에 따른 큰 비용이 지급되고 장기간이 소요되는 단점이 있지만, 행정청이 아닌 제3의 기관에 의한 객관적 관점에서 판단을 받을 수 있는 장점이 있다.

이에 반하여 행정구제제도는 행정의 전문기관에 의하여 신속하게 구제를 받을 수 있고 비용이 소요되지 않는 장점이 있지만, 객관적인 관점에서 판단하려고 심사위원회제도를 도입하는 등 각종 노력을 하여도 사법구제제도와 비교하면 행정청 자신의 처분을 옹호하려는 경향이 있음이 단점이다.

3. 행정처분 전후 구제제도

행정구제 절차는 행정처분이 있는 후에 이루어지는 것이 원칙이나 수입물품에 부과되는 관세 등이 최종소비자에게 전가되는 간접소비세임을 고려하여 조세마찰을 최소화하고 납세자를 보호하기 위하여 수입통관 후 관세를 추징하고자 하는 때에는 사전에 납세자에게 통지하도록 하고, 그 통지를 받은 납세자가 추징에 이의가 있으면 과세의 적법성 여부를 심사 청구할 수 있는 과세전적부심사제도를 2000년 개정 관세법에 도입하였다.

4. 행정소송의 행정심판 전치주의

행정소송을 제기하는 요건으로 행정심판을 반드시 거치게 하는 강제적 행정심판 전치주의와 행정심판을 거칠 것인지는 소송 제기자가 임의 선택하게 하는 임의적 행정심판 전치주의가 있다.

행정심판법에서는 임의적 행정심판 전치주의를 채택하고 있으나 관세법에서는 세관장의 처분에 대하여 행정심판법 적용을 배제하고 있고, 강제적 행정심판 전치주의를 채택하고 있다(법 제120조). 그러므로 세관장의 처분에 대해서는 심사청구(감사원심사청구포함) 또는 심판청구를 거치지 않고는 행정소송을 제기할 수 없다.

5. 행정심판 절차의 임의 선택

(1) 이의신청

이의신청을 거치지 않아도 심사청구나 심판청구를 할 수 있으므로 이는 임의 선택이 가능한 절차이다. 불복의 대상이 되는 처분을 한 세관장에게 이의를 제기하는 것이어서 실익이 의심스러운 절차이므로 이의신청을 할 필요가 있다고 판단될 때에 한하여 신청함이 타당하다.

(2) 심사청구와 심판청구의 선택

관세청장에게 심사청구 하거나 조세심판원장에게 심판을 선택적으로 청구할 수 있다. 다만, 종전처럼 심사청구를 거친 후 심판청구는 할 수 없도록 중복청구를 제한하고 있으므로 선택에 유의하여야 한다.

심사청구와 심판청구를 선택하는 기준을 검토해 보면, 관세청은 세관장을 직접 지휘·감독하는 지위에 있고, 관세법의 구체적인 위임법령인 집행고시를 제정하는 기관이다.

반면 조세심판원은 관세법과 동법시행령 및 동법시행규칙을 제정하는 기획재정부를 총괄하는 국무총리 소속으로 따로 독립된 조세 심판기관이다. 조세심판원에서는 관세뿐만 아니라 세무서 장이 부과처분한 내국세와 지방자치단체 부과처분한 재산세 등에 대해서도 심판기능을 함께 수 행하고 있다.

(3) 감사원 심사청구

감사원의 시정요구에 의한 세관장의 처분에 대하여는 감사원법 제43조의 규정에 의거 감사원 장에게 심사청구를 할 수 있으며, 감사원의 재결에 대하여 불복하는 자는 바로 행정소송을 제기 할 수 있다(법 제119조 4항).

6. 행정처분에 대한 구제 효과

행정처분에 대한 구제절차의 이행으로 이의신청, 심사청구, 감사원심사청구 및 심판청구에 대 한 결정 또는 행정소송에 대한 판결이 확정되면 통지를 받은 세관장은 14일 이내에 그에 따라 행정처분을 하게 된다(관세불복고시 제51조).

이 경우, 구제 절차의 이행에 장기간이 소요되어 관세의 부과, 경정, 또는 환급 등의 제척기간 이 경과하는 경우가 있다. 이러한 경우에도 당해 결정 또는 판결이 확정된 후 1년 이내에는 각종 제척기간에 구애받지 아니하고 필요한 처분을 할 수 있도록 2001.1.1. 시행된 개정관세법에서 보 완하였다(법 제21조 2항).

2절 과세전적부심사 제도

1. 과세전적부심사 개요

수입시 관세 등을 납부한 물품에 대하여 추가로 관세 등을 징수할 사유가 발생한 때에는 세관 장이 납세고지를 하기 전에 그 내용을 납세의무자에게 서면으로 통보하고 납세의무자는 그 추가 납부 사유가 타당한 것인지에 대하여 세관장 또는 관세청장에게 재심을 청구하는 제도이다.

행정구제 절차는 행정처분 후에 이루어지는 것이 원칙이나 수입물품에 부과되는 관세 등은 최 종소비자에게 전가되는 간접소비세이므로 추가납부는 최종소비자에게 전가 할 수 없는 점을 고 려하여 조세 마찰을 최소화하고 납세자를 보호하기 위하여 세관장이 수입통관 후 관세를 추징하 고자 하는 때에는 사전에 납세자에게 통지하도록 하고, 그 통지를 받은 납세자가 추징에 이의가 있으면 과세의 적법성 여부를 심사 청구할 수 있도록 한 제도이다.

2. 관세 불복 청구의 대상

수입시 관세 등을 납부한 물품에 대하여 추가로 관세 등을 징수할 사유가 발생하여 세관장이 납세고지를 하기 전에 납세의무자에게 서면으로 통보한 내용에 불복이 있을 때이다.

세관장이 서면으로 통보하지 아니한 사항에 대해서는 과세전적부심사를 청구할 수 없다. 다음 은 세관장이 납세고지 전에 통보하지 않으므로 과세전적부심사를 청구할 수 없고 납세고지 후 행정심판을 제기하여야 한다(법 제118조1항, 영 제142조).

① 3월 이내에 부과제외기간이 만료되는 경우
② 잠정가격 신고 후 확정가격신고를 하는 경우
③ 수입신고수리 전 세액심사로 부족세액을 징수하는 경우
④ 용도 외 사용 등으로 감면된 관세를 추징하는 경우(법 제97조와 제102조에 한한다.)
⑤ 관세포탈죄로 포탈세액을 징수하는 경우
⑥ 계산착오 등 명백한 오류에 의하여 부족하게 된 세액을 징수하는 경우
⑦ 감사원의 시정요구에 따라 징수하는 경우
⑧ 납세의무자가 부도·휴업·폐업 또는 파산한 경우
⑨ 관세품목분류위원회의 의결에 따라 부족한 세액을 징수하는 경우

3. 심사청구의 기간과 기관

(1) 심사청구 기간

추가 납부할 내용을 서면으로 통지받은 날로부터 30일 이내에 통지한 세관장을 거쳐 본부세관장 또는 관세청장에게 청구하여야 한다. (법 제118조제2항)

(2) 심사청구 기관

통지한 세관장을 거쳐서(의견서 첨부) 본부세관장에게 청구할 수 있다. 다만, 관세청장이 해결할 수 있는 다음은 관세청장에게 청구할 수 있다.

과세전적부심사청구서 2부를 통지한 세관장에게 제출하면 세관장이 의견서를 첨부하여 본부세관장 또는 관세청장에게 보내게 된다. 본부세관장과 관세청장은 과세전적부심사위원회의 심의를 거쳐 30일 내에 결정하여 그 결과를 심사 청구인에게 통지하게 된다.

관세청장에게 청구할 수 있는 경우는 다음과 같다.

① 관세청장의 훈령·예규·고시 등과 관련하여 새로운 해석이 필요한 경우
② 관세청장의 감사 또는 업무지시에 따라 세액을 결정하거나 부족세액을 징수하는 경우
③ 관세평가분류원장의 결정에 따라 세액을 경정하거나 부족세액을 징수하는 경우
④ 동일 납세의무자가 동일한 사안에 대하여 과세전적부심사를 청구하고자 하는 세관장이 둘 이상인 경우

4. 심사청구의 서류와 절차

(1) 심사청구 제출 서류

과세전적부심사 청구시 구비서류는 다음과 같다.

① 과세전적부심사청구서(관세불복청구 및 처리에 관한 고시 별지 제12호서식) 2부
② 불복사유 증빙자료
③ 대리인에게 위임한 경우는 위임장

(2) 심사청구의 절차

과세전적부심사 청구 절차는 다음과 같다.

① 과세전적부심사 청구는 통지세관장을 거치게 되어 있는데 통지세관장에게 청구서가 제출되면 본부세관에 심사청구가 있는 것으로 본다.
② 본부세관장 또는 관세청장은 10일 내의 기간을 정하여 청구서의 보정을 요구할 수 있고 보정기간은 심사청구기간에 포함하지 아니한다.

③ 과세전적부심사 청구인은 변호사 또는 관세사를 대리인으로 선임할 수 있고 대리인의 권한은 서면으로 증명되어야 한다.
④ 본부세관장 또는 관세청장은 심사청구에 대한 세관장 의견서 부본을 청구인에게 통지하게 되며, 심사청구인은 이에 대하여 반대되는 증거서류 또는 증거물을 제출할 수 있다(관세불복청구고시 제41조).
⑤ 심사청구인은 그 심사청구에 관계되는 서류를 열람할 수 있고 심사위원회에 출석하여 의견을 진술할 수도 있다.

5. 심사청구의 결정과 효과

본부세관 또는 관세청에서는 청구서를 접수한 날로부터 30일 이내에 청구내용에 대한 채택 여부를 결정하고 청구인에게 통지하여야 하는바, 결정의 종류는 다음과 같다.

(1) 결정의 종류

● 채택

과세전적부심사 청구가 이유 있다고 인정될 때, 그 납세고지 예정인 부과처분을 할 수 없다고 결정하는 것을 말한다.

● 불채택

과세전적부심사 청구가 이유 없다고 인정될 때 하는 결정을 말한다.

● 비심사

청구기간을 경과하였거나 보정기간 내에 보정을 하지 아니하면 심사하지 아니한다는 결정을 하게 된다.

(2) 결정의 통지

과세전적부심사 결정을 한 때에는 결정기간 내에 그 이유를 기재한 결정서에 의하여 심사청구인에게 통지하게 된다.

(3) 심사청구의 효과

과세적부심사가 청구된 경우에는 결정할 때까지 경정·고지를 유예된다. 다만, 관세부과의 제척기간을 경과할 수 없다(관세불복청구고시 제39조).

6. 결정에 대한 불복

과세 전 적부 심사청구 결정에 대하여 불복이 있는 때에는 세관장으로부터 납세고지를 받게 되고 동 납세고지서를 받은 날로부터 90일 이내에 관세청장에게 심사를 청구하거나 국세심판원장에게 심판을 청구하여야 한다. 처분세관에 이의신청하고자 할 때에는 이의신청 결정을 거친 후 심사청구나 심판청구를 할 수도 있다.

3절 처분 후 행정구제 절차

1. 처분 후 관세 행정구제

(1) 행정구제 절차의 다양성

세관장의 처분으로 권익을 침해받은 자는 처분세관장에게 이의신청, 관세청장에게 심사청구, 조세심판원장에게 심판청구 또는 감사원장에게 심사청구(감사원법 제43조)를 제기하여 그 처분의 취소 또는 변경이나 필요한 처분을 청구할 수 있다.

관세청의 심사결정, 조세심판원의 심판결정 또는 감사원의 재결에 대하여 불복하는 자는 행정소송을 제기할 수 있다.

(2) 행정구제 절차의 임의 선택

관세청에 심사청구와 조세심판원에 심판청구 및 감사원에 심사청구는 이 중 어느 하나만 할 수 있고 중복하여 청구할 수 없다.

세관에 이의신청은 임의로 신청 여부를 선택할 수 있고, 이의신청을 제기하는 경우에는 세관장의 결정 후 관세청에 심사청구와 조세심판원에 심판청구 및 감사원에 심사청구 중 하나를 선택하여 청구할 수 있다.

2. 이의신청

세관장의 처분에 불복하여 그 처분을 한 세관장에게 재심사를 청구하는 것으로 권리구제의 측면에서 효과를 기대하기가 곤란하므로 청구권자는 이의신청을 거치지 아니하고 바로 관세청장에게 심사청구 또는 국세심판원장에게 심판을 청구할 수 있도록 허용하고 있다(법 제119조 1항).

처분한 세관장에게 청구할 실익이 있다고 판단되는 경우에 신청함이 타당하다.

(1) 심사청구로 전환

세관장의 처분 중 다음에 열거하는 처분은 관세청장이 조사결정 또는 처리하였거나 해야 했을 것이므로 이 처분에 대한 이의신청은 자동으로 심사청구를 제기한 것으로 처리하며, 이의 신청서를 접수한 세관장은 청구인에게 이의신청이 심사청구로 전환되었다는 사실을 즉시 통지하게 된다(관세불복청구고시 제9조).

① 관세청장의 조사결정에 따른 처분

② 관세청장의 감사결과에 따른 처분

③ 관세평가분류원장의 결정에 따른 처분

④ 관세청 관세 품목분류위원회의 결정에 따른 처분

⑤ 기타 질의회신 등 관세청장의 구체적인 지시에 따른 처분

(2) 불복 대상

관세에 관한 세관장의 위법·부당한 처분 또는 필요한 처분을 받지 못하여 권리·이익을 침해당한 자는 그 처분의 취소 또는 변경이나 필요한 처분을 청구할 수 있다.

다만, 다음의 처분에 대하여는 이의신청을 할 수 없다.

① 이의신청, 심사청구, 심판청구에 대한 처분

② 관세법상 통고처분

③ 감사원법에 의한 심사청구를 한 처분이나 그 심사청구에 대한 처분

(3) 이의신청 기간

처분이 있는 것을 안 날(처분의 통지를 받은 때에는 그 통지를 받은 날)로부터 90일 내이다. 이 기한 내에 우편으로 제출한 이의신청서가 신청기한을 경과하여 도달한 경우에는 그 기간 만료일에 적법한 신청이 있었던 것으로 본다(법 제121조 3항).

또한, 천재·지변 기타 불가피한 사정으로 위 신청기한 내에 이의신청할 수 없는 때에는 그 사유가 소멸한 날부터 14일 이내에 이의신청할 수 있다(법 제121조 4항).

(4) 이의신청 기관

처분한(할) 세관장에게 제출하여야 한다. 세관장은 관세심사위원회를 개최하여 신청받은 날로부터 30일 내(부득이한 경우는 예외)에 결정(각하, 기각, 용인)을 신청인에게 통지하게 된다.

(5) 이의신청 서류

이의신청 제기시 구비서류는 다음과 같다.

① 이의신청서(관세불복청구고시 별지 제8호서식) 1부

② 불복사유 증빙자료

③ 대리인에게 위임한 경우에는 위임장

(6) 재결에 대한 불복

이의신청 결정에 대하여 이의가 있는 때에는 결정서를 받은 날로부터 90일 이내에 관세청장에게 심사청구 또는 국세심판소장에게 심판청구 하여야 한다. 또한, 이의신청일로부터 30일 내에 통지를 받지 못한 때에는 그날로부터 심사청구 또는 심판청구를 할 수 있다.

3. 심사청구

관세에 관한 세관장의 위법·부당한 처분 또는 필요한 처분을 받지 못하여 권익을 침해당한 경우, 당해 처분을 하였거나 해야 했을 세관장을 거쳐 관세청장에게 당해 처분의 취소, 변경 또는 필요한 처분을 요구하는 행정심판이다.

(1) 불복 대상

관세에 관한 세관장의 위법·부당한 처분 또는 필요한 처분을 받지 못하여 권익을 침해당한 자는 그 처분의 취소 또는 변경이나 필요한 처분을 청구할 수 있다.

다만, 다음의 처분에 대하여는 심사청구를 할 수 없다.

① 이의신청, 심사청구, 심판청구에 대한 처분
② 관세법상 통고처분
③ 감사원법에 의한 심사청구를 한 처분이나 그 심사청구에 대한 결정

(2) 심사청구 기간

● 이의신청을 거치는 경우

결정의 통지를 받은 날로부터 90일 이내에 청구하여야 한다.

이의신청일로부터 30일 내에 결정통지를 받지 못하였을 때 그날로부터 심사청구할 수 있다.

● 이의신청을 거치지 않는 경우

처분이 있는 것을 안 날(처분의 통지를 받은 때에는 그 받은 날)로부터 90일 이내에 청구하여야 한다.

● 심사청구 기간 연장

심사청구서를 세관에 제출한 때에 심사청구가 있는 것으로 본다. 심사청구 기간 내에 우편으로 제출한 심사청구서가 청구기간을 경과하여 도달한 경우에는 그 기간 만료일에 청구가 있었던 것으로 보며(법 제121조 3항), 천재·지변 기타 불가피한 사정으로 위 기간 내에 심사청구를 할 수 없는 때에는 그 사유가 소멸한 날부터 14일 이내에 심사청구를 할 수 있다(법 제121조 4항).

(3) 심사청구 기관

처분한(할) 세관장을 거쳐서(의견서 첨부) 관세청장에게 제출하여야 한다.

그러므로 심사청구서 2부를 처분세관장에게 제출하면 세관장이 의견서를 첨부하여 관세청장에게 송부하게 된다. 관세청장은 관세심사위원회의 심의를 거쳐 90일 내(부득이한 경우는 예외)에 결정하여 결정서를 심사청구인에게 통지하게 된다.

(4) 심사청구 서류

심사청구시 구비서류는 다음과 같다. 심사청구서류를 제출하는 방식은 종이문서로 제출할 수도 있고, 관세청의 인터넷통관 포털에 접속하여 전자문서로 제출할 수도 있다(국가관세종합정보시스템의 이용 및 운영에 관한 고시 제11조).

① 심사청구서(관세불복청구고시 별지 제1호서식) 2부
② 불복사유 증빙자료
③ 이의신청을 거친 경우는 이의신청결정서 사본
④ 대리인에게 위임한 경우는 위임장

(5) 심사청구 절차

① 심사청구는 처분청인 세관장을 거치게 되어 있는데 세관장에게 청구서가 제출되면 심사청구가 있는 것으로 본다.
② 관세청장은 20일 내의 기간을 정하여 청구서의 보정을 요구할 수 있고 보정기간은 심사청구기간에 산입하지 아니한다.
③ 심사청구인은 변호사 또는 관세사를 대리인으로 선임할 수 있고 대리인의 권한은 서면으로 증명되어야 한다.
④ 관세청장은 심사청구에 대한 세관장의견서 부본을 청구인에게 통지하게 되며 심사청구인은 이에 대하여 반대되는 증거서류 또는 증거물을 제출할 수 있다(관세불복청구고시 제13조).
⑤ 심사청구인은 그 심사청구에 관계되는 서류를 열람할 수 있고 의견을 진술할 수 있다.
⑥ 관세법상의 심사청구 대상인 처분에 대하여는 행정심판법의 규정을 적용하지 아니한다.

(6) 심사청구의 결정

관세청에서는 청구서를 접수한 날로부터 90일 이내에 청구내용에 대한 인용 여부를 결정하고 청구인에게 통지하여야 하는바, 결정의 종류는 다음과 같다.

◉ 결정의 종류

① 인용 : 심사청구가 이유 있다고 인정될 때, 그 심사청구 대상인 처분의 취소, 경정 또는 필요한 처분의 결정을 하는 것을 말하며, 재조사 결정을 할 수 있다.
② 기각 : 심사청구가 이유 없다고 인정될 때 하는 결정을 말한다.
③ 각하 : 제기기간 경과 후 심사청구 하거나 보정기간 내에 보정을 못하면 심사청구를 각하하는 결정을 하게 된다.

◉ 결정의 통지

결정을 한 때에는 결정기간 내에 그 이유를 기재한 결정서에 의하여 심사청구인에게 통지하게 된다. 결정기간 내에 결정의 통지가 없을 때에는 그 심사청구는 기각된 것으로 보고 다음 쟁송절차인 행정소송을 제기할 수 있다.

(7) 심사청구의 효과

◉ 집행부정지(執行不停止)의 원칙

심사청구는 당해 처분의 집행을 정지하지 아니한다. 관세법에서도 당해 처분에 대하여 집행부정지의 원칙을 선언하고 있다(관세법 제125조).

◉ 집행부정지 원칙의 예외

국민의 권익 보호 등의 견지에서 회복할 수 없는 손해가 생길 우려가 있고, 또 긴급한 사유가 있다고 인정한 때에는 집행부정지의 원칙에 대한 예외를 인정하여야 할 것이다. 관세법에서도 당해 재결청이 필요하다고 인정하는 때에는 그 처분의 집행을 중지하게 하거나 중지할 수 있도록 규정하고 있다(법 제125조 단서).

(8) 재결에 대한 불복

심사청구 결정에 대하여 불복이 있는 때에는 결정서를 받은 날로부터 90일 내에 행정소송을 제기할 수 있다. 심사청구일로부터 90일 내에 결정통지를 받지 못하면 그날로부터 행정소송을 제기할 수 있다. 이는 관세청에서 결정통지서에 함께 통지하게 된다.

4. 심판청구

세관장의 처분에 불복이 있는 자는 관세청장에게 심사청구를 제기하거나 조세심판원장에게 심판을 청구할 수 있으며, 현행 관세법에서는 행정소송을 제기하기 전에 심사청구 또는 심판청구를 반드시 거치도록 규정(법 제120조)하고 있으므로 세관장의 처분에 대한 행정심판은 행정소송의 필수적 전심(前審) 절차이다.

(1) 심판청구 기간

◉ 이의신청을 거치는 경우

결정의 통지를 받은 날로부터 90일 이내에 청구하여야 한다. 이의신청일로부터 30일 내에 결정통지를 받지 못하면 그날로부터 심판청구할 수 있다.

◉ 이의신청을 거치지 않는 경우

처분이 있는 것을 안 날(처분의 통지를 받은 때에는 그 받은 날)로부터 90일 이내에 청구하여야 한다.

✅ 심판청구 기간의 연장

심판청구서를 세관에 제출한 때에 심판청구가 있는 것으로 본다. 심판청구 기간 내에 우편으로 제출한 심판청구서가 청구기간을 경과하여 도달한 경우에는 그 기간 만료일에 적법한 청구가 있었던 것으로 보며(법 제121조 3항), 천재·지변 기타 불가피한 사정으로 위 기간 내에 심판청구를 할 수 없는 때에는 그 사유가 소멸한 날부터 14일 이내에 심판청구를 할 수 있다(법 제121조 4항).

(2) 심판청구 기관

심판청구는 심판청구서 2부를 작성하여 처분한(할) 세관장을 거쳐 조세심판원장에게 하여야 한다. 즉, 심판청구서는 처분세관장에게 제출하여야 하며, 세관장은 관련자료(답변서, 당초결정서와 당초 처분이 적법함을 증명하는 서류)를 첨부하여 조세심판원장에게 송부하게 된다(답변서 사본 1부를 관세청장에게 송부).

조세심판원은 국무총리 소속 하에 설치된 독립기관으로서 심판관의 자격, 사실판단, 결정절차, 신분보장 등으로 보아 심판관이 자유심증에 의하여 자유로이 판단할 수 있는 준사법기관이다.

(3) 심판청구 서류

심판청구 서류는 다음과 같다.
① 심판청구서(국세기본법 시행규칙 별지 제35호서식) 2부
② 기타 증빙자료

(4) 심판청구 절차

✅ 세관장의 심판청구서 진달

심판청구서 2부를 접수한 세관장은 그 중 1부에 관련자료(답변서, 당초결정서와 당초 처분이 적법함을 증명하는 서류)를 첨부하여 조세심판원장에게 송부하게 된다(답변서 사본 1부를 관세청장에게 송부).

✅ 세관장의 답변서 송부

처분세관장이 조세심판원장에게 제출한 답변서는 조세심판원장이 심판청구인에게 그 사본을 송부하게 된다.

✅ 항변

심판청구인은 세관장의 의견서를 받고, 자기주장을 위하여 필요한 때에는 관련 증거서류 또는 증거물을 추가로 제출할 수 있다.

✅ 불고불리(不告不利) 및 불이익 변경 금지

조세심판원장은 심판청구에 대한 결정을 하면서 심판청구를 한 처분 이외의 처분에 대하여는

그 처분의 전부 또는 일부에 대해서도 취소, 변경 기타 새로운 처분의 결정을 하지 못한다.

✅ 심판의 결정

조세심판관회의의 의결에 따라 결정한다. 결정의 종류는 심사청구의 경우와 같다.

(5) 결정에 대한 불복

심판결정에 대하여 이의가 있는 때에는 심판청구에 대한 결정통지서를 받은 날로부터 90일 이내에 처분청을 당사자로 하여 행정소송을 제기할 수 있다. 심판청구일로부터 90일 내에 결정통지를 받지 못하면 그날로부터 행정소송을 제기할 수 있다(법 제120조 3항 단서).

5. 감사원 심사청구

감사원법에 의한 심사청구는 감사원의 감사를 받는 자의 직무에 관한 처분 또는 기타행위에 관하여 이해관계에 있는 자가 감사원법 제43조의 규정에 의거 감사원장에게 그 시정을 청구하는 제도이다. 관세청장과 세관장은 감사원의 피감사기관이므로 세관장의 처분에 대하여 불복하는 경우에 청구인은 감사원장에게 심사청구를 할 수 있다.

(1) 심사청구 기간

감사원법 제44조에서 감사원심사청구기간은 심사청구의 원인이 되는 행위가 있는 것을 안 날로부터 90일, 행위가 있는 날로부터 180일 이내에 제기하여야 한다고 규정(감사원법 제44조)하고 있으므로 이 기간 내에 처분한(할) 세관장에게 심사청구서를 제출하여야 한다.

이의신청을 거치는 경우에도 이 기간은 변함이 없다(감사원 심사1담당관-360호, 2014.4.28.). 이는 관세법상의 심사청구와 달리 감사원법령에서는 따로 규정한 바가 없기 때문이다.

(2) 심사청구 서류

감사원 심사 청구시 구비서류는 다음과 같다.
① 감사원심사청구서(감사원심사규칙 별지 제1호서식) 3부
② 불복사유 증빙자료
③ 이의신청을 거친 경우는 이의신청결정서 사본
④ 대리인에게 위임한 경우는 위임장

(3) 심사청구 절차

✅ 심사청구 기관

처분한(할) 세관장과 관세청장을 거쳐서(의견서 첨부) 감사원장에게 제출하여야 한다. 그러므

로 감사원심사청구서 3부를 처분세관장에게 제출하여야 한다.

● 심사청구서의 진달

세관장은 감사원심사청구서의 접수 일로부터 7일 이내에 변명서와 당초 결정서 및 당초 결정이 적법·타당함을 증명하는 서류를 첨부하여 관세청장에게 송부하게 되고 관세청장은 의견서를 첨부하여 세관접수 일로부터 1월 이내에 감사원장에게 이를 송부하게 된다.

● 결정

감사원장은 특별한 이유가 없는 한 그 청구를 수리한 날(감사원에 접수된 날)로부터 3월 이내에 결정하게 된다. 심사청구의 이유가 있다고 인정하는 때에는 관세청장에게 "시정요구" 결정을 하고, 심사청구의 이유가 없다고 인정하는 때에는 "기가" 결정을 하며, 신청요건을 갖추지 못하면 "각하" 결정을 한다.

● 결정결과의 통지

결정 후 7일 이내에 관세청장과 심사청구인에게 통지하게 된다.

(4) 결정에 대한 불복

감사원 심사청구에 대한 결정에 대하여 이의가 있을 때에는 그 심사청구에 대한 결정의 통지를 받은 날로부터 90일 이내에 처분청을 당사자로 하여 행정소송을 제기할 수 있다.

4절 행정구제의 기준과 원칙

1. 관세법 해석과 적용기준

관세법을 해석하고 적용하면서는 과세의 형평과 당해 법 조항의 합목적성에 비추어 납세자의 재산권이 부당히 침해되지 않도록 하여야 한다(법 제5조).

2. 소급과세 금지의 원칙

(1) 근거 법령

관세법의 해석 또는 관세 관행이 일반적으로 납세자에게 받아들여진 후에는 그 해석 또는 관행에 의한 행위 또는 계산은 정당한 것으로 보며, 새로운 해석 또는 관행에 의하여 소급하여 과세하지 아니한다(법 제5조).

(2) 신의성실의 원칙

대법원 판례에 의하면 조세행정에서 신의성실의 원칙이 적용되기 위해서는 다음의 요건을 모두 갖추어야 한다고 보고 있다(대법원 86누92호, 1987.5.26 판결 외 다수 같은 뜻).

① 과세관청이 납세의무자에게 신뢰의 대상이 되는 공적인 견해표명을 하고,

② 납세자가 이를 신뢰하는 데 대하여 귀책사유가 없어야 하며,

③ 납세자가 그 견해표명을 신뢰하고 이에 따라 행위를 하여야 하며,

④ 과세관청이 이미 표명된 견해에 반하는 처분을 함으로써,

⑤ 실제로 납세자의 이익이 침해되어야 한다.

(3) 관세 관행의 성립기준

대법원판례에 의하면 관세 관행이 성립하기 위해서는 상당한 기간에 걸쳐 당해 사실이 객관적으로 존재하고 세관장이 그 사항에 대하여 달리 처분할 수 있음을 알면서도 어떤 특별한 사정 때문에 달리 처분하지 않는다는 의사표시가 있어야 한다고 보고 있다.

이때 처분청의 공식적인 견해표명은 반드시 명시적인 의사표시에 의하여야 한다고 할 수 없고, 묵시적 언동 다시 말하면 비과세 사실상태가 장기간에 걸쳐 계속되는 경우에 그것이 그 사항에 대하여 과세대상이 되지 아니한다는 묵시적인 의향표시로 볼 수 있다고 한다(대법원 81누266호, 1984.12.26. 판결 같은 뜻).

3. 불이익 변경 금지의 원칙

이의신청 · 심사청구 · 심판청구와 감사원심사청구에 대하여 결정기관(세관장 또는 관세청장 등)의 결정에서 청구인이 불복하는 내용 또는 처분보다 불이익한 결정을 할 수 없도록 고시에서 명시하고 있다(관세불복 청구 및 처리에 관한 고시 제2조).

4. 관세 관행의 구체적 사례

(1) 보세공장 반입 원재료 해당 여부

수입통관 후에야 보세공장에서 사용할 수 있는 물품(반도체 제조용 포토마스크)을 보세공장 반입 원재료로 15년간 과세유보상태로 보세공장에 반입하여 사용한 데 대하여 최근 2년간 반입분에 대하여 관세를 추징한 경우, 관세 관행의 성립으로 소급 추징할 수 없다고 볼 수 있는지 여부 (관심 제99 - 47호, 1999.9.22.).

❶ 보세공장에서 사용한 시설재의 수입 해당 여부

포토마스크는 보세공장에서 반도체 제조시 반도체를 형성하는데 소요되는 원재료가 아니므로 수입통관 절차를 거친 후 사용하여야 하나 수입신고를 하지 않고 사용하였으므로 사실상의 수입이 이루어진 것임

❷ 과세 관행의 성립 여부

처분세관장이 과세하지 않는 것으로 잘못 알고 과세하지 않은 것을 사후에 발견하여 이를 바로잡아 경정하는 것이므로 과세관청 자신이 과세할 수 있음을 알면서도 특별한 사정 때문에 과세하지 않는다는 의사표시를 한 것으로 볼 수 있는 사정이 있다고 볼 수 없으며, 비과세의 과세 관행이 성립되었다고 할 수 없으므로 소급과세금지원칙에 위배되지 않는다.

(2) 품목번호(HS)의 변경

❶ 품목분류의 변경1

관세율표상 세번 8542.19 - 9020호에 분류하여 수입통관 한 후 세계관세기구(이하 "CCC")에 질의하여 세번을 8473.30호로 품목분류를 변경한 물품(펜티엄Ⅱ Processor)에 대하여 관세의 관행 성립으로 소급추징 할 수 없다고 볼 수 있는지 여부

: CPU를 수입하기 시작한 1982년부터 관세협력이사회의 품목분류 변경일인 1999.5.16까지 CPU의 모델명이 인텔 286, 386, 486, 팬티엄프로, 쟁점물품 등 모두 CPU로 인지되어 CPU가 특게되어 있는 세번 8542호로 수입신고 한 것은 고의나 과실이 아닌 정당한 수입신고라 할 수 있고, 통관업체 수, 통관횟수 및 기간에 비추어 과세 관행이 성립되었다고 보아야 한다. 그러므로 납세자에게 중대한 과실 등 관세법 제5조의 규정을 적용하지 못할 명백한 사유가 없는 한 소급과세

를 하지 못한다.

❷ 품목분류의 변경2

과거 20여 년간 연평균 300건 이상 항공기엔진의 부분품으로 보아 관세율표상 세번 8411.91 - 1000호에 분류하여 수입통관 한 후 기체 압축기가 특게되어 있는 세번 8414호로 품목분류를 변경한 물품에 대하여 관세의 관행 성립으로 소급추징 할 수 없다고 볼 수 있는지 여부(국심 제2000 · 1호, 2000.7.24.).

: 처분청의 공식적인 견해표명은 반드시 명시적인 의사표시에 의하여야 한다고 할 수 없고, 묵시적 언동 즉 비과세상태가 장기간에 걸쳐 계속되는 경우에 그것이 그 사항에 대하여 과세대상이 되지 아니한다는 묵시적인 의향표시로 볼 수 있다(대법원 81누266호, 1984.12.26. 판결 같은 뜻)고 할 것이므로 과세 관행이 성립하였다고 보아야 하며, 납세자에게 중대한 과실 등 관세법 제2조의2의 규정을 적용하지 못할 명백한 사유가 없는 한 소급과세를 하지 못한다.

[참고] 찾아보기

표·서식 찾아보기

주요 용어 · 항목 찾아보기

저 자 소 개

♣ 이 정 길

동아대학교 법학과 동 대학원 졸업 (법학석사)
기획재정부(재무부) 관세심의관실(관세국) 등 근무
관세청 환급과, 총괄징수과 등 근무
관세청 법무담당관, 종합심사과장 역임
서울세관, 부산세관, 수원세관 등 수출·징수과장 역임
울산세관장, 창원세관장 역임
(현) 천안관세법인 수원사무소 대표 관세사
(현) 한국재정경제연구소(KOFE HOUSE) 관세·통관 전문위원

[저서 등]

수출입 통관 매뉴얼 (한국재정경제연구소, 코페하우스, 2001~212)
알기 쉬운 관세환급 실무 (한국재정경제연구소, 1988~2009)
알기 쉬운 관세환급 실무 (공저, 코페하우스, 2018)

♣   한 상 필

국립세무대학 관세학과 졸업
고려대학교(경제학 석사), 배재대학교(경영학 박사)
관세청, 중앙관세분석소, 관세평가분류원, 관세인재개발원('83~'24) 등 근무, 부이사관 역임
(현) 관세청 관세인재개발원 외래교수
(현) 남서울대학교 겸임교수, 배재대학교 강사
(현) 한국관세학회 부회장, 관세사

[저서 등]

수출입 통관 매뉴얼 (공저, 코페하우스, 2012)
관세 실무 일반 (공저, 한국검인정교과서협회, 충남대학교, 2021)
특급 보세사 (공저, 책연, 2024)
수출 확대를 위한 AEO MRA의 전략적 개선방안 연구 (한국관세학회, 2018)
관세평가상 구매대리 용역의 범위에 관한 연구 (한국관세학회지, 2018)
국제법을 수용한 국내법 해석방안에 관한 연구 (한국관세무역개발원, 2024)

수출입 통관 실무

발행일	2001년 9월 10일 제 1 판 1쇄 발행
	2025년 5월 22일 제12판 1쇄 발행
저자	이정길 · 한상필
발행인	강석원
발행처	한국재정경제연구소 《코페하우스》
출판등록	제2-584호 (1988.6.1)
주소	서울특별시 강남구 테헤란로 406, A-1303
전화	(02) 562 - 4355
팩스	(02) 552 - 2210
메일	kofe@kofe.kr
홈페이지	kofe.kr
ISBN	978-89-93835-89-2 (13320)
정가	35,000원